**Der Eignungstest / Einstellungstest zur Ausbildung
bei Polizei, Feuerwehr, Zoll und Bundeswehr**

Kurt Guth
Marcus Mery

Der Eignungstest / Einstellungstest zur Ausbildung bei Polizei, Feuerwehr, Zoll und Bundeswehr

Mit den Prüfungsfragen sicher
durch den Einstellungstest

Kurt Guth / Marcus Mery
Der Eignungstest / Einstellungstest zur Ausbildung
bei Polizei, Feuerwehr, Zoll und Bundeswehr
Mit den Prüfungsfragen sicher
durch den Einstellungstest

Ausgabe 2011

1. Auflage

Herausgeber: Ausbildungspark Verlag,
Gültekin & Mery GbR, Offenbach, 2011

Das Autorenteam dankt Andreas Mohr
für die Unterstützung.

Umschlaggestaltung: SB Design, bitpublishing

Bildnachweis: Archiv des Verlages
Illustrationen: bitpublishing
Grafiken: bitpublishing, SB Design
Lektorat: Virginia Kretzer

Bibliografische Information der Deutschen National-
bibliothek –
Die Deutsche Nationalbibliothek verzeichnet diese
Publikation in der Deutschen Nationalbibliografie;
detaillierte bibliografische Daten sind im Internet
über http://dnb.d-nb.de abrufbar.

Gedruckt auf chlorfrei gebleichtem Papier

© 2011 Ausbildungspark Verlag
Lübecker Straße 4, 63073 Offenbach
Printed in Germany

Satz: bitpublishing, Schwalbach
Druck: Druckerei Sulzmann, Obertshausen

ISBN 978-3-941356-34-4

Das Werk, einschließlich aller seiner Teile, ist urheberrechtlich geschützt. Jede Verwertung außerhalb der engen Grenzen des Urheberrechtsgesetzes ist ohne Zustimmung des Verlages unzulässig
und strafbar. Das gilt insbesondere für Vervielfältigungen, Übersetzungen, Mikroverfilmungen und
die Einspeicherung und Verarbeitung in elektronischen Systemen.

Inhaltsverzeichnis

Vorwort: im Dienst für Sicherheit und Ordnung **9**
Die Auswahlprüfung 9
Gut vorbereitet mit dieser Prüfungsmappe 9

E Einführung **11**

Die Einstellungstests bei Polizei, Feuerwehr, Zoll und Bundeswehr 12
Stellensuche und Bewerbung 12
Auf dem Prüfstand: die Laufbahnqualifikationen 12
Welche Aufgabentypen gibt es? 12
Der Testablauf 15
Ihr Fahrplan für die schriftliche Prüfung 16
Richtig lernen 17
Die Testsimulation mit dieser Prüfungsmappe 17

1 Prüfung · Teil 1 ....**19**

Sprachbeherrschung **20**
Aufsatz 20
Diktat 21
Zeugenaussage 22
Textverständnis prüfen 23
Gesetzestext anwenden 25
Zeitungsbericht wiedergeben 28
Bericht zum Thema schreiben 29
Bericht schreiben zur Situationsbeobachtung 30
Schriftliche Erörterung (Pro und Contra) 32
Lückentext Konjunktionen 33
Lückentext Präpositionen 35
Infinitive bilden 36
Satzgrammatik 37
Grundkenntnisse der deutschen Grammatik 40
Rechtschreibung 41
Rechtschreibung Straßennamen 43
Rechtschreibung Lückentext 46
Groß- und Kleinschreibung 51
Kommasetzung 56
Sätze puzzeln 60
Satzreihenfolge 66
Lückentext Sprichwörter 71
Bedeutung von Sprichwörtern 74
Gegenteilige Begriffe 77
Gleiche Wortbedeutung (ankreuzen) 78
Fremdwörter zuordnen 79
Englisch: Rechtschreibung 80
Englisch: Zeitformen 82
Eines von fünf Wörtern passt nicht 84
Charaktereigenschaften finden 86

Kreative Sätze bilden 88

2 Prüfung · Teil 2 91

Fachwissen 92

Polizei 92
Feuerwehr 100
Zoll 107
Bundeswehr 113

Allgemeinwissen 120

Politik und Gesellschaft 120
Wirtschaft und Finanzen 123
Recht und Grundgesetz 126
Staatsbürgerliche Kunde 129
Interkulturelles Wissen 132
Physik, Chemie und Biologie 135
Kunst, Musik und Literatur 138
Persönlichkeiten, Erfindungen, Entdeckungen 141
Geographie und Landeskunde 144

Technisches Wissen 147

Praktisches Verständnis 147
Technisches Verständnis 161

3 Prüfung · Teil 3 165

Mathematisches Verständnis 166

Prozentrechnen 166
Zinsrechnen 168
Gemischte Textaufgaben 171
Gemischte Aufgaben 177
Grundrechenarten ohne Taschenrechner 185
Bruchrechnen ohne Taschenrechner 189
Umrechnen (Maße und Einheiten) 192
Kettenrechnung 195
Schätzung 196
Rechenoperatoren ergänzen 203
Gleichungen bilden 204
Zahlenmatrizen und Zahlenpyramiden 205
Symbolrechnen 210
Datenanalyse 214
Textaufgaben mit Diagramm 218

Konzentrationsvermögen 223

Rechenaufgaben mit Hindernis 223
Codierte Wörter 224
b, d, p und q Test mit Komplizierung 226
Original und Abschrift 227
Ein Buchstabe fehlt 228
Zugehörigkeiten entdecken 229
Figur hat einen Fehler 230
Zahlenkarten kategorisieren 232

Inhalt

Zahlen unterstreichen nach Rechenregeln 233
Wortfindung auf Endung „ing" 234
Wortfindung: Anfangs- und Endbuchstaben 235
Wortfindung: Wortanfang vorgegeben 236

4 Prüfung · Teil 4 237

Logisches Denkvermögen 238

Zahlenreihen 238
Buchstabenreihen 244
Wörter erkennen 251
Sprachanalogien 254
Oberbegriffe 257
Meinung oder Tatsache 260
Logische Schlussfolgerung 264
Flussdiagramm / Ablaufplan 269
Plausible Erklärung wählen 278
Sachverhalte erklären 281

Orientierungsvermögen 282

Wegstrecke einprägen 282
Stadtplan einprägen 284
Stadtplan und Symbole einprägen 287
Laufpfade verfolgen 292
Labyrinth 295

5 Prüfung · Teil 5 299

Visuelles Denkvermögen 300

Dominosteine 300
Figurenreihe fortführen 304
Figuren entfernen 306
Figuren ergänzen 308
Figuren zuordnen 314
Eine Figur ist gespiegelt 317
Visuelle Analogien 319
Räumliches Grundverständnis 322
Faltvorlagen Typ 1 330
Faltvorlagen Typ 2 336

Erinnerungsvermögen 345

Steckbrief einprägen 345
Zahlen einprägen 349
Wörter einprägen 350
Zahlen einprägen und auswählen 351
Vorgelesene Zahlen einprägen 352
Wortgruppen einprägen 353
Wortgruppen einprägen und erkennen 356
Figurenpaare einprägen 357
Figuren und Zahlen einprägen 361
Lebenslauf einprägen 362
Straßenfoto einprägen 364

AUSBILDUNGSPark   7

Inhalte einprägen (Zeitungsausschnitt) 368
Inhalte einprägen (Tatortbericht) 371
Personendatei einprägen 373
Figuren zuweisen 377

6 Prüfung · Teil 6 379

Weitere Tests 380

Wiener Test...380
Postkorbübung 382
Persönlichkeitstest – Variante 1 386
Persönlichkeitstest – Variante 2 399

A Anhang 403

Lösung 404

Abkürzungsverzeichnis 414

Vorwort: im Dienst für Sicherheit und Ordnung

Fragt man Berufseinsteiger nach ihren Wunsch-Arbeitgebern, gehören Polizei, Feuerwehr, Bundeswehr und Zoll zu den häufigsten Antworten. Kein Wunder: Der Dienst zum Schutz des Staates und seiner Bürger ist menschennah, teambezogen, verantwortungsvoll und darüber hinaus extrem vielseitig. Was Berufsbilder und Spezialisierungsmöglichkeiten angeht, stehen zahllose Wege offen. Ob Schutzpolizist, Feuerwehrtaucher, Hubschrauberpilot, Mitglied einer Spezialeinheit oder ganz „normaler" Sachbearbeiter – alles ist möglich.

Insgesamt beschäftigen Polizei, Feuerwehr, Bundeswehr und Zoll mehr als eine halbe Million Mitarbeiter; über die Hälfte davon arbeitet allein bei den Polizeien der 16 Bundesländer. Um interessierten Nachwuchs müssen sich die Behörden beileibe keine Sorgen machen. Jedes Jahr bewerben sich bei ihnen zehntausende Kandidaten, von denen letztlich jedoch nur ein Bruchteil das Auswahlverfahren übersteht. Manchmal gelingt dies lediglich den besten 3–5 Prozent. Dabei sind die Einstellungstests zwar selten einfach, aber immer gerecht.

Die Auswahlprüfung

Beamtenberufe sind attraktiv: Mit der Verbeamtung winken eine zuverlässige Besoldung, eine geregelte Altersversorgung und ein sicherer Arbeitsplatz. Im Gegenzug erwarten die Behörden Verantwortungsbewusstsein, Sozialkompetenz und Motivation. Meist arbeitet man im Schichtdienst und übernimmt – auch im Zoll-Vollzugsdienst – zum Teil gefährliche Aufgaben, die ein Höchstmaß an Zivilcourage, Teamfähigkeit sowie körperlicher und geistiger Fitness erfordern.

Alle erforderlichen Qualifikationen werden im Rahmen des mehrstufigen Einstellungsverfahrens auf die Probe gestellt. Dabei überprüfen die schriftlichen Eignungstests neben den berufsrelevanten Kenntnissen in zentralen Bereichen wie Mathe oder Deutsch auch persönliche Eigenschaften, z. B. Intelligenz, Belastbarkeit und Gründlichkeit. Prinzipiell hat jeder die gleichen Chancen: Wie überall im öffentlichen Dienst zählen bei der Personalauswahl allein Eignung, Befähigung und fachliche Leistung. So will es das Grundgesetz.

Gut vorbereitet mit dieser Prüfungsmappe

Das Durcharbeiten der Prüfungen der letzten Jahre ist ein absolutes Muss für jeden, der sich auf einen Einstellungstest bei Polizei, Feuerwehr, Bundeswehr und Zoll vorbereitet. So erkennen Sie, ob Ihr Kenntnisstand den Anforderungen entspricht. Außerdem lassen sich böse Überraschungen vermeiden, da fast alle aktuellen Prüfungsfragen so oder in ähnlicher Form schon einmal gestellt wurden.

Die vorliegende Prüfungsmappe bietet Ihnen nicht nur zahlreiche originale Testfragen aus den Auswahlverfahren der letzten Jahre, sondern auch kommentierte Lösungen und ausführliche Bearbeitungshinweise. Nehmen Sie sich ausreichend Zeit, das Buch und die Prüfungsbögen konzentriert durchzuarbeiten. Damit haben Sie alles zur Hand, was Sie brauchen, um den Einstellungstest bei Ihrer Behörde sicher zu meistern.

Diese Prüfungsmappe ...

¬ bereitet Sie zielgerichtet auf Ihren Eignungstest bei Polizei, Feuerwehr, Zoll und Bundeswehr vor.

¬ enthält fünf Prüfungen als Muster-Prüfungsbögen.

¬ bietet Ihnen die bestmögliche Prüfungssimulation.

¬ bekämpft die Prüfungsangst – denn das beste Mittel gegen Prüfungsstress und Unsicherheit ist ein fundiertes Wissen durch gezielte Vorbereitung.

¬ vermittelt das notwendige Wissen.

¬ bringt Ihre Allgemeinbildung auf den neuesten Stand und frischt Ihr prüfungsrelevantes Schulwissen auf.

¬ steht für eine Prüfung ohne böse Überraschungen.

Viele zusätzliche Prüfungsfragen und Informationen finden Sie auf unserer Homepage www.ausbildungspark.com. Im Büchershop stehen außerdem weitere Publikationen zu Bewerbungs- und Auswahlverfahren im öffentlichen Dienst und in anderen Branchen bereit.

Eine gute Vorbereitung und viel Erfolg in der Prüfung wünscht

Ihr Ausbildungspark-Team

Kontakt

Ausbildungspark Verlag
Kundenbetreuung
Lübecker Straße 4
63073 Offenbach

Telefon 069-40 56 49 73
Telefax 069-43 05 86 02
E-Mail: kontakt@ausbildungspark.com
Internet: www.ausbildungspark.com

Einführung

Die Einstellungstests bei Polizei, Feuerwehr, Zoll und Bundeswehr.. 12
    Stellensuche und Bewerbung...12
    Auf dem Prüfstand: die Laufbahnqualifikationen 12
    Welche Aufgabentypen gibt es? 12
    Der Testablauf 15
    Ihr Fahrplan für die schriftliche Prüfung 16
    Richtig lernen 17
    Die Testsimulation mit dieser Prüfungsmappe...............................17

Einführung

Die Einstellungstests bei Polizei, Feuerwehr, Zoll und Bundeswehr

Stellensuche und Bewerbung

Die Einladung zum Auswahlverfahren setzt auch bei Polizei, Feuerwehr, Zoll und Bundeswehr erst einmal Stellensuche und Bewerbung voraus. Informieren Sie sich frühzeitig über die Bewerbungsfristen. Die meisten Behörden erwarten Ihre Mappe schon ein gutes Jahr vor dem Einstellungstermin.

Das Bewerbungsschreiben ist – abgesehen von eventuellen Telefonaten vorab – normalerweise das erste Lebenszeichen, das Ihr möglicher zukünftiger Arbeitgeber von Ihnen erhält. Ihre Unterlagen sollten einen dementsprechend seriösen Eindruck machen. Verknickte Loseblattsammlungen mit Kaffeeflecken, in denen das Abschlusszeugnis fehlt, lassen den Personalverantwortlichen erschaudern und führen meist direkt zur Absage.

Da Beamten und Soldaten als Staatsdiener mit ihrem Arbeitgeber eine langjährige Bindung eingehen, ist eine sorgfältige Personalauswahl selbstverständlich. Für den Aufbau der Bewerbungsmappe und die Gliederung von Anschreiben, Lebenslauf & Co. gibt es bestimmte Richtlinien – übrigens auch bei Online-Bewerbungen, die mittlerweile vielerorts akzeptiert werden.

> Genaue Informationen zum Auswahlverfahren der Behörden finden Sie in unserem Buch „Die Bewerbung zur Einstellung bei Polizei, Feuerwehr, Zoll und Bundeswehr" (ISBN: 978-3-941356-29-0).

Auf dem Prüfstand: die Laufbahnqualifikationen

Die Beamtenausbildung baut auf den Kompetenzen auf, die Sie in der Schule und eventuell in einer vorangegangenen Ausbildung bzw. einem Studium erworben haben. Daher sind Zeugnisnoten und Beurteilungen ein wichtiges Auswahlkriterium. Aber nicht das einzige: Denn sie verraten nicht alles über den tatsächlichen Leistungsstand eines Kandidaten, sie sagen nichts aus über schulische Besonderheiten oder den genauen Anspruch der Ausbilder.

Daher setzen die Behörden auf standardisierte Einstellungstests, in denen die Qualifikationen ihrer zahlreichen Bewerber einheitlich, fair und vergleichbar überprüft werden. Grundsätzlich lassen sich die Ansprüche der Laufbahnen grob unterscheiden: Der Schwerpunkt im mittleren Dienst liegt auf praktischen und un-

> ### Alternative Laufbahnnamen
> ¬ **Mittlerer Dienst:** zweites Einstiegsamt in Laufbahngruppe 1; in Bayern: Qualifikationsebene 2
> ¬ **Gehobener Dienst:** erstes Einstiegsamt in Laufbahngruppe 2; in Bayern: Qualifikationsebene 3

terstützenden Tätigkeiten, im gehobenen Dienst sind darüber hinaus Führungsqualitäten gefragt. Hier übernehmen die Beamten bereits leitende Funktionen in der Personalführung und im Arbeitsmanagement. Sprachliche und organisatorische Kompetenzen werden daher generell wichtiger.

Welche Aufgabentypen gibt es?

Die meist am Computer durchgeführten Einstellungstests schöpfen aus einem großen Reservoir an Aufgaben verschiedener Kategorien: Wissen, Sprache, Mathematik, visuelles Denkvermögen, Logik, Orientierung, Erinnerung und Konzentration. Je nach Berufsbild werden aus diesem Fundus unterschiedliche Aufgaben ausgesucht. Viele Fragen sind im Multiple-Choice-Verfahren durch Ankreuzen der richtigen Lösung zu beantworten, bei anderen – vor allem im sprachlichen Bereich – müssen Sie mehr oder weniger umfangreiche Antworten selbst formulieren.

Der Themenbereich „Wissen"

Wissen – ein schier unerschöpfliches Gebiet. Im Einstellungstest wollen die Behörden allerdings meist auf das Gleiche hinaus: Handelt es sich um einen engagierten Bewerber, der Interesse an gesellschaftlichen Vorgängen hat und seinen Horizont ständig erweitert? Wie gut kennt er sich mit den Strukturen und Aufgaben der

Behörde aus? Wer in ein technikaffines Berufsfeld einsteigt – etwa bei der Feuerwehr oder Bundeswehr–, wird außerdem um den Nachweis einschlägiger Vorkenntnisse nicht herumkommen.

Der Wissensteil testet ...

¬ Allgemeinwissen: Staatsbürgerkunde, Politik und Gesellschaft, Wirtschaft und Finanzen, Recht und Kultur

¬ Fachwissen: Kenntnis der Behörde und des Stellenprofils

¬ Technisches Verständnis: praktische Intelligenz, Mechanik und Elektronik

Unter „Allgemeinwissen" verstehen die Behörden zunächst einmal ein breites Verständnis politischer, gesellschaftlicher, kultureller und wirtschaftlicher Zusammenhänge. Ihre Allgemeinbildung halten Sie durch Zeitungslektüre, Nachrichtensendungen und Internetquellen auf dem Laufenden – bleiben Sie am Ball, abonnieren Sie zur Vorbereitung eventuell eine Tageszeitung. Dieses Buch liefert Ihnen das nötige Hintergrundwissen zu den wichtigsten Themenbereichen.

Was Sie im Abschnitt „Fachwissen" erwartet, hängt wiederum stark von der Einstellungsbehörde ab: Wofür ist sie zuständig, wie ist sie organisiert, wo könnten Sie eingesetzt werden? Beim technischen Verständnis schließlich helfen physikalische Neugier und handwerkliche Basiskompetenzen, wenn (elektro-)mechanische Konstruktionen zu durchschauen und physikalische Phänomene zu erklären sind. In den Lösungskommentaren erfahren Sie Genaueres zu Funktionsprinzipien und naturwissenschaftlichen Gesetzen.

Die „Sprachbeherrschung"

Mit Bürgern reden und Protokolle schreiben, Gesetze verstehen und sie anderen erklären – das setzt Sprachvermögen voraus. Häufig werden die sprachlichen Grundkenntnisse durch Auswahl- oder Einsetzübungen geprüft, bei denen die richtigen Satzzeichen, Schreibweisen, Präpositionen oder Konjunktionen zu bestimmen sind.

Neben der einwandfreien Beherrschung von Rechtschreibung, Satzbau und Grammatik ist oft auch ein hohes Maß an Textverständnis erwünscht. In dem entsprechenden Prüfungsteil kann es unter anderem darum gehen, Rechtsvorschriften auf eine vorgegebene Situation anzuwenden oder den Inhalt eines kurzen Textes sinngemäß in eigenen Worten wiederzugeben. Wohlgemerkt: Dabei ist keine weitschweifige Interpretation gefragt, sondern die knappe Auskunft auf präzise Fragen.

Der Sprachteil prüft ...

¬ Rechtschreibung (mit Zeichensetzung)

¬ Grammatik

¬ Text- und Sprachverständnis

¬ Ausdrucksfähigkeit, Wortschatz

¬ evtl. Fremdsprachenkenntnisse

Die Königsdisziplin im Bereich der schriftlichen Ausdrucksfähigkeit ist schließlich das Verfassen von problembezogenen (Kurz-)Aufsätzen. Hier geht es darum, eine vorgegebene Fragestellung logisch strukturiert, sprachlich flüssig und unter Beachtung möglichst aller relevanter Aspekte zu erläutern, die verschiedenen Pro- und Contra-Argumente sorgfältig gegeneinander abzuwägen und schließlich ein gut begründetes Fazit zu ziehen. Natürlich zählen auch hier Rechtschreibung und Grammatik.

Das „mathematische Verständnis"

Die Grundrechenarten zu beherrschen, ist für jeden Beruf wichtig. Beim Zoll ist eine exzellente Rechenfertigkeit sogar schlicht unverzichtbar, wenn Steuern und Abgaben nach gesetzlichen Vorgaben exakt zu berechnen sind. Die nötige Sicherheit im Umgang mit Zahlen beweist, wer auch ohne Hilfsmittel zuverlässig und schnell rechnen kann: wenn beispielsweise fehlende Rechenzeichen zu ergänzen oder kleinere Rechenoperationen im Kopf durchzuführen sind oder das Ergebnis größerer Operationen per Überschlag zu schätzen ist. Natürlich ist bei komplizierteren Aufgaben zu Brüchen und Prozenten in der Regel ein Taschenrechner erlaubt.

Der mathematische Teil beinhaltet ...

¬ Grundrechenarten

¬ Überschlags- und Kopfrechnen

¬ Textaufgaben

¬ Bruch- und Prozentrechnung

Nicht nur auf Rechenkünste, sondern auch auf konzentriertes Lesen kommt es bei mathematischen Textaufgaben an. Häufig sind dabei unbekannte Werte mithilfe des Dreisatz-Verfahrens zu ermitteln. Bringen Sie zur Vorbereitung Ihr Schulwissen noch

Einführung

einmal gründlich auf Vordermann. Aber auch wer sich mit Mathe etwas schwerer tut, muss die Flinte nicht gleich ins Korn werfen: Die Testaufgaben sind im Allgemeinen ziemlich ähnlich, so dass sich die typischen Vorgehensweisen und Lösungswege sehr gut trainieren lassen.

Das „visuelle Denkvermögen"

In Aufgaben zum visuellen Denkvermögen werden Sie häufig mit Faltvorlagen konfrontiert, die Sie (im Geiste) zu dreidimensionalen Körpern zusammenbasteln können – nur zu welchen? Noch etwas strapaziöser für die Aufmerksamkeit sind Würfelaufgaben, bei denen nach allerlei (imaginären) Dreh- und Kippvorgängen diejenigen Oberflächen des Würfels skizziert werden sollen, die am Ende sichtbar sind.

Im zweidimensionalen Bereich geht es um Wegstrecken, abstrakte Muster, zusammengesetzte Flächen, Drehungen und Spiegelbilder. Der Trainingseffekt im Bereich der räumlichen Vorstellungskraft setzt schnell ein und ist sehr nachhaltig: Wer einmal einen Blick für Körper und Flächen entwickelt hat, profitiert noch lange im Nachhinein davon.

> **Das visuelle Denkvermögen untersucht ...**
>
> ¬ räumliches Vorstellungsvermögen: Faltvorlagen zusammenbauen, Würfel drehen
>
> ¬ visuelle Auffassungsgabe: Figurenfolgen und Matrizen, Analogien, Spiegelungen

Das „logische Denken"

Komplexe Sachlagen überblicken, verschiedene Handlungsalternativen systematisch durchdenken: Diese Fähigkeiten werden bei jeder Behörde gebraucht. Um sie zu testen, gibt es unterschiedliche Aufgabentypen, in denen Buchstaben, Wörter, Sätze, Zahlen, Symbolreihen, Figuren oder Diagramme vorkommen. Sprachlogische Fragen fordern etwa dazu auf, bestimmte Analogien herzustellen: Ast verhält sich zu Baum wie Rad zu was? Eine mögliche Antwort wäre hier Auto, da das Rad ebenso ein Teil des Autos ist, wie der Ast zum Baum gehört.

> **Der Logikteil umfasst ...**
>
> ¬ Sprachanalytische Aufgaben: Wortverhältnisse, Aussagen und Texte erschließen
>
> ¬ Ergänzungsaufgaben: Buchstaben- und Zahlenreihen fortsetzen
>
> ¬ Interpretationsaufgaben: Schaubilder und Diagramme verstehen

Ebenfalls zur Sprachlogik zählt die beliebte Aufgabe „Meinung vs. Tatsache", bei der Sie allgemeingültige (objektive) Fakten von rein persönlichen (subjektiven) Ansichten unterscheiden müssen. Oder Sie finden zu gegebenen Begriffen den passenden Oberbegriff, bestimmen gegensätzliche bzw. gleichbedeutende Wortpaare, setzen Buchstaben- oder Zahlenreihen richtig fort, finden heraus, nach welchen „Bauanleitungen" abstrakte Muster konstruiert sind, interpretieren Statistiken und Schaubilder und ziehen sinnvolle Schlüsse aus gegebenen Aussagen.

Das „Orientierungsvermögen"

„Was ist wo auf dem Stadtplan?" Diese Frage kann für Sie im Einsatz unter Umständen einmal ganz praktisch von Bedeutung sein. Daher legen die Behörden gesteigerten Wert auf die Orientierungsfähigkeit ihrer Beamten-Anwärter und widmen ihr einen eigenen Abschnitt im Einstellungstest. Im Allgemeinen geht es in diesem Aufgabenbereich darum, sich in zweidimensionalen Anordnungen zurechtzufinden.

> **Der Orientierungstest verlangt ...**
>
> ¬ Wegstrecken und Standorte einprägen
>
> ¬ Labyrinthausgänge finden, Laufpfade verfolgen

Ganz konkret finden Sie etwa den Ausweg aus einem Labyrinth oder folgen dem Verlauf ineinander verknäulter Linien. Dass Orientierungsvermögen und Merkfähigkeit mitunter eng zusammenhängen, lässt sich bei verschiedenen Kartenaufgaben erkennen, bei denen Sie markierte Einrichtungen wiederfinden oder vorgegebene Wegstrecken nachvollziehen sollen.

Das „Erinnerungsvermögen"

Aus den Augen, aus dem Sinn? Kein gutes Motto für einen Polizeibeamten, der unter Umständen zu gerichtlich belastbaren Auskünften gebeten wird. Aber auch angehende Feuerwehrleute, Zöllner und Soldaten

www.ausbildungspark.com

Die Einstellungstests bei Polizei, Feuerwehr, Zoll und Bundeswehr

> **Das Erinnerungsvermögen besteht aus ...**
>
> ¬ Einprägen und Wiedergeben von Text- und Bildinformationen
>
> ¬ Wiedererkennen von Figuren, Zahlen und Wörtern, ggf. in Kombination

sollten die gelernten Ausbildungsinhalte nicht bereits am Einstellungstag wieder vergessen haben. Zur Überprüfung der Merkfähigkeit werden Ihnen verschiedene Informationen in Text- und/oder Bildgestalt vorgelegt, an die Sie sich in den darauffolgenden Abfragerunden erinnern müssen.

Bei anderen Aufgabentypen prägen Sie sich Figuren, Zahlen oder Wörter – einzeln oder in Form kombinierter Paare – ein. Diese Elemente müssen Sie anschließend in einer üblicherweise recht umfangreichen Liste wiedererkennen, wobei Ihnen eventuell enge Zeitgrenzen das Leben zusätzlich schwer machen können. Ein regelmäßiges Training des Erinnerungsvermögens erhöht die Treffsicherheit bei Auswahlaufgaben und verbessert die allgemeine Merkfähigkeit.

Das „Konzentrationsvermögen"

Mit Konzentrationsvermögen ist die Fähigkeit gemeint, ein gewisses Arbeitspensum auch unter Zeitdruck bewältigen zu können, ohne dabei den Kopf zu verlieren. Getestet werden in erster Linie Leistungsfähigkeit und Arbeitseffizienz, d. h. Bearbeitungsgeschwindigkeit und Gründlichkeit zugleich.

> **Das Konzentrationsvermögen schließt ein ...**
>
> ¬ Sortieraufgaben: Aktenschrank, Produktschlüssel
>
> ¬ Suchaufgaben: p/q-Test
>
> ¬ Erinnerungsaufgaben: Steckbrief, Unfallbericht

Besonders anspruchsvoll sind die Aufgaben an sich bisweilen nicht. Der p/q-Test beispielsweise – auch in seinen Variationen als O/Q-Test oder b/d-Test bekannt – besteht aus nichts anderem als ziemlich eintönigen Buchstabenfolgen, in denen Sie die Anzahl aller „p"s bestimmen sollen. Andere Konzentrationsaufgaben bestehen darin, einem Produkt anhand einer Tabelle den entsprechenden Zahlenschlüssel zuzuweisen oder Akten in ein Ablagesystem einzuordnen.

Unterschätzen Sie diese Aufgabenstellungen nicht: Das Zeitlimit sorgt für Stress. Halten Sie die Bearbeitungszeiten ein, die in dieser Prüfungsmappe vorgegeben sind, um Ihre Arbeitsgeschwindigkeit realistisch einzuordnen.

Der Testablauf

Mit der Einladung zum Einstellungstest sind Sie Ihrem Wunschberuf einen großen Schritt näher gekommen. Nun beginnt die Vorbereitungsphase. Inzwischen wissen Sie natürlich schon ein wenig darüber, was Sie im Auswahltest erwartet: die Überprüfung des vorausgesetzten Wissens und Geschicks ebenso wie die Kontrolle allgemeiner logischer und persönlicher Kompetenzen. Wie aber läuft das Procedere konkret ab?

Die Prüfungssituation

Der Tag der Wahrheit ist endlich gekommen; Sie und Ihre Mitbewerber sammeln sich vor dem Prüfungsraum. Aufgeregt wird der eine oder andere von fiesen Trickfragen und unlösbaren Kniffeleien berichten – das meiste davon sind Gerüchte, die auf nichts als Hörensagen beruhen. Zwar werden Sie mit Sicherheit auf unbekannte Fragen stoßen und wahrscheinlich in der vorgegebenen Zeit nicht alle korrekten Lösungen finden. Das müssen Sie aber auch nicht, da nur ein bestimmter Prozentsatz der Maximalpunktzahl nötig ist, um den Test zu bestehen. Außerdem sind auch die unbekannten Aufgaben nach bestimmten Grundsätzen aufgebaut, die Ihnen nach der Bearbeitung der vorliegenden Prüfungsmappe nicht unbekannt vorkommen dürften.

Nachdem alle Bewerber zum Test erschienen sind, wird Sie der Prüfer begrüßen, sich kurz vorstellen und dann die Einzelheiten des Testablaufs klären: welche Hilfsmittel zugelassen sind – z. B. Taschenrechner und Lineal, Stift und Papier werden meist gestellt –, welche Zeitvorgaben es gibt usw. Fragen Sie schon vorher nach, was Sie von zu Hause mitbringen dürfen oder sollen.

Bei der Zeiteinteilung gibt es unterschiedliche Vorgehensweisen: Wenn der Prüfer Ihnen eine feste Bearbeitungsdauer zur Bearbeitung des gesamten Tests angibt, dürfen Sie normalerweise hin- und herspringen, besonders unangenehmen Aufgaben ausweichen und zum nächsten Teil übergehen, wenn Sie wollen. Es kommt aber auch vor, dass Sie der Prüfer durch den Test begleitet und Ihnen genau sagt, wann und wie lange Sie einen Aufgabenteil bearbeiten sollen. Blättern Sie in diesem Fall nicht einfach zu anderen Abschnitten um – im Extremfall könnte das zu Ihrer Disqualifikation führen.

Ihr Fahrplan für die schriftliche Prüfung

▶ Fragen Sie frühzeitig nach: Welche Hilfsmittel (z. B. Taschenrechner) dürfen Sie benutzen? Welche Materialien (Stift, Papier, Lineal …) müssen Sie mitbringen, welche werden Ihnen gestellt?

▶ Verschieben Sie Ihren Prüfungstermin bei schwereren Erkrankungen.

▶ Erscheinen Sie ausgeschlafen und pünktlich, planen Sie genügend Zeitreserve für Verzögerungen ein. Aber vergessen Sie das Frühstück nicht: Wer mit nüchternem Magen in die Prüfung geht, baut schnell ab und ist weniger leistungsfähig.

▶ Hören Sie den Erklärungen und Anweisungen der Prüfungsleiter aufmerksam zu. Nur so erfahren Sie, wie der Test abläuft und wie Sie dabei vorgehen müssen.

▶ Studieren Sie die allgemeinen Bearbeitungshinweise sorgfältig, klären Sie eventuelle Verständnisfragen nach Möglichkeit vor Testbeginn.

▶ Behalten Sie die Uhr im Auge und teilen Sie sich Ihre Zeit gut ein.

▶ Achten Sie jederzeit auf die Hinweise Ihrer Prüfungsleiter.

▶ Wenn ein „Blackout" droht: durchatmen, einen Schluck Wasser trinken und erst einmal leichtere Aufgaben in Angriff nehmen.

▶ Lesen Sie jede Aufgabenstellung gründlich durch und halten Sie sich an vorgegebene Bearbeitungswege.

▶ In Multiple-Choice-Tests werden falsche Antworten in der Regel nicht bestraft. Setzen Sie auch dann ein Kreuz, wenn Sie nicht ganz sicher sind – einen Versuch ist es wert. (Achtung: Wenn mehrere richtige Lösungen anzugeben sind, gibt es für falsche Kreuze Abzüge!)

▶ Lassen Sie sich nicht aus der Ruhe bringen. Die Tests sind so konzipiert, dass kaum jemand im vorgegebenen Zeitrahmen alle Aufgaben korrekt lösen kann.

▶ Anstatt an einer Aufgabe zu verzweifeln, gehen Sie lieber zur nächsten über. Mit den übersprungenen Fragen können Sie sich – begonnen mit der leichtesten – im Idealfall noch am Schluss beschäftigen.

▶ Planen Sie etwas Zeit ein, um Ihre Lösungen auf Flüchtigkeits- und andere Fehler zu kontrollieren.

▶ Machen Sie etwaige Korrekturen stets eindeutig und nachvollziehbar.

Richtig lernen

Welche Fragen in Ihrem Auswahltest genau gestellt werden, das könnten Ihnen nur die Prüfer selbst beantworten – und die werden es nicht tun. Trotzdem können Sie sich auf alle Prüfungsinhalte gut vorbereiten: zum einen, indem Sie Ihre Wissensbasis verbreitern, verschiedene Aufgabentypen und Lösungswege kennen lernen; zum anderen, indem Sie sich an die Prüfungssituation und den Testablauf gewöhnen. Aber auch das Lernen selbst will gelernt sein. Mit den richtigen Methoden fällt eine gute Vorbereitung leichter.

Informationen sammeln: Bringen Sie mehr über Ihren künftigen Arbeitgeber und den angestrebten Beruf in Erfahrung, recherchieren Sie im Internet und sprechen Sie mit Ihrem Einstellungsberater. So bringen Sie Ihr berufsbezogenes Wissen auf Vordermann. Vielleicht erfahren Sie auch noch einige zusätzliche Details über Ablauf und Inhalte – Fragen kostet nichts.

Bildung verbreitern: Eine gute Allgemeinbildung bringt in jedem Einstellungstest Vorteile. Informieren Sie sich daher über das aktuelle Zeitgeschehen. Möglichkeiten dafür gibt es viele, ob via Internet, Radio, Fernsehen oder Zeitung. Wer sich kein Zeitungsabonnement leisten will, findet in Bibliotheken Exemplare aller großen Tageszeitungen zur Gratis-Lektüre.

Pausen einplanen: In der Vorbereitungsphase von früh bis spät zu büffeln und dann noch die Nacht zum Tag zu machen, ist nicht besonders effektiv. Gönnen Sie sich ausreichend Schlaf und regelmäßige Verschnaufpausen. Bewährt hat sich die Einteilung in Lernblöcke: nach 30 Arbeitsminuten 5 Minuten abschalten, alle 90 Minuten für eine Viertelstunde pausieren, nach jeweils vier Stunden 1–2 Stunden unterbrechen.

Die Testsimulation mit dieser Prüfungsmappe

Die vorliegende Prüfungsmappe ist so konzipiert, dass Sie den schriftlichen Einstellungstest möglichst realistisch simulieren und seinen Ablauf wirklichkeitsnah nachvollziehen können. Wir empfehlen Ihnen folgende Vorgehensweise für eine effektive Vorbereitung:

- ¬ Bearbeiten Sie den ersten Test, bevor Sie die Lösungshinweise und Antworten in diesem Buch lesen.
- ¬ Legen Sie sich Bleistift und Papier, einen Taschenrechner, einen Radiergummi und eine Stoppuhr griffbereit.
- ¬ Folgen Sie den Bearbeitungshinweisen.
- ¬ Überspringen Sie keine Kapitel.
- ¬ Halten Sie sich an die Zeitvorgaben – kontrollieren Sie dies mit der Stoppuhr.
- ¬ Bearbeiten Sie immer erst einen vollständigen Prüfungsbogen, bevor Sie die dazugehörigen Antworten im Lösungsbuch nachschlagen.
- ¬ Vergleichen Sie Ihre Testergebnisse in den Prüfungsbögen. Machen Sie sich Ihre Fortschritte bewusst, aber finden Sie auch heraus, in welchem Bereich noch Schwachstellen liegen.
- ¬ Nutzen Sie das Lösungsbuch, um Ihr Verständnis der Testaufgaben zu vertiefen und einzelne Themen intensiver aufzuarbeiten.

Dieses Lösungsbuch liefert Ihnen zu jeder Frage sowohl die korrekte Antwort als auch umfangreiche Bearbeitungshinweise und einen ausführlich kommentierten Lösungsweg. Nehmen Sie sich die Zeit, das Prinzip der Aufgaben vollständig zu verstehen, bevor Sie weiterarbeiten. So gehen Sie gut gerüstet in Ihre schriftliche Prüfung.

Wir wünschen Ihnen viel Erfolg!

Prüfung · Teil 1

Sprachbeherrschung **20**

Aufsatz 20
Diktat 21
Zeugenaussage 22
Textverständnis prüfen 23
Gesetzestext anwenden 25
Zeitungsbericht wiedergeben 28
Bericht zum Thema schreiben 29
Bericht schreiben zur Situationsbeobachtung 30
Schriftliche Erörterung (Pro und Contra) 32
Lückentext Konjunktionen 33
Lückentext Präpositionen 35
Infinitive bilden 36
Satzgrammatik 37
Grundkenntnisse der deutschen Grammatik 40
Rechtschreibung 41
Rechtschreibung Straßennamen 43
Rechtschreibung Lückentext 46
Groß- und Kleinschreibung 51
Kommasetzung 56
Sätze puzzeln 60
Satzreihenfolge 66
Lückentext Sprichwörter 71
Bedeutung von Sprichwörtern 74
Gegenteilige Begriffe 77
Gleiche Wortbedeutung (ankreuzen) 78
Fremdwörter zuordnen 79
Englisch: Rechtschreibung 80
Englisch: Zeitformen 82
Eines von fünf Wörtern passt nicht 84
Charaktereigenschaften finden 86
Kreative Sätze bilden 88

Prüfung · Teil 1

Sprachbeherrschung

Aufsatz

Bitte verfassen Sie einen kurzen Aufsatz zum Thema: „Warum haben Sie sich für diesen Beruf entschieden?"

Musteraufsatz

Ich habe mich aus verschiedenen Quellen über den Polizeiberuf informiert und dabei festgestellt, dass er mir gefällt und gut zu mir passt. Durch das Berufsinformationszentrum der Agentur für Arbeit, das Internet und auf einem Messestand der Polizeischule in Frankfurt konnte ich mich umfangreich erkundigen. Daher bin ich davon überzeugt, dass ich alle wichtigen Voraussetzungen für eine Ausbildung zum Polizeibeamten mitbringe und meine Fähigkeiten und Eigenschaften sinnvoll in diese Berufsausbildung einbringen kann.

Die Hauptaufgabe der Polizei besteht in der Aufrechterhaltung der inneren Sicherheit. Dabei geht es um den Schutz der Gesellschaft und des Staates vor Kriminalität, Terrorismus und vergleichbaren Bedrohungen, die sich aus dem Inneren der Gesellschaft selbst heraus entwickeln. Die Polizei hat die Aufgabe, mögliche Gefahren für die öffentliche Sicherheit und Ordnung abzuwehren.

Für einen Polizisten ist kein Tag wie der andere. Ständig steht man in verschiedenen Situationen, in denen man schnell und überlegt handeln und anderen Menschen helfen muss. Der Umgang mit Menschen bereitet mir viel Spaß und Freude. Als aufgeschlossener und freundlicher Mensch habe ich keine Mühe, den Kontakt zu Menschen herzustellen und ihnen zu helfen. Durch meine gewählte Ausdrucksweise, höfliche Art und sicheres Auftreten und Verhalten kann ich bei Problemen und Eskalationen förderlich mitwirken und helfen.

Aufgrund meiner schnellen Auffassungsgabe, Motivation und Flexibilität wird es mir leichtfallen, die Zusammenhänge zwischen den einzelnen Bereichen und Aufgaben der Polizei herzustellen. Da ich eine sehr zuverlässige und aufrichtige Person bin, jederzeit für die demokratische Grundordnung eintrete und das Grundgesetz als Basis unseres freiheitlichen Staates sehr schätze, würde ich auch gerne beruflich dafür eintreten.

Ich bin lernwillig und Neuem gegenüber aufgeschlossen. Das Arbeiten im Team bereitet mir große Freude, da man gemeinsam bessere Ergebnisse erzielen und voneinander lernen kann. Zudem gewährt ein hohes Maß an Belastbarkeit, dass ich für diesen Beruf der geeignete Kandidat bin.

Erläuterung des Aufsatzes

Es geht nicht darum, dass Sie für Ihre Prüfung diesen Musteraufsatz auswendig lernen oder kopieren. Dieser Musteraufsatz ist nur eine Möglichkeit der Darstellung. Ein Aufsatz mit der Fragestellung der Berufsentscheidung muss natürlich auf Ihre Person bezogen sein.

Folgende Punkte sollten Sie dazu auf Ihre Person abgestimmt thematisieren:

¬ Sie haben sich über das Berufsbild des Polizisten informiert und können dazu Ihre Informationsquellen angeben.

¬ Sie kennen sich mit dem Berufsbild gut aus und können dieses in Grundzügen in eigenen Worten beschreiben.

¬ Sie können Basisinformationen über die Polizei und staatliche Grundordnung einbringen.

¬ Sie können Ihre persönlichen Qualifikationen benennen, die Sie für die Ausbildung qualifizieren.

¬ Sie geben Ihrem Willen Ausdruck, dass Ihnen viel daran liegt, den Ausbildungsplatz zu bekommen.

Optimal ist es, wenn Sie in diesem Teil kurz und verständlich begründen können, weshalb man sich für Sie entscheiden sollte. Zudem geht es darum zu sehen, wie Sie an ein Thema herangehen, ob Sie es sinnvoll gliedern können und sinnvoll argumentieren. Zugleich werden mit dem Aufsatz Ihre Rechtschreibkenntnisse und Ihr Wortschatz überprüft. Zehn Minuten sind nicht viel Zeit, um den Aufsatz sauber und vernünftig zu formulieren. Daher ist es empfehlenswert, dieses im Voraus mehrmals zu üben. Achten Sie darauf, dass Ihre Schrift leserlich ist und Sie das Formular zur Verfassung des Aufsatzes ordentlich beschrieben abgeben.

Sprachbeherrschung: Diktat

Sprachbeherrschung

Diktat

Um das Diktat zu üben, lassen Sie sich diesen Text bitte vorlesen. Werten Sie das Diktat dann im Vergleich mit der Vorlage sorgfältig aus und vergessen Sie dabei nicht die Zeichensetzung. Sie sollten zum Bestehen des Tests nicht mehr als 15 Fehler begehen – je weniger Fehler Sie machen, desto besser ist das für Ihr Gesamtergebnis.

Massenkarambolage auf der Autobahn

Auf der A66 bei Frankfurt ereignete sich vergangenen Sonntag ein skurriler Unfall, eine Vielzahl von Verkehrsteilnehmern samt Vehikel waren verwickelt. Der Unfall ereignete sich praktisch vor Publikum. Passanten, die das Szenario beobachteten, gaben das Folgende zu Protokoll:

Nach einem Regenschauer geriet ein Audi samt Pferdetransporter auf dem Weg in Richtung Wiesbaden auf der nassen Fahrbahn ins Schleudern. Als der Fahrer das Fahrzeug allmählich wieder unter Kontrolle hatte, am Seitenstreifen anhielt und nach dem Pferd sehen wollte, drehte das Pferd endgültig durch, sprang aus dem Anhänger und verschwand galoppierend in ein nahe liegendes Waldstück. Da das Tier über die Fahrbahn lief, wurden andere Autofahrer irritiert. So verlor nämlich eine 36-Jährige die Kontrolle über ihren Passat, geriet ins Schleudern, prallte gegen die Außenschutzplanke und blieb entgegen der Fahrtrichtung auf der Fahrbahn stehen. Die Frau gab nach der Befragung durch die Polizisten an, sie habe gedacht, eine Halluzination zu erleben, da sie in ebendem Moment, als das Pferd erschien, an ein Pferdekarussell gedacht hatte. Ein Golf-Fahrer reagierte zu spät, sein Fahrzeug prallte in den Passat und der offensichtlich nicht angeschnallte Fahrer wurde aus dem Fahrzeug geschleudert. Er musste ins Krankenhaus gebracht und in der Chirurgie noch am selben Abend operiert werden; der Betroffene ist mittlerweile außer Lebensgefahr.

Getreu dem Prinzip einer Kettenreaktion entstand nun ein regelrechtes Chaos. Ein Lkw, der Jalousien und Ventilatoren transportierte, musste aufgrund der Verkehrbehinderung scharf bremsen; hierbei verlor er einen Großteil der Waren. Ein weiterer Lkw, der Pkws transportierte, war ebenso verwickelt; durch den Auffahrunfall wurde die Hydraulik des Transporters zerstört, die Pkws rutschten von der Ladefläche auf die Fahrbahn, weitere Pkws fuhren auf. Als die Polizeibeamten vor Ort erschienen, mussten sie sich ihren Weg durch das Labyrinth aus Lkws, Pkws, Ventilatoren, Jalousien und anderen Gegenständen bahnen.

Bedeutendster Unfallteilnehmer war der Fußballspieler Sebastian Kehl, der auf dem Weg von einem Münchener Rehabilitationszentrum war, in dem er sich einer Kernspintomografie hatte unterziehen müssen. Das Resümee des Fußballers: „Der Unfall war Chaos auf höchstem Niveau. Die Polizisten mussten an die Unfallteilnehmer appellieren, nicht die Fassung zu verlieren." Der durch den Unfall entstandene Schaden wird auf 850.000 € beziffert.

Dieser Text ist frei erfunden.

AUSBILDUNGSPark

Prüfung · Teil 1

Sprachbeherrschung

Zeugenaussage

Zeugenaussage Frau Müller zum Vorfall vom 15.06.2011

Am Mittwoch, den 15.06.2011, fuhr Frau Müller gegen 14.00 Uhr mit dem Fahrrad von der Arbeit nach Hause. Als sie mit dem Fahrrad auf der Frankfurter Straße fuhr, hörte sie Schreie aus einem Waldstück. Sie näherte sich dem Waldstück und sah, wie ein unbekannter Mann ein junges Mädchen gegen dessen Willen in unwegsames Gelände zerrte. Der Mann war ca. 190 cm groß, hatte einen Vollbart, langes Haar und trug eine schwarze Jeanshose. Er sah ungepflegt und etwas verstört aus. Über dem Auge hatte er eine Schnittwunde von ca. 2 cm. Er trug zudem eine schwarze Lederjacke und schwarze Handschuhe. Frau Müller ist beiden Personen daraufhin gefolgt und konnte sehen, wie der unbekannte Mann das junge Mädchen hinter eine Lagerhalle verschleppte und dann in einem roten Mercedes Jeep davonfuhr. Das junge Mädchen war ca. 6 Jahre alt, trug hellblondes und schulterlanges Haar und war mit einem roten Oberteil sowie mit einer blauen Jeanshose bekleidet. Sie fuhren mit dem Geländewagen in den Stadtwald zwischen Frankfurt und Neu-Isenburg. Dort verlor Frau Müller beide Personen aus den Augen. Frau Müller hat den Vorfall umgehend der Polizei gemeldet. Es wird angenommen, dass es sich hierbei um eine Kindesentführung handelt.

Dieser Text ist frei erfunden.

Erläuterung zur Zeugenaussage

Nachdem Sie sich die Zeugenaussage durchgelesen haben, sollten Sie die wichtigen von den unwichtigen Informationen trennen und in einem schriftlichen Bericht sachlich, verständlich, knapp und korrekt zusammenfassen. Vermeiden Sie Gefühle, Gedanken, Ausrufe und Vergleiche. Der Berichtende stellt keine persönliche Meinung, sondern den Sachverhalt in den Mittelpunkt.

Nutzen Sie möglichst keine wörtliche Rede und bleiben Sie in der einfachen Vergangenheitsform (Präteritum). Beachten Sie dabei, dass auf Grundlage dessen weitere polizeiliche Ermittlungen eingeleitet werden sollen.

Beim Verfassen eines schriftlichen Berichtes sollten Sie folgenden Aufbau befolgen:

Einleitung

Wo:	Ort des Geschehens
Wann:	Uhrzeit und Datum des Geschehens
Wer:	Beteiligte Personen
Was:	Art des Geschehens (z. B. Verkehrsunfall, Überfall etc.)

Hauptteil

Was/Wie/Warum:	Einzelheiten zum Geschehen
	Die zeitliche Reihenfolge exakt einhalten
	Mögliche Begründungen aufnehmen
	Keine Spannungskurve aufbauen
	Der Bericht sollte gradlinig, sachlich und ohne Höhepunkte geschrieben sein

Schluss

Welche Folgen:	Folgen des Geschehens
	Ergebnisse

Sprachbeherrschung: Textverständnis prüfen

Sprachbeherrschung

Textverständnis prüfen

Bei dieser Aufgabe wird ihr Textverständnis geprüft.

§ 1 Aufgaben der Verwaltungsbehörden und der Polizei

(1) Die Verwaltungsbehörden und die Polizei haben gemeinsam die Aufgabe der Gefahrenabwehr. Sie treffen hierbei auch Vorbereitungen, um künftige Gefahren abwehren zu können. Die Polizei hat im Rahmen ihrer Aufgabe nach Satz 1 insbesondere auch Straftaten zu verhüten.

(2) Die Polizei wird in den Fällen des Absatzes 1 Satz 1 tätig, soweit die Gefahrenabwehr durch die Verwaltungsbehörden nicht oder nicht rechtzeitig möglich erscheint. Verwaltungsbehörden und Polizei unterrichten sich gegenseitig, soweit dies zur Gefahrenabwehr erforderlich ist.

(3) Der Schutz privater Rechte obliegt den Verwaltungsbehörden und der Polizei nach diesem Gesetz nur dann, wenn gerichtlicher Schutz nicht rechtzeitig zu erlangen ist und wenn ohne verwaltungsbehördliche oder polizeiliche Hilfe die Verwirklichung des Rechts vereitelt oder wesentlich erschwert werden würde.

(4) Die Polizei leistet anderen Behörden Vollzugshilfe (§§ 51 bis 53).

(5) Die Polizei hat ferner die Aufgaben zu erfüllen, die ihr durch andere Rechtsvorschriften übertragen sind.

Die Bestimmungen entstammen dem „Niedersächsischen Gesetz über die öffentliche Sicherheit und Ordnung" in der aktuell gültigen Fassung vom 19. Januar 2005.

Erläuterung zum Textverständnis

Als Polizist sollten Sie über Ihre Aufgaben und Rechte im Klaren sein – das setzt voraus, dass Sie auch komplizierte Gesetzestexte verstehen können. Diese gliedern sich in durchnummerierte Paragraphen (§), Absätze (im vorliegenden Fall (1)–(5)) und schließlich einzelne Sätze. Aufgaben zum Textverständnis zählen zum Standardrepertoire beim Einstellungsverfahren der Polizei.

Versuchen Sie besser nicht, den vorliegenden Paragraphentext komplett auswendig zu lernen: Es geht hier nicht um Ihr „fotografisches Gedächtnis". Konzentrieren Sie sich stattdessen auf die Kernaussagen der einzelnen Abschnitte, die Sie ohne Weiteres in eigenen Worten wiedergeben können, solange ihr Sinn beibehalten wird. Achten Sie bei Ihrer Antwort auf einen logischen Aufbau und eine korrekte Rechtschreibung.

Musterantworten

1. **Was ist die zentrale Aufgabe von Polizei und Verwaltungsbehörden?**

Die zentrale Aufgabe der Polizei und der Verwaltungsbehörden wird in Absatz (1) genannt – sie besteht in der Gefahrenabwehr. Alle weiteren Bestimmungen zielen auf diese oberste Prämisse der Behörden- und Polizeiarbeit ab.

2. **Was unternehmen Polizei und Verwaltungsbehörden nach Absatz (1) auch, um ihre zentrale Aufgabe wahrzunehmen?**

Nach Absatz (1) übernehmen Polizei und Verwaltungsbehörden auch die Präventionsarbeit: Die Polizei soll also nicht nur auf bereits existierende Gefahren reagieren, sondern auch verhindern, dass sie überhaupt entstehen. Dazu trifft sie „Vorbereitungen, um künftige Gefahren abwehren zu können". Insbesondere nennt der Gesetzestext die vorbeugende Verhütung von Straftaten.

AUSBILDUNGSPark   23

Prüfung · Teil 1

3. Wann darf die Polizei überhaupt tätig werden?

Die Polizei darf gemäß Absatz (2) des Gesetzes tätig werden, „soweit die Gefahrenabwehr durch die Verwaltungsbehörden nicht oder nicht rechtzeitig möglich erscheint". Das Gesetz formuliert also gewissermaßen einen Vorbehalt: Ein polizeilicher Eingriff ist erst dann erforderlich, wenn die Gefahr nicht auf anderem Wege durch die Verwaltungsbehörden (z. B. Justiz, Ordnungsamt, Jugendamt … – dies wurde in der Aufgabenstellung nicht angegeben) abgewehrt werden kann.

4. Wann greift die Polizei zum Schutz privater Rechte ein?

Die Polizei ist nicht grundsätzlich mit dem Schutz privater Rechte betraut und nicht mit einem privaten Sicherheitsdienst zu verwechseln, der z. B. zur Absicherung privater Veranstaltungen nach Belieben bestellt werden kann. Polizei und Verwaltungsbehörden übernehmen die Schutzleistung nach Absatz (3) des Gesetzes nur, wenn „gerichtlicher Schutz nicht rechtzeitig zu erlangen ist und wenn ohne verwaltungsbehördliche oder polizeiliche Hilfe die Verwirklichung des Rechts vereitelt oder wesentlich erschwert werden würde". Auch hier wird ein Vorbehalt formuliert: Der Schutz von Privatrechten obliegt der Polizei nur dann, wenn er auf anderem (gerichtlichem, behördlichem) Wege nicht zu gewährleisten ist.

5. Wann und wie arbeitet die Polizei laut dem vorliegenden Text mit anderen Behörden zusammen?

Über die Zusammenarbeit mit den Behörden geben die Absätze (2) und (4) des vorliegenden Textes Auskunft. Zum einen kooperieren Polizei und Verwaltungsbehörden bei der Gefahrenabwehr – die die Polizei übernimmt, wenn die Behörden sie nicht sicherstellen können –, zum anderen leistet sie den Behörden Vollzugshilfe: So kann z. B. das Ordnungsamt die Polizei bitten, eine gefährliche Person mithilfe von unmittelbarem Zwang (etwa durch körperliche Gewalt, die Beamte des Ordnungsamts nicht ausüben dürfen) in Gewahrsam zu nehmen.

Sprachbeherrschung

Gesetzestext anwenden

In dieser Aufgabe wird ihr Sprachverständnis geprüft.

Erläuterung zum Textverständnis

Für Polizeibeamte sind gute Rechtskenntnisse sehr wichtig: Zum einen überwachen Polizisten die Einhaltung bestehender Gesetze – sie müssen wissen, was erlaubt ist und was nicht –, zum anderen erlaubt ihnen der Gesetzgeber, in die Rechte eines Bürgers einzugreifen und polizeirechtliche Maßnahmen zu ergreifen, die vom Platzverweis bis zur Überführung in Polizeigewahrsam reichen können. Dabei dürfen Polizeibeamte unmittelbaren Zwang, z. B. körperliche Gewalt, einsetzen. Doch welche Aktionen in welchen Situationen erlaubt sind, bestimmt das Gesetz.

Konzentrieren Sie sich beim Lesen des Textes besonders auf die Fragen: Wer darf was, und unter welchen Bedingungen? Wann dürfen welche Strafen ausgesprochen werden?

Stadtverordnung über den Anleinzwang von Hunden im Lübecker Innenstadtbereich

Aufgrund des § 175 des Allgemeinen Verwaltungsgesetzes für das Land Schleswig-Holstein (LVwG) in der Fassung der Bekanntmachung vom 2. Juni 1992 (GVOBl. Schl.-H. S. 243, ber. S. 534), zuletzt geändert durch Gesetz vom 15. Februar 2005 (GVOBl. Schl. H . S. 168) in Verbindung mit § 17 des Gesetzes zur Vorbeugung und Abwehr der von Hunden ausgehenden Gefahren (Gefahrhundegesetz – GefHG) vom 28.01.2005 (GVOBl. Schl. H. S. 51), wird mit Genehmigung des Innenministeriums des Landes Schleswig-Holstein vom 11. Mai 2005 für den Innenstadtbereich der Hansestadt Lübeck verordnet:

§ 1 Anleinzwang

(1) Hunde sind auf öffentlichen Straßen, Wegen, Plätzen und Anlagen im Innenstadtbereich mit Ausnahme besonders ausgewiesener Hundeauslaufgebiete anzuleinen. Der Innenstadtbereich wird ab der Hubbrücke begrenzt durch den Wasserverlauf Hansahafen, Holstenhafen (…). Die Brücken über dem Wasserverlauf gehören nicht mit zum Innenstadtbereich.

(2) Die Grenzen des Gebietes sind in dem anliegenden Übersichtsplan gekennzeichnet.

§ 2 Ausnahmen

§ 1 gilt nicht für Diensthunde von Behörden, Such- und Rettungshunde sowie Behindertenbegleit- und Blindenhunde, soweit der bestimmungsgemäße Einsatz dies erfordert.

§ 3 Ordnungswidrigkeiten

(1) Ordnungswidrig im Sinne des § 175 Abs. 3 Allgemeines Verwaltungsgesetz für das Land Schleswig-Holstein handelt, wer vorsätzlich oder fahrlässig entgegen § 1 Abs. 1 dieser Verordnung als Hundehalter oder Hundeführer einen Hund auf öffentlichen Straßen, Wegen, Plätzen und Anlagen im Innenstadtbereich nicht anleint.

(2) Die Ordnungswidrigkeit kann mit einer Geldbuße bis zu 1.000,- Euro geahndet werden.

§ 4 Inkrafttreten, Geltungsdauer

(1) Diese Verordnung tritt am Tage nach ihrer Verkündung in Kraft.

(2) Die Geltungsdauer dieser Verordnung beträgt gem. § 62 Abs. 1 Satz 2 Allgemeines Verwaltungsgesetz für das Land Schleswig-Holstein fünf Jahre.

Lübeck, den 14. Dezember 2006, Hansestadt Lübeck, Der Bürgermeister als Ordnungsbehörde

Prüfung · Teil 1

6. **Wo dürfen Hunde auch im Innenstadtbereich unangeleint laufen?**
   A. Nirgendwo – sie sind überall anzuleinen.
   B. Auf öffentlichen Wiesen
   C. In allen öffentlichen Anlagen
   D. In ausgewiesenen Hundeauslaufgebieten
   E. Im Lübecker Hafenbereich.

Antwort: **D**

Laut § 1 Absatz (1) gilt eine Ausnahme des Anleinzwangs im Innenstadtbereich nur für „besonders ausgewiesene Hundeauslaufgebiete".

7. **Welche Hunde dürfen in der Lübecker Innenstadt unangeleint geführt werden?**
   A. Sehr kleine Hunde mit weniger als 20 cm Schulterhöhe
   B. Besonders ungefährliche Hunde
   C. Blindenhunde und Diensthunde im Einsatz
   D. Hunde, die einen speziellen Kurs in einer Hundeschule absolviert haben
   E. Alle Hunde müssen angeleint werden.

Antwort: **C**

Für welche Hunde die Anleinpflicht nicht gilt, ist in § 2 geregelt. Neben Such- und Rettungshunden müssen auch Behindertenbegleithunde, Blindenhunde und Diensthunde von Behörden nicht angeleint werden, „soweit der bestimmungsgemäße Einsatz dies erfordert". Ist ein Diensthund aber „außer Dienst", muss er demnach ebenfalls angeleint werden.

8. **Ein Hundehalter handelt der Verordnung nach ordnungswidrig, wenn …?**
   A. sein Hund auf die Straße uriniert.
   B. ihm der Hund davonläuft und ohne Leine durch die Stadt streunt.
   C. sein Hund einen Passanten anbellt.
   D. sein Hund nicht auf Kommandos hört.
   E. er einmal vergisst, seinen Hund anzuleinen.

Antwort: **E**

Ob es in Lübeck als Ordnungswidrigkeit gilt, wenn ein Hundehalter einen Hund auf die Straße urinieren lässt, kann aus der Verordnung nicht gefolgert werden: Sie beschäftigt sich nur mit der Leinenpflicht und sagt auch nichts über das Ankläffen von Passanten oder Ignorieren von Kommandos aus. Wenn der Hund unwissentlich davonläuft und leinenlos durch die Stadt streunt, handelt es sich nicht um Vorsatz (Absicht) oder Fahrlässigkeit (Leichtsinn, Vergesslichkeit), die bei einer Ordnungswidrigkeit vorhanden sein müssen.

9. **Welche Strafe stellt die Verordnung für das Nichtanleinen eines Hundes in Aussicht?**
   A. Eine schriftliche Ermahnung
   B. Eine Geldstrafe
   C. Die Zwangsüberführung des Hundes in ein Tierheim
   D. Das Verbot des Betretens von öffentlichen Anlagen
   E. Eine mündliche Verwarnung

Antwort: **B**

Leint ein Hundehalter seinen Hund nicht an, kann ihm laut § 3 Absatz (2) eine Geldbuße von bis zu 1.000,- Euro auferlegt werden.

Sprachbeherrschung: Gesetzestext anwenden

10. **Wie lange ist die Verordnung gültig?**
    A. Bis eine neue Verordnung in Kraft tritt
    B. Die Verordnung gilt für immer.
    C. Die Verordnung ist 2 Jahre lang gültig.
    D. Die Verordnung ist 5 Jahre lang gültig.
    E. Bis ein neuer Bürgermeister gewählt wird

Antwort: **D**

Die Verordnung ist laut § 4, Absatz (2) 5 Jahre lang gültig und läuft dann aus, wenn die Geltungsdauer nicht verlängert wird. Die Gültigkeit ist nicht gekoppelt an die Mehrheitsverhältnisse im Stadtparlament oder den jeweils regierenden Bürgermeister.

Prüfung · Teil 1

Sprachbeherrschung

Zeitungsbericht wiedergeben

In dieser Aufgabe wird ihr Sprachverständnis geprüft.

Verkehrsunfall in Köln-Mühlheim

Ein 19-jähriger Mann aus Düsseldorf befuhr am gestrigen Freitag auf seinem Moped die Frankfurter Straße in Köln-Mühlheim, als ihm auf Höhe der Einmündung der Graf-Adolf-Straße ein dunkelblauer Opel Corsa mit einem 28 Jahre alten Offenbacher am Steuer die Vorfahrt nahm. Es kam zur Kollision der beiden Fahrzeuge, bei der der Mopedfahrer stürzte. Den PKW-Führer kümmerte das nicht – er beging Fahrerflucht, gab Gas und entfernte sich in Richtung Rhein. Glücklicherweise beobachtete eine zufällig anwesende Zivilstreife den Vorfall und alarmierte den Rettungsdienst, der bei dem Verunglückten bis auf eine leichte Schulterprellung keine größeren Blessuren feststellte.

Der flüchtige Unfallverursacher konnte dank der genauen Angaben der Zivilstreife bald von einem Funkstreifenwagen ausfindig gemacht werden, ließ sich jedoch auch durch Sirene und eingeschaltetes Blaulicht nicht zum Anhalten bewegen. Erst als eine weitere Funkstreife den Fahrweg am Rheinufer blockierte, gab der flüchtige Fahrer auf. Seinen Fluchtversuch bezeichnete er später als „große Dummheit", doch bei dieser Einsicht allein wird es nicht bleiben – ihm drohen nun mehrere 100 Euro Geldbuße, mindestens drei Monate Fahrverbot und vier Punkte in Flensburg.

Der Polizeisprecher Peter Wagenfeld bezeichnete den Ausgang des Vorfalls als „äußerst glimpflich", da niemand ernsthaft zu Schaden gekommen sei. Der Sachschaden am Moped beläuft sich auf 250 Euro.

Dieser Text ist frei erfunden.

Erläuterung zur Textwiedergabe

Versuchen Sie besser nicht, die vorliegende Meldung auswendig zu lernen – es geht hier nicht um Ihr Erinnerungsvermögen. Gehen Sie vom Wichtigen zum Unwichtigen und prägen Sie sich erst dann weitere Details ein, wenn Ihnen das „Handlungsgerüst" klar ist (Wer hat wann was warum und wie gemacht?). Konzentrieren Sie sich dabei besonders auf Schlüsselbegriffe wie „Kollision", „Fahrerflucht", Orts- oder Identitätsangaben – wenn Ihr Bericht per PC ausgewertet wird, kommt es auf bestimmte Wörter an. Achten Sie beim Schreiben Ihres Berichts auf einen strukturierten Aufbau des Texts, eine korrekte Rechtschreibung und einen präzisen, flüssigen Schreibstil.

Sprachbeherrschung: Bericht zum Thema schreiben

Sprachbeherrschung

Bericht zum Thema schreiben

In dieser Aufgabe werden Ihr sprachliches Ausdrucksvermögen, Ihre Rechtschreibkenntnisse und Ihre Einstellung zu bestimmten Themen überprüft.

Das Verfassen eines themenbezogenen Kurzaufsatzes ist eine häufige Aufgabe im Einstellungsverfahren der Behörden. Dabei ist es nicht nur interessant, wie Sie schreiben, sondern auch, was Sie zu einem bestimmten Thema zu sagen haben. Daher gibt es hier keine eindeutige Lösung, die Sie einfach nur auswendig lernen müssten. Generell sollten Sie sich an ein paar Grundsätze halten:

¬ Geben Sie Ihrem Text eine logische nachvollziehbare Gliederung (keine abrupten Gedankensprünge, keine unverbundene Aneinanderreihung von Sätzen, logische Argumentation …)

¬ Achten Sie auf Rechtschreibung, Grammatik und einen angemessenen Sprachstil.

¬ Geben Sie Ihrem Text ruhig eine leicht persönliche Note, anstatt abstrakt und ungreifbar zu schreiben. Also nicht: „Über Toleranz sagt man, dass …", sondern besser: „Toleranz ist wichtig, weil …".

¬ Seien Sie sich bewusst, dass Sie als Polizist, Feuerwehrmann, Zollbeamter oder Soldat auch eine bestimmte gesellschaftliche Funktion ausüben. Wie steht der vorgegebene Begriff in Zusammenhang mit dieser Funktion?

Musterantwort

Toleranz heißt für mich, dass ich auch mit Menschen und Verhältnissen umgehen kann, die ich selber vielleicht nicht unbedingt gewohnt bin. Das bedeutet, jeden Menschen mit dem gleichen Respekt zu behandeln, egal welches Aussehen, welche Religion oder welches Alter er hat; und es bedeutet, jeden so leben zu lassen, wie er oder sie es für richtig hält, solange er damit niemandem schadet. Für Polizisten ist Toleranz wichtig, denn man hat jeden Tag mit verschiedenen Menschen zu tun, die man nicht immer gleich versteht oder die einem fremd vorkommen. Aber ich finde auch, dass man Toleranz nicht mit einem „mir ist das alles egal" verwechseln sollte. Denn wenn die persönliche Freiheit von jemandem durch einen anderen eingeschränkt wird, wäre es intolerant, das einfach so hinzunehmen. Als Polizist bin ich schließlich auch dafür verantwortlich, dass genau das nicht passiert und möglichst alle Menschen in meinem Bereich friedlich und sicher leben können.

Prüfung · Teil 1

Sprachbeherrschung

Bericht schreiben zur Situationsbeobachtung

Diese Aufgabe prüft Beobachtungsgabe und schriftliches Ausdrucksvermögen.

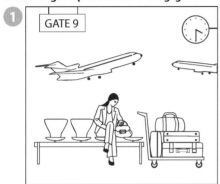

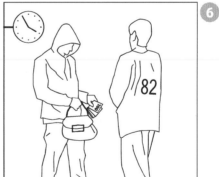

Erläuterung

Hier zählt nicht nur, wie gut Sie sich die Szenen einprägen konnten. Es wird auch bewertet, wie nachvollziehbar und sprachlich korrekt Sie die Situation schildern. Antworten Sie also klar und präzise, achten Sie auf Rechtschreibung und Grammatik.

Anstatt um die Beantwortung mehrerer Einzelfragen können Sie im Einstellungstest auch darum gebeten werden, einen ausführlichen, zusammenhängenden Bericht zum Handlungsablauf zu verfassen. Halten Sie sich dabei an die reinen Fakten (keine subjektiven Empfindungen), und beantworten Sie die wichtigen W-Fragen: Was ist passiert? Wer war beteiligt? Wann, wo und wie ereignete sich der Vorgang?

Sprachbeherrschung: Bericht schreiben zur Situationsbeobachtung

Musterantworten

11.   An welchem Ort spielt die Handlung? Woran lässt sich das festmachen?

Die Handlung spielt an einem Flughafen. Darauf weisen startende bzw. landende Flugzeuge, der Gepäckwagen, eine Gatenummer und eine Abflugtafel hin.

12.   Wann spielt sich das Geschehen ab?

Wie sich anhand der Uhren in den Bildern 1 und 6 erkennen lässt, ereignet sich der Vorgang zwischen 15:30 und 15:55 Uhr.

13.   Beschreiben Sie die Hauptperson!

Die Hauptperson – das spätere Opfer – ist weiblich: Die Frau hat zu einem Pferdeschwanz gebundene schwarze Haare und trägt einen Hosenanzug.

14.   Wo befindet sich die Hauptperson auf dem ersten Bild genau?

Die Frau sitzt auf einem Stuhl im Bereich von Gate 9; neben ihr erkennt man weitere, freie Plätze. Es handelt sich wahrscheinlich um einen Wartebereich am Flugsteig.

15.   Welche Gegenstände befinden sich augenscheinlich im Besitz der Hauptperson?

Auf dem Gepäckwagen der Frau liegen drei Koffer und eine Reisetasche, außerdem besitzt die Frau eine Handtasche.

16.   Welche Rolle spielt der Mann mit dem Nummern-Shirt?

Der Mann mit dem Nummern-Shirt ist einer der beiden Diebe, die die Handtasche stehlen. Er lenkt die Frau ab, während sie am Kaffeestand steht.

17.   Welche Rolle spielt der Mann mit dem Aktenkoffer am Kaffeestand?

Der Mann steht vor der Hauptperson am Kaffeestand an – er hat keine weitere Funktion.

18.   Welche Rolle spielt der Mann mit dem Kapuzen-Shirt? Wie sieht er aus?

Der Mann mit dem Kapuzen-Shirt ist der Komplize des Mannes mit dem Nummern-Shirt. Er entwendet die Handtasche vom Gepäckwagen, als die Frau am Kaffeestand steht und abgelenkt wird.

19.   Was kauft die Hauptperson?

Die Frau kauft sich offensichtlich ein Getränk. Darauf lässt der Pappbecher schließen, den sie in Bild 5 in der Hand hält. Wahrscheinlich – darauf deutet Bild 4 hin – handelt es sich um einen Kaffee.

20.   Welcher polizeirelevante Vorgang wird gezeigt? Bitte beschreiben Sie den Handlungsablauf möglichst genau.

Gezeigt wird der Diebstahl einer Handtasche. Die beiden Täter beobachten die Frau, als sie um etwa 15:30 ihre Handtasche auf den Gepäckwagen legt. Als die Frau sich einen Kaffee kaufen geht, verwickelt sie einer der Diebe, der Mann im Nummern-Shirt, in ein Gespräch und lenkt sie dadurch ab. Währenddessen nimmt sein Komplize im Kapuzen-Shirt– dieser Vorgang ist nicht im Bild zu sehen – die Tasche an sich. Die Frau bemerkt den Diebstahl augenscheinlich nicht, denn auf Bild 5 sieht man sie mit einem Kaffeebecher in der Hand ruhig den Gepäckwagen schieben. Auf dem letzten Bild erkennt man schließlich, wie die Täter ihre Beute begutachten.

Prüfung · Teil 1

Sprachbeherrschung

Schriftliche Erörterung (Pro und Contra)

In dieser Aufgabe werden Ihr sprachliches Ausdrucksvermögen und Ihre Fähigkeit zur logischen Argumentation geprüft.

In einer Erörterung müssen Sie zu einer gesellschaftsrelevanten Frage Stellung beziehen und dazu die jeweiligen Vor- und Nachteile, die Pros und Contras, darstellen und gegeneinander abwägen. In der Regel folgt eine Erörterung einem festen Schema:

¬ Einleitung: Geben Sie einen knappen Überblick über die zu behandelnde Problematik. Bei einer kurzen Erörterung reicht es, die Fragestellung in einem vollständigen Satz wiederzugeben.

¬ Hauptteil: Führen Sie aus, welche Argumente für oder gegen die in der Fragestellung aufgestellte Behauptung bzw. den genannten Sachverhalt sprechen. Untermauern Sie die Argumente gegebenenfalls mit Beispielen und handeln Sie die Pros und Contras jeweils als einzelnen Block ab, ohne die Standpunkte zu vermischen oder zu beurteilen. Trotzdem sollten Sie bereits jetzt wissen, für welche Position Sie sich entscheiden: Nennen Sie geschickterweise zuerst die Argumente des Standpunkts, den Sie nicht vertreten, und dann erst diejenigen, mit denen Sie eher übereinstimmen.

¬ Schlussteil: Nachdem Sie alle relevanten Argumente eher neutral aufgeführt haben, müssen Sie sie nun gegeneinander abwägen. Welches Argument ist unter welchen Umständen besonders tragfähig, welches rückt eher in den Hintergrund? Ziehen Sie schließlich ein nachvollziehbares Fazit, in dem Sie Ihre gut begründete Meinung präsentieren. Sie müssen sich dabei nicht eindeutig auf eine Seite schlagen, sondern können auch einen ausgewogenen Kompromiss formulieren.

Argumentationshilfe

pro:

¬ Sicherer Job (Beamtenstatus), sicheres Einkommen, sichere Rente.

¬ Man übernimmt Verantwortung für die Gesellschaft, in der man lebt.

¬ Viel Kontakt mit Menschen.

¬ Arbeit im Team.

¬ Die Arbeit ist abwechslungsreich.

contra:

¬ Hohe psychische Belastung (Konfrontation mit Unfällen, Verbrechen …).

¬ Die Arbeit ist zum Teil gefährlich.

¬ Man muss unter Umständen Gewalt einsetzen.

¬ Man muss sich Autoritäten unterordnen.

¬ Schichtdienst ist schwer mit Familienleben zu vereinbaren.

¬ Klare Vorschriften, kaum Selbstverwirklichung.

Sprachbeherrschung: Lückentext Konjunktionen

Sprachbeherrschung

Lückentext Konjunktionen

Welche Konjunktion ergänzt die Lücke so, dass der fertige Satz den in der vorangestellten Aussage geschilderten Sachverhalt sinngemäß wiedergibt?

Erläuterung zu Konjunktionen

Konjunktionen – zu Deutsch: Bindewörter – verknüpfen Wörter, Wortgruppen oder ganze Sätze, wobei man in neben- und unterordnende Konjunktionen unterscheidet:

Nebenordnende Konjunktionen verbinden Satzteile, Hauptsätze und/oder Nebensätze miteinander („Er kam zu spät, denn er hatte verschlafen"); unterordnende Konjunktionen verbinden einen Haupt- mit einem Nebensatz („Er kam zu spät, weil er verschlafen hatte"). Aus dem Satzbau können Sie also darauf schließen, ob eine neben- oder unterordnende Konjunktion gesucht wird.

Darüber hinaus geben Konjunktionen Auskunft über die logische Beziehung, die zwischen den verknüpften Sätzen oder Satzteilen besteht. Bindewörter können einen Gegensatz ausdrücken (adversativ: „aber", „wohingegen"), Möglichkeiten aus einer Auswahl ausschließen (disjunktiv: „oder", „entweder … oder"), einen Zweck bzw. eine Absicht wiedergeben (final: „um … zu", „damit"), eine Ursache angeben (kausal: „denn", „weil"), eine Bedingung einleiten (konditional: „falls", „wenn"), die Folgen des Vorangegangenen ausführen (konsekutiv: „dass", „sodass"), einen Hinderungsgrund nennen (konzessiv: „obwohl", „wenn auch"), mehrere Elemente zu einer Aufzählung verbinden (kopulativ: „und", „nicht nur … sondern auch"), die Art und Weise einer Handlung beschreiben (modal: „indem", „ohne … zu") oder eine zeitliche Reihenfolge wiedergeben (temporal: „als", „nachdem"). Manche Konjunktionen („ob", „dass") leiten bisweilen auch nur Nebensätze ein, ohne eine Bedeutung mitzuteilen.

21. Paul hat sich erkältet, *obwohl* das Wetter schön war.

Das schöne Wetter ist ein Gegengrund für die Erkältung von Paul. Gegengründe werden mit konzessiven Konjunktionen wie „obwohl", „obgleich", „wiewohl" oder „wenngleich" eingeleitet. Alle weiteren Vorschläge sind logisch falsch.

22. *Als* erfahrenem LKW-Fahrer hätte Herrn Zenker der Unfall nicht passieren dürfen.

Hier verbindet die Konjunktion „als" zwei Satzteile miteinander. Alle weiteren Vorschläge sind allein schon grammatisch nicht möglich.

23. Opa Franz ist nicht nur witzig, *sondern* auch schlau.

„Nicht nur … sondern auch" ist eine feststehende Wendung. Sie ist eine kopulative Konjunktion und reiht mehrere Elemente zu einer Aufzählung – in diesem Fall einer Aufzählung von Opa Franz' Eigenschaften – aneinander.

24. Herr Schlegel kam zu spät zur Arbeit, *weil* er eine Reifenpanne hatte.

Die Reifenpanne ist der Grund für Herrn Schlegels Verspätung. Gesucht wird also nach einer kausalen (begründenden) Konjunktion – somit kommt nur „weil" in Frage.

25. Bernd war schon in Australien, in Vietnam *und* in Südafrika.

Hier werden mehrere Orte aufgezählt, die Bernd schon besucht hat. Aufzählungen erfordern eine kopulative (verbindende) Konjunktion wie „und". Alle anderen Ergänzungen würden den Sinngehalt verändern und/oder einen grammatisch falschen Satz ergeben.

AUSBILDUNGSPark

Prüfung · Teil 1

26. Nach dem Sport aß Martin *wie* ein Scheunendrescher und verschlang zwei große Schnitzel.

Hier verbindet die Konjunktion „wie" zwei Satzteile miteinander. Alle weiteren Vorschläge sind grammatisch („und", „je") oder logisch („als", „oder") nicht möglich.

27. Corinna hat eine Beule am Knie, *nachdem* sie einen Fahrradunfall hatte.

Der Fahrradunfall ist zum einen der Grund für Corinnas Beule. Doch die in der Auswahl vorgeschlagene kausale Konjunktion „denn" scheidet aus, weil der Satzbau (Hauptsatz + Nebensatz) eine unterordnende Konjunktion erfordert. Zum anderen wird aber auch eine zeitliche Abfolge beschrieben, die mit einer temporalen Konjunktion wiedergegeben werden kann. Diese Abfolge gibt „nachdem" korrekt wieder.

28. Michael hat vielleicht ein großes Auto, *doch* ich habe ein schnelles Motorrad.

Hier wird ein Gegensatz ausgedrückt, indem das schnelle Motorrad gegen das große Auto ausgespielt wird. Gesucht wird nach einem adversativen Bindewort, das infolge des Satzbaus (Hauptsatz + Hauptsatz) dazu noch nebenordnend sein muss – das unterordnende „wohingegen" scheidet schon allein daher aus. Die korrekte Lösung lautet „doch".

29. Wir können nur nach links *oder* nach rechts gehen.

Hier wird eine Auswahl festgelegt: Es kann nur einer von zwei Wegen beschritten werden. Gesucht wird also eine disjunktive Konjunktion, die sich mit „oder" schließlich auch unter den Vorschlägen findet.

30. Anna schlug zwei Fliegen mit einer Klappe, *indem* sie die Tickets im Internet kaufte.

Der Ticketkauf im Internet beschreibt das Mittel bzw. die Art und Weise, mit der Anna Zeit und Geld sparen und somit zwei Fliegen mit einer Klappe schlagen konnte. Die passende modale Konjunktion lautet „indem".

Sprachbeherrschung: Lückentext Präpositionen

Sprachbeherrschung

Lückentext Präpositionen

Bei dieser Aufgabe geht es darum, die richtige Präposition zu erkennen, welche die Lücke sinnvoll ergänzt.

31. Ich freue mich *über* unseren Besuch!

Die anderen beiden Präpositionen passen grammatisch nicht in den Satz. „Wegen" muss mit Genitiv kombiniert werden, „mit" wird immer mit Dativ kombiniert. „Unseren Besuch" ist jedoch Akkusativ, sodass hier nur „über" in Frage kommt.

32. *Trotz* der Panne war es ein gelungener Abend.

Grammatisch würden alle drei Präpositionen in den Satz passen, „laut" und „neben" ergeben hier aber keinen Sinn.

33. *Während* des Films fiel plötzlich der Strom aus.

Nach „in" folgt Dativ oder Akkusativ, „seit" wird mit Dativ kombiniert. „Des Films" ist jedoch Genitiv, daher kommt hier nur „während" in Frage.

34. Onkel Horst kam *ohne* seinen kleinen Dackel.

„Mit" und „außer" müssen mit Dativ kombiniert werden und fallen daher aus grammatischen Gründen weg.

35. *In* der Situation habe ich mich wirklich gefürchtet!

Grammatisch passen alle Präpositionen, aber nur mit „in" ergibt sich ein sinnvoller Satz.

36. Ich werde *vor* der Prüfung eine halbe Stunde meditieren.

Auch hier kann man aus grammatischen Gründen keine Präposition ausschließen, „statt" und „während" passen jedoch inhaltlich nicht.

37. Sie hat *am* Shoppingcenter seine Kreditkarte verloren.

Aus grammatischen Erwägungen muss die Wahl auf „am" fallen. „In" und „neben" müssten jeweils noch mit einem Artikel kombiniert werden, damit der Satz korrekt wird. Bei „am" (an+dem) ist der Artikel dagegen schon enthalten.

38. Er war vor Empörung *außer* sich!

„Außer sich sein" ist ein feststehender Ausdruck, „in" und „bei" passen hier nicht.

39. Sie liebt alles *an* ihm.

„Durch" passt grammatisch nicht (das würde einen Akkusativ erfordern), „zu" ergibt keinen Sinn.

40. Ich möchte *zu* dem Thema noch etwas sagen!

Die anderen beiden Präpositionen würden zwar grammatisch passen, können den Satz aber nicht sinnvoll ergänzen.

AUSBILDUNGSPark

Prüfung · Teil 1

Sprachbeherrschung

Infinitive bilden

Ihnen werden konjugierte Verben vorgegeben. Ihre Aufgabe besteht darin, den Infinitiv Präsens (Grundform) zu bilden.

41. will : wollen

42. fuhr : fahren

43. tranken : trinken

44. geschwollen : schwellen

45. floh : fliehen

46. schwamm : schwimmen

47. gewusst : wissen

48. ließ : lassen

49. magst : mögen

50. vorgeworfen : vorwerfen

51. darfst : dürfen

52. hielt : halten

53. geklungen : klingen

54. sähe : sehen

55. flöge : fliegen

56. grübe : graben

57. geflossen : fließen

58. riet : raten

59. schlugt : schlagen

60. röche : riechen

Sprachbeherrschung: Satzgrammatik

Sprachbeherrschung

Satzgrammatik

Die folgenden Fragen testen Ihr grammatisches Basiswissen

61. **Welches Wort ist ein Adjektiv?**

   A. sein
   B. welche
   C. hoch
   D. Alter
   E. nach

Antwort: **C**

Adjektive sind Eigenschaftswörter. „Hoch" ist eine Eigenschaft, die anderen Wörter drücken dagegen keine Eigenschaft aus.

62. **Welches Wort ist ein Verb?**

   A. folgen
   B. selten
   C. offen
   D. Bremen
   E. Talent

Antwort: **A**

Verben werden auch als „Tuwörter" bezeichnet, da sie beschreiben, was man tut. Das trifft hier nur auf das Wort „folgen" zu.

63. **Welches Wort ist ein Artikel?**

   A. was
   B. dem
   C. es
   D. mit
   E. über

Antwort: **B**

Artikel werden auch Begleiter genannt, da sie andere Wörter, nämlich Substantive, begleiten.

64. **Welches Wort steht im Akkusativ?**

   A. des Wassers
   B. dem Baum
   C. den Pflanzen
   D. den Ball
   E. der Tante

Antwort: **D**

Der Akkusativ ist der vierte Fall. Man kann danach mit „wen?" fragen.

AUSBILDUNGSPark | 37

Prüfung · Teil 1

65. **Welches Wort ist ein Adverb?**

   A. schrittweise
   B. bemerkenswert
   C. Schiebung
   D. unter
   E. frieren

Antwort: **A**

Adverbien dienen zur näheren Beschreibung von Verben oder Adjektiven, nicht von Substantiven. Beispiel: „bemerkenswert" ist ein Adjektiv, damit kann man Substantive näher beschreiben („die bemerkenswerte Tatsache"), „schrittweise" kann man dagegen auch auf Verben beziehen („Schrittweise nähern wir uns der Lösung").

66. **Welches Wort ist eine Konjunktion?**

   A. weil
   B. ich
   C. das
   D. so
   E. will

Antwort: **A**

Konjunktionen sind Wörter, die Sätze oder Satzteile miteinander verbinden. Dazu gehören neben „und"/„oder" auch Wörter wie „weil"/„obwohl"/„wenn".

67. **Welches Wort ist kein Pronomen?**

   A. ich
   B. uns
   C. sein
   D. er
   E. in

Antwort: **E**

Ein Pronomen ist ein Wort, das für ein Nomen steht. Die Lösungen A bis D lassen sich jeweils durch den/die Namen der betreffenden Person(en) ersetzen, also handelt es sich um Pronomen. „In" ist dagegen eine Präposition.

68. **Welches Wort ist das Subjekt des Satzes „Klaus geht jeden Tag in die Kneipe an der Ecke"?**

   A. Ecke
   B. geht
   C. Kneipe
   D. Klaus
   E. jeden

Antwort: **D**

Das Subjekt eines Satzes ist die Person (oder das Tier/Ding), auf die sich das Verb bezieht. Das Subjekt steht immer im Nominativ. Es steht in Aussagesätzen oft am Anfang, aber nicht immer! (Beispiel: „Heute gehe ich in die Stadt." – Das Subjekt ist „ich".)

Sprachbeherrschung: Satzgrammatik

69. **Welches Wort ist das Prädikat des Satzes „Die alte Frau hörte Musik von Mozart"?**
    A. Die
    B. Frau
    C. hörte
    D. Musik
    E. Mozart

Antwort: **C**

Das Prädikat eines Satzes ist das konjugierte Verb. Bei mehrteiligen Verben gehören alle Verbbestandteile dazu (Beispiel: „hat gegessen")! Das Verb beschreibt, was das Subjekt tut.

70. **Welches Wort ist das Objekt des Satzes „Peter, Paul und Maria finden einen Igel"?**
    A. Peter
    B. Paul
    C. Maria
    D. finden
    E. Igel

Antwort: **E**

Das Objekt eines Satzes ist die Person (oder das Tier/Ding), mit der das Subjekt etwas tut (hier: „finden"). Das Objekt selbst tut nichts. Es steht nie im Nominativ, sondern meist im Dativ oder Akkusativ, selten im Genitiv.

AUSBILDUNGSPark | 39

Prüfung · Teil 1

Sprachbeherrschung

Grundkenntnisse der deutschen Grammatik

Bei dieser Aufgabe geht es darum, für jeden Satz die richtige Formulierung zu wählen.

71.   Ohne *unseren umtriebigen Cousin* hätte der Zirkusbesuch nicht stattgefunden.

Die Präposition „ohne" erfordert ein Substantiv im Akkusativ.

72.   Wegen *ihrer fehlenden Sprachkenntnisse* besuchte sie einen Englischkurs.

Die Präposition „wegen" erfordert eine Ergänzung im Genitiv.

73.   Nachdem er die Wohnung *gesehen hatte*, unterschrieb er begeistert den Mietvertrag.

Die Ereignisse im „nachdem"-Satz liegen zeitlich vor denen des Hauptsatzes. Da der Hauptsatz im Präteritum, also in der Vergangenheit, steht, muss das Verb im Nebensatz im Plusquamperfekt, also in der Vorvergangenheit, stehen.

74.   Er hat sich gegenüber *den Kollegen* immer einwandfrei verhalten.

Die Präposition „gegenüber" erfordert, dass das folgende Substantiv im Dativ steht.

75.   Wenn er schlechte Laune hatte, dann *sprach* er mit niemandem.

Die Zeitformen der Verben im Haupt- und Nebensatz müssen übereinstimmen. Da das Verb im Nebensatz im Präteritum steht, muss das Verb im Hauptsatz in der gleichen Zeitform stehen.

76.   Trotz *ihrer beschwichtigenden Worte* war er zutiefst empört.

Die Präposition „trotz" erfordert eine Ergänzung im Genitiv.

77.   Unter *diesen Umständen* sollten wir möglichst schnell handeln.

Lokale Präpositionen erfordern je nach Bedeutung ein Substantiv im Dativ oder Akkusativ. Bei einer Ortsangabe ist der Dativ zu wählen, bei einer Richtungsangabe der Akkusativ. Hier handelt es sich bei der Präposition „unter" um eine Ortsangabe, daher muss die Substantivgruppe im Dativ stehen.

78.   Sie hat noch schnell die frische Wäsche zum Trocknen *aufgehängt* .

Die Lücke in diesem Satz muss mit einem Partizip II gefüllt werden. Die vollständige Verbform lautet „hat aufgehängt".

79.   Wenn er sich jetzt sehen könnte, *wäre* er peinlich berührt.

Die Zeitformen der Verben im Haupt- und Nebensatz müssen übereinstimmen. Diese Form ist hier Präsens Konjunktiv II.

80.   Mangels *geeigneten Werkzeugs* konnte er die Reparatur nicht durchführen.

Die Präposition „mangels" zieht immer einen Genitiv nach sich.

Lösungshinweis

Bei dieser Aufgabe werden Grundkenntnisse der deutschen Grammatik sowie das Sprachgefühl geprüft. Dabei müssen die vorgegebenen Wörter in die grammatisch richtige Form gesetzt werden. Bei der Vorgehensweise ist es hilfreich, sich die einzelnen Sätze leise vorzulesen, um die richtige grammatische Form zu finden. Achten Sie dabei auf Person, Zahl und Zeitform.

Sprachbeherrschung: Rechtschreibung

Sprachbeherrschung

Rechtschreibung

Bei diesen Aufgaben geht es darum, das Wort mit der richtigen Schreibweise zu erkennen.

81.

- A. Prinzipe
- B. Prinziep
- C. Prinzip
- D. Prinzib
- E. Keine Antwort ist richtig.

Antwort: **C**

82.

- A. Skietze
- B. Skize
- C. Skitze
- D. Skizze
- E. Keine Antwort ist richtig.

Antwort: **D**

83.

- A. Maschiene
- B. Maschine
- C. Machine
- D. Machiene
- E. Keine Antwort ist richtig.

Antwort: **B**

84.

- A. Publikumm
- B. Puplikum
- C. Pupliekum
- D. Publikum
- E. Keine Antwort ist richtig.

Antwort: **D**

85.

- A. Protokol
- B. Prottokol
- C. Protokoll
- D. Prottokoll
- E. Keine Antwort ist richtig.

Antwort: **C**

86.

- A. Konkurenz
- B. Konkurrenz
- C. Konkurens
- D. Konkurrens
- E. Keine Antwort ist richtig.

Antwort: **B**

87.

- A. Hydraulick
- B. Hüdraulick
- C. Hüdraulik
- D. Hydraulik
- E. Keine Antwort ist richtig.

Antwort: **D**

88.

- A. Etiketen
- B. Etiketten
- C. Ettiketten
- D. Etikätten
- E. Keine Antwort ist richtig.

Antwort: **B**

89.

- A. Ventilatohr
- B. Wentilator
- C. Ventilator
- D. Wentilatohr
- E. Keine Antwort ist richtig.

Antwort: **C**

90.

- A. Immperfekt
- B. Imperfekt
- C. Imperfeckt
- D. Impervekt
- E. Keine Antwort ist richtig.

Antwort: **B**

Prüfung · Teil 1

91.

    A. Interrnar
    B. Interrna
    C. Internar
    D. Interna
    E. Keine Antwort ist richtig.

Antwort: **D**

92.

    A. Milliardestel
    B. Milliardstel
    C. Miliardstel
    D. Miliardestel
    E. Keine Antwort ist richtig.

Antwort: **B**

93.

    A. Objektivirung
    B. Objektivierung
    C. Objektvierung
    D. Objektvirung
    E. Keine Antwort ist richtig.

Antwort: **B**

94.

    A. Palafer
    B. Palaffer
    C. Palaaver
    D. Palaver
    E. Keine Antwort ist richtig.

Antwort: **D**

95.

    A. Pentium
    B. Penzium
    C. Pencium
    D. Pentzium
    E. Keine Antwort ist richtig.

Antwort: **A**

96.

    A. parallell
    B. paralel
    C. parallel
    D. paralell
    E. Keine Antwort ist richtig.

Antwort: **C**

97.

    A. Registrierkasse
    B. Registrirkasse
    C. Registrierkaße
    D. Registierkasse
    E. Keine Antwort ist richtig.

Antwort: **A**

98.

    A. Differenz
    B. Dieferenz
    C. Differens
    D. Diferens
    E. Keine Antwort ist richtig.

Antwort: **A**

99.

    A. Vehicel
    B. Wehikel
    C. Vehikel
    D. Veehikel
    E. Keine Antwort ist richtig.

Antwort: **C**

100.

    A. Rifalität
    B. Rivalität
    C. Rifallität
    D. Rivallität
    E. Keine Antwort ist richtig.

Antwort: **B**

Sprachbeherrschung

Rechtschreibung Straßennamen

Wie sicher sind Sie in der Schreibung von Straßennamen?

Erläuterung

Die Schreibung von Straßennamen ist keine Frage des persönlichen Geschmacks. Neben der obligatorischen Großschreibung am Namensanfang und der richtigen Wiedergabe von Orts- und Personennamen gelten noch weitere Konventionen:

¬ Ist die Straße nach einem bestimmten Ort benannt, stehen beide Namensbestandteile getrennt: Berliner Straße, Hamburger Allee

¬ Beinhaltet der Straßenname einen mehrgliedrigen Personennamen – Vor- und Nachname, Titel o. ä. –, werden alle Glieder mit Bindestrich verbunden: Friedrich-Ebert-Straße, König-Ludwig-Pfad, Gebrüder-Grimm-Weg

¬ Ist nur der Nachname Teil des Straßennamens, wird er mit der Straßenbezeichnung zusammengezogen. Gleiches gilt für namensgebende Substantive: Ebertstraße, Adenauerallee, Lindenweg, Schlossstraße

¬ Enthält der Straßenname ein Adjektiv, wird dieses großgeschrieben und von der Straßenbezeichnung getrennt: Kurze Straße, Lange Gasse, Alter Weg

101. Wie wird der Straßenname korrekt geschrieben?
- **A.** Meckel-Straße
- **B.** Meckel Straße
- **C.** Meckelstraße
- **D.** Mekkel-Straße
- **E.** Mekkelstrasse

Antwort: **C**

Ist nur der Nachname einer Person Teil des Straßennamens, wird er mit der (kleingeschriebenen) Straßenbezeichnung zusammengezogen.

---

102. Wie wird der Straßenname korrekt geschrieben?
- **A.** Magdeburgerstrasse
- **B.** Magdeburger-Straße
- **C.** magdeburger Straße
- **D.** Magdburger Straße
- **E.** Magdeburger Straße

Antwort: **E**

Ist die Straße nach einem Ort benannt, steht der Ortsname getrennt von der Straßenbezeichnung. Beide Namensbestandteile werden großgeschrieben.

---

103. Wie wird der Straßenname korrekt geschrieben?
- **A.** Freiherr von Kettelerchoßee
- **B.** Freiherr von Ketteler Chosee
- **C.** Freiherr von Ketteler-Chausee
- **D.** Freiherr-von-Ketteler-Chaussee
- **E.** Freiherr-von-Kettelerchossee

Antwort: **D**

Prüfung · Teil 1

Beinhaltet der Straßenname den Titel einer Person, werden alle Glieder mit Bindestrich verbunden; Chaussee schreibt sich mit „au", zwei „s" und zwei „e".

104. Wie wird der Straßenname korrekt geschrieben?
   A. Gerolsteinerallee
   B. Gerolsteiner-Alee
   C. Gerolsteiner Alle
   D. Gerolsteiner-Alee
   E. Gerolsteiner Allee

Antwort: **E**

Ist die Straße nach einem Ort benannt, steht der Ortsname getrennt von der Straßenbezeichnung. Beide Namensbestandteile werden großgeschrieben; Allee schreibt sich mit zwei „l" und zwei „e".

105. Wie wird der Straßenname korrekt geschrieben?
   A. Ludwigs Burger-Chause
   B. Ludwigs-Burger-Chausse
   C. Ludwigsburger Chaussee
   D. Ludwigsburgerchausee
   E. Ludwigsburger-Chosee

Antwort: **C**

Ist die Straße nach einem Ort benannt, steht der Ortsname getrennt von der Straßenbezeichnung. Beide Namensbestandteile werden großgeschrieben, Chaussee schreibt sich mit zwei „s" und zwei „e".

106. Wie wird der Straßenname korrekt geschrieben?
   A. Löwenpfad
   B. Löwen Pfad
   C. Löwen-Pfad
   D. Löwen-Pfahd
   E. Löwenpfahd

Antwort: **A**

Ist ein Substantiv namensgebend, wird es mit der Straßenbezeichnung zusammengezogen.

107. Wie wird der Straßenname korrekt geschrieben?
   A. Willi Brandt Platz
   B. Willi-Brand-Platz
   C. Willy-Brandt-Platz
   D. Willy Brandtplatz
   E. Willi Brant-Platz

Antwort: **C**

Beinhaltet der Straßenname den Vor- und Nachnamen einer Person, werden alle Glieder mit Bindestrich verbunden; der Politiker Willy Brandt schreibt sich mit „y" und „dt".

www.ausbildungspark.com

Sprachbeherrschung: Rechtschreibung Straßennamen

108. Wie wird der Straßenname korrekt geschrieben?

    A. Schopenhauerstraße

    B. Schoppenhauerstraße

    C. Schopen-Hauer-Straße

    D. Schoppenhauer Straße

    E. Schoppenhauer-Straße

Antwort: **A**

Ist nur der Nachname einer Person Teil des Straßennamens, wird er mit der (kleingeschriebenen) Straßenbezeichnung zusammengezogen; der Philosoph Arthur Schopenhauer schreibt sich mit einem „p".

---

109. Wie wird der Straßenname korrekt geschrieben?

    A. Friedrich-Nietsche-Straße

    B. Friedrich Nietzsche Straße

    C. Friedrich-Nietzsche-Straße

    D. Friedrich-Nietsche Straße

    E. Friedrich Nitzsche-Straße

Antwort: **C**

Beinhaltet der Straßenname den Vor- und Nachnamen und/oder den Titel einer Person, werden alle Glieder mit Bindestrich verbunden; der Philosoph Friedrich Nietzsche schreibt sich mit „tz".

---

110. Wie wird der Straßenname korrekt geschrieben?

    A. Lutherstraße

    B. Luterstraße

    C. Luther-Straße

    D. Luter Straße

    E. Luter-Straße

Antwort: **A**

Ist nur der Nachname einer Person Teil des Straßennamens, wird er mit der (kleingeschriebenen) Straßenbezeichnung zusammengezogen; der Theologe Martin Luther schreibt sich mit „th".

Prüfung · Teil 1

Sprachbeherrschung

Rechtschreibung Lückentext

Bei den nächsten Aufgaben geht es darum, das Wort mit der richtigen Schreibweise zu erkennen, welches die Lücke sinnvoll ergänzt.

111. Das Bild einer _____ hat sich in den letzten Jahren erheblich verändert.
  - A. Sekretärs
  - B. Sekretärins
  - C. Sekretärin
  - D. Sekretär
  - E. Keine Antwort ist richtig.

Antwort: **C**

Hier passt nur Antwort C, da nach dem Artikel „einer" die weibliche Form im Genitiv benutzt wird.

112. Es kann sein, dass ganz unterschiedliche Familien den gleichen Namen tragen, ohne selbst im weitesten Sinne _____ zu sein.
  - A. verwandter
  - B. verwandt
  - C. verheiratet
  - D. bekannt
  - E. Keine Antwort ist richtig.

Antwort: **B**

Inhaltlich sinnvoll sind hier nur die Antworten A und B. Grammatikalisch richtig ist Antwort B „verwandt".

113. Auf dieser Seite haben wir für Sie verschiedene _____ zur Verfügung gestellt.
  - A. Formular
  - B. Vormulare
  - C. Formularen
  - D. Formulare
  - E. Keine Antwort ist richtig.

Antwort: **D**

Korrekt ist Antwort D, da das Adjektiv „verschiedene" hier mit dem Akkusativ Plural zu verwenden ist.

114. Im Fach Medizin ist die _____ des Menschen ein eigenständiges Teilgebiet.
  - A. Physiologien
  - B. Psychologin
  - C. Physiologin
  - D. Physiologie
  - E. Keine Antwort ist richtig.

Antwort: **D**

Hier ist der Nominativ Singular zu wählen, sinnvoll ist nur Antwort D „Physiologie".

www.ausbildungspark.com

Sprachbeherrschung: Rechtschreibung Lückentext

115. **In manchen Situationen ist der schnelle Aufbau einer _____ Umgebung notwendig.**
    A. sterrillen
    B. sterile
    C. steriles
    D. sterilen
    E. Keine Antwort ist richtig.

Antwort: **D**

Das einzusetzende Adjektiv muss im gleichen Kasus wie das Hauptwort „einer Umgebung" stehen, nämlich im Genitiv Singular. Hierfür kommt nur „sterilen" in Frage. Antwort A fällt weg, da sie zwei Rechtschreibfehler enthält.

116. **Da es so viele verschiedene _____ gibt, ist es eine große Herausforderung, eine perfekte zu finden.**
    A. Strategie
    B. Strattegien
    C. Strategien
    D. Strahtegien
    E. Keine Antwort ist richtig.

Antwort: **C**

Hier ist eine Antwort zu wählen, die im Akkusativ Plural steht, so scheidet Antwort A aus. Die Antworten B und D fallen aufgrund der falschen Schreibweise weg, sodass nur Antwort C „Strategien" bleibt.

117. **Häufig fließen neben der Kirchensteuer auch staatliche _____ an die Kirche.**
    A. Unterstützung
    B. Hilfe
    C. Subvention
    D. Subventionen
    E. Keine Antwort ist richtig.

Antwort: **D**

Das Verb „fließen" deutet daraufhin, dass das fehlende Subjekt im Plural stehen muss. Das gilt nur für Antwort D „Subventionen".

118. **Alle Staaten der Europäischen Union sollten die Anwendung des Grundsatzes des gleichen _____ für Frauen und Männer bei gleicher oder gleichwertiger Arbeit sicherstellen.**
    A. Entgelte
    B. Entgelt's
    C. Entgelds
    D. Entgelts
    E. Keine Antwort ist richtig.

Antwort: **D**

Der Artikel und das Adjektiv „des gleichen" stehen im Genitiv Singular, sodass nur Antwort D „Entgelts" in Betracht kommt, da die Antworten B und C Rechtschreibfehler enthalten.

AUSBILDUNGSPark

Prüfung · Teil 1

119. **Innerhalb von 10 Jahren haben sich die Preise für _____ in Spanien mehr als verdoppelt.**
   A. Immobil
   B. Immobilien
   C. Immobilie
   D. Immobiles
   E. Keine Antwort ist richtig.

Antwort: **B**

Hier ist die Pluralform des Akkusativs zu wählen, sodass nur Antwort B „Immobilien" korrekt ist.

120. **Wir bieten hochwertige _____ in über 100 Farben.**
   A. Tisch
   B. Jalousie
   C. Jalousin
   D. Jalousien
   E. Keine Antwort ist richtig.

Antwort: **D**

Da das Adjektiv „hochwertige" im Plural steht, muss auch das zugehörige Objekt im Plural stehen, so kommt als korrekte Antwort nur „Jalousien" in Betracht.

121. **In der Bundesrepublik Deutschland erhält jeder Student mit der Zulassung zum Studium eine persönliche _____.**
   A. Prüfungsnummern
   B. Belegnummer
   C. Immatrikulationsnummern
   D. Immatrikulationsnummer
   E. Keine Antwort ist richtig.

Antwort: **D**

Da der Artikel und das Adjektiv „eine persönliche" im Singular stehen, kommen nur die Antworten B und D in Betracht. Dass ein Student eine Immatrikulationsnummer und keine Belegnummer erhält, sollten Sie wissen.

122. **Nach dem Anfangsgespräch beginnt die eigentliche _____ Untersuchung.**
   A. gynäkologischer
   B. gynäkologischen
   C. gynäkologische
   D. gynekologische
   E. Keine Antwort ist richtig.

Antwort: **C**

Da der Artikel und das Adjektiv „die eigentliche" im Nominativ Singular stehen, kommen nur die Antworten C und D infrage. Antwort D scheidet wegen eines Rechtschreibfehlers aus, sodass Antwort C „gynäkologische" korrekt ist.

48   www.ausbildungspark.com

Sprachbeherrschung: Rechtschreibung Lückentext

123. **Für viele Wissenschaftler, Wissenschaftstheoretiker und _____ ist praktische Verwertbarkeit elementarer Zweck der Wissenschaft.**
   A. Philosoph
   B. Philosoph's
   C. Philosophen
   D. Theologen
   E. Keine Antwort ist richtig.

Antwort: **C**

Da die Aufzählung „Wissenschaftler, Wissenschaftstheoretiker und …", in die sich das gesuchte Wort einfügen muss, im Plural steht, kommen grammatikalisch nur die Antworten C und D in Betracht. Inhaltlich passen nur die „Philosophen", da Theologen keine Wissenschaftler sind und auch nicht für die praktische Verwertbarkeit der wissenschaftlichen Erkenntnisse stehen.

124. **Als _____ sind Sie verantwortlich für die Serienbetreuung der Produkte, die Ausarbeitung von Kundenwünschen und für die technische Zusammenarbeit.**
   A. Maschinenbauingeneur
   B. Maschinenbauingenieur
   C. Maschinenbauingenieuren
   D. Maschinenbauingenieurs
   E. Keine Antwort ist richtig.

Antwort: **B**

Hier ist der Nominativ zu verwenden, weshalb nur Antwort B korrekt ist. Antwort A enthält einen Rechtschreibfehler, Antwort C ist Akkusativ und Antwort D Genitiv.

125. **Das Spektrum des Facharztes für plastische _____ ist durch seine Tätigkeit an mehreren Kliniken sehr umfangreich.**
   A. Chirurgie
   B. Chirurgien
   C. Chirurge
   D. Chirurg
   E. Keine Antwort ist richtig.

Antwort: **A**

Da der Fachbereich „plastische Chirugie" im Singular steht, scheidet Antwort B aus. Die Antworten C und D ergeben grammatisch bzw. inhaltlich keinen Sinn, sodass nur „Chirurgie" als einzige richtige Antwort bleibt.

126. **Es gibt Krankheiten, bei denen neben anderen Symptomen auch _____ auftreten können.**
   A. Grippe
   B. Grippen
   C. Halluzination
   D. Halluzinationen
   E. Keine Antwort ist richtig.

Antwort: **D**

Da das Verb „auftreten können" im Plural steht, muss auch das gesuchte Subjekt im Plural sein, so kommen nur die Antworten B und D in Betracht. Da man aber nicht an mehreren Grippen gleichzeitig, sondern nur an einer Grippe leidet, ergibt Antwort B keinen Sinn. Antwort D „Halluzinationen" ist die einzige korrekte Antwort.

AUSBILDUNGSPark

Prüfung · Teil 1

127. Im Zuge der _____ und weltweiten Verflechtung der Finanzmärkte gleichen sich die Europäer in ihren Lebenseinstellungen immer mehr an.

- A. Globalisierung
- B. Globalisierungen
- C. Archivierung
- D. Archivierungen
- E. Keine Antwort ist richtig.

Antwort: **A**

Die Antworten C und D ergeben inhaltlich keinen Sinn. „Globalisierung" ist im Singular zu verwenden, da es sich um einen einzigen, weltumspannenden Prozess handelt.

128. Im Jahr 1836 gründeten die Dresdner Kaufleute Benjamin Schwenke und Friedrich Lange eine _____.

- A. Dampfschifffahrtsgesellschaften
- B. Dampfschiffahrtsgesellschaften
- C. Dampfschiffahrtsgesellschaft
- D. Dampfschifffahrtsgesellschaft
- E. Keine Antwort ist richtig.

Antwort: **D**

Der Artikel „eine" erfordert die Nutzung des Singulars. Antwort C ist gramatisch falsch, da drei „f"s erhalten bleiben müssen, sodass nur Antwort D „Dampfschifffahrtsgesellschaft" richtig ist.

129. Wir drehen heute noch eine Extrarunde auf dem _____.

- A. Karussellen
- B. Pferden
- C. Karussells
- D. Karussell
- E. Keine Antwort ist richtig.

Antwort: **D**

Der Artikel „dem" erfordert die Nutzung des Dativs Singular, sodass nur Antwort D korrekt ist.

130. In Baden-Württemberg ist der ländliche Raum das _____ der Region.

- A. starke Rückgrat
- B. starke Rückgrats
- C. starkes Rückgrat
- D. starkes Rückgrates
- E. Keine Antwort ist richtig.

Antwort: **A**

Der Artikel „das" erfordert hier sowohl für das Adjektiv „starke" als auch das Substantiv „Rückgrat" die Nutzung des Nominativs Singular, sodass nur Antwort A korrekt ist.

Sprachbeherrschung

Groß- und Kleinschreibung

Bei den nächsten Aufgaben geht es darum, die richtige Schreibweise in den Texten zu erkennen.

131.
   A. Er mag gerne Rad fahren.
   B. Er mag gerne radfahren.
   C. Er mag gerne rad fahren.
   D. Er mag gerne Radfahren.
   E. Keine Antwort ist richtig.

Antwort: **A**

Substantive werden in Verbindung mit einem Verb (z. B. „Rad fahren", „Handball spielen") in der Regel groß geschrieben. Ob ein Wort im konkreten oder übertragenen Sinn gebraucht wird, gilt nicht mehr als Kriterium für die Zusammen- bzw. Getrenntschreibung, stattdessen gilt konsequente Getrenntschreibung.

132.
   A. in bezug auf das schreiben
   B. In bezug auf das Schreiben
   C. in Bezug auf das schreiben
   D. In Bezug auf das Schreiben
   E. Keine Antwort ist richtig.

Antwort: **D**

Substantive werden in Verbindung mit einer Präposition („in Bezug", „mit Bezug") generell großgeschrieben, ebenso wie substantivierte Verben („das Schreiben").

133.
   A. Sie ist aufs äußerste gereizt.
   B. Sie ist aufs Äußerste gereizt.
   C. Sie ist aufs Äußerste Gereizt.
   D. Sie ist aufs äußerste Gereizt.
   E. Keine Antwort ist richtig.

Antwort: **B**

Großgeschrieben werden substantivierte Adjektive („das Äußerste") sowie Adjektive in festen Wortverbindungen (z. B. „aufs Äußerste", „im Klaren", „im Folgenden") bei Verwendung sowohl in wörtlicher als auch in übertragener Bedeutung.

134.
   A. Sie ging als letzte durch das Ziel.
   B. Sie ging als letzte durch das ziel.
   C. Sie ging als Letzte durch das ziel.
   D. Sie ging als Letzte durch das Ziel.
   E. Keine Antwort ist richtig.

Antwort: **D**

Prüfung · Teil 1

Substantivierte Adjektive und Ordinalzahlen (z. B. „der Erste und Letzte") werden großgeschrieben bei Verwendung sowohl in wörtlicher als auch in übertragener Bedeutung.

135.

    A. Die Polizei tappte völlig im dunkeln.

    B. Die Polizei tappte völlig im Dunkeln.

    C. Die Polizei tappte Völlig im dunkeln.

    D. Die Polizei tappte Völlig im Dunkeln.

    E. Keine Antwort ist richtig.

Antwort: **B**

Substantivierte Adjektive werden großgeschrieben, sowohl bei Verwendung in wörtlicher als auch in übertragener Bedeutung.

136.

    A. Es tat ihm aufrichtig leid.

    B. Es tat ihm aufrichtig Leid.

    C. Es tat ihm Aufrichtig leid.

    D. Es tat ihm Aufrichtig Leid.

    E. Keine Antwort ist richtig.

Antwort: **A**

Achtung, Ausnahmeregel: Als verblasstes Substantiv wird „leid" in „leidtun" kleingeschrieben.

137.

    A. Es war jenseits von gut und böse.

    B. Es war jenseits von Gut und Böse.

    C. Es war jenseits von Gut und böse.

    D. Es war jenseits von gut und Böse.

    E. Keine Antwort ist richtig.

Antwort: **B**

2006 wurde in einer Einzefalländerung festgelegt, dass in der Redewendung „jenseits von Gut und Böse" „Gut" und „Böse" großgeschrieben werden, da sie als Substantivierungen anzusehen sind.

138.

    A. Das Gericht hat immer recht.

    B. Das Gericht hat immer Recht.

    C. Das gericht hat immer Recht.

    D. Das gericht hat immer recht.

    E. Keine Antwort ist richtig.

Antwort: **B**

Substantive werden in Verbindung mit einer Präposition oder einem Verb („Recht haben") in der Regel großgeschrieben.

Sprachbeherrschung: Groß- und Kleinschreibung

139.

    A. Die Mannschaft hat ihr Bestes gegeben.

    B. Die Mannschaft hat ihr bestes gegeben

    C. Die mannschaft hat Ihr Bestes gegeben.

    D. Die mannschaft hat Ihr bestes gegeben.

    E. Keine Antwort ist richtig.

Antwort: **A**

Substantivierte Adjektive werden großgeschrieben.

140.

    A. Sie ist es einfach nur Leid.

    B. Sie ist es einfach nur leid.

    C. Sie ist es Einfach nur leid.

    D. Sie ist es Einfach nur Leid.

    E. Keine Antwort ist richtig.

Antwort: **B**

Achtung, Ausnahmeregel: Als verblasstes Substantiv wird „leid" in „etwas leid sein" kleingeschrieben.

141.

    A. Die Agentur macht alles mögliche.

    B. Die Agentur macht alles Mögliche.

    C. Die Agentur macht Alles Mögliche.

    D. Die Agentur macht Alles mögliche.

    E. Keine Antwort ist richtig.

Antwort: **B**

Substantivierte Adjektive werden großgeschrieben.

142.

    A. Der vierte im Bunde ist erkrankt.

    B. Der Vierte im Bunde ist erkrankt.

    C. Der Vierte im bunde ist erkrankt.

    D. Der vierte im bunde ist erkrankt.

    E. Keine Antwort ist richtig.

Antwort: **B**

Substantivierte Grund- und Ordnungszahlen werden großgeschrieben.

143.

    A. Das Kind hat keine Angst.

    B. Das Kind hat keine angst.

    C. Das Kind hat Keine Angst.

    D. Das Kind hat Keine angst.

    E. Keine Antwort ist richtig.

Antwort: **A**

Substantive in Verbindung mit einem Verb („Angst haben") werden in der Regel großgeschrieben.

AUSBILDUNGSPark

Prüfung · Teil 1

144.

    A. Das Singen macht der Gruppe sehr viel Spaß.

    B. Das singen macht der Gruppe sehr viel Spaß.

    C. Das Singen macht der gruppe sehr viel Spaß.

    D. Das Singen macht der gruppe sehr viel spaß.

    E. Keine Antwort ist richtig.

Antwort: **A**

Steht ein Artikel („der", „die" und „das") vor einem substantivierten Verb, Adjektiv oder Pronomen, so wird das Verb großgeschrieben.

145.

    A. Sie wird bestimmt den Kürzeren Ziehen.

    B. Sie wird bestimmt den Kürzeren ziehen.

    C. Sie wird bestimmt den kürzeren ziehen.

    D. Sie wird bestimmt den kürzeren Ziehen.

    E. Keine Antwort ist richtig.

Antwort: **B**

Substantivierte Adjektive („der Kürzere") werden sowohl bei Verwendung in wörtlicher als auch in übertragener Bedeutung großgeschrieben.

146.

    A. Beim spielen fiel sie auf den Boden.

    B. Beim Spielen fiel sie auf den Boden.

    C. Beim spielen fiel sie auf den boden.

    D. Beim Spielen fiel sie auf den boden.

    E. Keine Antwort ist richtig.

Antwort: **B**

Substantivierte Verben („das Spielen") werden großgeschrieben.

147.

    A. Der Frankfurter Sportverein von 1892 ist Stolz auf seine Vergangenheit.

    B. Der frankfurter Sportverein von 1892 ist Stolz auf seine Vergangenheit.

    C. Der frankfurter Sportverein von 1892 ist stolz auf seine Vergangenheit.

    D. Der Frankfurter Sportverein von 1892 ist stolz auf seine Vergangenheit.

    E. Keine Antwort ist richtig.

Antwort: **D**

Eigennamen werden großgeschrieben („Frankfurter Sportverein von 1892").

148.

    A. Sie stimmt dir im Allgemeinen zu.

    B. Sie stimmt Dir im allgemeinen zu.

    C. Sie stimmt dir im allgemeinen zu.

    D. Sie stimmt Dir im Allgemeinen zu.

    E. Keine Antwort ist richtig.

Antwort: **A**

www.ausbildungspark.com

Sprachbeherrschung: Groß- und Kleinschreibung

Adjektive in festen Wortverbindungen (z. B. „im Allgemeinen", „im Folgenden", „im Nachhinein") werden sowohl bei Verwendung in wörtlicher als auch in übertragener Bedeutung großgeschrieben. Persönliche Anreden wie „du" und „euer" werden im Gegensatz zu unpersönlichen Anreden („Sie") kleingeschrieben.

149.

    A. Ludwig der Vierzehnte war ein kluger Mann.

    B. Ludwig der vierzehnte war ein kluger Mann.

    C. Ludwig der vierzehnte war ein Kluger Mann.

    D. Ludwig der Vierzehnte war ein Kluger Mann.

    E. Keine Antwort ist richtig.

Antwort: **A**

Eigennamen werden in den meisten Fällen großgeschrieben, selbst dann, wenn sie aus Adjektiven und Substantiven zusammengesetzt sind.

150.

    A. Der Vierzehnte Tag war grauenvoll.

    B. Der vierzehnte Tag war grauenvoll.

    C. Der Vierzehnte tag war grauenvoll.

    D. Der vierzehnte tag war grauenvoll.

    E. Keine Antwort ist richtig.

Antwort: **B**

Substantivierte Grund- und Ordnungszahlen werden großgeschrieben. Hier bezieht sich die Ordnungszahl aber auf „Tag", sodass sie nicht substantiviert ist.

AUSBILDUNGSPark | 55

Prüfung · Teil 1

Sprachbeherrschung

Kommasetzung

Bei den nächsten Aufgaben geht es darum, die richtige Kommasetzung in den Texten zu erkennen.

151.

    A. Obwohl sich der Bewerber beeilte, kam er zu spät zur Prüfung.

    B. Obwohl sich der Bewerber beeilte kam er zu spät zur Prüfung.

    C. Obwohl, sich der Bewerber beeilte, kam er zu spät zur Prüfung.

    D. Obwohl, sich der Bewerber beeilte kam er zu spät zur Prüfung.

    E. Keine Antwort ist richtig.

Antwort: **A**

Der Konzessivnebensatz, der durch „Obwohl" eingeleitet wird und auf das Verb „beeilte" endet, wird durch das Komma vom Hauptsatz getrennt.

152.

    A. Am Montag, den 28. Juli, habe ich einen Arzttermin.

    B. Am Montag den 28. Juli habe ich einen Arzttermin.

    C. Am Montag den 28. Juli, habe ich einen Arzttermin.

    D. Am Montag den, 28. Juli, habe ich einen Arzttermin.

    E. Keine Antwort ist richtig.

Antwort: **A**

Die beiden Kommata trennen eine Apposition vom Hauptsatz, die „Montag" genauer definiert.

153.

    A. Soziale Kompetenz meint die Fähigkeit, auf andere Menschen zuzugehen, Kontakte herzustellen und mit anderen zusammenzuarbeiten.

    B. Soziale Kompetenz meint die Fähigkeit auf andere Menschen zuzugehen, Kontakte herzustellen und mit anderen zusammenzuarbeiten.

    C. Soziale Kompetenz meint die Fähigkeit, auf andere Menschen zuzugehen Kontakte herzustellen und mit anderen zusammenzuarbeiten.

    D. Soziale Kompetenz meint die Fähigkeit, auf andere Menschen zuzugehen, Kontakte herzustellen, und mit anderen zusammenzuarbeiten.

    E. Keine Antwort ist richtig.

Antwort: **A**

Das erste Komma kennzeichnet den folgenden Infinitivsatz. Das zweite Komma ist durch die Aufzählung begründet.

Sprachbeherrschung: Kommasetzung

154.

   A. Durch bewusst langsames Sprechen, durch das Senken und Erheben der Stimme, und durch die Veränderung der Lautstärke, wird die Aufmerksamkeit erhöht.

   B. Durch bewusst langsames Sprechen, durch das Senken und Erheben der Stimme, und durch die Veränderung der Lautstärke wird die Aufmerksamkeit erhöht.

   C. Durch bewusst langsames Sprechen, durch das Senken und Erheben der Stimme und durch die Veränderung der Lautstärke wird die Aufmerksamkeit erhöht.

   D. Durch bewusst langsames Sprechen durch das Senken und Erheben der Stimme und durch die Veränderung der Lautstärke wird die Aufmerksamkeit erhöht.

   E. Keine Antwort ist richtig.

Antwort: **C**

Das Komma ist durch die Aufzählung begründet. Der Satz enthält keine weiteren Kommata, da es sich um einen Hauptsatz ohne Nebensätze handelt.

155.

   A. Bevor man einen Vertrag unterschreibt sollte, man ihn genau lesen.

   B. Bevor man einen Vertrag unterschreibt sollte man ihn genau lesen.

   C. Bevor man einen Vertrag unterschreibt, sollte man ihn genau lesen.

   D. Bevor man einen Vertrag, unterschreibt sollte man ihn genau lesen.

   E. Keine Antwort ist richtig.

Antwort: **C**

Das Komma trennt den Temporalsatz vom folgenden Hauptsatz.

156.

   A. Wir meinen, dass wir mit diesem Buch, einer Kombination zwischen theoretischem Wissen und umfassendem Praxisbezug eine neue Art von Übungsbuch entwickelt haben.

   B. Wir meinen, dass wir mit diesem Buch einer Kombination zwischen theoretischem Wissen und umfassendem Praxisbezug, eine neue Art von Übungsbuch entwickelt haben.

   C. Wir meinen dass wir mit diesem Buch, einer Kombination zwischen theoretischem Wissen und umfassendem Praxisbezug, eine neue Art von Übungsbuch entwickelt haben.

   D. Wir meinen, dass wir mit diesem Buch, einer Kombination zwischen theoretischem Wissen und umfassendem Praxisbezug, eine neue Art von Übungsbuch entwickelt haben.

   E. Keine Antwort ist richtig.

Antwort: **D**

Das erste Komma trennt den Hauptsatz vom folgenden Nebensatz. Das zweite und dritte Komma kennzeichnen eine Apposition, die sich auf das Wort „Buch" bezieht.

Prüfung · Teil 1

157.

    A. Herr Mayer fragt bei Kollegen Freunden und Verwandten nach Beispielen, die er in seinem Buch verwenden kann.

    B. Herr Mayer fragt bei Kollegen, Freunden, und Verwandten nach Beispielen, die er in seinem Buch verwenden kann.

    C. Herr Mayer fragt bei Kollegen, Freunden und Verwandten nach Beispielen, die er in seinem Buch verwenden kann.

    D. Herr Mayer fragt bei Kollegen, Freunden, und Verwandten nach Beispielen, die er in seinem Buch, verwenden kann.

    E. Keine Antwort ist richtig.

Antwort: **C**

Das erste Komma ist durch eine Aufzählung bedingt. Das zweite Komma grenzt einen Relativnebensatz ab, der durch „die" eingeleitet wird, sich damit auf „Beispielen" bezieht und mit dem Verb „verwenden kann" endet.

158.

    A. Ein wichtiger Punkt, der das Lernverhalten eines Menschen beeinflussen kann, ist die eigene, aktive Motivation des Lernenden.

    B. Ein wichtiger Punkt der das Lernverhalten eines Menschen beeinflussen kann, ist die eigene, aktive Motivation des Lernenden.

    C. Ein wichtiger Punkt, der das Lernverhalten eines Menschen beeinflussen kann ist die eigene, aktive Motivation des Lernenden.

    D. Ein wichtiger Punkt der das Lernverhalten eines Menschen beeinflussen kann ist die eigene, aktive Motivation des Lernenden.

    E. Keine Antwort ist richtig.

Antwort: **A**

Die ersten beiden Kommata grenzen einen eingeschobenen Relativsatz vom Hauptsatz ab. Das dritte Komma resultiert aus einer Aufzählung.

159.

    A. Menschen, die Vorurteile haben diese aber aufgrund objektiver Tatsachen ablegen, sind nur voreingenommen.

    B. Menschen die Vorurteile haben diese aber aufgrund objektiver Tatsachen ablegen, sind nur voreingenommen.

    C. Menschen die Vorurteile haben, diese aber aufgrund objektiver Tatsachen ablegen, sind nur voreingenommen.

    D. Menschen, die Vorurteile haben, diese aber aufgrund objektiver Tatsachen ablegen, sind nur voreingenommen.

    E. Keine Antwort ist richtig.

Antwort: **D**

Das erste Komma kennzeichnet den Beginn eines Relativnebensatzes. Mit dem zweiten Komma endet der Relativnebensatz, und es beginnt ein Konjunktionalnebensatz, der durch das dritte Komma beendet wird.

160.

A. Man kann davon ausgehen, dass das Bild, das man von sich selbst hat oft ein Wunschbild ist.
B. Man kann davon ausgehen, dass das Bild, das man von sich selbst hat, oft ein Wunschbild ist.
C. Man kann davon ausgehen dass das Bild, das man von sich selbst hat, oft ein Wunschbild ist.
D. Man kann davon ausgehen, dass das Bild das man von sich selbst hat, oft ein Wunschbild ist.
E. Keine Antwort ist richtig.

Antwort: **B**

Das erste Komma leitet einen dass-Nebensatz ein, in den ein Relativnebensatz eingeschoben ist, der durch das zweite und dritte Komma abgegrenzt wird.

Prüfung · Teil 1

Sprachbeherrschung

Sätze puzzeln

Bei dieser Aufgabe geht es darum, die vorgegebenen Satzstücke in die richtige Reihenfolge zu setzen, damit die einzelnen Satzstücke einen vollständigen Satz ergeben.

Durch ein systematisches Vorgehen lassen sich die Aufgaben am schnellsten lösen. Gehen Sie die jeweiligen Satzfragmente beispielsweise danach durch, welches Prädikat zu welchem Subjekt gehört, wofür ein Relativpronomen („der", „die", „das") steht, worauf sich Adjektive und Adverbien beziehen, welche Prädikate möglicherweise bestimmte Objekte erfordern oder ob ein Verb mit einem Hilfsverb verbunden werden muss.

161.

A. polizeiliches Erscheinungsbild gewährleisten soll

B. grüne Uniformen durch blaue Dienstkleidung ersetzt

C. wurden in den vergangenen Jahren

D. die ein europaweit einheitliches

E. in vielen Bundesländern

Antwort: **A5, B3, C2, D4, E1**

In vielen Bundesländern wurden in den vergangenen Jahren grüne Uniformen durch blaue Dienstkleidung ersetzt, die ein europaweit einheitliches polizeiliches Erscheinungsbild gewährleisten soll.

Das Adjektiv „einheitliches" (Zeile 4) kann sich in der gegebenen Aufgabe nur auf das Substantiv „Erscheinungsbild" (Zeile 1) beziehen. Durch den Anschluss von Zeile 1 an Zeile 4 ergibt sich ein Relativsatz, der mit dem Relativpronomen „die" eingeleitet wird („die ein europaweit einheitliches polizeiliches Erscheinungsbild gewährleisten soll"). Grammatisch kann sich dieses Relativpronomen nur auf „blaue Dienstkleidung" (Zeile 2) beziehen, darüber hinaus ist das Verb „ersetzt" in derselben Zeile mit dem vorangehenden Hilfsverb „wurden" in Zeile 3 verknüpft. Das Satzgefüge ist somit klar. Als Satzanfang bleibt schließlich nur noch Zeile 5 übrig.

162.

A. erreicht man nur im höheren Dienst

B. im mittleren Dienst der Polizei kann man

C. doch den höchsten Dienstgrad der Polizei

D. bis zum Polizeihauptmeister aufsteigen

E. vom Polizeimeister-Anwärter über den Polizeimeister

Antwort: **A5, B1, C4, D3, E2**

60   www.ausbildungspark.com

Sprachbeherrschung: Sätze puzzeln

Im mittleren Dienst der Polizei kann man vom Polizeimeister-Anwärter über den Polizeimeister bis zum Polizeihauptmeister aufsteigen, doch den höchsten Dienstgrad der Polizei erreicht man nur im höheren Dienst.

Da das Verb „erreicht" (Zeile 1) ein Akkusativobjekt voraussetzt (wen oder was erreicht man nur im höheren Dienst?), lässt es sich an „den höchsten Dienstgrad der Polizei" (Zeile 3) anschließen. Damit ist der Nebensatz des Satzgefüges rekonstruiert. Der Hauptsatz besteht somit aus den Zeilen 2, 4 und 5. Durch das zusammengesetzte Prädikat („kann man", Zeile 2 und „aufsteigen", Zeile 4) ist der Rahmen vorgegeben, in den sich der Einschub in Zeile 5 – „vom Polizeimeister-Anwärter über den Polizeimeister" – einfügen muss.

163.

A. die innere Sicherheit

B. ist der Auftrag

C. des Landes

D. aufrecht zu erhalten

E. der deutschen Polizeien

Antwort: **A1, B4, C2, D3, E5**

Die innere Sicherheit des Landes aufrecht zu erhalten, ist der Auftrag der deutschen Polizeien.

Das Verb „aufrecht zu erhalten" (Zeile 4) erfordert ein Akkusativobjekt (wen oder was aufrecht zu erhalten?), das sich nur in Zeile 1 finden lässt: „die innere Sicherheit". Das Genitivobjekt in Zeile 3 („des Landes") kann sich grammatisch zwar auch auf „Auftrag" (Zeile 2) oder „Polizeien" (Zeile 5) beziehen, doch logisch sinnvoll ist nur der Bezug zur „Sicherheit" in Zeile 1. Die Rede ist schließlich von der „inneren Sicherheit des Landes", nicht von einem ominösen „Auftrag des Landes", und die Wendung „der deutschen Polizeien des Landes" wäre nicht nur umständlich, sondern auch bedeutungsarm. Was wären denn die nicht-deutschen Polizeien des Landes?

Somit erhält man das vorläufige Satzgebilde „die innere Sicherheit des Landes aufrecht zu erhalten". Die übrig bleibenden Zeilen 2 und 5 lassen sich ausschließlich auf eine Weise sinnvoll in den Satz fügen, denn das Genitivobjekt „der deutschen Polizeien" kann sich sinnvollerweise nur auf „Auftrag" beziehen.

164.

A. der Einstellungstest der Polizei

B. für den anstrengenden Polizeiberuf

C. im Sporttest und in einer ärztlichen Untersuchung überprüft

D. außerdem wird die körperliche Eignung

E. beinhaltet schriftliche und mündliche Tests

Antwort: **A1, B4, C5, D3, E2**

AUSBILDUNGSPark   61

Prüfung · Teil 1

Der Einstellungstest der Polizei beinhaltet schriftliche und mündliche Tests, außerdem wird die körperliche Eignung für den anstrengenden Polizeiberuf im Sporttest und in einer ärztlichen Untersuchung überprüft.

Eine hilfreiche Konstruktion findet sich in Zeile 4: Das Hilfsverb „wird" muss sich auf ein Vollverb beziehen, für dass nur „überprüft" (Zeile 3) infrage kommt. Man erhält also „außerdem wird die körperliche Eignung im Sporttest und in einer ärztlichen Untersuchung überprüft". Das Verb in Zeile 5 („beinhaltet") kann darüber hinaus nur zum „Einstellungstest" in Zeile 1 gehören, wodurch sich die Wortfolge „der Einstellungstest der Polizei beinhaltet schriftliche und mündliche Tests" ergibt. Der Einschub in Zeile 2 kann logisch nur zwischen den Satzteilen in Zeile 4 und 3 stehen.

165.

    A. dass Polizei Ländersache ist

    B. verschiedene Länderpolizeien

    C. in Deutschland 16

    D. daher gibt es

    E. das Grundgesetz besagt

Antwort: A2, B5, C4, D3, E1

Das Grundgesetz besagt, dass Polizei Ländersache ist, daher gibt es in Deutschland 16 verschiedene Länderpolizeien.

Das Verb in Zeile 4 („gibt") erfordert ein Akkusativobjekt (wen oder was gibt es?), das sich nur in Zeile 2 finden lässt, nämlich „verschiedene Länderpolizeien". So erhält man die Wortfolge „daher gibt es verschiedene Länderpolizeien". Das Verb „besagt" in Zeile 5 benötigt ebenfalls einen Zusatz: Was besagt das Grundgesetz? Die passende Erklärung steht in Zeile 1 – es besagt, dass Polizei Ländersache ist. Auch diese beiden Fragmente lassen sich also verknüpfen. Da die Konjunktion „daher" in Zeile 4 logisch auf diesen Sachverhalt verweist, ist die Satzreihenfolge somit fast klar. Schließlich ist Zeile 3 noch vor Zeile 2 einzuschieben, da sich die Zahl „16" nur auf die Anzahl der Länderpolizeien beziehen kann.

166.

    A. der Staatsgewalt und übt in der Öffentlichkeit

    B. eine gepflegte Erscheinung und gute Umgangsformen

    C. es kommt daher an auf

    D. eine repräsentative Funktion aus

    E. als Polizeibeamter ist man Teil

Antwort: A2, B5, C4, D3, E1

Als Polizeibeamter ist man Teil der Staatsgewalt und übt in der Öffentlichkeit eine repräsentative Funktion aus, es kommt daher an auf eine gepflegte Erscheinung und gute Umgangsformen.

Sprachbeherrschung: Sätze puzzeln

Aufschlussreich ist der Prädikatsteil „übt" in Zeile 1, der sich nur durch das „aus" in der 5. Zeile vervollständigen lässt. Wer oder was übt nun in der Öffentlichkeit eine repräsentative Funktion aus? Die Antwort kann nur in Zeile 5 stehen: „man". So erhält man aus den Zeilen 5, 1 und 4 einen funktionsfähigen Hauptsatz: „als Polizeibeamter ist man Teil der Staatsgewalt und übt in der Öffentlichkeit eine repräsentative Funktion aus". Die Konjunktion „daher" (Zeile 3) signalisiert, dass sich der dadurch eingeleitete Nebensatz logisch auf den vorangegangenen Sachverhalt des Hauptsatzes bezieht. Als Satzabschluss bleibt daher nur noch Zeile 2 übrig, die den in Zeile 3 eingeleiteten Gedanken fortführt.

167.

    A. körperliche und geistige

    B. eines Polizisten sind

    C. wichtige Eigenschaften

    D. Verantwortungsbewusstsein und die

    E. Belastbarkeit im Dienststress

Antwort: **A4, B2, C1, D3, E5**

Wichtige Eigenschaften eines Polizisten sind Verantwortungsbewusstsein und die körperliche und geistige Belastbarkeit im Dienststress.

Das Satzfragment in Zeile 1 enthält zwei Adjektive, die sich nur auf „Belastbarkeit im Dienststress" (Zeile 5) sinnvoll beziehen können. In Zeile 2 steht mit „eines Polizisten" ein Genitiv, der sich logisch auf „Belastbarkeit im Dienststress" oder auf „wichtige Eigenschaften" beziehen könnte, wodurch man – berücksichtigt man dazu noch die Zusammengehörigkeit von „sind" (Zeile 2) und „Eigenschaften" (Zeile 3) – vorläufig zwei Lösungsmöglichkeiten erhält:

1. „Körperliche und geistige Belastbarkeit im Dienststress eines Polizisten sind wichtige Eigenschaften."

2. „Wichtige Eigenschaften eines Polizisten sind körperliche und geistige Belastbarkeit im Dienststress."

Satz 1 ist dabei allerdings unsauberer formuliert und bietet keinen guten Anschluss für das Satzteil in Zeile 4. Stimmen kann demnach nur Variante 2, in die der fehlende Satzteil einzufügen ist.

168.

    A. wie auch das Bundeskriminalamt

    B. dem Bund und

    C. und die Polizei des Bundestags

    D. nicht den Ländern

    E. untersteht die Bundespolizei

Antwort: **A1, B4, C2, D5, E3**

Prüfung · Teil 1

Wie auch das Bundeskriminalamt und die Polizei des Bundestags, untersteht die Bundespolizei dem Bund und nicht den Ländern.

Der Satz enthält nur ein einziges Verb, das sich in Zeile 5 findet („untersteht"). Wem untersteht nun die Bundespolizei? Infrage kommen dafür sowohl „dem Bund" in Zeile 2, als auch „nicht den Ländern" in Zeile 4. Da in Zeile 2 die Konjunktion „und" steht, lässt sich vermuten, dass die Zeilen 2 und 4 zum Ausdruck „dem Bund und nicht den Ländern" zusammengezogen werden können. Dadurch ergibt sich vorläufig der Satzteil „untersteht die Bundespolizei dem Bund und nicht den Ländern". Die übrig bleibenden Glieder der Zeilen 1 und 3 lassen sich nur auf eine Weise sinnvoll in den entstandenen Satzteil einfügen, wobei die Konjunktion „und" in Zeile 3 den Anschluss an Zeile 1 signalisiert.

169.

    A. darf die Polizei jederzeit, überall

    B. und die Fahrtüchtigkeit des Fahrers

    C. die Sicherheit des Fahrzeugs

    D. bei jedem Verkehrsteilnehmer kontrollieren

    E. und ereignisunabhängig

Antwort: **A3, B2, C1, D5, E4**

Die Sicherheit des Fahrzeugs und die Fahrtüchtigkeit des Fahrers darf die Polizei jederzeit, überall und ereignisunabhängig bei jedem Verkehrsteilnehmer kontrollieren.

Das Hilfsverb „darf" in Zeile 1 ist logisch mit dem Verb „kontrollieren" in Zeile 4 verbunden, die Polizei darf also kontrollieren. Dieses Verb erfordert nun ein Akkusativobjekt (wen oder was darf die Polizei kontrollieren?). Dazu kommen grammatisch und logisch zwei Beziehungen in Frage, nämlich „die Sicherheit des Fahrzeugs" (Zeile 3) und „die Fahrtüchtigkeit des Fahrers" (Zeile 2). Da in Zeile 2 die Konjunktion „und" steht, lässt sich vermuten, dass die Zeilen 3 und 2 zum Satzteil „die Sicherheit des Fahrzeugs und die Fahrtüchtigkeit des Fahrzeugführers" zusammengezogen werden können. Die Wortfolge in Zeile 3 kann außerdem als einzige der angegebenen Fragmente am Satzanfang stehen. Somit ist der Satz nahezu komplett, das Satzfragment in Zeile 5 lässt sich schließlich zwischen die Zeilen 1 und 4 einfügen.

170.

    A. wurden im Jahr 2008

    B. so viele Fahrräder entwendet

    C. laut polizeilicher Kriminalstatistik

    D. über 35.000 Autos gestohlen

    E. und fast zehnmal

Antwort: **A2, B5, C1, D3, E4**

Sprachbeherrschung: Sätze puzzeln

Laut polizeilicher Kriminalstatistik wurden im Jahr 2008 über 35.000 Autos gestohlen und fast zehnmal so viele Fahrräder entwendet.

Aufschlussreich ist das Hilfsverb „wurden" in Zeile 1. Denn beide Verben – sowohl „gestohlen" in Zeile 4 als auch „entwendet" in Zeile 2 – sind auf dieses Hilfsverb angewiesen, es wurden also im Jahr 2008 Autos gestohlen und Fahrräder entwendet. Die erforderliche Konjunktion „und" findet sich schließlich in Zeile 5, wodurch auch die Reihenfolge des entstandenen Satzteils klar wird: „wurden im Jahr 2008 über 35.000 Autos gestohlen und fast zehnmal so viele Fahrräder entwendet." Das Fragment in Zeile 3 gibt schließlich am Satzanfang die Quelle der genannten Zahlen an.

Prüfung · Teil 1

Sprachbeherrschung

Satzreihenfolge

Tragen Sie zu jedem Satz die entsprechende fortlaufende Nummer rechts in das Kästchen ein, sodass die einzelnen Sätze in sinnvoller Reihenfolge stehen und einen zusammenhängenden Text ergeben.

Hinweise zur Bearbeitung

Bei dieser Aufgabe wird Ihr Gefühl für Sprachlogik geprüft. Dabei sind die angegebenen Sätze so anzuordnen, dass sich eine inhaltlich und grammatisch schlüssige Geschichte daraus ergibt. Prüfen Sie daher bei der Zusammenstellung des Texts zum einen, ob die Satzanschlüsse formal korrekt sind – verweist ein „dieser", „diese" oder „dieses" auch tatsächlich auf einen Bezugspunkt im vorherigen Satz? Zum anderen müssen Sie auf die inhaltliche Dimension achten: Setzt sich ein „aber" am Satzanfang auch wirklich vom Vorangegangenem ab, folgt auf ein „denn" tatsächlich eine Begründung des bereits Gesagten? Wird eine zeitliche Reihenfolge eingehalten?

Eine probate Vorgehensweise ist es, vom wahrscheinlichsten Anfangssatz auszugehen (der keinen Bezug zu einem vorhergehenden Inhalt nimmt) und sich anhand der Überprüfung von sprachlichen und inhaltlichen Bezügen Satz für Satz durch den Text zu hangeln. Sie können natürlich auch anders vorgehen.

171.

    A. Zur ersten großen Eruption kam es dabei am 22. August 1883.

    B. Krakatau ist der Name einer indonesischen Vulkaninsel.

    C. Das entspricht der 10.000–100.000-fachen Sprengkraft der Hiroshima-Atombombe.

    D. Diese war der Schauplatz einer der größten Vulkanausbrüche der Geschichte.

    E. Die ausgelöste Flutwelle wurde sogar in noch größerer Distanz registriert – im Ärmelkanal betrug der Ausschlag immerhin zwei Zentimeter.

    F. Die Explosionsgeräusche dieses gigantischen Ausbruchs waren in fast 5.000 Kilometern Entfernung zu hören.

    G. Die größte Folge-Eruption fünf Tage darauf entwickelte eine Sprengkraft zwischen 200 und 2.000 Megatonnen TNT.

Antwort: **A3, B1, C5, D2, E7, F6, G4**

Krakatau ist der Name einer indonesischen Vulkaninsel. Diese war der Schauplatz einer der größten Vulkanausbrüche der Geschichte. Zur ersten großen Eruption kam es dabei am 22. August 1883. Die größte Folge-Eruption fünf Tage darauf entwickelte eine Sprengkraft zwischen 200 und 2.000 Megatonnen TNT. Das entspricht der 10.000-100.000-fachen Sprengkraft der Hiroshima-Atombombe. Die Explosionsgeräusche dieses gigantischen Ausbruchs waren in fast 5.000 Kilometern Entfernung zu hören. Die ausgelöste Flutwelle wurde sogar in noch größerer Distanz registriert – im Ärmelkanal betrug der Ausschlag immerhin zwei Zentimeter.

Sprachbeherrschung: Satzreihenfolge

172.

A. In der Mehrzahl sind dies Männer – sie trifft es etwa zehnmal so häufig wie Frauen.

B. Mit ihnen bezeichnet man bestimmte Farbfehlsichtigkeiten.

C. Da Frauen zwei davon besitzen, kann die defekte Erbinformation bei ihnen ausgeglichen werden.

D. Rot-Grün-„Farbenblinde" können die Farben Rot und Grün nur sehr schwer unterscheiden.

E. Die Begriffe Rot-Grün-Blindheit und Rot-Grün-Sehschwäche sind wissenschaftliche Fachausdrücke.

F. Das liegt daran, dass die Fehlsichtigkeit auf dem X-Chromosom weitergegeben wird.

G. Ein umgangssprachlicher Name für diese Fehlsichtigkeiten lautet „Farbenblindheit".

Antwort: **A5, B2, C7, D4, E1, F6, G3**

Die Begriffe Rot-Grün-Blindheit und Rot-Grün-Sehschwäche sind wissenschaftliche Fachausdrücke. Mit ihnen bezeichnet man bestimmte Farbfehlsichtigkeiten. Ein umgangssprachlicher Name für diese Fehlsichtigkeiten lautet „Farbenblindheit". Rot-Grün-„Farbenblinde" können die Farben Rot und Grün nur sehr schwer unterscheiden. In der Mehrzahl sind dies Männer – sie trifft es etwa zehnmal so häufig wie Frauen. Das liegt daran, dass die Fehlsichtigkeit auf dem X-Chromosom weitergegeben wird. Da Frauen zwei davon besitzen, kann die defekte Erbinformation bei ihnen ausgeglichen werden.

Prüfung · Teil 1

173.

A. Bis zur Gründung der ersten Wetterdienste um 1900 dauerte es da noch mehr als 200 Jahre.

B. Nicht von ungefähr heißen daher frühe Versuche, die Wetterentwicklung zu bestimmen, auch „Bauernregeln".

C. Die Vorhersage des Wetters beschäftigt die Menschen seit Jahrtausenden.

D. Doch erst im 17. Jahrhundert erkannte man den Zusammenhang zwischen Luftdruck und Wetterlage.

E. Heute erreicht eine 24-Stunden-Vorhersage eine Treffsicherheit von 90 Prozent.

F. Einleuchtend: Die lebensnotwendige Landwirtschaft war (und ist) schließlich abhängig davon.

G. Für eine Drei-Tages-Prognose liegt dieser Wert immerhin noch bei 75 Prozent.

Antwort: A5, B3, C1, D4, E6, F2, G7

Die Vorhersage des Wetters beschäftigt die Menschen seit Jahrtausenden. Einleuchtend: Die lebensnotwendige Landwirtschaft war (und ist) schließlich abhängig davon. Nicht von ungefähr heißen daher frühe Versuche, die Wetterentwicklung zu bestimmen, auch „Bauernregeln". Doch erst im 17. Jahrhundert erkannte man den Zusammenhang zwischen Luftdruck und Wetterlage. Bis zur Gründung der ersten Wetterdienste um 1900 dauerte es da noch mehr als 200 Jahre. Heute erreicht eine 24-Stunden-Vorhersage eine Treffsicherheit von 90 Prozent. Für eine Drei-Tages-Prognose liegt dieser Wert immerhin noch bei 75 Prozent.

68   www.ausbildungspark.com

Sprachbeherrschung: Satzreihenfolge

174.

A. Der Suezkanal verbindet das Rote Meer mit dem Mittelmeer.

B. Die Fahrtzeit zwischen Singapur und Rotterdam verringert sich beispielsweise auf gut acht Stunden.

C. Diese verkürzt die Seewege zwischen dem Nordatlantik und Asien enorm.

D. Der Weg um das Kap der Guten Hoffnung würde dagegen rund drei Stunden länger dauern.

E. Doch eröffnet wurde der Suezkanal erst im November 1869.

F. Noch größer wäre die Zeitersparnis im Altertum gewesen, als die ersten Pläne für eine Verbindung der Meere gemacht wurden.

G. Er führt durch ägyptisches Territorium und stellt eine Wasserstraße von insgesamt 190 Kilometern Länge dar.

Antwort: **A1, B4, C3, D5, E7, F6, G2**

Der Suezkanal verbindet das Rote Meer mit dem Mittelmeer. Er führt durch ägyptisches Territorium und stellt eine Wasserstraße von insgesamt 190 Kilometern Länge dar. Diese verkürzt die Seewege zwischen dem Nordatlantik und Asien enorm. Die Fahrtzeit zwischen Singapur und Rotterdam verringert sich beispielsweise auf gut acht Stunden. Der Weg um das Kap der Guten Hoffnung würde dagegen rund drei Stunden länger dauern. Noch größer wäre die Zeitersparnis im Altertum gewesen, als die ersten Pläne für eine Verbindung der Meere gemacht wurden. Doch eröffnet wurde der Suezkanal erst im November 1869.

Prüfung · Teil 1

175.

A. Er lebte ausschließlich auf zwei kleinen Inseln im Indischen Ozean.

B. Von dort wegfliegen konnte er nicht – mit seinem massigen Rumpf und zwei kleinen Flügeln war er nicht flugfähig.

C. Der Dodo war ein erstaunlicher Vogel.

D. Das war kein Problem für ihn, da er kaum natürliche Feinde hatte.

E. Außerdem kamen mit ihren Schiffen auch fremde Tierarten, die dasselbe mit den Eiern der Dodos taten.

F. Schuld daran waren vermutlich die Seefahrer: Sie verspeisten die naiv-zutraulichen Vögel einfach.

G. Ausgestorben ist der Dodo schließlich trotzdem. Die Forschung nimmt an, dass dies im 17. Jahrhundert geschah.

Antwort: A2, B3, C1, D4, E7, F6, G5

Der Dodo war ein erstaunlicher Vogel. Er lebte ausschließlich auf zwei kleinen Inseln im Indischen Ozean. Von dort wegfliegen konnte er nicht – mit seinem massigen Rumpf und zwei kleinen Flügeln war er nicht flugfähig. Das war kein Problem für ihn, da er kaum natürliche Feinde hatte. Ausgestorben ist der Dodo schließlich trotzdem. Die Forschung nimmt an, dass dies im 17. Jahrhundert geschah. Schuld daran waren vermutlich die Seefahrer: Sie verspeisten die naiv-zutraulichen Vögel einfach. Außerdem kamen mit ihren Schiffen auch fremde Tierarten, die dasselbe mit den Eiern der Dodos taten.

Sprachbeherrschung

Lückentext Sprichwörter

Bei den nächsten Aufgaben geht es darum, für die jeweiligen Sprichwörter das passende Wort in die Lücke einzusetzen.

176. **Die Kuh vom** _____ **holen.**
    - **A.** Gras
    - **B.** Acker
    - **C.** Eis
    - **D.** Feld
    - **E.** Keine Antwort ist richtig.

Antwort: **C**

„Die Kuh vom Eis holen" bedeutet, etwas in Sicherheit zu bringen. Die Kuh könnte ansonsten auf dem Eis ausrutschen. Ebenso kann diese Redensart bedeuten, eine schwierige Lage zu entschärfen, sich aus einer unangenehmen Situation zu befreien oder einfach nur eine Lösung zu finden.

---

177. **Der** _____ **macht die Musik.**
    - **A.** Sänger
    - **B.** Produzent
    - **C.** Pianist
    - **D.** Ton
    - **E.** Keine Antwort ist richtig.

Antwort: **D**

„Der Ton macht die Musik" bedeutet, dass es darauf ankommt, wie man etwas sagt. Es geht darum, dass die Bedeutung einer Aussage in der Art, wie sie vorgetragen wird, bestehen kann. Zum einen kann diese Redewendung besagen, dass der Tonfall einer Aussage das Entscheidende ist. Zum anderen bedeutet diese Redewendung, dass der richtige Umgangston wichtig ist.

---

178. **Der Fisch stinkt vom** _____ **her.**
    - **A.** Schwanz
    - **B.** Kopf
    - **C.** Bauch
    - **D.** Brust
    - **E.** Keine Antwort ist richtig.

Antwort: **B**

„Der Fisch stinkt vom Kopf her." Das bedeutet, dass der obere Teil in einer Hierarchie für den Zustand der Situation verantwortlich ist. Mit „Kopf" kann z. B. ein Abteilungsleiter gemeint sein, dessen Abteilung schlecht funktioniert.

Prüfung · Teil 1

179. _____ guten Dinge sind drei.
   A. Mancher
   B. Vieler
   C. Aller
   D. Dreier
   E. Keine Antwort ist richtig.

Antwort: **C**

„Aller guten Dinge sind drei." Diese Redewendung hat ihren Ursprung wahrscheinlich in der mittelalterlichen Rechtsprechung. Heute dient sie als Rechtfertigung, etwas nach anfänglichem Scheitern wiederholt in Angriff zu nehmen.

180. **Es wird nichts so heiß _____, wie es gekocht wird.**
   A. genascht
   B. verzehrt
   C. gegessen
   D. verspeist
   E. Keine Antwort ist richtig.

Antwort: **C**

„Es wird nichts so heiß gegessen, wie es gekocht wird." Das bedeutet, dass die Dinge in der Regel nicht so schlimm sind, wie sie anfangs scheinen.

181. **Es ist alles Jacke wie _____.**
   A. Pullover
   B. Jeans
   C. Schuhe
   D. Hose
   E. Keine Antwort ist richtig.

Antwort: **D**

„Es ist alles Jacke wie Hose" bedeutet, dass etwas egal oder gleichgültig ist.

182. **Wie man in den Wald hinein _____, so schallt es heraus.**
   A. schreit
   B. singt
   C. ruft
   D. spricht
   E. Keine Antwort ist richtig.

Antwort: **C**

„Wie man in den Wald hineinruft, so schallt es heraus" bedeutet, dass man so, wie man andere behandelt, auch von diesen behandelt wird. So wird, wer unhöflich ist, selbst auch unhöflich behandelt.

72   www.ausbildungspark.com

Sprachbeherrschung: Lückentext Sprichwörter

183. **Wer zuletzt _____, lacht am besten.**
    A. schreibt
    B. lacht
    C. malt
    D. geht
    E. Keine Antwort ist richtig.

Antwort: **B**

„Wer zuletzt lacht, lacht am besten" bedeutet, dass die Freude am größten ist, wenn man über jemanden lachen kann, der einen zuvor selbst ausgelacht hat. In schwächerer Form kann es einfach ein Hinweis darauf sein, Dinge nicht zu früh zu bewerten.

184. **Jede _____ hat zwei Seiten.**
    A. Wand
    B. Fläche
    C. Münze
    D. Wurst
    E. Keine Antwort ist richtig.

Antwort: **C**

„Jede Münze hat zwei Seiten" bedeutet, dass alles Vor- und Nachteile hat.

185. **Wer nichts wird, wird _____.**
    A. Betriebswirt
    B. Wirt
    C. Landwirt
    D. Sammler
    E. Keine Antwort ist richtig.

Antwort: **B**

„Wer nichts wird, wird Wirt." Diese Redensart hat nicht wirklich eine tiefere Bedeutung. Am ehesten besagt sie, dass man immer eine Möglichkeit hat, etwas zu werden.

Prüfung · Teil 1

Sprachbeherrschung

Bedeutung von Sprichwörtern

Bei den nächsten Aufgaben geht es darum, für die jeweiligen Sprichwörter die richtige Bedeutung zu erkennen.

186. **Wo Rauch ist, ist auch Feuer.**
   A. Vorwürfe sind oft berechtigt.
   B. Wenn es raucht, dann wird es schnell gefährlich.
   C. Es gibt keinen Rauch ohne Feuer.
   D. Anhand von Rauch lässt sich Feuer entdecken.
   E. Keine Antwort ist richtig.

Antwort: **A**

Diese Redewendung soll besagen, dass Gerüchte oft etwas Wahres enthalten.

187. **Freunde in der Not gehen tausend auf ein Lot.**
   A. Gute Freunde sind immer für einen da.
   B. Es ist schwer, gute Freunde zu finden.
   C. In schweren Zeiten stehen einem nur wenige Freunde wirklich bei.
   D. Freunde sind etwas Wichtiges.
   E. Keine Antwort ist richtig.

Antwort: **C**

Diese Redewendung gibt vor, man habe in der Not nur wenige Freunde, da einem nur wenige Freunde beistünden, wenn es darauf ankommt. So zeige sich erst in einer Notsituation, wer die wahren Freunde sind.

188. **Der Krug geht so lange zum Brunnen, bis er bricht.**
   A. Etwas geht meistens gut.
   B. Etwas geht nicht auf Dauer gut.
   C. Dinge sind ersetzbar.
   D. Etwas geht häufig gut.
   E. Keine Antwort ist richtig.

Antwort: **B**

Dieses Sprichwort kann verschieden ausgelegt werden. Allgemein bedeutet es, dass alles einmal zu Ende geht. Zugespitzt kann es bedeuten, dass etwas nicht auf Dauer gut geht oder jedes Unrecht irgendwann bestraft wird.

189. **Wasch mir den Pelz, aber mach mich nicht nass.**
   A. Vorsicht ist bei bestimmten Dingen angeraten.
   B. Lege dich nicht mit Stärkeren an.
   C. Jemand gibt sich mit wenig zufrieden.
   D. Jemand möchte nur die Vorteile einer Sache genießen.
   E. Keine Antwort ist richtig.

Antwort: **D**

Diese Redensart wird als Motto Leuten in den Mund gelegt, die nur Vorteile einer Sache genießen wollen, aber nicht bereit sind, die damit verbundenen Nachteile in Kauf zu nehmen.

Sprachbeherrschung: Bedeutung von Sprichwörtern

190. Wie man sich bettet, so liegt man.
- A. Es ist wichtig, ein gutes Bett zu haben.
- B. Auf weichen Kissen lässt es sich gut schlafen.
- C. Betten sind ein wichtiger Bestandteil unseres Lebens, da man viel Zeit im Schlaf verbringt.
- D. Es hängt von jedem selbst ab, wie er sein Leben gestaltet.
- E. Keine Antwort ist richtig.

Antwort: **D**

„Wie man sich bettet, so liegt man" soll besagen, dass jeder für sein Leben verantwortlich ist und es in der eigenen Gewalt liegt, wie man sein Leben gestaltet.

191. Eine Schlange am Busen nähren.
- A. Viele Menschen sind falsch.
- B. Falschen Freunden vertrauen
- C. Es ist gut, jemandem zu vertrauen.
- D. Ein krankes Tier aufziehen
- E. Keine Antwort ist richtig.

Antwort: **B**

„Eine Schlange am Busen zu nähren" bedeutet, unaufrichtigen Personen, die nur so tun, als ob sie Freunde wären, zu vertrauen.

192. Lieber den Spatz in der Hand als die Taube auf dem Dach.
- A. Spatzen sind die wertvolleren Vögel.
- B. Nur das Risiko birgt auch einen großen Gewinn.
- C. Ein sicherer kleiner Nutzen ist einem unsicheren großen Nutzen vorzuziehen.
- D. Ein Risiko einzugehen lohnt sich oft nicht.
- E. Keine Antwort ist richtig.

Antwort: **C**

Diese Redensart empfiehlt, lieber einen kleinen Nutzen zu realisieren, als in Aussicht auf einen großen, aber unsicheren Nutzen am Ende nichts zu haben. Besser sei es, etwas Greifbares zu nehmen als etwas Wertvolleres, das zu erreichen unsicher ist. So sei Sicherheit in einer Abwägung einem Risiko vorzuziehen.

193. Übermut kommt vor dem Fall.
- A. Selbstüberschätzung kommt vor dem Scheitern.
- B. Risikobereitschaft lohnt sich nicht.
- C. Risikobereitschaft lohnt sich.
- D. Viele Leute scheitern aufgrund von Unwissen.
- E. Keine Antwort ist richtig.

Antwort: **A**

„Übermut kommt vor dem Fall" besagt, dass Überheblichkeit und Selbstüberschätzung oft vor dem Scheitern kommen und so zum Fall führen.

AUSBILDUNGSPark

Prüfung · Teil 1

194. Steter Tropfen höhlt den Stein.

    A. Es ist sinnlos zu versuchen, Steine mit Wasser auszuhöhlen.

    B. Beharrlichkeit führt zum Erfolg.

    C. Wasser ist härter als Stein.

    D. Steine durchlöchert man am besten mit Tropfen.

    E. Keine Antwort ist richtig.

Antwort: **B**

„Steter Tropfen höhlt den Stein" besagt, dass Ausdauer und Beharrlichkeit zum Erfolg führten und Beständigkeit sich auszahlt.

---

195. Die Katze im Sack kaufen.

    A. Etwas kaufen, ohne es vorher gesehen zu haben.

    B. Risikobereitschaft lohnt sich nicht.

    C. Viele Leute scheitern aufgrund zu hoher Risikobereitschaft.

    D. Etwas Wertvolles bleibt oft unerkannt.

    E. Keine Antwort ist richtig.

Antwort: **A**

„Die Katze im Sack zu kaufen" bedeutet, etwas zu kaufen, ohne es zuvor gesehen und/oder geprüft zu haben. Man lässt sich auf etwas Unbekanntes ein.

Sprachbeherrschung

Gegenteilige Begriffe

Begriffe	A–J		Gegenteilige Begriffe
196. erinnern	J		A. nachgeben
197. geben	E		B. weinen
198. standhalten	A		C. ärgern
199. befestigen	G		D. zurückbleiben
200. lachen	B		E. nehmen
201. freuen	C		F. mitmachen
202. montieren	I		G. lösen
203. öffnen	H		H. schließen
204. überholen	D		I. abbauen
205. zusehen	F		J. vergessen

Lösungshinweis

Bei dieser Aufgabe wird die sprachliche Grundfähigkeit geprüft. Gehen Sie dabei sehr konzentriert vor, da ein Fehler eine ganze Reihe anderer Fehler nach sich ziehen kann.

Beginnen Sie systematisch mit dem ersten Wort in der linken Spalte und überprüfen Sie die rechte Spalte Wort für Wort, bis Sie das Wort mit der gegenteiligen Bedeutung gefunden haben. Tragen Sie dann den Buchstaben in das leere Kästchen vor der rechten Spalte ein. Wenn Sie sich nicht ganz sicher sind, dann verschieben Sie Ihre Entscheidung – vielleicht löst sich das Problem am Ende der Aufgabe, da nur noch eine Möglichkeit übrig bleibt.

Wenn nach dem ersten Durchgang noch Lücken in der rechten Spalte übrig geblieben sind, dann hilft eventuell eine Umkehr des Verfahrens weiter. Man nehme sich das Wort aus der rechten Spalte vor und sucht dazu aus der linken Spalte das Wort mit der gegenteiligen Bedeutung.

Zum Schluss sollte geprüft werden, ob alle Buchstaben von A bis J einmal eingetragen sind.

Prüfung · Teil 1

Sprachbeherrschung

Gleiche Wortbedeutung (ankreuzen)

Nun wird die Fähigkeit zu logischem Denken im sprachlichen Bereich getestet.

206. Gelübde
- A. Geheimnis
- B. Schriftstück
- C. Wette
- D. Antwort
- E. Schwur

Antwort: **E**

207. abtrünnig
- A. abwertend
- B. lustlos
- C. negativ
- D. untreu
- E. willig

Antwort: **D**

208. Disput
- A. Auseinandersetzung
- B. Vorschlag
- C. Einigung
- D. Knochenkrankheit
- E. Gespräch

Antwort: **A**

209. heikel
- A. lustig
- B. interessant
- C. schwierig
- D. unklar
- E. verschieden

Antwort: **C**

210. Langmut
- A. Ausdauer
- B. Geduld
- C. Langsamkeit
- D. Tapferkeit
- E. Missmut

Antwort: **B**

211. lethargisch
- A. aktiv
- B. träge
- C. rege
- D. rastlos
- E. gefährlich

Antwort: **B**

212. aristokratisch
- A. reich
- B. kläglich
- C. adlig
- D. hochkarätig
- E. elegant

Antwort: **C**

213. delinquent
- A. schmackhaft
- B. verbrecherisch
- C. tödlich
- D. entmutigt
- E. defekt

Antwort: **B**

214. welk
- A. wellig
- B. gepresst
- C. schlaff
- D. kaputt
- E. halb

Antwort: **C**

215. Zwist
- A. Faden
- B. Duo
- C. Tanz
- D. Gummi
- E. Streit

Antwort: **E**

www.ausbildungspark.com

Sprachbeherrschung

Fremdwörter zuordnen

Fremdwort	A–J	Bedeutung
216. Emigration	C	A. Zusammenarbeit
217. Narration	H	B. Übertragung
218. Mortalität	F	C. Auswanderung
219. Prophylaxe	G	D. Nachbildung
220. Kooperation	A	E. Lebenslauf
221. Gobelin	J	F. Sterblichkeit
222. Effizienz	I	G. Vorbeugung
223. Attrappe	D	H. Erzählung
224. Transfer	B	I. Wirksamkeit
225. Vita	E	J. Wandteppich

Lösungshinweis

Bei dieser Aufgabe wird die sprachliche Grundfähigkeit geprüft. Gehen Sie dabei sehr konzentriert vor, da ein Fehler eine ganze Reihe anderer Fehler nach sich ziehen kann.

Beginnen Sie systematisch mit dem ersten Wort in der linken Spalte und überprüfen Sie die rechte Spalte Wort für Wort, bis Sie die richtige Bedeutung für das Fremdwort gefunden haben. Tragen Sie dann den Buchstaben in das leere Kästchen vor der rechten Spalte ein. Wenn Sie sich nicht ganz sicher sind, dann verschieben Sie Ihre Entscheidung – vielleicht löst sich das Problem am Ende der Aufgabe, da nur noch eine Möglichkeit übrig bleibt.

Wenn nach dem ersten Durchgang noch Lücken in der rechten Spalte übrig geblieben sind, dann hilft eventuell eine Umkehr des Verfahrens weiter. Man nehme sich das Wort aus der rechten Spalte vor und suche dazu aus der linken Spalte das Wort mit der richtigen Bedeutung.

Zum Schluss sollte geprüft werden, ob alle Buchstaben von A bis J einmal eingetragen sind.

Prüfung · Teil 1

Sprachbeherrschung

Englisch: Rechtschreibung

In diesem Abschnitt werden Ihre Englischkenntnisse geprüft.

226. Wie lautet die englische Schreibweise für: Aller Anfang ist schwer.
- A. All beginnings are difikult.
- B. Al beginings are difficult.
- C. All beginnings are difficult.
- D. Al beginnings are difficult.
- E. Keine Antwort ist richtig.

Antwort: **C**

---

227. Wie lautet die englische Schreibweise für: Jeder ist seines Glückes Schmied.
- A. Every man is the architect of his own fortune.
- B. Everi man is the architect of his own fortune.
- C. Every mann is the architect of his own fortune.
- D. Every man ist the architect of his own fortune.
- E. Keine Antwort ist richtig.

Antwort: **A**

---

228. Wie lautet die englische Schreibweise für: Der frühe Vogel fängt den Wurm.
- A. The earli bird catches the worm.
- B. The early bird catches the worm.
- C. The early birt catchs the worm.
- D. The earley birt catches the worm.
- E. Keine Antwort ist richtig.

Antwort: **B**

---

229. Wie lautet die englische Schreibweise für: Was du nicht willst, das man dir tu, das füg auch keinem andern zu.
- A. Do unto athers as you wold have athers do unto you.
- B. Do unto athers as you wuld have others do unto you.
- C. Do unto others as you would have others do unto you.
- D. Dou unto athers as you would have others do unto you.
- E. Keine Antwort ist richtig.

Antwort: **C**

---

230. Wie lautet die englische Schreibweise für: Reden ist Silber, schweigen ist Gold.
- A. Talk istsilver, silence is gold.
- B. Talk is silver, silence is golden.
- C. Talk is silfer, silenc is golden.
- D. Talk ist silver, silence ist gold.
- E. Keine Antwort ist richtig.

Antwort: **B**

Sprachbeherrschung: Englisch: Rechtschreibung

231. Wie lautet die englische Schreibweise für: Auch ein blindes Huhn findet mal ein Korn.
- A. A blind mann mai sometimes hit the marc.
- B. A blind man may sometime hitt the mark.
- C. A blint mann may sometimes hit the mark.
- D. A blind man may sometimes hit the mark.
- E. Keine Antwort ist richtig.

Antwort: **D**

232. Wie lautet die englische Schreibweise für 05:04 Uhr?
- A. four (minutes) past five
- B. vour (minutes) past five
- C. four (minutes) to five
- D. four (minutes) past fife
- E. Keine Antwort ist richtig.

Antwort: **A**

233. Wie lautet die englische Schreibweise für 03:34 Uhr?
- A. tventy-six minutes to four
- B. twenty-six minutes to vour
- C. twenty-six minutes to for
- D. twenty-six minutes to four
- E. Keine Antwort ist richtig.

Antwort: **D**

234. Wie lautet die englische Schreibweise für den Monat März?
- A. Match
- B. Martch
- C. März
- D. March
- E. Keine Antwort ist richtig.

Antwort: **D**

235. Wie lautet die englische Schreibweise für den Monat Juni?
- A. Juny
- B. Juni
- C. June
- D. Jun
- E. Keine Antwort ist richtig.

Antwort: **C**

AUSBILDUNGSPark

Prüfung · Teil 1

Sprachbeherrschung

Englisch: Zeitformen

In diesem Abschnitt werden Ihre Englischkenntnisse geprüft.

236. Wie lautet die korrekte Zeitform:
I (go)/simple present?

    A. I went.

    B. I gone.

    C. I am going.

    D. I go.

    E. I goes.

Antwort: **D**

237. Wie lautet die korrekte Zeitform:
I (carry)/past progressive?

    A. I am carrying.

    B. I was carrying.

    C. I were carrying.

    D. I have been carrying.

    E. I had been carrying.

Antwort: **B**

238. Wie lautet die korrekte Zeitform:
We (watch)/future I progressive?

    A. We will watch.

    B. We would be watching.

    C. We would have been watching.

    D. We are watching.

    E. We will be watching.

Antwort: **E**

239. Wie lautet die korrekte Zeitform:
Peter and Carl (talk)/past perfect simple?

    A. Peter and Carl were talking.

    B. Peter and Carl have been talking.

    C. Peter and Carl are talking.

    D. Peter and Carl talked.

    E. Peter and Carl had talked.

Antwort: **E**

240. Wie lautet die korrekte Zeitform:
I (sing)/past perfect progressive?

    A. I have been singing.

    B. I was singing.

    C. I sang.

    D. I had been singing.

    E. I have sung.

Antwort: **D**

241. Wie lautet die korrekte Zeitform:
I (write)/present perfect progressive?

    A. I wrote.

    B. I was writing.

    C. I have been writing.

    D. I have written.

    E. I had been writing.

Antwort: **C**

242. Wie lautet die korrekte Zeitform:
We (think)/past perfect simple?

    A. We have been thinking.

    B. We have thought.

    C. We thought.

    D. We had thought.

    E. We were thinking.

Antwort: **D**

243. Wie lautet die korrekte Zeitform:
They (buy)/past perfect progressive?

    A. They have been buying.

    B. They were buying.

    C. They had bought.

    D. They have had bought.

    E. They had been buying.

Antwort: **E**

Sprachbeherrschung: Englisch: Zeitformen

244. Wie lautet die korrekte Zeitform:
   You (drive)/past perfect progressive?
   A. You had been driving.
   B. You were being driven.
   C. You drove.
   D. You have driven.
   E. You were driven.

Antwort: **A**

245. Wie lautet die korrekte Zeitform:
   You (meet)/present perfect progressive?
   A. You had been meeting.
   B. You have met.
   C. You met.
   D. You have been meeting.
   E. You are meeting.

Antwort: **D**

Prüfung · Teil 1

Sprachbeherrschung

Eines von fünf Wörtern passt nicht

Nun wird die Fähigkeit zu logischem Denken im sprachlichen Bereich getestet.

246.
   A. Pfirsich
   B. Pflaume
   C. Aprikose
   D. Kirsche
   E. Stachelbeere

Antwort: **E**

Bei allen anderen Begriffen handelt es sich um Steinobst.

247.
   A. Ostern
   B. Tag der Deutschen Einheit
   C. Reformationstag
   D. Weihnachten
   E. Pfingsten

Antwort: **B**

Bei allen anderen Begriffen handelt es sich um kirchliche Feiertage.

248.
   A. schneiden
   B. telefonieren
   C. wissen
   D. eisern
   E. verweigern

Antwort: **D**

Bei allen anderen Begriffen handelt es sich um Verben, eisern ist dagegen ein Adjektiv.

249.
   A. Falz
   B. Lücke
   C. Spalt
   D. Ritze
   E. Loch

Antwort: **A**

Bei allen anderen Begriffen handelt es sich um Öffnungen.

250.
   A. herstellen
   B. produzieren
   C. verkaufen
   D. erschaffen
   E. fertigen

Antwort: **C**

Bei allen anderen Begriffen handelt es sich um Verben des Produzierens.

251.
   A. gut situiert
   B. wohlhabend
   C. vermögend
   D. begütert
   E. bedürftig

Antwort: **E**

Bei allen anderen Begriffen handelt es sich um Adjektive, die „reich" bedeuten.

252.
   A. Russland
   B. Nordamerika
   C. Südafrika
   D. Neuseeland
   E. Brasilien

Antwort: **B**

Bei allen anderen Begriffen handelt es sich um Staaten, Nordamerika ist aber ein Kontinent.

253.
   A. transparent
   B. diffus
   C. undurchsichtig
   D. milchig
   E. trüb

Antwort: **A**

Alle anderen Begriffe drücken Undurchsichtigkeit aus.

Sprachbeherrschung: Eines von fünf Wörtern passt nicht

254.

- A. erklecklich
- B. beträchtlich
- C. außerordentlich
- D. unerheblich
- E. immens

Antwort: **D**

Bei allen anderen Begriffen handelt es sich um Adjektive, die große Mengen beschreiben.

255.

- A. Amsel
- B. Buchfink
- C. Rotkehlchen
- D. Zaunkönig
- E. Huhn

Antwort: **E**

Bei allen anderen Begriffen handelt es sich um Singvögel.

Prüfung · Teil 1

Sprachbeherrschung

Charaktereigenschaften finden

Dieser Aufgabenblock prüft Ihren Einfallsreichtum und Ihre persönliche Einstellung.

Hinweis

Das Zeitlimit drängt zu schnellen, spontanen und assoziativen Antworten. Trauen Sie Ihren ersten Einfällen dennoch nicht bedingungslos: Ein Feuerwehrmann beispielsweise sollte zwar gegebenenfalls entschlossen handeln können, aber kein furchtloser Draufgänger sein. Als schreckhaften Zauderer sollten Sie ihn andererseits nicht unbedingt beschreiben. Bedenken Sie, was die Antwort über Sie und Ihr Weltbild verrät – erst recht, wenn der Beruf genannt wird, für den Sie sich bewerben.

Musterantworten

256. Bitte charakterisieren Sie den idealen Polizisten.

¬ durchsetzungsfähig

¬ verantwortungsbewusst

¬ kommunikationsfähig

¬ sicher im Umgang mit Menschen

¬ entschlossen

257. Bitte charakterisieren Sie den idealen Feuerwehrmann.

¬ couragiert

¬ sportlich

¬ flexibel

¬ zielstrebig

¬ teamfähig

258. Bitte charakterisieren Sie den idealen Vorgesetzten.

¬ ausgeglichen

¬ mitdenkend

¬ motivierend

¬ entscheidungsfähig

¬ kompetent

259. Bitte charakterisieren Sie den idealen Kollegen.

¬ kommunikativ

¬ kompromissbereit

¬ konfliktfähig

¬ kollegial

¬ loyal

260. Bitte charakterisieren Sie den idealen Freund.

¬ humorvoll

¬ zuverlässig

¬ mitfühlend

¬ interessiert

¬ aufgeweckt

261. Bitte charakterisieren Sie den idealen Hausarzt.

¬ sachkundig

¬ ehrlich

¬ erfahren

¬ einfühlsam

¬ problembewusst

Sprachbeherrschung: Charaktereigenschaften finden

262. Bitte charakterisieren Sie den idealen Bürgermeister.

¬ besonnen

¬ einnehmend

¬ redegewandt

¬ diplomatisch

¬ charismatisch

263. Bitte charakterisieren Sie den idealen Manager.

¬ durchsetzungsfähig

¬ analytisch

¬ ehrgeizig

¬ diszipliniert

¬ kommunikationsstark

264. Bitte charakterisieren Sie den idealen Nachbarn.

¬ hilfsbereit

¬ rücksichtsvoll

¬ freundlich

¬ aufmerksam

¬ aufgeschlossen

265. Bitte charakterisieren Sie den idealen Vermieter.

¬ uneigennützig

¬ bemüht

¬ bodenständig

¬ zuvorkommend

¬ engagiert

Prüfung · Teil 1

Sprachbeherrschung

Kreative Sätze bilden

Im Folgenden wird Ihr gedanklicher und sprachlicher Einfallsreichtum auf die Probe gestellt.

Musterantworten

266. Film | Popcorn | Dunkelheit

Satz 1: Wenn der Film langweilig ist, kann man Popcorn durch den Kinosaal werfen – in der Dunkelheit sieht das ja keiner.

Satz 2: In der Dunkelheit haben wir dummerweise das Popcorn verloren, das wir extra für den Film gekauft hatten.

Satz 3: Viele Kinogänger essen Popcorn während des Films, weil ihnen das laute Knabbergeräusch die Angst vor der Dunkelheit nimmt.

267. Telefon | Wohnzimmer | Anrufbeantworter

Satz 1: Das Telefon im Wohnzimmer höre ich nie, also sprechen mir alle Anrufer auf den Anrufbeantworter.

Satz 2: Als ich im Wohnzimmer auf das Telefon sah, fiel mir ein, dass ich den Anrufbeantworter schon lange nicht mehr abgehört hatte.

Satz 3: Im Wohnzimmer will ich meine Ruhe haben, daher kommt das Telefon mitsamt Anrufbeantworter ins Arbeitszimmer.

268. Schrank | Buch | Butter

Satz 1: Das Buch fiel direkt vom Schrank auf die Butter.

Satz 2: Aus Versehen habe ich das Buch in den Kühlschrank gelegt und die Butter auf den Schrank.

Satz 3: Nach meinem Umzug hatte ich nur noch einen alten Schrank, ein Buch und etwas Butter.

269. Sicherheit | Glück | Freiheit

Satz 1: Für sein persönliches Glück braucht man Sicherheit und Freiheit.

Satz 2: Das Streben nach Glück sowie das Recht auf Freiheit und persönliche Sicherheit sind wichtige Elemente der amerikanischen Unabhängigkeitserklärung.

Satz 3: Mit Sicherheit hat Glück auch etwas mit Freiheit zu tun.

270. Motor | Reise | Wasser

Satz 1: Die Reise fiel ins Wasser, weil der Motor streikte.

Satz 2: Die lange Reise mit dem Auto dürfte teuer werden, der Motor läuft schließlich nicht mit Wasser.

Satz 3: Wir tranken einen Schluck Wasser, starteten den Motor und machten uns auf die Reise.

Sprachbeherrschung: Kreative Sätze bilden

271. Industrie | Umwelt | Solaranlage

Satz 1: Die Industrie sollte mehr für die Umwelt tun, z. B. durch die Förderung der Solarenergie.

Satz 2: Industrie und Umwelt sind nicht unbedingt Gegensätze, wie man am Beispiel an der Solarenergie-Branche erkennen kann.

Satz 3: Solarenergie ist sicher gut für die Umwelt, aber ob sie allein den Strom für die energiehungrige Industrie liefern kann?

272. Internet | Hose | Einkaufszentrum

Satz 1: Ich habe mir die Hose im Internet bestellt, anstatt sie im Einkaufszentrum zu kaufen.

Satz 2: Mitten im Einkaufszentrum riss mir die Hose – seitdem shoppe ich nur noch via Internet.

Satz 3: Die Hose, die ich im Einkaufszentrum gesehen habe, konnte ich im Internet nicht finden.

273. Frühstück | Geschirr | Post

Satz 1: Nach dem Frühstück spielten wir „stille Post", das dreckige Geschirr ließen wir liegen.

Satz 2: Als sie beim Frühstück ihre Post durchsah, stieß sie versehentlich das Geschirr vom Tisch.

Satz 3: Ich gehe noch vor dem Frühstück zur Post, um das Paket mit dem neuen Geschirr abzuholen.

274. Bahn | Strom | Lärm

Satz 1: „Aus der Bahn!" rief ich, als mir ein wahrer Strom von Menschen mit großem Lärm entgegenkam.

Satz 2: Als die Bahn noch mit Kohle statt mit Strom fuhr, machte sie viel mehr Lärm.

Satz 3: Die Bahn fuhr an einem reißenden Strom vorbei, der einen unglaublichen Lärm machte.

275. Jogging | Bank | Hunger

Satz 1: Als ich beim morgendlichen Jogging an meiner Bank vorbeilief, bekam ich unerklärlicherweise großen Hunger.

Satz 2: Vom Jogging erschöpft, ließ ich mich im Park auf eine Bank fallen und stillte meinen Hunger mit einem Sandwich.

Satz 3: Seit ich bei der Bank arbeite, komme ich zwar nicht mehr zum Jogging, aber mein Hunger ist genauso groß wie früher.

Prüfung · Teil 2

Fachwissen **92**
    Polizei..92
    Feuerwehr 100
    Zoll 107
    Bundeswehr.. 113

Allgemeinwissen.. **120**
    Politik und Gesellschaft 120
    Wirtschaft und Finanzen 123
    Recht und Grundgesetz... 126
    Staatsbürgerliche Kunde 129
    Interkulturelles Wissen 132
    Physik, Chemie und Biologie 135
    Kunst, Musik und Literatur.. 138
    Persönlichkeiten, Erfindungen, Entdeckungen 141
    Geographie und Landeskunde 144

Technisches Wissen **147**
    Praktisches Verständnis 147
    Technisches Verständnis 161

Prüfung · Teil 2

Fachwissen

Polizei

Wie gut kennen Sie sich in den Strukturen und Aufgaben der Polizei aus?

276. Die Aufgaben und die Rechtsstellung der Länderpolizeien …?
  A. regelt einheitlich das Grundgesetz.
  B. regelt jedes Bundesland in einem eigenen Gesetz.
  C. regeln die Kommunen für ihre jeweiligen Polizeidienststellen.
  D. regelt einheitlich das Bundespolizeigesetz.
  E. bestimmt der Bundesinnenminister.

Antwort: **B**

Polizei ist – abgesehen von der Bundespolizei – in Deutschland Ländersache. Die Aufgaben und die Rechtsstellung der Länderpolizeien regelt daher jedes der 16 Bundesländer in eigenen Gesetzen. Das Bundespolizeigesetz gilt ausschließlich für die Bundespolizei.

277. Die Bundespolizei …?
  A. hat die gleichen Aufgaben wie die Polizeien der Bundesländer.
  B. ist eine gemeinsame Sondereinheit der Länderpolizeien.
  C. beaufsichtigt die Länderpolizeien.
  D. ist organisatorisch unabhängig von den Länderpolizeien und hat ein eigenes Aufgabenspektrum.
  E. besteht aus allen Angehörigen der Länderpolizeien.

Antwort: **D**

Länderpolizeien und Bundespolizei sind grundsätzlich unterschiedliche, eigenständige Institutionen: Die Bundespolizei ist die Polizei des Bundes, die unabhängig von den verschiedenen Polizeien der Bundesländer agiert.

278. Wie viele Angehörige beschäftigen alle Länderpolizeien zusammen?
  A. Rund 380.000
  B. Rund 320.000
  C. Rund 260.000
  D. Rund 200.000
  E. Rund 140.000

Antwort: **C**

Die Länderpolizeien beschäftigen zusammen rund 260.000 Angehörige. Allein in Nordrhein-Westfalen, dem bevölkerungsstärksten deutschen Bundesland, arbeiten 50.000 Polizeibedienstete – ca. 9.000 mehr als bei der Bundespolizei.

279. Wann darf die Bundespolizei die Länderpolizeien unterstützen?
  A. Grundsätzlich überhaupt nicht
  B. Grundsätzlich immer, wenn sie es für nötig hält
  C. In besonderen Ausnahmefällen
  D. Nur im Kriegsfall
  E. Nur, wenn die Länderpolizei nicht mehr handlungsfähig ist

Antwort: **C**

92   www.ausbildungspark.com

Fachwissen: Polizei

Die Bundespolizei darf die Länderpolizeien nur auf Anfrage und in bestimmten Ausnahmefällen unterstützen. Dazu zählen: die Aufrechterhaltung oder Wiederherstellung der öffentlichen Sicherheit und Ordnung (z. B. bei Großdemonstrationen), die Hilfe bei Naturkatastrophen oder besonders schweren Unglücksfällen oder die Abwehr einer drohenden Gefahr für den Bestand oder die freiheitliche demokratische Grundordnung des Bundes bzw. eines Landes.

280. Wem untersteht eine Landespolizei?

- A. Dem jeweiligen Landesparlament
- B. Dem Innenminister des jeweiligen Bundeslands
- C. Dem Bundesinnenminister
- D. Dem Bundespräsidenten
- E. Dem Bundesminister für Verteidigung

Antwort: **B**

Der oberste Dienstherr eines Landespolizisten ist der Innenminister des jeweiligen Bundeslands; die Bundespolizei untersteht dem Bundesinnenminister.

281. Woraus ging die Bundespolizei hervor?

- A. Bundesgrenzschutz
- B. Bundessicherheitsbehörde
- C. Zoll
- D. Bundesordnungsdienst
- E. Grenz- und Küstenwache

Antwort: **A**

Die Bundespolizei trug bis zum 30. Juni 2005 die Bezeichnung „Bundesgrenzschutz" (BGS). Der BGS wurde 1951 mit dem Auftrag gegründet, die Grenzen der Bundesrepublik zu sichern, und hatte ursprünglich eine Stärke von 10.000 Mann. Nach der deutschen Wiedervereinigung und dem Schengener Abkommen – das die Grenzkontrollen an den europäischen Binnengrenzen abschaffte – kamen neue Tätigkeitsfelder hinzu, etwa in der Sicherung von Verkehrsrouten.

282. Was zählt nicht zum Aufgabenspektrum der Polizei?

- A. Gefahren für die öffentliche Sicherheit und Ordnung abwehren
- B. Den Straßenverkehr regeln und sichern
- C. Anderen Behörden Amts- und Vollzugshilfe leisten
- D. Aufgaben in der Strafverfolgung übernehmen, unter Aufsicht der Staatsanwaltschaft
- E. Die Verteidigung gegen äußere Bedrohungen

Antwort: **E**

Kernauftrag der Polizei ist die Abwehr von Gefahren für die öffentliche Sicherheit und Ordnung. Damit zusammen hängen verschiedene Aufgaben: die Regelung und Sicherung des Straßenverkehrs, die Verfolgung von Ordnungswidrigkeiten, die Amts- und Vollzugshilfe (Zusammenarbeit mit anderen Behörden wie Zoll, Katastrophenschutz ...), die Strafverfolgung (unter Aufsicht der Staatsanwaltschaft) und eventuell der Schutz privater Rechte, wenn dieser nicht anders gewährleistet werden kann. Die Verteidigung gegen Bedrohungen von außen ist hingegen die Aufgabe des deutschen Militärs, der Bundeswehr.

Prüfung · Teil 2

283. **Deutsche Polizisten dürfen auch im Ausland eingesetzt werden – unter bestimmten Bedingungen. Welche gehört nicht dazu?**

A. Eine internationale Organisation beantragt den Einsatz, im Einvernehmen mit dem betreffenden Staat.

B. Die eingesetzten Polizisten stimmen dem Einsatz zu.

C. Die Beamten stehen nicht unter militärischem Kommando.

D. Die Beamten werden nur in einem sicheren Umfeld eingesetzt.

E. Der Bundestag stimmt dem Einsatz zu.

Antwort: **E**

Laut einer Entscheidung der Bundesregierung dürfen Polizeiangehörige an polizeilichen oder anderen nichtmilitärischen Aufgaben teilhaben. Dies jedoch nur auf Anfrage einer internationalen Organisation (z. B. der Vereinten Nationen oder der Europäischen Union) und im Rahmen eines internationalen Einsatzes unter der Leitung der anfragenden Organisation. Der Einsatz darf zudem nicht gegen den Willen des betreffenden Staates stattfinden.

Wenn es der Bundesinnenminister entscheidet, können Angehörige der Bundespolizei darüber hinaus in Absprache mit dem Auswärtigen Amt im Einzelfall zur Rettung von Personen aus einer gegenwärtigen Gefahr für Leib und Leben im Ausland eingesetzt werden. Die Bedingungen dafür: Kein Beamter darf zum Einsatz gezwungen, unter ein militärisches Kommando gestellt oder in einem unsicheren Umfeld eingesetzt werden. Die Zustimmung des Bundestags ist nicht erforderlich.

284. **Was bezeichnet die Abkürzung „SEK"?**

A. Ein Spezialeinsatzkommando einer Landespolizei

B. Den Sonderbeauftragten der Einsatzkräfte, der die Interessen aller im operativen Dienst tätigen Polizisten bei der jeweiligen Landesregierung vertritt

C. Die Konvention für Sicherheit im Einsatz, einen Leitfaden für das Vorgehen im Dienst

D. Die Streifenmedaille Erster Klasse, einen Polizei-Verdienstorden

E. Die Studieneinrichtung für Kommissaranwärter, die Polizisten im gehobenen Dienst ausbildet

Antwort: **A**

„SEK" steht für „Spezialeinsatzkommando", eine Sondereinheit der Polizei. Jede Landespolizei ist zur Aufstellung mindestens einer solchen Einheit verpflichtet, die speziell für Geiselbefreiungen, riskante Festnahmen und zur Terrorismusbekämpfung ausgebildet wird.

285. **Wann darf die Polizei zum Schutz privater Rechte eingreifen?**

A. Grundsätzlich immer

B. Immer dann, wenn ein Bürger sich diesbezüglich an die Polizei wendet

C. Nur dann, wenn dieser Schutz nicht auf anderem Wege gewährleistet werden kann

D. Nur dann, wenn der Berechtigte für die Unkosten des Einsatzes aufkommt

E. Nur dann, wenn keine dringendere Aufgabe ansteht

Antwort: **C**

Unter „private Rechte" fallen Rechtsansprüche von Bürgern gegenüber Bürgern, wie sie sich beispielsweise aus einem Kaufvertrag ergeben. Will der Käufer nicht zahlen und kennt der Verkäufer dessen Identität nicht, kann die Polizei die Personalien aufnehmen, damit der Verkäufer seinen Anspruch vor Gericht geltend machen kann. Der entsprechende Gesetzesartikel ist in allen Polizeigesetzen weitgehend ähnlich: Die Polizei darf dann zum Schutz privater Rechte eingreifen, „wenn gerichtlicher Schutz nicht rechtzeitig zu erlangen ist und ohne gefahrenabwehrbehördliche oder polizeiliche Hilfe die Verwirklichung des Rechts vereitelt oder wesentlich erschwert würde". Die Polizei ist jedoch kein staatlicher Wachdienst, der bei Bedarf einspringt – auch nicht gegen Bezahlung.

Fachwissen: Polizei

286. Welche Spezialisierungsmöglichkeit bietet keine Polizei an?

    A. Die Ausbildung zum Entschärfer

    B. Die Ausbildung zum Pionier

    C. Die Ausbildung im Flugdienst

    D. Die Ausbildung zum Hundeführer

    E. Die Ausbildung zum Polizeitaucher

Antwort: **B**

Entschärfer, Polizeitaucher und Diensthundeführer sind zwei von diversen Spezialisierungsmöglichkeiten. Manche Polizeien verfügen über eine eigene Hubschrauberstaffel, die u. a. bei Fahndungen und Suchmaßnahmen sowie zur Katastrophenhilfe eingesetzt wird. Die Hubschrauber der Bundespolizei sind darüber hinaus auch in der Grenzüberwachung tätig. Pioniere hingegen sind Soldaten; sie sucht man bei der Polizei vergebens.

287. Was dürfen Polizisten nicht?

    A. Verdächtige in Gewahrsam nehmen

    B. Körperliche Gewalt einsetzen

    C. Wohnungen öffnen

    D. Schusswaffen einsetzen

    E. Verbrecher verurteilen

Antwort: **E**

Um die öffentliche Ordnung und die innere Sicherheit zu gewährleisten, dürfen Polizisten – wenn nötig – körperliche und Waffengewalt einsetzen, Wohnungen öffnen, die Freiheit der Bürger einschränken und sie notfalls in Gewahrsam nehmen. Einen Menschen schuldig sprechen und ihn verurteilen dürfen jedoch nur Gerichte.

288. Neben den beamtenrechtlichen Anforderungen an körperliche Tauglichkeit, Bildungsgrad und Mindestalter zählen beim Einstellungsverfahren der Polizei auch …?

    A. Waffenkenntnis und Unerschrockenheit.

    B. Teamfähigkeit und Zivilcourage.

    C. politische und sexuelle Orientierung.

    D. Strenge und Draufgängertum.

    E. Autoritätshörigkeit und Zurückhaltung.

Antwort: **B**

Natürlich kommt es bei der Polizei nicht allein auf „harte Fakten" wie Bildungsgrad, Mindestalter oder allgemeine körperliche Tauglichkeit an. Es zählen auch so genannte „soft skills" wie Demokratieverständnis, Leistungsbereitschaft, Zivilcourage und Teamfähigkeit. Der unerschrockene Draufgänger ist dabei ebenso wenig gefragt wie das schüchterne Schaf. Einen Bewerber aus Gründen der sexuellen oder politischen Orientierung abzulehnen, wäre diskriminierend und ist nicht erlaubt. Die politische Orientierung darf jedoch nicht der freiheitlich-demokratischen Grundordnung Deutschlands zuwiderlaufen.

289. Was verbirgt sich hinter der Abkürzung „BFE"?

    A. Spezialkräfte für die Beweissicherung und Festnahme

    B. Die Fernmelde-Einheit der Polizei

    C. Bestimmungen für Polizeiformationen im Einsatz

    D. Ein spezieller Ausrüstungsgegenstand der Bereitschaftspolizei

    E. Der Befehlshaber einer Hundertschaft im Einsatz

Prüfung · Teil 2

Antwort: **A**

Die Abkürzung „BFE" steht für Beweissicherungs- und Festnahmeeinheiten. Sie werden typischerweise bei Großveranstaltungen, seltener auch bei Razzien oder im polizeilichen Einzeldienst (d. h. im Streifendienst) eingesetzt.

---

290. **Was ist keine Aufgabe der Landeskriminalämter (LKAs)?**
    A. Weiterentwicklung kriminalistischer Methoden
    B. Unterhaltung des Kriminaldauerdienstes
    C. Durchführung erkennungsdienstlicher und kriminaltechnischer Untersuchungen
    D. Streifendienst in städtischen Räumen
    E. Erstellung der polizeilichen Kriminalstatistiken

Antwort: **D**

Die LKAs unterstützen die Polizeibehörden des jeweiligen Bundeslands. Sie dienen als Bindeglieder zum Bundeskriminalamt (BKA), erstellen polizeiliche Kriminalstatistiken, führen überregionale Ermittlungen und kriminaltechnische Untersuchungen durch und entwickeln die kriminalistischen Methoden laufend weiter. Jedes LKA unterhält außerdem einen Kriminaldauerdienst (KDD), der rund um die Uhr zur Verfolgung und Verhütung von Straftaten aktiv ist. In ländlichen Gebieten kann der KDD auch den polizeilichen Streifendienst übernehmen – der ist ansonsten jedoch Aufgabe der Schutzpolizei, nicht der Kriminalpolizei.

---

291. **„GSG 9" heißt ...?**
    A. eine Spezialeinheit der Bundespolizei.
    B. eine gemeinsame Einheit von Bundeswehr, Polizeien und Zoll.
    C. der neunköpfige Generalstab der Länderpolizeien.
    D. ein Gremium des Bundestags, das die Polizeibehörden parlamentarisch kontrolliert.
    E. eine der wichtigsten Polizei-Dienstvorschriften.

Antwort: **A**

Die GSG 9 (Grenzschutzgruppe 9) ist eine Antiterror-Spezialeinheit der Bundespolizei. Gegründet wurde sie nach einer terroristischen Attacke während der Olympischen Spiele in München 1972, als ein palästinensisches Terrorkommando ins Olympische Dorf eindrang und mehrere israelische Sportler als Geiseln nahm. Bei der missglückten Befreiungsaktion durch die Polizei auf dem Flugplatz Fürstenfeldbruck kamen alle Geiseln ums Leben. Der damalige Innenminister Hans-Dietrich Genscher ordnete nach diesem Fiasko die Aufstellung einer schlagkräftigen Antiterroreinheit an.

---

292. **Wobei handelt es sich um eine nach Personalstärke aufsteigende Reihe von Einheiten der Bereitschaftspolizei?**
    A. Gruppe, Zug, Kompanie
    B. Zug, Hundertschaft, Division
    C. Zug, Gruppe, Bataillon
    D. Gruppe, Zug, Hundertschaft
    E. Trupp, Zug, Gruppe

Antwort: **D**

Die Bereitschaftspolizei gliedert ihre Einheiten in Gruppen (jeweils ca. 10 Polizeivollzugsbeamte/PVB), Züge (bestehend aus je 3 Gruppen) und Hundertschaften (selbstständig handlungsfähige Einheiten, die 3 Züge sowie zusätzliches Führungs- und Versorgungspersonal umfassen). Kompanie, Bataillon und Division sind militärische Einheiten, Trupps gibt es bei der Feuerwehr.

Fachwissen: Polizei

293. Welche Aussage stimmt nicht? Eine Bereitschaftspolizei (BePo) …

- A. ist ein eigenständiger Großverband.
- B. kommt unterstützend bei Großereignissen und Schwerpunktaufgaben (z. B. Kriminalitätsbekämpfung) zum Einsatz.
- C. gibt es bei den Länderpolizeien und der Bundespolizei.
- D. besteht aus nicht verbeamteten polizeilichen Hilfskräften, die bei Bedarf hinzugezogen werden können.
- E. ist meist in Gemeinschaftsunterkünften einquartiert.

Antwort: **D**

Die Bereitschaftspolizei (BePo) ist eine selbstständige Großeinheit der Polizei, die die Polizei des aufstellenden Bundeslands oder anderer Länder bei Großeinsätzen unterstützt. Die Einheiten sind in der Regel in Gemeinschaftsunterkünften einquartiert, was sie flexibel und schnell einsetzbar macht. Auch die Bundespolizei verfügt über eine eigene Bereitschaftspolizei mit Sitz in Fuldatal.

---

294. Polizisten sind Teil der Exekutive, d. h. der ausführenden Gewalt. Laut Artikel 20 des Grundgesetzes sind sie somit …?

- A. befugt, die Grundrechte in bestimmten Situationen vorübergehend außer Kraft zu setzen.
- B. immer an Recht und Gesetz gebunden.
- C. berechtigt, in bestimmten Situationen selbst Gesetze zu erlassen.
- D. nur dann zum Eingreifen berechtigt, wenn ein Gericht dem Einsatz zustimmt.
- E. kein Teil der öffentlichen Verwaltung.

Antwort: **B**

Artikel 20, Absatz 3 des Grundgesetzes lautet: „Die Gesetzgebung ist an die verfassungsmäßige Ordnung, die vollziehende Gewalt und die Rechtsprechung sind an Gesetz und Recht gebunden." Die Polizei steht also weder über dem Gesetz noch kann sie selbst Recht sprechen. Das bedeutet jedoch nicht, dass die Gerichte jeden Einsatz vorab prüfen müssen. „Öffentliche Verwaltung" ist ein Oberbegriff für alle staatlichen Organe – also auch für die Polizei.

---

295. Welche Aussage zu den Uniformen der Länderpolizeien stimmt?

- A. Die Polizeiuniform ist aufgrund eines Bundesgesetzes einheitlich blau.
- B. Jedes Bundesland darf eigene Uniformregelungen treffen.
- C. Die Grund-Uniform ist überall moosgrün-beige, nur im Streifendienst wurden mancherorts abweichende Uniformen erlaubt.
- D. Jedes Bundesland muss eine eigene Uniform verwenden, damit eine klare Zuordnung möglich ist.
- E. Europaweit werden die gleichen Polizeiuniformen eingeführt, um ein einheitliches Erscheinungsbild zu schaffen.

Antwort: **B**

Jedes Bundesland darf eigene Uniformregelungen treffen. Ausschlaggebend für die Umstellung von moosgrün/beige auf blau waren keine Bundesgesetze, sondern geänderte Anforderungen an Tragekomfort und Ausrüstung. Zwar wurde ebenfalls angestrebt, ein einheitliches Erscheinungsbild der europäischen Polizeien zu schaffen, doch eine Verpflichtung zur Einheitsuniform gibt es nicht: So tragen aktuell 14 deutsche Länderpolizeien 6 verschiedene blaue Uniformmodelle, und Bayern und das Saarland behalten die Kombination moosgrün/beige bis auf weiteres bei.

AUSBILDUNGSPark | 97

Prüfung · Teil 2

296. Wie sieht das Dienstabzeichen der Bundespolizei aus?

    A. Silberner Stern mit schwarz-rot-goldener Umfassung

    B. Goldener Bundesadler auf schwarzem Grund

    C. Bundesfahne mit eingeklinktem Polizeisignet in der rechten oberen Ecke

    D. Goldener Bundesadler auf schwarzem Grund mit roter Umrandung

    E. Schwarzer Bundesadler auf goldenem Schild in einem dunkelblauen Wappen

Antwort: **E**

Das Dienstabzeichen der Bundespolizei zeigt den schwarzen Bundesadler auf goldenem Schild in einem blauen Wappen mit dem Schriftzug „Bundespolizei". Dienstabzeichen werden z. B. auf Uniformen getragen und sind Hoheitszeichen, mit denen die Staatsgewalt gekennzeichnet und repräsentiert wird. Das Dienstabzeichen ist nicht zu verwechseln mit einem anderen Erkennungs- und Hoheitszeichen der Bundespolizei: dem schwarzen Bundesadler auf goldenem Grund, aufgelegt auf einen silbernen Polizeistern.

297. Aus wie vielen Polizeivollzugsbeamten (PVB) besteht ein Zug der Bereitschaftspolizei?

    A. Aus ungefähr 20 PVB

    B. Aus ungefähr 30 PVB

    C. Aus ungefähr 50 PVB

    D. Aus ungefähr 80 PVB

    E. Aus ungefähr 100 PVB

Antwort: **B**

Ein Bereitschaftspolizei-Zug setzt sich in der Regel aus 3 Gruppen à ca. 10 PVB zusammen und umfasst demnach etwa 30 PVB.

298. Was ist eine korrekte, hierarchisch aufsteigende Folge von Amtsbezeichnungen der Polizei?

    A. Polizeihauptkommissar, Polizeioberkommissar, Polizeirat

    B. Polizeirat, Polizeikommissar, Polizeidirektor

    C. Polizeiobermeister, Polizeikommissar, Polizeirat

    D. Polizeimajor, Polizeikommissar, Polizeigeneral

    E. Polizeihauptkommissar, Polizeioberrat, Polizeihauptmeister

Antwort: **C**

Die Ämterhierarchie ist in allen Polizeien weitgehend ähnlich und lautet (ohne Anwärterdienstbezeichnungen):

¬ **Mittlerer Dienst:** Polizeimeister, Polizeiobermeister, Polizeihauptmeister

¬ **Gehobener Dienst:** Polizeikommissar, Polizeioberkommissar, Polizeihauptkommissar (evtl. mit Zulage), Erster Polizeihauptkommissar

¬ **Höherer Dienst:** Polizeirat, Polizeioberrat, Polizeidirektor, Leitender Polizeidirektor

In einigen Behörden gibt es darüber hinausgehend Spitzenämter, z. B. als Polizeipräsident (Bayern), Landespolizeidirektor (Hessen) oder Direktor der Bundespolizei (Bundespolizei).

299. Wer vertritt die beruflichen Interessen vieler Polizeiangehöriger in Deutschland?

    A. Die Gewerkschaft der Polizei (GdP)

    B. Der Polizei-Gewerkschaftsbund (PGB)

    C. Die Vereinigung der Polizisten (VdP)

    D. Der Deutsche Polizistenbund (DPB)

    E. Die Interessengemeinschaft der Polizei (IG Pol)

Fachwissen: Polizei

Antwort: **A**

Die Gewerkschaft der Polizei (GdP) ist die mitgliederstärkste gewerkschaftliche Vertretung der Polizeibeschäftigten in Deutschland, die auch Vollzugsbeamten des Zolls sowie (mancherorts) Feuerwehrangehörigen offensteht. Weitere Interessenvertretungen für Polizisten sind die Bundespolizeigewerkschaft (BGV), die Deutsche Polizeigewerkschaft (DPolG) und die Polizei-Basis-Gewerkschaft (PBG).

300. **Ganz abgesehen von ihren polizeilichen Aufgaben machen Polizeiangehörige regelmäßig Schlagzeilen im Bereich …?**
    A. Autorenfilm.
    B. Spitzensport.
    C. Webdesign.
    D. Biologie.
    E. Wirtschaftspolitik.

Antwort: **B**

Viele Polizeibehörden unterstützen junge Leistungssportler, die in speziellen Förderprogrammen parallel zur Sportkarriere eine Polizeiausbildung absolvieren. Der Vorteil: Da die Geförderten als Polizeibeamte beruflich abgesichert sind, können sie sich in ihrer aktiven Zeit ganz auf den Sport konzentrieren.

Prüfung · Teil 2

Fachwissen

Feuerwehr

Wie gut kennen Sie sich in den Strukturen und Aufgaben der Feuerwehr aus?

301. Was zählt nicht zum typischen Aufgabenspektrum einer Feuerwehr?

- A. Strafen
- B. Bergen
- C. Schützen
- D. Löschen
- E. Retten

Antwort: **A**

Der internationale Leitspruch der Feuerwehr lautet „Retten, Löschen, Bergen, Schützen". Die Rettung von Menschenleben steht dabei natürlich an erster Stelle, doch auch der Gefahrenschutz, die Rettung von Tieren oder der Erhalt von Sachwerten spielen im Feuerwehralltag eine große Rolle.

302. Welche Aussage zur Geschichte der Feuerwehr stimmt nicht?

- A. Frühe Feuerwehren gab es schon im alten Ägypten und im antiken Rom.
- B. Im Mittelalter waren Gemeinden zum Aufbau eines Brandschutzes verpflichtet.
- C. Bis ins 17. Jahrhundert hinein war der Eimer einer der wichtigsten Instrumente zur Brandbekämpfung.
- D. In Deutschland sind viele Feuerwehren um das Jahr 1848 herum entstanden.
- E. Die ersten motorisierten Spritzenwagen wurden 1946 in Dienst gestellt.

Antwort: **E**

Tatsächlich gab es nachweislich schon im alten Ägypten und im antiken Rom organisierte Feuerlöscheinheiten. Dennoch wurden in der antiken Millionenstadt oft ganze Stadtviertel durch Brände vernichtet. Auch mehr als 1.000 Jahre später fielen die meist eng aneinander gebauten, aus leicht entflammbarem Holz gebauten Häuser mittelalterlicher Ortschaften allzu leicht den Flammen zum Opfer, sodass die Gemeinden zur Einrichtung eines Brandschutzes verpflichtet wurden. Doch die Mittel zur Brandbekämpfung blieben primitiv, man behalf sich meist mit Eimern, Leitern und Einreißhaken.

Erst im 17. Jahrhundert wurde der – zunächst noch aus Leder gefertigte – Schlauch erfunden. Im Zuge der revolutionären Bewegungen Mitte des 19. Jahrhunderts bildeten sich zahlreiche Bürgerwehren in Deutschland, in die vielerorts Feuerwehren integriert waren, die auch nach dem Ende der Unruhen aktiv blieben. Die Erfindung des Verbrennungsmotors verbesserte die Ausrüstung der Feuerwehr schlagartig; die ersten motorisierten Feuerwehrfahrzeuge und Motorspritzen wurden bereits Anfang des 20. Jahrhunderts in Dienst gestellt.

303. Welcher ist kein Organisationstyp der Feuerwehr?

- A. Berufsfeuerwehr
- B. Bundesfeuerwehr
- C. Pflichtfeuerwehr
- D. Freiwillige Feuerwehr
- E. Werkfeuerwehr

Antwort: **B**

Eine Berufsfeuerwehr gibt es in fast allen Groß- und einigen mittelgroßen Städten Deutschlands. Sie wird von der jeweiligen Kommune unterhalten und besteht hauptsächlich aus verbeamteten oder fest angestellten –

Fachwissen: Feuerwehr

also hauptamtlichen – Angehörigen. In Freiwilligen Feuerwehren sind meist ehrenamtliche Mitglieder tätig, die aber beispielsweise im Rettungsdienst auch durch hauptamtliche Kräfte unterstützt werden können.

Eine Pflichtfeuerwehr wird dann eingerichtet, wenn es keine Berufsfeuerwehr gibt und eine Freiwillige Feuerwehr nicht zustande kommt: dann können geeignete Bürger und Bürgerinnen per Gesetz zum Feuerwehrdienst herangezogen werden. Große, gefahrenträchtige Betriebe – z. B. Industriebetriebe – sind gesetzlich zur Aufstellung einer Werkfeuerwehr verpflichtet, die hauptamtliche und nicht-hauptamtliche Kräfte umfassen kann. Eine Bundesfeuerwehr gibt es nicht.

---

304. Die Feuerwehr- und Brandschutzgesetzgebung obliegt in Deutschland …?

   A. dem Staat.
   B. dem jeweiligen Bundesland.
   C. der jeweiligen Gemeinde.
   D. der örtlichen Feuerwehrkommission.
   E. dem jeweiligen Feuerwehrleiter.

Antwort: **B**

Die Gesetzgebung über Feuerwehrwesen und Brandschutz ist in Deutschland Sache der Bundesländer. Für die Aufstellung und den Unterhalt einer Feuerwehr sind aber meist die Kommunen zuständig.

---

305. Richtlinien und Anleitungen zur Ausbildung, Ausrüstung und zum Einsatz der Feuerwehr finden sich …?

   A. im Grundgesetz.
   B. in der Brandschutzverordnung des Bundes.
   C. im Bürgerlichen Brandschutzgesetz.
   D. im Bürgerlichen Gesetzbuch.
   E. in den Feuerwehr-Dienstvorschriften.

Antwort: **E**

Die Tätigkeiten der Feuerwehr in Deutschland sind in den Feuerwehr-Dienstvorschriften (FwDV) geregelt. Die Dienstvorschriften werden vom „Ausschuss Feuerwehrangelegenheiten, Katastrophenschutz und zivile Verteidigung" (AFKzV) der Bundesinnenministerkonferenz erarbeitet und treten durch einen Erlass des jeweiligen Bundeslandes in Kraft. In den FwDV finden sich Vorschriften zur persönlichen Schutzausrüstung eines Feuerwehrangehörigen (FwDV 1) ebenso wie die Leitlinien zur Feuerwehrausbildung (FwDV 2) oder zum Einsatzablauf (FwDV 3).

---

306. Welche Institutionen sind für die Weiter- und Spezialausbildung vieler Feuerwehrleute zuständig?

   A. Die Gemeindekasernen des Feuerwehrdienstes
   B. Die Bundesfeuerwehrinternate
   C. Die Landesfeuerwehrschulen
   D. Die Feuerwehrseminare der Polizeischulen
   E. Die Fachkollegien des Technischen Hilfswerks

Antwort: **C**

Ein Großteil der Weiter- und Spezialausbildung, vor allem für Berufsfeuerwehren und die Führungskräfte Freiwilliger Feuerwehren, findet an den Landesfeuerwehrschulen statt. Die Einrichtung solcher Schulen wird von den Brandschutzgesetzen der Bundesländer gefordert. An den Landesfeuerwehrschulen werden zahlreiche Lehrgänge und Seminare angeboten, durch die man sich beispielsweise zum Führer von Feuerwehreinheiten qualifizieren kann.

Prüfung · Teil 2

307. Die grundlegende Ausbildung jedes Feuerwehrangehörigen ist die Ausbildung zum …?

    A. Truppmann.

    B. Maschinisten.

    C. Gruppenführer.

    D. ABC-Spezialisten.

    E. Erste Hilfe-Fachmann.

Antwort: **A**

Die Ausbildung eines Feuerwehrangehörigen gliedert sich in 3 Teile: Die grundlegende Truppmannausbildung vermittelt die Basiskenntnisse im Lösch- und Hilfeleistungseinsatz; die technische Ausbildung bringt darüber hinaus ein aufgabenbezogenes Fachwissen im Umgang mit verschiedenen Geräten nahe (z. B. Sprechfunk, Atemschutzgerät, Maschinen); die Führungsausbildung schließlich befähigt zur Übernahme von Führungspositionen in der Feuerwehrhierarchie.

308. In der grundlegenden Ausbildung der Feuerwehr geht es nicht um …?

    A. gesetzliche Basisregelungen für den Brand- und Zivilschutz.

    B. den Umgang mit der persönlichen Ausrüstung.

    C. die Handhabung der auf Löschfahrzeugen mitgeführten Rettungsgeräte.

    D. eine Einführung in die Stabsarbeit.

    E. den Unfallversicherungsschutz für Feuerwehrangehörige.

Antwort: **D**

Die grundlegende Ausbildung der Feuerwehr ist die Truppmannausbildung. Sie soll zur „Übernahme von grundlegenden Tätigkeiten im Lösch- und Hilfseinsatz in Truppmannfunktion unter Anleitung" sowie schließlich zur „selbstständigen Wahrnehmung der Truppmannfunktion im Lösch- und Hilfeleistungseinsatz" befähigen und „standortbezogene Kenntnisse" vermitteln. Ausbildungsinhalte sind sowohl die gesetzlichen Grundlagen des Brand- und Zivilschutzes als auch Versicherungsfragen und der Umgang mit Geräten und Ausrüstungsgegenständen. Eine Einführung in die Stabsarbeit bleibt jedoch einer späteren Führungsausbildung vorbehalten.

309. Wonach richtet sich die personelle und materielle Ausrüstung der Feuerwehr nicht?

    A. Infrastruktur vor Ort (Landstraßen, Autobahnen …)

    B. Einwohnerzahl

    C. Anzahl und Art der Unternehmen vor Ort

    D. Fünfjahresplan des Innenministers zur Feuerwehrentwicklung

    E. Distanz zur nächstgelegenen Feuerwehrwache

Antwort: **D**

Die personelle und materielle Ausrüstung der Feuerwehr richtet sich nach dem Gefahrenpotenzial vor Ort, das von der Einwohnerzahl, der Unternehmensdichte und -art und der vorhandenen Infrastruktur abhängt. Letztere ist einerseits ein potenzieller Unfallschauplatz, andererseits ausschlaggebend bei der Anfahrtsplanung. Einen Fünfjahresplan des Innenministers zur Entwicklung der Feuerwehr gibt es nicht.

310. Eine Flughafenfeuerwehr ist …?

    A. eine Berufsfeuerwehr.

    B. eine Pflichtfeuerwehr.

    C. eine Freiwillige Feuerwehr.

    D. eine Werkfeuerwehr.

    E. ein eigener Feuerwehrtyp.

Fachwissen: Feuerwehr

Antwort: **D**

Eine Flughafenfeuerwehr ist eine Werkfeuerwehr. Sie ist, wie alle Werkfeuerwehren, auf die speziellen Anforderungen des jeweiligen Betriebs ausgelegt, in diesem Fall die Brandbekämpfung an Flugzeugen. Großflughäfen sind – als Betriebe mit hoher Gefahrenlage – zur Aufstellung einer Werkfeuerwehr gesetzlich verpflichtet.

---

311. Was bezeichnet die so genannte „Hilfsfrist"?

  A. Die Zeit, die vom Eingang des Notrufs bis zur Ankunft der Einsatzkräfte vor Ort verstreicht
  B. Die gesamte Einsatzdauer, vom Ausrücken der Löschzüge bis zu ihrer Rückkehr
  C. Die Zeit, nach der eine Einheit im Einsatz Unterstützung anfordern darf
  D. Die Zeit, in der ein Brand noch durch einen einfachen Feuerlöscher per Selbsthilfe gelöscht werden kann – und muss, um die Feuerwehr nicht unnötig zu beanspruchen
  E. Die maximal erlaubte Einsatzdauer – nach einer gewissen Zeitspanne lohnt sich die Fortführung des Einsatzes nicht mehr

Antwort: **A**

„Hilfsfrist" bezeichnet die Zeit, die vom Eingang eines Notrufs bis zum Eintreffen der Einsatzkräfte vor Ort verstreicht. Sie ist ein planerisches Hilfsmittel, um eine angemessen schnelle Brandbekämpfung gewährleisten zu können: Bei Wohnungsbränden beispielsweise droht eingeschlossenen Personen nach 17 Minuten eine Rauchvergiftung. Die Arbeitsgemeinschaft der Leiter der Berufsfeuerwehren (AGBF) legt für kritische Wohnungsbrände eine Hilfsfrist von 9,5 Minuten fest – 1,5 Minuten für das Gespräch mit dem Meldenden und die Einteilung des Einsatzes, 8 Minuten für die Anfahrtszeit.

---

312. Welche Aussage zum Anforderungsprofil einer modernen Berufsfeuerwehr trifft zu?

  A. Die Feuerwehr ist vor allem da, um Brände zu löschen.
  B. Feuerwehraufgaben und Katastrophenschutz sind streng voneinander getrennt.
  C. Das Technische Hilfswerk ist ein Teil der Feuerwehr.
  D. Die Feuerwehr übernimmt zunehmend polizeiliche Aufgaben.
  E. Die Feuerwehr ist eine Behörde zur Abwehr vielfältiger Gefahren.

Antwort: **E**

Das Aufgabenfeld einer modernen Berufsfeuerwehr besteht nicht mehr nur aus der Bekämpfung von Bränden, sondern in der Abwehr vielfältiger Gefahren. Sie ist im Einsatz bei Chemie-, Öl- und Verkehrsunfällen, bei Wetterkatastrophen (Überflutung, Sturmschäden, Schneechaos…) und übernimmt Aufgaben im Bereich der medizinischen Notfallrettung. Die Feuerwehren sind in der Regel stark eingebunden in den örtlichen Katastrophenschutz: eng verzahnt mit anderen Behörden wie z. B. dem Technischen Hilfswerk, das dennoch eine eigenständige Einrichtung ist.

---

313. Warum wird brennendes Fett nicht mit Wasser gelöscht?

  A. Unter Hitzeeinwirkung reagieren Wasser und Fett zu einer hochgiftigen Säure.
  B. Heißes Fett lässt Wasser blitzartig verdampfen, es entsteht ein explosiver Fettnebel.
  C. Fett und Wasser bilden beim Abkühlen eine Art Gel, das sich kaum beseitigen lässt.
  D. Das verdunstende Fett würde die Löschschläuche verstopfen.
  E. Heißes Fett ist umweltschädlich und darf nicht mit dem Löschwasser abfließen.

Antwort: **B**

Brennendes Fett hat eine Temperatur von über 100 °C, sodass auftreffendes Wasser schlagartig verdampft. Dadurch verspritzt das Wasser-Fett-Gemisch und es bildet sich ein fein verstäubter Fettnebel, der wegen

AUSBILDUNGS**Park** | 103

Prüfung · Teil 2

seiner großen Oberfläche besonders heftig mit dem Luftsauerstoff reagiert – es kommt zu einer explosionsartigen Verbrennung, einer Fettexplosion.

314. Bei einer so genannten Brandklasse handelt es sich um …?
  A. einen Ausbildungsjahrgang der Feuerwehr.
  B. einen zusammenhängenden, abgebrannten Gebäudekomplex.
  C. eine Kategorie zur Klassifizierung von Bränden.
  D. eine Maßzahl, die die Anzahl der Brandherde eines Brandes wiedergibt.
  E. eine Gruppe von Feuerwehrleuten, die gemeinsame Arbeitsschichten übernehmen.

Antwort: **C**

Je nach der Art des brennenden Stoffs werden Brände anhand einer europäischen Norm in Brandklassen unterteilt. So kann schnell beurteilt werden, welches Löschmittel gerade geeignet ist. Die Brandklassenangabe auf Feuerlöschern verrät beispielsweise, bei welchen Bränden der Löscher eingesetzt werden kann:

A: Brände fester, nichtschmelzender Stoffe, die normalerweise unter Glutbildung verbrennen

B: Brände von flüssigen oder flüssig werdenden Stoffen

C: Gasbrände

D: Brände von Metallen

E: Brände von Speisefetten und -ölen in Frittier- und Fettbackgeräten

315. Welche ist eine korrekte, hierarchisch aufsteigende Folge von Dienstgraden der Berufsfeuerwehr?
  A. Brandamtmann, Brandrat, Oberbrandmeister
  B. Oberbrandmeister, Brandoberinspektor, Brandrat
  C. Brandmeister, Brandoberamtsrat, Brandoberinspektor
  D. Brandmeister, Brandrat, Oberbrandmeister
  E. Branddirektor, Hauptbrandmeister, Brandamtmann

Antwort: **B**

Die Dienstgradhierarchie der Berufsfeuerwehr ist – anders als bei Freiwilligen Feuerwehren – durch die Bundesbesoldungsordnung weitgehend einheitlich geregelt und lautet ohne Anwärterdienstgrade wie folgt:

¬ **Mittlerer Dienst:** Brandmeister, Oberbrandmeister, Hauptbrandmeister

¬ **Gehobener Dienst:** Brandinspektor (nicht in allen Bundesländern), Brandoberinspektor, Brandamtmann, Brandamtsrat, Brandoberamtsrat

¬ **Höherer Dienst:** Brandrat, Oberbrandrat (auch: Brandoberrat), Branddirektor, Leitender Branddirektor. In einigen Großstädten gibt es darüber hinaus Spitzenämter als Direktor der Feuerwehr (Nordrhein-Westfalen), Landesbranddirektor (Berlin), Oberbranddirektor (Hamburg, München) oder Stadtdirektor (Stuttgart).

316. Die meisten Feuerwehren in Deutschland sind …?
  A. Freiwillige Feuerwehren.
  B. Berufsfeuerwehren.
  C. Werkfeuerwehren.
  D. Jugendfeuerwehren.
  E. Pflichtfeuerwehren.

Antwort: **A**

Fachwissen: Feuerwehr

Aktuell gibt es in Deutschland knapp 25.500 Feuerwehren, darunter etwa 24.500 Freiwillige Feuerwehren, 100 Berufsfeuerwehren und 1.000 Werkfeuerwehren – die Anzahl an Pflichtfeuerwehren ist verschwindend gering. Daneben gibt es mehr als 17.500 Jugendfeuerwehren.

317. Wie viele Feuerwehrangehörige gibt es in Deutschland?

A. 145.000
B. 395.000
C. 560.000
D. 880.000
E. 1,3 Mio.

Antwort: **E**

Aktuell gibt es in Deutschland etwa 1,3 Millionen aktive Feuerwehrangehörige. Rund 28.000 davon sind in Berufsfeuerwehren tätig, 30.000 sind Teil einer Werkfeuerwehr. Den mit Abstand größten Anteil stellen die Freiwilligen Feuerwehren mit mehr als 1 Million Mitgliedern, vor den Jugendfeuerwehren mit 250.000 Angehörigen.

318. Die Landesfeuerwehrverbände …?

A. sind Ausschüsse des jeweiligen Länderparlaments.
B. sind Aufsichtsbehörden des Innenministeriums.
C. sind Interessenvertretungen der Feuerwehrangehörigen.
D. koordinieren alle Einsätze eines Bundeslands.
E. sind Großeinheiten der Feuerwehr, die bei besonders schweren Katastrophen mobilisiert werden.

Antwort: **C**

Die 16 deutschen Landesfeuerwehrverbände sind Interessenvertretungen der Feuerwehrangehörigen des jeweiligen Bundeslands. Ihre Aufgaben: die Förderung des Feuer- und Brandschutzes, die Pflege der Grundsätze des Feuerwehrwesens, die Unterstützung kameradschaftlicher Beziehungen und die Zusammenarbeit mit allen für den Brandschutz verantwortlichen – oder daran interessierten – Stellen. Die Dachorganisation der Landesfeuerwehrverbände ist der Deutsche Feuerwehrverband.

319. Was ist keine taktische Einheit der Feuerwehr?

A. Kompanie
B. Staffel
C. Zug
D. Gruppe
E. Trupp

Antwort: **A**

Die kleinste taktische Einheit der Feuerwehr ist der Trupp, der sich aus einem Truppführer und einem Truppmann zusammensetzt. Der Trupp ist Bestandteil einer Staffel (Staffelführer, Maschinist, 2-Mann-Angriffstrupp, 2-Mann-Wassertrupp) oder einer Gruppe (Gruppenführer, Maschinist, Melder, Angriffstrupp, Wassertrupp und Schlauchtrupp). Der Zug schließlich ist die größte taktische Einheit der Feuerwehr; er umfasst zwei Gruppen und zusätzlich einen Zugtrupp (Zugführer, Führungsassistent, Kraftfahrer und Melder). Eine „Kompanie" genannte Einheit gibt es bei der deutschen Feuerwehr nicht.

AUSBILDUNGSPark | 105

Prüfung · Teil 2

320. Worüber geben die Buchstaben bei A-, B-, C- oder D-Schläuchen Aufschluss?

A. Über die Schlauchlänge

B. Über den Krümmungsgrad des Schlauchs

C. Über die Anzahl der Rillen innerhalb des Schlauchs

D. Über die maximale Aufrollgeschwindigkeit des Schlauchs

E. Über den Innendurchmesser des Schlauchs

Antwort: **E**

Je nach Durchmesser und Verwendung unterscheidet die Feuerwehr in Schläuche mit der Einheitsbezeichnung A (Saug- oder Druckschlauch, Innendurchmesser 110 mm), B (Saug- oder Druckschlauch, Innendurchmesser 75 mm), C (Saug oder Druckschlauch, Innendurchmesser 52 mm) oder D (Druckschlauch, Innendurchmesser 25 mm).

Fachwissen: Zoll

Fachwissen

Zoll

Wie gut kennen Sie sich in den Strukturen und Aufgaben des Zolls aus?

321. Welche Aussage zur Geschichte des Zolls ist falsch?

- **A.** Das Wort Zoll leitet sich ab vom griechischen *telos* (Grenze, Zahlung, Ziel) und dem lateinischen *teloneum* (Abgabe).
- **B.** Zölle erhoben das antike Ägypten und frühe orientalische Hochkulturen bereits im 3. Jahrtausend v. Chr.
- **C.** Im Mittelalter verfügte zunächst der König bzw. Kaiser über die Zollabgaben, später ging die Zollhoheit mehr und mehr an Städte, Kaufleute und Grundherrn über.
- **D.** Im 19. Jahrhundert wurden die Zölle im Deutschen Reich vereinheitlicht.
- **E.** Anfang des 20. Jahrhunderts wurden die Zölle europaweit vereinheitlicht.

Antwort: **E**

Der Zoll – abgeleitet vom griechischen *telos* (Grenze, Zahlung, Ziel) und dem lateinischen *teloneum* (Abgabe) – war schon in frühen Hochkulturen ein probates Mittel, um die Staatskassen zu füllen. Die häufigste Erscheinungsform des Zolls im deutschen Mittelalter war die Maut, d. h. eine Gebühr für die Nutzung von Straßen oder Brücken. Im Lauf der Zeit ging die Zollhoheit mehr und mehr vom König auf kleine Grundherrn, Städte und Kaufleute über – die Folge: Das Zollsystem zersplitterte. Im 17. Jahrhundert gab es auf deutschem Gebiet weit über tausend einzelne Zollgebiete.

Später gingen die europäischen Staaten dazu über, ihre zahlreichen Binnenzölle durch Grenzzölle (Abgaben beim Grenzübertritt) zu ersetzen. In Deutschland gelang dies endgültig durch die Reichsgründung 1871. Doch die verschiedenen nationalen Zölle in (West-)Europa verschwanden erst ab der Mitte des 20. Jahrhunderts: 1968 wurde eine gemeinsame Zollunion gegründet und in allen Staaten der Europäischen Gemeinschaft (EG) ein Einheitszoll gegenüber Drittländern eingeführt.

322. Was versteht man unter dem Begriff „Zollunion"?

- **A.** Eine gemeinsame Behörde mehrerer Staaten, die Zollvergehen ahndet
- **B.** Ein Bündnis mehrerer Staaten, die einen hindernisfreien Handelsraum errichten
- **C.** Eine Interessengemeinschaft international tätiger Unternehmen
- **D.** Die Verpflichtung mehrerer Staaten, beim gemeinsamen Warenverkehr für gleiche Waren gleiche Zölle zu erheben
- **E.** Ein internationales Gremium, die Empfehlungen über die Höhe und den Einsatz von Zöllen ausspricht

Antwort: **B**

Zu einer Zollunion schließen sich mehrere Staaten zusammen, um ein einheitliches Handelsgebiet (eine Freihandelszone) zu schaffen. Darin können Waren nach der Abschaffung von Handelshindernissen (z. B. Binnenzölle) frei verkehren. Im Warenverkehr mit Drittstaaten, die nicht Teil der Zollunion sind, wird ein gemeinsamer Außenzoll erhoben.

AUSBILDUNGSPark | 107

Prüfung · Teil 2

323. Wie wird ein Zoll definiert?
- A. Als Geldbuße
- B. Als Gebühr für die Nutzung der inländischen Infrastruktur
- C. Als Preis der Handelsrechte im importierenden Land
- D. Als Steuerart
- E. Als Ausgleichszahlung an die ausländische Wirtschaft, die die Ware ausführt

Antwort: **D**

Allgemein gesagt ist der Zoll eine Abgabe, die beim grenzüberschreitenden Warenverkehr fällig wird. Das deutsche Steuerrecht definiert sie in seiner Abgabenordnung als Steuer.

---

324. Was ist die ursprüngliche Kernaufgabe des deutschen Zolls?
- A. Die Verhinderung von Grenzübertritten
- B. Die polizeiliche Bewachung der Grenzen
- C. Die Kontrolle von Ein- und Ausfuhren
- D. Die Gewährleistung einer ausgewogenen Handelsbilanz
- E. Die Fahndung nach deutschen Steuersündern im Ausland

Antwort: **C**

Die ursprüngliche Kernaufgabe des Zolls ist die Überwachung von Ein- und Ausfuhren. Er soll sicherstellen, dass verbotene Gegenstände weder im- noch exportiert werden und die Bestimmungen des deutschen Steuerrechts genauso eingehalten werden wie internationale Artenschutzabkommen.

---

325. Der Zoll darf auch Geldforderungen vollstrecken, d. h. geschuldete Gelder eintreiben und gegebenenfalls Gegenstände pfänden. Welche Aussage dazu stimmt?
- A. Der Zoll treibt nur das Geld ein, das ihm selbst geschuldet wird.
- B. Der Zoll treibt auf Anfrage auch für Privatpersonen Schulden ein.
- C. Der Zoll treibt Gelder für zahlreiche Institutionen des Bundes ein.
- D. Der Zoll treibt auf Anfrage Gelder für Privatunternehmen ein.
- E. Der Zoll treibt nur besonders hohe Schulden ein.

Antwort: **C**

22 Hauptzollämter im gesamten Bundesgebiet dürfen von säumigen Schuldnern des Bundes und bundesunmittelbarer Institutionen – u. a. Bundeswehr, Bundespolizei Bundesverwaltungsamt, Krankenkassen, Rentenversicherung, Bundesagentur für Arbeit – Geldforderungen eintreiben oder Sachwerte pfänden. Die Höhe der Forderungen ist dabei nicht ausschlaggebend. Der Zoll ist aber kein Dienstleister, der von Privatpersonen oder -unternehmen bei Bedarf angeheuert werden kann.

---

326. Wem untersteht die Bundeszollbehörde?
- A. Dem Bundesministerium für Verteidigung
- B. Dem Bundesministerium des Innern
- C. Dem Bundesrat
- D. Dem Bundespräsidenten
- E. Dem Bundesministerium für Finanzen

Antwort: **E**

Auch wenn die Angehörigen der Bundeszollbehörde manchmal polizeilich oder als Strafverfolger tätig werden: Die Bundeszollbehörde untersteht dem Bundesministerium für Finanzen.

Fachwissen: Zoll

327. Wie viel Geld trieb die Bundeszollverwaltung 2010 an Steuern und Zöllen ein?

  A. Rund 12 Millionen Euro
  B. Rund 45 Millionen Euro
  C. Rund 87 Millionen Euro
  D. Rund 112 Millionen Euro
  E. Rund 189 Millionen Euro

Antwort: **D**

Die Bundeszollverwaltung trieb 2010 ca. 112 Milliarden Euro ein – fast die Hälfte der Steuereinnahmen des Bundes überhaupt. Den größten Anteil stellten Verbrauchssteuern wie die Tabak-, Branntwein- und Energiesteuer. Die zweitwichtigste Einnahmequelle war die Einfuhrumsatzsteuer, die für den Warenverkauf nach Deutschland aus Drittländern fällig wird, welche nicht der europäischen Zollunion angehören.

328. Welche Aufgabe übernimmt der Zoll nicht?

  A. Abwehr organisierter Kriminalität
  B. Analyse von Waren, die mit heimischen Produkten konkurrieren
  C. Überwachung von Embargos
  D. Bekämpfung von Schwarzarbeit
  E. Kampf gegen Marken- und Produktpiraterie

Antwort: **B**

Organisierte Kriminalität in Form von Zigaretten-, Drogen-, Waffen- oder anderer Schmuggelei wird vom Zoll ebenso verfolgt wie Produkt- und Markenpiraterie. Durch die Kontrolle von Ein- und Ausfuhren stellt der Zoll darüber hinaus die Einhaltung von Embargos (Ein- bzw. Ausfuhrverboten) sicher. Außerdem verfolgt er illegale Beschäftigung (Lohndumping), Verstöße gegen Sozialversicherungs- und Steuerpflichten (Schwarzarbeit) und die Erschleichung von Sozialleistungen. Die Analyse ausländischer Waren, die mit heimischen Produkten konkurrieren, zählt nicht zum Aufgabenspektrum des Zolls.

329. Welche Aussage über die organisatorische Funktion von Zoll- und Hauptzollämtern stimmt?

  A. Zoll- und Hauptzollämter bilden die höchste Verwaltungsebene des Zolls.
  B. Zoll- und Hauptzollämter verbinden als Mittelbehörden die oberste mit der untersten Verwaltungsebene.
  C. Zoll- und Hauptzollämter bilden die unterste, lokale Verwaltungsebene.
  D. Zoll- und Hauptzollämter übernehmen alle organisatorischen und personellen Angelegenheiten der Zollverwaltung.
  E. Zoll- und Hauptzollämter übernehmen die fachliche Dienstaufsicht über die Zollverwaltung.

Antwort: **C**

Die Bundeszollverwaltung ist ein Teil der Bundesfinanzverwaltung, also besteht die oberste Verwaltungsebene des Zolls aus dem Bundesministerium für Finanzen. Die dortige Abteilung III (Steuern und Abgaben) ist verantwortlich für alle organisatorischen, fachlichen und personellen Angelegenheiten der Zollverwaltung.

Die zweite Verwaltungsebene (Ebene der Mittelbehörden) nehmen die insgesamt 5 Bundesfinanzdirektionen und das Zollkriminalamt ein. Sie übernehmen eine Brückenfunktion zwischen dem Bundesministerium der Finanzen und den jeweils zugeordneten Zoll- und Hauptzollämtern bzw. (im Fall des Zollkriminalamts) den Zollfahndungsämtern – der untersten Ebene der Verwaltungshierarchie.

AUSBILDUNGSPark | 109

Prüfung · Teil 2

330. Wie hängen Zoll und Küstenwache zusammen?

- A. Die Küstenwache ist Teil der Bundespolizei, wird aber vom Zoll unterstützt.
- B. Der Zoll beaufsichtigt die Küstenwache, die aber eine eigenständige Behörde ist.
- C. Zoll und Küstenwache sind zwei Namen derselben Behörde, die an Land und zu Wasser bloß unterschiedlich heißt.
- D. Die Aufgaben der Küstenwache übernimmt der Zoll in Zusammenarbeit mit anderen Behörden.
- E. Die Küstenwache ist eine Sondereinheit des Zolls.

Antwort: **D**

Die Aufgaben der Küstenwache übernimmt in Deutschland der Koordinierungsverband Küstenwache, in dem mehrere Bundesbehörden und -anstalten zusammenarbeiten: nämlich die Bundeszollverwaltung (Wasserzoll), die Bundespolizei, die Wasser- und Schifffahrtsverwaltung sowie die Bundesanstalt für Landwirtschaft und Ernährung.

331. Wann darf der Zoll auch im Binnenland Kontrollen durchführen, außerhalb des unmittelbaren Grenzgebiets?

- A. Nur auf Anfrage der Polizei
- B. Nur auf Ersuchen des jeweiligen Bundeslands
- C. Wenn die Annahme besteht, dass zollamtlich überwachte Waren mitgeführt werden
- D. Nur wenn die freiheitlich-demokratische Grundordnung der Bundesrepublik bedroht ist
- E. Wenn es der Bundesrat beschließt

Antwort: **C**

Seit dem Wegfall der Kontrollen an den europäischen Binnengrenzen 1993 darf die Zollverwaltung im gesamten Bundesgebiet Kontrollen an den Verkehrswegen durchführen. Vorausgesetzt, es gibt Grund zu der Annahme, dass zollamtlich überwachte Waren mitgeführt werden.

332. Die Zentrale Unterstützungsgruppe Zoll ist …?

- A. eine Spezialeinheit des Zollkriminalamts, vergleichbar mit den SEKs der Polizei.
- B. eine Sondereinheit der Polizei, die den Zoll bei der Fahndungsarbeit unterstützt.
- C. die Einsatzleitung des Zolls, die alle Einsätze koordiniert.
- D. eine gemeinsame Einrichtung mehrerer Bundesbehörden zur Bekämpfung der Schmuggelei.
- E. die Vorgängerin der Bundeszollbehörde, die bis zur Gründung der Bundesrepublik 1949 existierte.

Antwort: **A**

Die Zentrale Unterstützungsgruppe Zoll (ZUZ) ist ein Spezialeinsatzkommando des Zollkriminalamts. Die ZUZ wird bei besonders gefährlichen Einsätzen z. B. gegen schwerkriminelle Schmuggler eingesetzt. Die Ausbildung bei der ZUZ orientiert sich an den Anforderungen der Spezialeinsatzkommandos (SEKs) der Polizei.

333. Wie viele Zigaretten und Kriegswaffen wurden 2010 durch den Zoll sichergestellt?

- A. 250.000 Zigaretten / 1.000 Kriegswaffen
- B. 157 Mio. Zigaretten / 22.303 Kriegswaffen
- C. 12 Mio. Zigaretten / 47 Kriegswaffen
- D. 480 Mio. Zigaretten / 8.900 Kriegswaffen
- E. 1,6 Mio. Zigaretten / 450 Kriegswaffen

Antwort: **B**

2010 beschlagnahmte der Zoll rund 2,3 Tonnen Marihuana, 1,3 Tonnen Haschisch und große Mengen zahlreicher anderer Drogen; außerdem 157 Millionen Zigaretten, 22.303 Kriegswaffen und 3.373 andere scharfe Schusswaffen mit insgesamt über 140.000 Schuss Munition sowie 24 Kilogramm Sprengstoff.

Fachwissen: Zoll

334. Wichtige Inhalte der rechtlichen Ausbildung im mittleren Dienst des Zolls sind…?
   A. Arbeitsrecht und Sozialrecht.
   B. Rechtsgeschichte und Erbrecht.
   C. Energierecht und Völkerrecht.
   D. Verbraucherrecht und Kirchenrecht.
   E. Ausländerrecht und Allgemeines Steuerrecht.

Antwort: **E**

Um seine Aufgaben in den vielfältigen Einsatzgebieten des Zolls kompetent erfüllen zu können, erhält ein Auszubildender im mittleren Dienst neben der beruflichen Grundbildung auch Unterricht in unterschiedlichen dienstrelevanten Rechtsgebieten: Vollzugsrecht, Recht des grenzüberschreitenden Warenverkehrs, Zolltarifrecht, Verbrauchsteuerrecht, Allgemeines Steuerrecht, Vollstreckungsrecht, Strafrecht, Recht der Ordnungswidrigkeiten, Sozialversicherungsrecht und Ausländerrecht.

335. Welche Rangabzeichen finden sich auf der Dienstkleidung des Zolls?
   A. Sterne auf den Schulterklappen
   B. Streifen auf den Schulterklappen
   C. Winkel auf dem Ärmel
   D. Überhaupt keine
   E. Punkte auf der Dienstmütze

Antwort: **D**

Die Dienstkleidung des Zolls kommt, im Gegensatz zu Polizei- oder Bundeswehruniformen, ohne Rangabzeichen aus – Ausdruck des Selbstverständnisses, eine eher zivile Bundesbehörde zu sein.

336. Unter bestimmten Bedingungen dürfen Waren aus dem (Nicht-EU-)Ausland zollfrei nach Deutschland eingeführt werden. Welche gehört nicht dazu?
   A. Die Waren sind ein Geschenk.
   B. Es werden nur Waren eingeführt, die es im Einfuhrland in dieser Form nicht gibt.
   C. Bestimmte Warenmengen und -werte werden nicht überschritten.
   D. Die Waren werden nicht per Post voraus- oder nachgeschickt.
   E. Die Waren sind zum persönlichen Gebrauch bestimmt.

Antwort: **B**

Für die zollfreie Einfuhr von Waren aus Nicht-EU-Ländern gelten grundsätzlich bestimmte Mengen- und Wertgrenzen. Darüber hinaus muss es sich um Waren handeln, die nicht mit gewerblichem Zweck (d. h. zum Weiterverkauf) eingeführt werden. Dies können Geschenke sein oder Produkte, die vom Reisenden selbst bzw. von Angehörigen in seinem Haushalt verbraucht werden. Die Mitbringsel müssen dabei auf dem gleichen Weg befördert werden, auf dem auch der Reisende unterwegs ist – der Postversand ist also unzulässig. Ob es ein Produkt im Einfuhrland gibt oder nicht, spielt keine Rolle.

337. Was dürfen Privatpersonen bei der Einreise aus einem EU-Land unverzollt einführen?
   A. Eine unbegrenzte Menge aller möglichen Waren
   B. Eine unbegrenzte Menge an Tabakwaren, eine begrenzte Menge an alkoholischen Getränken
   C. Eine unbegrenzte Menge an Tabakwaren und alkoholischen Getränken, andere Waren bis zu einem Wert von 1.000,- Euro
   D. Tabakwaren und alkoholische Getränke in begrenzten Mengen, fast alle anderen Waren unbegrenzt
   E. Eine begrenzte Menge an Tabakwaren, eine unbegrenzte Menge anderer Waren

Antwort: **D**

AUSBILDUNGSPark | 111

Prüfung · Teil 2

Prinzipiell dürfen Privatpersonen auf Reisen innerhalb der EU Waren ohne Mengenbeschränkung erwerben und mitnehmen, wenn diese nicht für den gewerblichen Bedarf bestimmt sind. Ab wann der Zoll von einem gewerblichen Nutzen ausgeht, halten folgende Richtlinien fest:

Tabakwaren: 800 Zigaretten oder 400 Zigarillos oder 200 Zigarren oder 1 Kilogramm Tabak oder eine anteilige Zusammenstellung dieser Waren.

Alkoholische Getränke: 10 Liter Spirituosen oder 10 Liter alkoholhaltige Süßgetränke (Alkopops) oder 20 Liter Zwischenerzeugnisse (wie Likör- und Wermutwein) oder 90 Liter Wein (davon höchstens 60 Liter Schaumwein) oder 110 Liter Bier, oder eine anteilige Zusammenstellung dieser Waren.

Darüber hinaus dürfen höchstens 10 Kilogramm Kaffee importiert werden.

338. Wie lang sind die vom deutschen Zoll überwachten Grenzen?

- A. Rund 1.800 Kilometer
- B. Rund 3.800 Kilometer
- C. Rund 7.900 Kilometer
- D. Rund 15.300 Kilometer
- E. Rund 26.000 Kilometer

Antwort: **A**

Durch die Vollendung des europäischen Binnenmarkts 1993 entfielen die Zollkontrollen beim Warenverkehr zwischen den Mitgliedsländern der Europäischen Union (EU). Daher kontrolliert der Zoll nur noch die Grenzen zum Nicht-EU-Land Schweiz (rund 400 Kilometer) sowie die See- und Freihafengrenzen (rund 1.400 Kilometer): insgesamt also rund 1.800 Grenzkilometer.

339. Unter einem Freihafen versteht man …?

- A. eine Duty-free-Zone in Seehäfen, in der man preisgünstig einkaufen kann.
- B. ein Hafenareal, in dem keine Zölle und Einfuhrumsatzsteuern erhoben werden.
- C. einen Hafen, in dem Handelsbeschränkungen (z. B. Embargos) nicht gelten.
- D. einen Hafen mit Sonderstatus, der rechtlich gesehen auf außerstaatlichem Territorium liegt.
- E. einen Hafen, der ausschließlich inländische Waren umschlägt.

Antwort: **B**

Freihäfen sind spezielle, abgegrenzte Areale eines Hafens, in denen keine Zölle und Einfuhrumsatzsteuern erhoben werden. In Deutschland gibt es solche Gebiete in Bremerhaven, Cuxhaven und Hamburg.

340. Wie viele Menschen beschäftigt der Zoll aktuell ungefähr?

- A. 40.000
- B. 116.000
- C. 14.000
- D. 76.000
- E. 34.000

Antwort: **E**

Aktuell hat der Zoll rund 34.000 Bedienstete: davon ca. 26.000 bei den Zoll- und Hauptzollämtern, rund 3.600 bei den Bundesfinanzdirektionen und 2.400 im Zollfahndungsdienst.

Fachwissen: Bundeswehr

Fachwissen

Bundeswehr

Wie gut kennen Sie sich in den Strukturen und Aufgaben der Bundeswehr aus?

341. Wann wurde die Bundeswehr gegründet?

    A. 1918
    B. 1934
    C. 1945
    D. 1955
    E. 1990

Antwort: **D**

Die Bundeswehr wurde am 5. Mai 1955 gegründet. Vorausgegangen war eine zum Teil heftige Debatte über die Notwendigkeit und moralische Vertretbarkeit einer deutschen Wiederbewaffnung zehn Jahre nach Ende des Zweiten Weltkriegs, wobei die Regierung um Kanzler Konrad Adenauer vor allem die Bedeutung einer deutschen Armee für die Eingliederung in den Block der Westmächte hervorhob. Die ersten 101 Soldaten der Bundeswehr wurden am 12. November 1955 vereidigt.

342. Wann trat die Bundesrepublik Deutschland der NATO bei?

    A. 1945
    B. 1949
    C. 1955
    D. 1960
    E. 1975

Antwort: **C**

Die Bundesrepublik trat einen Tag nach der Gründung der Bundeswehr – nämlich am 6. Mai 1955 – dem 1949 ins Leben gerufenen Militärpakt NATO (*North Atlantic Treaty Organization*) bei. Für die Westalliierten war die Aufstellung einer bundesdeutschen Armee eine wesentliche Bedingung für den von Bundeskanzler Konrad Adenauer angestrebten NATO-Beitritt.

343. Die Bundeswehr gliedert sich in die 3 Teilstreitkräfte …?

    A. Bataillon, Brigade und Kompanie.
    B. Medizinischer Dienst, Verwaltung und kämpfende Truppe.
    C. Berufssoldaten, Soldaten auf Zeit und Wehrpflichtige.
    D. Technisches Hilfswerk, Zoll und Armee.
    E. Heer, Luftwaffe und Marine.

Antwort: **E**

Die Teilstreitkräfte der Bundeswehr – Heer, Marine und Luftwaffe – haben jeweils einen bestimmten Aufgabenbereich zu Lande, zu Wasser und in der Luft. Die Teilstreitkräfte sind drei der fünf militärischen Bundeswehr-Organisationsbereiche, zu denen außerdem noch der Zentrale Sanitätsdienst und die Streitkräftebasis (SKB) zählen: Letztere übernimmt im Einsatz und im täglichen Dienst zentrale Unterstützungs- und Dienstleistungsaufgaben (u. a. Logistik, Aufklärung, Forschung und Ausbildung).

Prüfung · Teil 2

344. Das Hoheitszeichen der Bundeswehr ist …?
   A. ein schwarzes Kreuz mit weißer Umrandung.
   B. eine schwarz-rot-goldene, gezackte Fahne.
   C. ein schwarzer Adler auf goldenem Grund.
   D. ein rotes Schwert mit goldenen Sternen.
   E. eine goldene Sichel mit rot-schwarzem Rahmen.

Antwort: **A**

Das Hoheitszeichen der Bundeswehr ist das stilisierte Eiserne Kreuz, das auf das „Tatzenkreuz" des mittelalterlichen Deutschen Ordens zurückgeht und in deutschen Armeen von 1813 bis 1945 als Kriegsauszeichnung und Verdienstorden vergeben wurde. Als Hoheitszeichen der Bundeswehr fungiert es seit 1956.

345. Der „Staatsbürger in Uniform" ist …?
   A. eine Werbefigur der Bundeswehr.
   B. ein Leitbild soldatischen Selbstverständnisses.
   C. eine Comicfigur der 60-er Jahre, die den „typischen" Bundeswehrsoldaten karikierte.
   D. eine im Grundgesetz verwendete Umschreibung für den Verteidigungsminister.
   E. eine spöttische Bezeichnung des Volksmunds für Kaiser Wilhelm II.

Antwort: **B**

Der „Staatsbürger in Uniform" ist ein Leitbild soldatischen Selbstverständnisses. Dahinter steht der Gedanke, die Bundeswehr eng mit der Zivilgesellschaft zu verknüpfen und ihre Soldaten in die demokratischen Strukturen der Bundesrepublik zu integrieren. Der „Staatsbürger in Uniform" soll kein stumpfer Befehlsempfänger oder Angehöriger einer elitären Militärkaste sein, sondern ein demokratischer, verantwortungsbewusster Bürger, der aktiv am politisch-gesellschaftlichen Leben teilnimmt. Anders als etwa die Angehörigen der Reichswehr zu Zeiten der Weimarer Republik besitzen Bundeswehrsoldaten daher auch das aktive und passive Wahlrecht. Grob gesagt versucht das Konzept des „Staatsbürgers in Uniform", einen Ausgleich zu schaffen: nämlich zwischen der Einschränkung vieler bürgerlicher Grundrechte durch militärische Pflichten und der gewollten Mündigkeit eines Staatsbürgers.

346. Welche Aussage zur Bundeswehrreform ist falsch?
   A. Die Reform soll Geld sparen.
   B. Die Reform soll die Bundeswehr an die aktuelle sicherheitspolitische Lage anpassen.
   C. Die Reform soll die Bundeswehr in die zukünftige EU-Armee integrieren.
   D. Die Reform wurde von Karl-Theodor zu Guttenberg auf den Weg gebracht, der von 2009 bis 2011 Verteidigungsminister war.
   E. Im Rahmen der Reform wurde die im Grundgesetz verankerte Wehrpflicht ausgesetzt.

Antwort: **C**

Die Bundeswehrreform initiierte Anfang 2010 der damalige Verteidigungsminister Karl-Theodor zu Guttenberg, der die Struktur der Streitkräfte an die aktuellen sicherheitspolitischen Herausforderungen anpassen wollte: Statt eines personalstarken Massenheers brauche man heutzutage kleinere und flexiblere Verbände, durch die Verringerung der Truppenstärke könne man zudem Kosten senken. Nach langen Debatten entschied sich die Bundesregierung im Dezember 2010 für ein Reformmodell, das die Aussetzung der Wehrpflicht zum 1. Juli 2011 beinhaltete. Antwort C ist falsch: Zwar gibt es Vorschläge zur Aufstellung gemeinsamer EU-Streitkräfte, doch die Integration in eine europäische Armee ist kein erklärtes Ziel der Bundeswehrreform.

114   www.ausbildungspark.com

Fachwissen: Bundeswehr

347. Der Wehrbeauftragte des Deutschen Bundestags …?
- **A.** vertritt die Handlungen und Entscheidungen des Militärs im Parlament.
- **B.** repräsentiert die Bundeswehr im Ausland.
- **C.** koordiniert die Einsätze der Bundeswehr innerhalb Deutschlands.
- **D.** vertritt den Bundesverteidigungsminister bei Abwesenheit im Bundestag.
- **E.** unterstützt die parlamentarische Kontrolle der Bundeswehr.

Antwort: **E**

Das Amt des Wehrbeauftragten des Bundestags wurde 1956 geschaffen. Der Wehrbeauftragte soll die parlamentarische Kontrolle der Armee sicherstellen; bei Verstößen gegen die Rechte der Soldaten oder die Führungsprinzipien der Bundeswehr darf er eigenständig ermitteln. Der Wehrbeauftragte des Bundestags untersteht keiner militärischen Hierarchie, er ist nur gegenüber dem Deutschen Bundestag und dem Verteidigungsausschuss weisungsgebunden.

348. Der Generalinspekteur der Bundeswehr …?
- **A.** berät den Verteidigungsminister und die Bundesregierung.
- **B.** überwacht die Einhaltung des Grundgesetzes.
- **C.** entscheidet, wann der Verteidigungsfall eintritt.
- **D.** vertritt die Bundeswehr im NATO-Militärausschuss.
- **E.** überprüft und ernennt die Generale der Bundeswehr eigenmächtig.

Antwort: **A**

Der Generalinspekteur der Bundeswehr bekleidet als 4 Sterne-General bzw. -Admiral den höchsten militärischen Rang der deutschen Streitkräfte. Er berät die Bundesregierung und den Verteidigungsminister, dem gegenüber er für die Entwicklung und Umsetzung der militärischen Gesamtkonzeption verantwortlich ist.

349. Wann und wo fand der erste Auslandseinsatz der Bundeswehr statt?
- **A.** 1994, bei einer Stabilisierungsmission der Vereinten Nationen in Somalia
- **B.** 1999, während des Kosovokriegs
- **C.** 1967, bei Unruhen und Aufständen in Frankreich
- **D.** 1960, nach einem Erdbeben in Marokko
- **E.** 1991, im Krieg einer alliierten Armee gegen den Irak

Antwort: **D**

Der erste Auslandseinsatz der Bundeswehr fand 1960 statt, nachdem ein Erdbeben die marokkanische Hafenstadt Agadir verwüstet hatte. Die Bundeswehr beteiligte sich mit Einheiten von Luftwaffe, Sanitätsdienst und ABC-Abwehrtruppe an den Hilfsmaßnahmen vor Ort. Es handelte sich um einen humanitären Hilfseinsatz ohne militärischen Hintergrund.

350. Das Bundesverfassungsgericht urteilte 1994 grundsätzlich über …?
- **A.** die Einbindung der Bundeswehr in den Katastrophenschutz.
- **B.** die Ausrüstung der Bundeswehr mit Atomraketen.
- **C.** die Vereinbarkeit der Wehrpflicht mit dem Grundgesetz.
- **D.** ein Verbot von Waffenexporten in die Türkei.
- **E.** die Zulässigkeit militärischer Auslandseinsätze der Bundeswehr.

Antwort: **E**

Das Bundesverfassungsgericht urteilte 1994 grundsätzlich darüber, ob so genannte *out of area*-Einsätze – militärische Einsätze außerhalb des NATO-Bündnisgebiets – mit dem Grundgesetz vereinbar seien. Der Zweite Senat des Gerichts stellte fest, dass solche Einsätze grundsätzlich nicht unzulässig sind: Entsprechende

AUSBILDUNGS Park | 115

Prüfung · Teil 2

Verpflichtungen können sich aus der Mitgliedschaft der Bundesrepublik in einem System kollektiver Sicherheit ergeben, wenn eine Resolution der Vereinten Nationen durch NATO-Kräfte umgesetzt wird. Das Verfassungsgericht betonte dabei aber auch die Wichtigkeit des Parlamentsvorbehalts, d. h. der Zustimmung des Bundestags zu dem Einsatz.

351. Welche Laufbahn ist kein militärischer Karriereweg der Bundeswehr?

- A. Die Laufbahn der Mannschaften
- B. Die Laufbahn der Offiziere
- C. Die Laufbahn der Feldwebel
- D. Die Laufbahn der Obristen
- E. Die Laufbahn der Fachunteroffiziere

Antwort: **D**

Die vier militärischen Laufbahnen der Bundeswehr setzen unterschiedliche Bildungsqualifikationen voraus und umfassen verschiedene Dienstgrade:

¬ Eine **Mannschaftslaufbahn** kann bereits mit erfüllter Schulpflicht eingeschlagen werden. Der Einstieg erfolgt in den niedrigsten Bundeswehr-Dienstgrad – je nach Teilstreitkraft Schütze, Matrose oder Flieger.

¬ Mit einem Hauptschulabschluss steht die **Laufbahn der Fachunteroffiziere** offen, für die vor allem gut ausgebildete Spezialisten eingestellt werden. Fachunteroffiziere übernehmen in der Regel keine militärischen Führungsaufgaben und können bis zum Stabsunteroffizier bzw. Obermaat aufsteigen.

¬ Die **Ausbildung zum Feldwebel** entspricht in der zivilen Berufswelt der Qualifikation zum Meister. Einstiegsvoraussetzung für die Feldwebellaufbahn ist der Realschulabschluss, der höchste Feldwebel-Dienstgrad heißt Oberstabsfeldwebel (bzw. Oberstabsbootmann).

¬ Abitur, Fachabitur und ein Realschulabschluss mit abgeschlossener Berufsbildung befähigen zum Beginn einer **Offizierslaufbahn**. Offiziere sind Führungskräfte, die ihre Kompetenzen in verschiedenen Gebieten unter Beweis stellen müssen – z. B. Menschenführung, Planung und Organisation. Die Offizierslaufbahn beginnt als Fahnenjunker (Offiziersanwärter) und kann bis zum General bzw. Admiral führen.

Eine Obristenlaufbahn gibt es nicht: Ein Oberst ist ein Offizier.

352. Was soll im Traditionsverständnis der Bundeswehr nach offizieller Richtlinie keine Rolle spielen?

- A. Dass die Bundeswehr die erste Wehrpflichtarmee in einem demokratischen deutschen Staat ist
- B. Die Einbindung der Bundeswehr in die NATO
- C. Die Erinnerung an die Nationale Volksarmee der DDR
- D. Die preußische Heeresreform von 1807 bis 1813
- E. Der militärische Widerstand gegen das NS-Regime

Antwort: **C**

Im Traditionsverständnis der Bundeswehr spielt der Widerstand einzelner Militärs gegen die nationalsozialistische Regierung – der im missglückten Attentat auf Adolf Hitler am 20. Juli 1944 gipfelte – eine große Rolle. Ebenso wichtig ist die Einbindung der Bundeswehr in das nordatlantische Militärbündnis NATO oder die Tatsache, dass die Bundeswehr die erste Wehrpflichtarmee in einem demokratischen deutschen Staat ist. Auch die Erinnerung an die preußische Heeresreform unter General Scharnhorst gilt als traditionswürdig, der das preußische Söldner- in ein Volksheer umwandelte und so die Grundlage für den Sieg gegen Napoleon schuf: Die ersten Soldaten der Bundeswehr wurden sogar am 200. Geburtstag Scharnhorsts vereidigt. Die Nationale Volksarmee der DDR kann jedoch laut den Traditionsrichtlinien der Bundeswehr „keine Tradition begründen".

Fachwissen: Bundeswehr

353. Wann ist die Bundeswehr laut NATO-Bündnisvertrag zum Eingreifen verpflichtet?

A. Nur, wenn die Bundesrepublik Deutschland direkt angegriffen wird

B. Wenn ein NATO-Staat einen anderen Staat angreifen will

C. Wenn ein Staat gegen einen NATO-Bündnispartner eine Wirtschaftsblockade ausruft

D. Nur, wenn mindestens zwei NATO-Bündnispartner von einem übermächtigen Gegner angegriffen werden

E. Wenn ein NATO-Bündnispartner angegriffen wird

Antwort: **E**

Vor dem Hintergrund einer möglichen sowjetischen Bedrohung im Kalten Krieg wurde in Artikel 5 des Nordatlantikvertrags der so genannte „Bündnisfall" festgelegt: Ein bewaffneter Angriff auf einen einzelnen NATO-Staat wird demzufolge als Angriff auf alle NATO-Staaten betrachtet, die dann von ihrem „Recht der individuellen oder kollektiven Selbstverteidigung" Gebrauch machen dürfen, „einschließlich der Anwendung von Waffengewalt". In der mehr als 60-jährigen Geschichte der NATO wurde der Bündnisfall erst ein Mal erklärt, nämlich nach den Anschlägen auf das World Trade Center am 11. September 2001.

---

354. Die Bundeswehr darf im Landesinneren ...?

A. grundsätzlich nicht eingesetzt werden.

B. grundsätzlich immer eingesetzt werden, wenn die Polizei darum bittet.

C. nur im Verteidigungsfall eingesetzt werden.

D. nur unbewaffnet zu Hilfseinsätzen eingesetzt werden.

E. in Ausnahmefällen zur Aufrechterhaltung der Ordnung eingesetzt werden.

Antwort: **E**

Wenn die Kräfte der Polizeibehörden nicht ausreichen, darf die Bundeswehr auch zu Friedenszeiten im Inneren „zur Abwehr einer drohenden Gefahr für den Bestand oder die freiheitliche demokratische Grundordnung des Bundes oder eines Landes" eingesetzt werden (Artikel 87a des Grundgesetzes). Darüber hinaus nennt Artikel 35 des Grundgesetzes die Möglichkeit der Amtshilfe durch die Bundeswehr „bei einer Naturkatastrophe oder bei einem besonders schweren Unglücksfall". Was genau ein „besonders schwerer Unglücksfall" oder eine „Gefahr für die freiheitliche demokratische Grundordnung des Bundes oder eines Landes" ist, ist jedoch nicht näher definiert und daher umstritten.

---

355. Wer war der erste Verteidigungsminister der Bundesrepublik Deutschland?

A. Theodor Blank

B. Franz Josef Strauß

C. Volker Rühe

D. Ludwig Erhard

E. Theodor Heuss

Antwort: **A**

Der erste Verteidigungsminister der Bundesrepublik Deutschland war Theodor Blank, der das Amt unter Bundeskanzler Konrad Adenauer von 1955 bis 1956 bekleidete. Ihm folgten Franz Josef Strauß, der bis 1963 Verteidigungsminister war, und erst mehrere Jahrzehnte später Volker Rühe (1992–1994). Theodor Heuss war niemals Verteidigungsminister, sondern von 1949 bis 1959 erster Bundespräsident, Ludwig Erhard war Wirtschaftsminister (1949–1963) und Bundeskanzler (1963–1966).

AUSBILDUNGSPark | 117

Prüfung · Teil 2

356. Gibt ein Vorgesetzter einen Befehl, ist ein Bundeswehrsoldat ...?

A. immer zu Gehorsam verpflichtet.

B. nur zu Gehorsam verpflichtet, wenn der Befehl rechtmäßig ist.

C. nur zu Gehorsam verpflichtet, wenn der Befehl schriftlich vorliegt.

D. nur zu Gehorsam verpflichtet, wenn der Befehl im Einsatz erteilt wird.

E. nur zu Gehorsam verpflichtet, wenn ansonsten eine konkrete Gefahr bestünde.

Antwort: **B**

Der Befehlsempfänger ist nicht immer zur Umsetzung des Befehls verpflichtet. Er darf eine Ausführung etwa dann verweigern, wenn die Ausführung seine Menschenwürde verletzen würde, und hat sogar die Pflicht zur Verweigerung, wenn der Befehl eine Straftat oder eine Verletzung des Kriegsvölkerrechts zur Folge hätte.

---

357. Das Hauptkontingent der Bundeswehr ist in Afghanistan als Teil der ...?

A. ISAF.

B. OEF.

C. AFAP.

D. KFOR.

E. AFGAR.

Antwort: **A**

Die ISAF (*International Security Assistance Force*) ist eine multinationale Truppe im Rahmen eines NATO-geführten Einsatzes in Afghanistan. Neben der Bundeswehr sind daran Streitkräfte der USA, des Vereinigten Königreichs, Italiens, Kanadas und zahlreicher weiterer Staaten beteiligt. Die OEF (*Operation Enduring Freedom*) ist eine von den Vereinigten Staaten geleitete Operation gegen den internationalen Terrorismus mit Schauplätzen in Afghanistan, am Horn von Afrika, auf dem afrikanischen Kontinent und auf den Philippinen. An den OEF-Operationen in Afghanistan nahmen bis 2008 auch Bundeswehrsoldaten des Kommandos Spezialkräfte (KSK) teil. KFOR ist die Abkürzung der *Kosovo Force* der NATO, die seit dem Ende des Kosovokriegs 1999 die Stabilität im Kosovo gewährleisten soll.

---

358. Bei dem „KSK" handelt es sich um ...?

A. einen kleinen Transportpanzer.

B. die Kompanie für streng geheime Kommunikation, den Bundeswehr-Geheimdienst.

C. eine Spezialeinheit der Bundeswehr.

D. den (Ober-)Kommandierenden der Streitkräfte.

E. das Standardgewehr der Bundeswehr.

Antwort: **C**

Das KSK – oder Kommando Spezialkräfte – ist eine Spezialeinheit der Bundeswehr, die nach dem Vorbild der *US Special Operations Forces* und des britischen SAS (*Special Air Service*) im September 1996 aus der Taufe gehoben wurde. Das KSK verfügt über 1.100 Soldaten, untersteht der heereseigenen Division Spezielle Operationen (DSO) und ist im württembergischen Calw stationiert.

---

359. Was versteht man unter dem Begriff „Wehrgerechtigkeit"?

A. Jeder Soldat darf nur bis zu seiner persönlichen Leistungsgrenze belastet werden.

B. Kinder von Eltern, die Militärdienst geleistet haben, dürfen nicht einberufen werden.

C. Auch Frauen dürfen Soldaten werden.

D. Der Etat der Bundeswehr darf eine bestimmte Höhe nicht überschreiten.

E. Möglichst jeder deutsche Mann ab 18 Jahren wird zum Wehr- oder Ersatzdienst einberufen.

Antwort: **E**

Fachwissen: Bundeswehr

Wehrgerechtigkeit bedeutet, dass jeder Deutsche ab 18 Jahren zum Wehrdienst – oder im Verweigerungsfalle: zum Ersatzdienst – einberufen wird, unabhängig von Willkür oder Zufall, es sei denn, es haben bereits zwei (Halb-)Brüder Wehr- oder Zivildienst geleistet. 2009 wurde jedoch nur noch knapp jeder Vierte eines Jahrgangs einberufen, die Wehrgerechtigkeit war damit nicht mehr gegeben. Im Rahmen der 2010 in Gang gesetzten Bundeswehrreform wurde die Umwandlung der Bundeswehr von einer Wehrpflicht- in eine Freiwilligenarmee beschlossen.

360. **Wer ist der Oberbefehlshaber der Bundeswehr im Verteidigungsfall?**
  A. Der Bundespräsident
  B. Der Bundeskanzler
  C. Der Bundestagspräsident
  D. Der Verteidigungsminister
  E. Der ranghöchste General der Bundeswehr

Antwort: **B**

Den Oberbefehl über die deutsche Armee hat in Friedenszeiten der Bundesminister für Verteidigung inne, im Verteidigungsfall der Bundeskanzler. Diese und andere Regelungen für den Verteidigungsfall finden sich im Abschnitt Xa des Grundgesetzes, der 1968 in das Grundgesetz eingefügt wurde.

Prüfung · Teil 2

Allgemeinwissen

Politik und Gesellschaft

361. Welche Organisation gilt als Vorläuferin der Vereinten Nationen?
- A. Völkerrat
- B. Völkerbund
- C. Bund der Nationen
- D. Volksrat
- E. Keine Antwort ist richtig.

Antwort: **B**

Als Vorläuferorganisation der Vereinten Nationen gilt der Völkerbund, der von 1920–1940 existierte. Auf die großen außenpolitischen Streitfälle und Entscheidungen jener Zeit – z. B. den Ruhrkonflikt, die Sudetenkrise, den Spanischen Bürgerkrieg, Japans Überfall auf China, Italiens Feldzug in Abessinien, schließlich den Ausbruch des Zweiten Weltkriegs – hatte er jedoch kaum Einfluss.

362. Wogegen richtete sich die so genannte „Eisenhower-Doktrin"?
- A. Zu hohe Staatsverschuldung
- B. Umweltverschmutzung
- C. Zu hohe Steuern
- D. Expansion kommunistischer Einflusssphären
- E. Keine Antwort ist richtig.

Antwort: **D**

Der US-Präsident Dwight D. Eisenhower formulierte 1957 eine Doktrin, wonach eine vom „internationalen Kommunismus" unterstützte Aggression gegen ein Land im Nahen Osten von den USA überall und mit allen Mitteln bekämpft werden sollte. Die Doktrin wurde 1959 formal zugunsten einer eher verständigungsorientierten Politik der USA mit der Sowjetunion aufgegeben.

363. Was ist das Hauptziel des Kyoto-Protokolls?
- A. Reduzierung der Emission von Treibhausgasen
- B. Einführung energiesparender Glühbirnen
- C. Förderung des Bahnverkehrs
- D. Aufforstung der Regenwälder
- E. Keine Antwort ist richtig.

Antwort: **A**

Das Kyoto-Protokoll wurde 1997 auf der Klimaschutz-Konferenz im japanischen Kyoto verabschiedet, trat 2005 in Kraft und läuft bis 2012. Es legte zum ersten Mal überhaupt völkerrechtlich verbindliche Emissionsziele fest, die bestimmen, wie hoch der Ausstoß der Treibhausgase in den Industrieländern jeweils sein darf.

364. Welcher Staat war nicht am so genannten „2+4-Vertrag" beteiligt?
- A. Deutsche Demokratische Republik
- B. Vereinigte Staaten von Amerika
- C. Belgien
- D. Frankreich
- E. Keine Antwort ist richtig.

Allgemeinwissen: Politik und Gesellschaft

Antwort: **C**

Der 2+4-Vertrag ist ein Staatsvertrag, den die Deutsche Demokratische Republik, die Bundesrepublik Deutschland sowie die vier Hauptalliierten des Zweiten Weltkriegs – die Vereinigten Staaten, Großbritannien, Frankreich und die Sowjetunion – 1990 unterzeichneten. Er machte den Weg frei für die Wiedervereinigung Deutschlands, indem sich die Vertragspartner darin unter anderem auf die neuen Staatsgrenzen des wiedervereinigten Deutschlands einigten. Zudem wurde die Einbindung der Bundesrepublik in die bestehenden Bündnissysteme (NATO) bestätigt.

---

365. **Welche Proteste in der DDR gingen der deutschen Wiedervereinigung voraus?**
   A. Montagsdemonstrationen
   B. Freitagsbewegung
   C. Ostermärsche
   D. Winterproteste
   E. Keine Antwort ist richtig.

Antwort: **A**

Die ersten Montagsdemonstrationen fanden im September 1989 in Leipzig statt. Sie schlossen sich dort an die Friedensgebete an, die jeden Montagabend in der Nikolaikirche veranstaltet wurden. Die Demonstrationen wuchsen sich zu regelmäßigen Massenprotesten gegen die politischen Verhältnisse aus und griffen bald auch auf andere Städte über.

---

366. **Was war der Vorläufer der europäischen Gemeinschaftswährung Euro?**
   A. Euromark
   B. ECU
   C. ESD
   D. Euro-Pfund
   E. Keine Antwort ist richtig.

Antwort: **B**

Die ECU – ausgeschrieben: *European Currency Unit* (Europäische Währungseinheit) – war von 1979 bis 1998 Rechnungseinheit zunächst der Europäischen Gemeinschaften, seit 1992 Rechnungseinheit der Europäischen Union. Der Wechselkurs der ECU ergab sich aus ihren Wechselkursen gegenüber den europäischen Währungen, die in einem speziellen Verhältnis gewichtet wurden. Banknoten in ECU wurden nicht ausgegeben. Die ECU wurde am 1. Januar 1999 in einem Umrechnungsverhältnis von 1:1 auf Euro umgestellt.

---

367. **Wo hat der Internationale Strafgerichtshof seinen Sitz?**
   A. Karlsruhe
   B. Straßburg
   C. Brüssel
   D. Den Haag
   E. Keine Antwort ist richtig.

Antwort: **D**

Der Internationale Strafgerichtshof (IStGH), 1998 durch einen internationalen Vertrag ins Leben gerufen, sitzt in Den Haag. Er ist ein ständiges Strafgericht mit Zuständigkeit für Völkermord, Verbrechen gegen die Menschlichkeit und Kriegsverbrechen. Die ersten Richter des IStGH wurden 2003 vereidigt.

AUSBILDUNGSPark | 121

Prüfung · Teil 2

368. Welche Stadt ist keine Hansestadt?

    A. Hamburg

    B. Bremen

    C. Aachen

    D. Rostock

    E. Keine Antwort ist richtig.

Antwort: **C**

Bremen, Hamburg und Rostock führen auch heute noch offiziell den Beinamen Hansestadt. Historisch waren Hansestädte Städte, die dem mittelalterlichen Kaufmanns- und Städtebund der Hanse angehörten, der von der Mitte des 12. bis zur Mitte des 17. Jahrhunderts bestand. Weitere Hansestädte sind unter anderem Lübeck, Wismar, Stralsund und Lüneburg.

---

369. Welche Institution wurde durch den Vertrag von Maastricht gegründet?

    A. Europäische Union

    B. Bund europäischer Landwirte

    C. Europäischer Gerichtshof

    D. Europäisches Parlament

    E. Keine Antwort ist richtig.

Antwort: **A**

Der Vertrag von Maastricht heißt offiziell „Vertrag über die Europäische Union". Es handelt sich dabei um den Gründungsvertrag der EU, der 1992 verabschiedet wurde, um einen übergeordneten Verbund für die existierenden Vereinbarungen im Rahmen der Europäischen Gemeinschaften zu schaffen. Die EU fußt auf einer gemeinsam koordinierten Agrar-, Wirtschafts-, Bildungs- und Sozialpolitik sowie gemeinsamem Verbraucherschutz, beinhaltet eine gemeinsame Außen- und Sicherheitspolitik und etabliert die polizeiliche und justizielle Zusammenarbeit ihrer Mitgliedsstaaten.

---

370. Wann erhält eine Partei bei der Bundestagswahl Überhangmandate?

    A. Wenn sie viele Zweit-, aber kaum Erststimmen erhält

    B. Wenn sie mehr Direktmandate erhält, als ihr nach Zweitstimmenanteil zustehen würde

    C. Wenn sie in einem Wahlkreis mehr als 90 Prozent der Zweitstimmen gewinnt

    D. Wenn sie mehr als 50 Prozent der Zweitstimmen insgesamt gewinnt

    E. Keine Antwort ist richtig.

Antwort: **B**

Überhangmandate erhält eine Partei bei Bundestagswahlen, wenn sie mehr Direktmandate erhält, als ihr prozentual nach dem Anteil der abgegebenen Zweitstimmen zustehen würden. Hat eine Partei beispielsweise einen Zweitstimmenanteil von 30 Prozent, gewinnt aber gleichzeitig in 40 Prozent der Wahlkreise ein Direktmandat (d. h., ihr Kandidat gewinnt die Mehrheit der Erststimmen), so ziehen alle der durch die Erststimme direkt gewählten Vertreter in den Bundestag ein.

Allgemeinwissen: Wirtschaft und Finanzen

Allgemeinwissen

Wirtschaft und Finanzen

371. Was versteht man volkswirtschaftlich unter dem „tertiären Sektor"?
- A. Rohstoffgewinnung
- B. Rohstoffverarbeitung
- C. Dienstleistungsbereich
- D. Konsumgüterindustrie
- E. Keine Antwort ist richtig.

Antwort: **C**

Der primäre Sektor steht für die Gewinnung, der sekundäre für die Verarbeitung von Rohstoffen, der tertiäre Sektor bezeichnet den Dienstleistungsbereich. Nach der Drei-Sektoren-Hypothese entwickelt sich eine Volkswirtschaft vom Ausgangsstadium mit einer hohen Ausdehnung des primären Sektors (geringer Maschineneinsatz) über das zweite Stadium mit fortschreitender Automatisierung (Fließband, Manufakturen) zum dritten Stadium, in dem Rohstoffgewinnung und -verarbeitung so weit automatisiert sind, dass dafür kaum noch Arbeitskraft benötigt wird: Der Übergang zur Dienstleistungsgesellschaft ist vollzogen.

372. Was versteht man unter dem Begriff „Goldstandard"?
- A. Einen Ratingwert für Kapitalanlagen
- B. Die internationale Festlegung des Goldwertes
- C. Einen festgelegten Umtauschkurs der Edelmetalle zueinander
- D. Die Deckung einer Währung durch Goldreserven
- E. Keine Antwort ist richtig.

Antwort: **D**

Unter „Goldstandard" versteht man die Deckung einer Währung durch Goldreserven der Zentralbank. Das bedeutet, dass jeder Geldwert der betreffenden Währungseinheit ein bestimmtes Quantum an Gold repräsentiert. Nach dem Ende des Zweiten Weltkriegs verfügten nur noch die USA über ausreichende Goldreserven, um ihre Währung dadurch zu decken; es etablierte sich das so genannte „Bretton-Woods-System", in dem der US-Dollar durch Gold gestützt wurde und alle übrigen Währungen durch feste Umrechnungskurse an den US-Dollar gebunden waren. Dieses System zerbrach schließlich Anfang der 70er-Jahre.

373. Wie entwickelt sich die Wirtschaftsleistung während einer Stagflation?
- A. Sie steigt stark an, es kommt zur Inflation
- B. Sie sinkt stark, es kommt zur Inflation
- C. Sie stagniert nach einer hohen Inflation
- D. Sie stagniert, gleichzeitig herrscht Inflation
- E. Keine Antwort ist richtig.

Antwort: **D**

Im Zustand der Stagflation treffen Inflation und stagnierende Wirtschaft zusammen. Für die Wirtschaftspolitik hat das fatale Folgen: Sie kann weder durch den Einsatz von Geld und Krediten die Stagnation bekämpfen – dies würde die Inflation antreiben – noch durch geringere Kreditaktivität die Geldmenge zu reduzieren versuchen: Dies würde die Wirtschaft noch stärker lähmen.

AUSBILDUNGSpark | 123

Prüfung · Teil 2

374. Wodurch wird in Deutschland das Eigenkapital von Banken festgelegt, das diese für Kredite hinterlegen müssen?

A. Gar nicht – das liegt im Ermessen der Bank

B. Durch die Ausfallwahrscheinlichkeit der Kredite

C. Durch den Gesamtumsatz der Bank

D. Nur durch die Anzahl der Kredite

E. Keine Antwort ist richtig.

Antwort: B

Das zur Absicherung ausfallender Kredite vorzuhaltende Eigenkapital richtet sich nach deren Ausfallwahrscheinlichkeit. Diese Regelung empfahl der Basler Ausschuss für Bankenaufsicht im Rahmen seiner Gesamtrichtlinien für den Finanzmarkt (Basel II), sie wurde als EU-Richtlinie zum Januar 2007 rechtskräftig.

375. Wann ist an der Börse vom „Bullenmarkt" die Rede?

A. Bei anhaltend fallenden Kursen

B. Bei anhaltend stark steigenden Kursen

C. Wenn Papiere aus dem Landwirtschaftssektor stark anziehen

D. Wenn die Kurse sehr lange stabil bleiben

E. Keine Antwort ist richtig.

Antwort: B

Mit dem Ausdruck „Bullenmarkt" bezeichnet man an der Börse eine Phase, in der die Kurse stark anziehen. Das Gegenteil ist der Bärenmarkt: hier fallen die Kurse.

376. Worauf zielt das *Customer Relationship Management* (CRM) ab?

A. Marktforschung

B. Produktsicherheit

C. Kundenpflege

D. Verbraucherschutz

E. Keine Antwort ist richtig.

Antwort: C

Customer Relationship Management wird auch zur Neukundenakquise eingesetzt, der Fokus liegt jedoch meist auf der Pflege und Intensivierung bestehender Kundenkontakte. Dazu werden abteilungsübergreifend alle kundenbezogenen Daten und Prozesse in einer zentralen Datenbank hinterlegt und verknüpft, was eine kundenorientierte Ansprache erleichtert.

377. Wozu kann das Nutzer-Investor-Dilemma führen?

A. Der Nutzer ist gleichzeitig Investor und hat widersprüchliche Interessen.

B. Es wird zu viel investiert.

C. Investitionen bleiben aus.

D. Es wird zu unüberlegt investiert.

E. Keine Antwort ist richtig.

Antwort: C

Das Nutzer-Investor-Dilemma – auch Mieter-Vermieter-Dilemma genannt – besteht, wenn der Investor aus einer möglichen Investition keinen Ertrag zieht und die Investition daher unterbleibt. Der Nutzen läge ganz beim Nutzer, der wiederum investiert nicht. Beispielsweise wird ein Vermieter nur die nötigsten Investitionen im vermieteten Wohnraum vornehmen, da er die Miete nur in einem engen gesetzlichen Rahmen erhöhen

124   www.ausbildungspark.com

Allgemeinwissen: Wirtschaft und Finanzen

darf und sich höhere Ausgaben daher nicht amortisieren. Der Mieter wiederum hat den Nachteil ausbleibender Modernisierung.

378. Wo ist von *cash cows*, *question marks*, *stars* und *dogs* die Rede?
- A. Portfolioanalyse
- B. Supply-chain-Prüfung
- C. ABC-Analyse
- D. Corporate-Identity-Konzept
- E. Keine Antwort ist richtig.

Antwort: **A**

Die Begriffe *cash cow*, *question mark*, *star* und *dog* sind Kategorien der BCG-Matrix zur Portfolioanalyse bzw. zum Marketingcontrolling. Die Matrix klassifiziert auf Basis verschiedener Kennzahlen Produkte nach ihrer Rentabilität und ermöglicht so angemessene Produkt- bzw. Marketingstrategien.

379. Was geschieht bei der Thesaurierung von Fondserträgen?
- A. Die Erträge werden an die Anteilseigner ausgezahlt.
- B. Die Erträge werden genutzt, um das Fondsvermögen zu erhöhen.
- C. Die Erträge werden nach und nach ausgeschüttet.
- D. Die Erträge werden für Krisenzeiten zurückgestellt.
- E. Keine Antwort ist richtig.

Antwort: **B**

Thesaurierende Fonds lassen Fondserträge wieder ins Gesamtvermögen des Fonds rückfließen, wodurch auch der Eigenwert der Fondsanteile steigt. Das kann steuerliche Vorteile im Vergleich zu einer Wiederanlage bieten, bei der Erträge zuerst ausgeschüttet und dann in zusätzlichen Anteilen wiederangelegt werden.

380. Was zählt nicht zu den Vorteilen flexibler Wechselkurse auf dem Devisenmarkt?
- A. Stabilität
- B. Erhalt der Eigenständigkeit staatlicher Geldpolitik
- C. Kontrolle über Geldmenge im Inland
- D. Möglichkeit, schnell auf Krisen zu reagieren
- E. Keine Antwort ist richtig.

Antwort: **A**

Fixe Wechselkurse richten sich nach einem festen Leitkurs, der von den beteiligten Staaten festgelegt wird. Flexible Wechselkurse werden marktwirtschaftlich, d. h. über Angebot und Nachfrage auf dem Devisenmarkt bestimmt. Die Vorteile flexibler Wechselkurse liegen in der größeren Eigenständigkeit und Handlungsfreiheit der staatlichen Zentralbanken, die die Geldmenge im Inland besser kontrollieren und auf Krisen schneller reagieren können. Die Währungen sind dann jedoch auch tendenziell instabiler.

Prüfung · Teil 2

Allgemeinwissen

Recht und Grundgesetz

381. Welche rechtliche Beziehung regelt das Privatrecht?
  A. Beziehung des Einzelnen zum Staat
  B. Beziehung der Körperschaften untereinander
  C. Beziehung der einzelnen Bürger untereinander
  D. Beziehung juristischer Personen des öffentlichen Rechts
  E. Keine Antwort ist richtig.

Antwort: **C**

Das Privatrecht regelt die Beziehungen von rechtlich gleichgestellten einzelnen Bürgern zueinander nach dem Prinzip der Gleichordnung. Synonym werden die Begriffe „Bürgerliches Recht" und „Zivilrecht" verwendet, diese bezeichnen aber eigentlich nur große Teilgebiete des Privatrechts. Neben dem Privatrecht definieren die Rechtswissenschaften das öffentliche Recht als zweiten großen Bereich.

382. Was versteht man unter „Gewaltenteilung"?
  A. Die Unabhängigkeit von Legislative, Exekutive und Judikative
  B. Die Bundeshoheit des Militärs
  C. Die Trennung von Politik und Kirche
  D. Die Trennung von Demokraten und Republikaner
  E. Keine Antwort ist richtig.

Antwort: **A**

Unter „Gewaltenteilung" versteht man die Verteilung der Staatsgewalt auf mehrere Staatsorgane zum Zwecke der Machtbegrenzung und der Sicherung von Freiheit und Gleichheit. Man unterscheidet zwischen drei Gewalten, nämlich der Gesetzgebung (Legislative), der ausführenden Gewalt (Exekutive) und der Rechtsprechung (Judikative).

383. Wann beginnt die Rechtsfähigkeit eines Menschen?
  A. Mit der Volljährigkeit
  B. Mit Vollendung des 7. Lebensjahres
  C. Mit Vollendung des 16. Lebensjahres
  D. Mit der Vollendung der Geburt
  E. Keine Antwort ist richtig.

Antwort: **D**

Rechtsfähigkeit bedeutet die Fähigkeit, Träger von Rechten und Pflichten zu sein und ist Ausdruck der personalen Würde des Menschen. Die Rechtsfähigkeit beginnt mit der Geburt und endet mit dem Tod. Die Geburt ist mit dem vollständigen Austritt des Kindes aus dem Mutterkörper vollendet, wobei es nicht auf die Lösung der Nabelschnur ankommt. Die verbreitete Rechtsmeinung ist, dass die Beendigung der Rechtsfähigkeit mit Eintreten des Hirntodes erfolgt.

Allgemeinwissen: Recht und Grundgesetz

384. Was bedeutet der Begriff „Tarifautonomie"?

A. Freie Vereinbarung der Tarifvertragsparteien

B. Freie Vereinbarung der Belegschaft über Löhne und Gehälter

C. Freie Entscheidung der Arbeitgeberverbände

D. Freie Entscheidung der Gewerkschaften

E. Keine Antwort ist richtig.

Antwort: **A**

Die Tarifautonomie garantiert, dass ein Tarifvertrag unabhängig von staatlichen Eingriffen durch die Tarifvertragsparteien, die Gewerkschaften und Arbeitgeberverbände, vereinbart wird. Doch sind den Tarifparteien durch die Gesetzgebung gewisse Rahmenbedingungen vorgegeben, innerhalb derer Tarifverträge ausgehandelt werden können.

---

385. Was bedeutet die Abkürzung „AGB"?

A. Allgemeine Geschäftsbestimmungen

B. Allgemeine Geschäftsbedingungen

C. Aktiengesetzbuch

D. Aktiengesetzbestimmungen

E. Keine Antwort ist richtig.

Antwort: **B**

Die allgemeinen Geschäftsbedingungen (AGB) sind für eine Vielzahl von Verträgen vorformulierte Vertragsbedingungen, die eine Vertragspartei (der Verwender) der anderen Vertragspartei bei Abschluss eines Vertrages stellt, z. B. als Zahlungs- oder Lieferbedingungen. Es ist gleichgültig, ob die Bestimmungen einen äußerlich gesonderten Bestandteil des Vertrags bilden, das was umgangssprachlich „das Kleingedruckte" genannt wird, oder in die Vertragsurkunde selbst aufgenommen werden. Der Verwender muss ausdrücklich auf die AGB hinweisen und die Möglichkeit zur Kenntnisnahme bieten, damit sie Vertragsbestandteil werden können. Zudem muss die andere Vertragspartei mit der Geltung einverstanden sein.

---

386. Mit wie vielen Jahren erhält man das aktive Wahlrecht?

A. Mit Vollendung des 7. Lebensjahres

B. Mit Vollendung des 16. Lebensjahres

C. Mit Vollendung des 18. Lebensjahres

D. Mit Vollendung des 21. Lebensjahres

E. Keine Antwort ist richtig.

Antwort: **C**

Aktives Wahlrecht bedeutet, dass man als Wähler an einer Wahl teilnehmen darf. In Deutschland dürfen alle Deutschen, die am Wahltag das 18. Lebensjahr vollendet haben, an den Wahlen teilnehmen. Daneben gibt es das passive Wahlrecht, das den Bürgern das Recht gibt, gewählt werden zu können.

---

387. Was wird im rechtlichen Sinne unter „Eigentum" verstanden?

A. Der Besitz eines Gegenstandes

B. Die tatsächliche Herrschaft über einen Gegenstand

C. Die rechtliche Verfügungsgewalt über eine Sache

D. Die tatsächliche Verfügungsgewalt über eine Sache

E. Keine Antwort ist richtig.

Antwort: **C**

AUSBILDUNGSPark | 127

Prüfung · Teil 2

Als Eigentum im rechtlichen Sinne (§§ 903 ff. BGB) wird die rechtliche Verfügungsgewalt über eine Sache bezeichnet, während mit Besitz (§§ 854 ff. BGB) die tatsächliche Gewalt über eine Sache gemeint ist.

---

388. Wer ist an einem Zivilprozess nicht beteiligt?

- A. Kläger
- B. Beklagter
- C. Zeugen
- D. Staatsanwaltschaft
- E. Keine Antwort ist richtig.

Antwort: **D**

Im Zivilprozess geht es um Rechtsstreitigkeiten zwischen gleichrangigen Rechtssubjekten – Bürgern, Privatpersonen. Der Sachverhalt im Zivilprozess wird nicht von Staatswegen ermittelt, sondern das Gericht bewertet, was die gleichrangigen Parteien, in der Regel Kläger und Beklagter, vorbringen. Die Staatsanwaltschaft ist nur im Strafrecht die „Herrin des Ermittlungsverfahrens", welches ein Teil des Öffentlichen Rechts ist. Hier ermittelt sie den Sachverhalt und Fakten, die den Betroffenen be- oder auch entlasten können. Somit hat die Staatsanwaltschaft, in ihrer Funktion als solche, nichts mit dem Zivilprozess zu tun.

---

389. Welche Pflichten ergeben sich aus einem Kaufvertrag für den Käufer?

- A. Eigentumsübertragung an der Kaufsache
- B. Übergabe der Kaufsache
- C. Bezahlung des Kaufpreises
- D. Erstellung eines Kaufvertrages
- E. Keine Antwort ist richtig.

Antwort: **C**

Der Kaufvertrag verpflichtet nach § 433 II BGB den Käufer zur Bezahlung des Kaufpreises und Abnahme der Kaufsache.

---

390. Welche Pflichten ergeben sich aus einem Kaufvertrag für den Verkäufer?

- A. Bezahlung des Kaufpreises
- B. Übergabe der Kaufsache
- C. Abnahme der Kaufsache
- D. Erstellung eines Kaufvertrages
- E. Keine Antwort ist richtig.

Antwort: **B**

Der Verkäufer wird nach § 433 I BGB verpflichtet, dem Käufer die Sache zu übergeben und daran das Eigentum, frei von Sach- oder Rechtsmängeln, zu verschaffen.

Allgemeinwissen: Staatsbürgerliche Kunde

Allgemeinwissen

Staatsbürgerliche Kunde

391. Wer debattiert und verabschiedet den Bundeshaushalt in Deutschland?

    A. Bundesversammlung

    B. Bundestag

    C. Bundesrat

    D. Bundesminister

    E. Keine Antwort ist richtig.

Antwort: **B**

Der Finanzminister legt jährlich einen Haushaltsentwurf vor, der vom Bundestag ohne Zustimmung des Bundesrates beschlossen wird. Die Debatte über den Haushalt ist traditionell eine Generaldebatte über die Politik der Bundesregierung. Die Opposition nutzt diese Gelegenheit, der Bundesregierung Mängel und Fehler vorzuwerfen und der Öffentlichkeit aufzuzeigen; die Regierung verteidigt sich ihrerseits mit Angriffen auf die Opposition.

392. Wer wählt in Deutschland den Bundeskanzler?

    A. Das Volk

    B. Die Minister

    C. Der Bundestag

    D. Der Bundespräsident

    E. Keine Antwort ist richtig.

Antwort: **C**

Der Bundeskanzler wird bei der Erstwahl vom Bundespräsidenten vorgeschlagen und vom Bundestag gewählt. Er wird vom Bundespräsidenten nach der Wahl im Bundestag zum Bundeskanzler ernannt.

393. Wer bestimmt in Deutschland die Minister und Richtlinien der Politik?

    A. Der Bundeskanzler

    B. Der Bundespräsident

    C. Der Bundestag

    D. Der Bundesrat

    E. Keine Antwort ist richtig.

Antwort: **A**

Der Bundespräsident ist zwar das Staatsoberhaupt der Bundesrepublik Deutschland, doch ist der Bundeskanzler faktisch der mächtigste deutsche Politiker und bestimmt so die Richtlinien der Politik und sein Kabinett, das allerdings vom Bundespräsidenten ernannt werden muss.

394. Was bedeutet die Abkürzung „BfA"?

    A. Bundesanstalt für Arbeit

    B. Bundesversicherungsanstalt für Angestellte

    C. Bundesanstalt für Angestellte

    D. Beiträge für Angestellte

    E. Keine Antwort ist richtig.

Antwort: **B**

Prüfung · Teil 2

Die Bundesversicherungsanstalt für Angestellte (BfA) war als eine Körperschaft des öffentlichen Rechts die größte Trägerin der gesetzlichen Rentenversicherung in Deutschland und einer der größten Sozialleistungsträger Europas. Am 1. Oktober 2005 wurde sie per Gesetz in die Deutsche Rentenversicherung überführt, die unter dem neuen Namen Deutsche Rentenversicherung Bund fungiert.

395. Welche Aussage zum Generationenvertrag ist richtig?

- A. Er beruht auf dem Umlageverfahren.
- B. Die heutigen Beitragszahler erhalten im Rentenalter die gleichen Beiträge zurück.
- C. Die gesetzliche Rentenversicherung muss von der Industrie gestützt werden.
- D. Die gesetzliche Rentenversicherung muss von privaten Investoren gestützt werden.
- E. Keine Antwort ist richtig.

Antwort: **A**

Der Generationenvertrag ist ein Umlageverfahren zur Finanzierung der Renten. Die junge, arbeitende Generation finanziert durch ihre Beiträge die laufenden Renten der älteren Generation und erwartet, dass ihre Rente später durch die Beiträge der kommenden Generation bezahlt wird. Aufgrund der niedrigen Geburtenrate in Deutschland stehen die mit dem Generationenvertrag arbeitende Rentenversicherungen vor einem zunehmenden Finanzierungsproblem.

396. Welche Wirtschaftsordnung hat die Bundesrepublik Deutschland?

- A. Zentralverwaltungswirtschaft
- B. Zentralplanwirtschaft
- C. Freie Marktwirtschaft
- D. Soziale Marktwirtschaft
- E. Keine Antwort ist richtig.

Antwort: **D**

In der Sozialen Marktwirtschaft fällt dem Staat die Rolle zu, auf sozialen Ausgleich hinzuwirken. Die Soziale Marktwirtschaft gilt heute als Grundlage der deutschen Wirtschafts- und Sozialordnung. Das Modell wurde von Ludwig Erhard entworfen und baut auf Elementen der freien Marktwirtschaft auf, wird jedoch durch wettbewerbspolitische und regulierende Maßnahmen des Staats ergänzt.

397. Was bedeutet „Fraktion" in der Politik?

- A. Zusammenschluss von Abgeordneten
- B. Eine andere Bezeichnung für Regierung
- C. Eine andere Bezeichnung für Opposition
- D. Die Mehrheit im Bundestag
- E. Keine Antwort ist richtig.

Antwort: **A**

„Fraktion" nennt man einen freiwilligen Zusammenschluss von Abgeordneten zur Durchsetzung ihrer politischen Interessen und Ziele in einem Parlament. In der Regel bilden die jeweiligen Parteien jeweils eine Fraktion.

Allgemeinwissen: Staatsbürgerliche Kunde

398. Wessen Interessen werden in der Kommunalpolitik vertreten?

- A. Bund
- B. Bundesländer
- C. Europäische Gemeinschaft
- D. Landkreis und Gemeinde
- E. Keine Antwort ist richtig.

Antwort: **D**

Die politische Arbeit in Kommunen, den Städten und Landkreisen, wird als Kommunalpolitik bezeichnet. Das Recht auf kommunale Selbstverwaltung wird den Städten und Gemeinden der Bundesrepublik Deutschland vom Grundgesetz garantiert. Danach können sie ihre Angelegenheiten im Rahmen der Gesetze eigenverantwortlich regeln. Zu diesem Zweck wählen volljährige Deutsche und EU-Staatsbürger in ihren Gemeinden das Kommunalparlament und den Bürgermeister bzw. den Landrat. Die Art der kommunalen Selbstverwaltung und die zu wählenden Organe sind auf Länderebene in den Kommunalverfassungen und Gemeindeordnungen geregelt, die in den einzelnen Bundesländern unterschiedlich sind.

399. Wie ist die Bundesversammlung zusammengesetzt?

- A. Ausschließlich aus Mitgliedern des Bundestages
- B. Ausschließlich aus Vertretern der Länder
- C. Aus Mitgliedern des Bundestages und Vertretern der Länder
- D. Ausschließlich aus Politikern
- E. Keine Antwort ist richtig.

Antwort: **C**

Die Bundesversammlung besteht aus den Mitgliedern des Bundestages und den Abgesandten der Landesparlamente. Sie wird vom Bundestagspräsidenten einberufen und ihre einzige Aufgabe besteht in der Wahl des Bundespräsidenten.

400. Was ist das Bruttonationaleinkommen?

- A. Die Summe aller erbrachten Leistungen, Güter und Dienstleistungen einer Volkswirtschaft in einem Jahr, zur letzten Verwendung
- B. Die Differenz aller erbrachten Leistungen, Güter und Dienstleistungen in einem Jahr, einer Volkswirtschaft zum Vorjahr
- C. Die Differenz aller erbrachten Leistungen, Güter und Dienstleistungen in einem Jahr, der Weltwirtschaft zum Vorjahr
- D. Die Summe aller erbrachten Leistungen, Güter und Dienstleistungen in einem Jahr, der Weltwirtschaft zur letzten Verwendung
- E. Keine Antwort ist richtig.

Antwort: **A**

Das Bruttonationaleinkommen, das früher als Bruttosozialprodukt bezeichnet wurde, ist der Wert der Endprodukte und Dienstleistungen, die in einer bestimmten Periode durch Produktionsfaktoren, die sich im Eigentum von Inländern befinden, produziert werden. Unabhängig davon, ob sich die Produktion im In- oder Ausland befindet.

AUSBILDUNGSPark | 131

Prüfung · Teil 2

Allgemeinwissen

Interkulturelles Wissen

401. Auf welchem Kontinent leben die meisten Menschen?
- A. Afrika
- B. Asien
- C. Südamerika
- D. Europa
- E. Keine Antwort ist richtig.

Antwort: **B**

Asien (rund 4,1 Mrd. Einwohner) ist richtig – immerhin liegen hier mit China (1,3 Mrd.) und Indien (1,2 Mrd.) die bevölkerungsreichsten Länder der Erde. Auf Rang 2 kommt Afrika mit rund einer Milliarde Menschen, gefolgt von Europa (740 Mio.), Nordamerika (530 Mio.), Südamerika (390 Mio.) und zu guter Letzt Australien/Ozeanien (36 Mio.).

402. Großbritannien, Schweden, Spanien und Japan sind …?
- A. Mitglieder der NATO.
- B. Einparteiensysteme.
- C. konstitutionelle Monarchien.
- D. ständige Mitglieder des UN-Sicherheitsrats.
- E. Keine Antwort ist richtig.

Antwort: **C**

Die konstitutionelle Monarchie ist eine Staats- und Regierungsform, in der die Macht eines Monarchen durch eine Verfassung beschränkt und reguliert wird. Weltweit sind gut ein Dutzend Staaten konstitutionell-monarchisch verfasst – darunter Großbritannien, Schweden, Spanien und Japan. Schweden und Japan sind keine Mitglieder der NATO, und nur Großbritannien hat einen ständigen Sitz im UN-Sicherheitsrat inne.

403. Der Ramadan …?
- A. ist der islamische Fastenmonat.
- B. ist das jüdische Neujahrsfest.
- C. ist das buddhistische Weihnachtsfest.
- D. ist das hinduistische Osterfest.
- E. Keine Antwort ist richtig.

Antwort: **A**

Der Ramadan ist der islamische Fastenmonat. Während der Fastenzeit essen und trinken gläubige Muslime nur von Sonnenuntergang bis Sonnenaufgang.

404. Der größte Teil der Bevölkerung Israels ist …?
- A. muslimisch.
- B. jüdisch.
- C. christlich.
- D. konfessionslos.
- E. Keine Antwort ist richtig.

Antwort: **B**

www.ausbildungspark.com

Allgemeinwissen: Interkulturelles Wissen

Die demokratisch-parlamentarische Republik Israel wurde erst 1948 gegründet, beruft sich jedoch auf eine viertausend Jahre alte jüdische Tradition. Nach den Erfahrungen des Holocausts beschloss die Regierung 1950 das „Rückkehrgesetz", demzufolge jeder Jude, gleich welcher Herkunft, die israelische Staatsbürgerschaft erwerben kann. Gut 75 Prozent der israelischen Bevölkerung sind Juden, 15 Prozent sind Muslime und 2 Prozent Christen.

405. Das Wort „Wodka" stammt aus dem Slawischen und bedeutet übersetzt …

- A. Wässerchen.
- B. Schnaps.
- C. Schluck.
- D. Alkohol.
- E. Keine Antwort ist richtig.

Antwort: **A**

Wodka ist farblos und annähernd geschmacksneutral. Das slawische *vodka* ist die Verkleinerungsform von *voda*, das „Wasser" bedeutet.

406. „Freiheit, Gleichheit, Brüderlichkeit" ist der Wahlspruch …?

- A. Österreichs.
- B. Schwedens.
- C. Frankreichs.
- D. Russlands.
- E. Keine Antwort ist richtig.

Antwort: **C**

„Freiheit, Gleichheit, Brüderlichkeit" (französisch: *Liberté, Égalité, Fraternité*) wurde im Nachhinein zur Parole der Französischen Revolution von 1789 erklärt und nach dem Zweiten Weltkrieg in die Verfassung aufgenommen. Der Wahlspruch ist als Teil des nationalen französischen Erbes heute auf vielen öffentlichen Gebäuden sowie auf Münzen und Briefmarken zu finden.

407. In welchem Land ist die Trennung von Religion und Staat in der Verfassung verankert?

- A. Deutschland
- B. Türkei
- C. Schweiz
- D. Iran
- E. Keine Antwort ist richtig.

Antwort: **B**

Die türkische Verfassung schreibt eine strenge Trennung von Religion und Staat vor, die jedoch faktisch als staatliche Kontrolle über die Religion ausgeübt wird, indem islamische Rechtsgelehrte, Vorbeter etc. vom Staat ausgebildet werden. Grundsätzlich gilt Glaubensfreiheit für das Individuum, die privilegierte Religion ist jedoch der sunnitische Staatsislam. Das deutsche Grundgesetz garantiert zwar Religionsfreiheit, formuliert aber ein eher partnerschaftliches Verhältnis von Staat und (christlichen) Kirchen. In der Schweiz wird diese Beziehung je nach Kanton unterschiedlich ausgestaltet, die Verfassung setzt sich ein religiöses Bekenntnis „im Namen Gottes des Allmächtigen" voran. Die Islamische Republik Iran schließlich steht politisch und gesellschaftlich auf einem religiösen Fundament.

AUSBILDUNGSPark | 133

Prüfung · Teil 2

408. Die berühmte französische Chemikerin und Physikerin Marie Curie stammte aus …?
   A. Deutschland.
   B. Madeira.
   C. Norwegen.
   D. Polen.
   E. Keine Antwort ist richtig.

Antwort: **D**

Marie Curie (1867–1934) wurde im damals zu Russland gehörigen Teil Polens geboren und ging nach Paris, weil in ihrer Heimat Frauen nicht studieren konnten. Sie erhielt 1903 gemeinsam mit Henri Becquerel den Nobelpreis für Physik und 1911 den Nobelpreis für Chemie.

409. Die Paella ist …?
   A. das portugiesische Parlament.
   B. ein französisches Gebirge.
   C. ein spanisches Nationalgericht.
   D. ein belgisches Volksfest.
   E. Keine Antwort ist richtig.

Antwort: **C**

Die Paella ist ein spanisches Reisgericht, das ursprünglich aus der Region um Valencia stammt und zum Nationalgericht avanciert ist. Die Grundzutat der Paella, der Reis, wird in der Pfanne mit regional unterschiedlichen Zutaten (Fleisch, Fisch, Meeresfrüchte) zubereitet.

410. Bunte Haare, große Augen – charakteristische Figurenmerkmale in japanischen Comics, den so genannten …?
   A. Makis.
   B. Fugus.
   C. Tangos.
   D. Mangas.
   E. Keine Antwort ist richtig.

Antwort: **D**

Auffällige Haare und große Augen sind häufige Stilmittel des modernen Mangas, des japanischen Comics, der mittlerweile auch in Deutschland populär geworden ist. Der Jahresumsatz im Manga-Genre beläuft sich hierzulande auf rund 70 Millionen Euro.

Allgemeinwissen: Physik, Chemie und Biologie

Allgemeinwissen

Physik, Chemie und Biologie

411. Ist die Schallgeschwindigkeit wetterabhängig?

A. Nein, der Schall pflanzt sich immer gleich schnell fort.

B. Ja, er pflanzt sich in warmer Luft schneller fort als bei Kälte.

C. Ja, er pflanzt sich in kalter Luft schneller fort als bei Wärme.

D. Ja, er pflanzt sich bei Eis und Schnee schneller fort als im Sommer.

E. Keine Antwort ist richtig.

Antwort: **B**

Die Schallgeschwindigkeit ist tatsächlich nicht immer gleich. Bei sommerlichen 30 °C kommt der Schall mit rund 349,2 Metern pro Sekunde voran, bei Temperaturen um den Gefrierpunkt beträgt seine Geschwindigkeit nur noch 331,5 Meter pro Sekunde.

---

412. Füllt man einen Plastikbecher zur Hälfte mit Wasser und taucht ihn anschließend in ein Wasserbecken: Wie tief taucht der Becher ungefähr ein?

A. Der Becher geht unter.

B. Der Becher taucht bis zu einem Drittel unter.

C. Der Becher taucht fast vollständig unter.

D. Der Becher taucht bis zur Hälfte unter.

E. Keine Antwort ist richtig.

Antwort: **D**

Ein getauchter Körper verdrängt stets so viel Wasser, dass die Masse des verdrängten Wassers seiner eigenen Masse entspricht (solange das Volumen des zu verdrängenden Wassers nicht größer wäre als das Eigenvolumen des Körpers). Ein zur Hälfte mit Wasser gefüllter Plastikbecher verdrängt dementsprechend genau so viel Wasser, wie er beinhaltet: Er taucht so weit ein, bis sich der Wasserspiegel innerhalb des Bechers und der Wasserspiegel des Beckens auf einer Ebene befinden. Also bis zur Hälfte.

---

413. Was sind Ionen?

A. Atome eines chemischen Elements aus der Gruppe der Actinoide

B. Elektrisch geladene Atome oder Moleküle

C. Teilchen, die keine Elektrizität leiten

D. Ionen sind Elektronen

E. Keine Antwort ist richtig.

Antwort: **B**

Atome oder Moleküle besitzen im neutralen Zustand genau so viele Protonen wie Elektronen. Verliert oder gewinnt nun ein Atom bzw. Molekül ein oder mehrere Elektronen gegenüber dem Normalzustand, entsteht eine elektrische Ladung und somit ein Ion: Bei Elektronenmangel ist dieses Ion positiv, bei Elektronenüberschuss negativ geladen.

AUSBILDUNGSPark | 135

Prüfung · Teil 2

414. Mithilfe des Sonnenlichts wird bei der Fotosynthese …?
   A. Wasser in Sauerstoff und Kohlendioxid umgewandelt.
   B. Wasser und Kohlendioxid in Stickstoff und Glucose umgewandelt.
   C. Wasser und Kohlendioxid in Sauerstoff und Glucose umgewandelt.
   D. Kohlendioxid in Wasser umgewandelt.
   E. Keine Antwort ist richtig.

Antwort: **C**

Die vereinfachte formale Gleichung der Fotosynthese lautet:

$6\,CO_2 + 6\,H_2O + Lichtenergie \rightarrow C_6H_{12}O_6 + 6\,O_2$

Aus Kohlen(stoff)dioxid und Wasser entstehen durch die Einwirkung von Lichtenergie Glucose und Sauerstoff.

---

415. Welches Element ist der Grundstoff vieler Düngemittel?
   A. Sauerstoff
   B. Kohlenstoff
   C. Stickstoff
   D. Schwefel
   E. Keine Antwort ist richtig.

Antwort: **C**

Stickstoff treibt die Pflanzenentwicklung an und gilt als wichtigste Düngerform.

---

416. Womit atmen Fische?
   A. Mit Wasserlungen
   B. Mit punktförmigen Organen unterhalb ihrer Schuppen
   C. Mit den Kiemen
   D. Mit speziellen Auswachsungen an den Flossen
   E. Keine Antwort ist richtig.

Antwort: **C**

Durch die Kiemenatmung können Fische den im Wasser gelösten Sauerstoff aufnehmen. Aber auch manche Landlebewesen (z. B. Würmer, Krebse, Amphibienlarven, Muscheln, Schnecken) verfügen über Kiemen. Bei Würmern und Krebsen sitzen die Kiemen an ihren Extremitäten, bei manchen Muscheln und Wasserschnecken in einer „Mantelhöhle" genannten Hautfalte, Fische besitzen Kiemenspalten im Vorderdarm.

---

417. Wofür sind die weißen Blutkörperchen zuständig?
   A. Sauerstofftransport im Blut
   B. Abwehr von Krankheitserregern
   C. Schnelle Blutgerinnung
   D. Transport von Nährstoffen
   E. Keine Antwort ist richtig.

Antwort: **B**

Weiße Blutkörperchen (Leukozyten) sind Teil der Immunabwehr und finden sich im Blut, im Rücken- und Knochenmark sowie in anderen Gewebeteilen. Ihre Hauptaufgabe liegt in der Abwehr von Krankheitserregern.

Allgemeinwissen: Physik, Chemie und Biologie

418. Was löst den Muskelkater aus?
   A. Schlechte Sauerstoffversorgung der Muskeln
   B. Überstreckung der Muskelfasern durch zu schnelle Bewegungen
   C. In kleine Geweberisse eindringendes Wasser
   D. Zu wenig Flüssigkeitsnachschub beim Sport
   E. Keine Antwort ist richtig.

Antwort: **C**

Durch Überbelastung können im Muskelgewebe kleine Risse auftreten, in die nach und nach Wasser einsickert. Dadurch wird das Gewebe gedehnt, die Dehnungsschmerzen nehmen wir als Muskelkater wahr. Die früher populäre Ansicht, der Muskelkater werde durch schlechte Sauerstoffversorgung und daraus resultierende Übersäuerung der Muskeln hervorgerufen, wird heute nicht mehr vertreten.

419. Ein Schluckauf ist …?
   A. Ein Magenkrampf.
   B. Eine Lungenflügelklemmung.
   C. Eine Luftröhrenreizung.
   D. Eine Kontraktion des Zwerchfells.
   E. Keine Antwort ist richtig.

Antwort: **D**

Ein Schluckauf ist eine ruckartige Kontraktion des Zwerchfells. Bei Ungeborenen, Babys und Kleinkindern ist er ein wichtiger Reflex, um die Atemwege vor eindringender Flüssigkeit zu schützen. Bei Jugendlichen und Erwachsenen wird er oft durch hastiges, scharfes, kaltes oder heißes Essen ausgelöst, kann aber auch krankheitsbedingte Ursachen haben.

420. Wie hoch ist der Anteil der zugeführten Energie, die nicht energiesparende Glühlampen in sichtbares Licht umsetzen?
   A. Etwa 5 Prozent
   B. Etwa 10 Prozent
   C. Etwa 20 Prozent
   D. Etwa 50 Prozent
   E. Keine Antwort ist richtig.

Antwort: **A**

Eine nicht energiesparende Glühlampe setzt nur etwa 5 Prozent der zugeführten elektrischen Leistung in sichtbares Licht um. Der Rest wird in Wärmestrahlung umgewandelt. Die Lichtausbeute bei Energiesparlampen (kompakte Leuchtstofflampen) liegt bei etwa 25 Prozent.

Prüfung · Teil 2

Allgemeinwissen

Kunst, Musik und Literatur

421. Welche Musikinstrumente werden von der Firma Steinway produziert?

   A. Klavier
   B. Geige
   C. Akkordeon
   D. Harfe
   E. Keine Antwort ist richtig.

Antwort: **A**

Die Firma Steinway & Sons wurde 1853 von dem deutschen Auswanderer Henry Steinway und seinen Söhnen als Familienunternehmen gegründet. Die Familie entwickelte zahlreiche neue Techniken und Patente, die den Erfolg des Unternehmens begründeten. Jährlich werden etwa 600 Klaviere und 3.000 Flügel an den Produktionsorten in New York und Hamburg gefertigt.

422. Welches ist kein Saiteninstrument?

   A. Oboe
   B. Bratsche
   C. Gitarre
   D. Cello
   E. Keine Antwort ist richtig.

Antwort: **A**

Die Oboe ist ein Holzblasinstrument mit Doppelrohrblatt. Vorläufer dieses Instruments gab es schon um 3000 v. Chr., die heutige Form wurde im 19. Jahrhundert entwickelt. In der klassischen Musik hat die Oboe neben Flöte und Fagott seit dem Barock ihren festen Platz im Orchester und als Soloinstrument. Komponisten, die bedeutende Oboenkonzerte verfaßt haben, sind Johann Sebastian Bach, Wolfgang Amadeus Mozart, Robert Schumann, Joseph Haydn und Richard Strauss. Außerhalb der klassischen Musik findet die Oboe vor allem im Jazz Verwendung.

423. In welchem Stil ist der Kölner Dom gebaut?

   A. Romantik
   B. Renaissance
   C. Gotik
   D. Barock
   E. Keine Antwort ist richtig.

Antwort: **C**

Der Kölner Dom ist nach dem Ulmer Münster die zweithöchste Kirche Europas. Der Bau wurde im 13. Jahrhundert begonnen und erst 1880 fertig gestellt. Im Zweiten Weltkrieg wurde der Dom durch Bombentreffer stark beschädigt. Er gilt heute als Weltkulturerbe. Die Gotik entstand im 12. Jahrhundert und war geprägt von dem Bemühen, die christliche Ideenwelt darzustellen. In der Kunst spielten Symbol und Allegorie eine wichtige Rolle, das zentrale Element gotischer Baukunst ist der Spitzbogen.

Allgemeinwissen: Kunst, Musik und Literatur

424. Von wem ist das weltberühmte Gemälde „Das Lächeln der Gioconda"?
- **A.** Claude Monet
- **B.** Michelangelo
- **C.** Leonardo da Vinci
- **D.** Edvard Munch
- **E.** Keine Antwort ist richtig.

Antwort: **C**

Leonardo da Vinci (1452–1519) porträtierte zwischen 1502 und 1505 die Frau mit dem geheimnisvollen Lächeln, die heute als „Mona Lisa" bekannt ist. Sie war die dritte Frau eines Florentiner Kaufmanns. Leonardo war nicht nur Maler, sondern auch Bildhauer, Architekt, Anatom, Mechaniker, Ingenieur und Naturphilosoph. Er schuf neben einer großen Menge von Kunstwerken unzählige Entwürfe für Kunstgegenstände, Gebäude und Maschinen. Aufgrund seiner vielfältigen Interessen und Talente gilt Leonardo heute als eines der außergewöhnlichsten Genies aller Zeiten.

425. Wer schrieb den Roman „Farm der Tiere"?
- **A.** Aldous Huxley
- **B.** George Orwell
- **C.** Roald Dahl
- **D.** Mark Twain
- **E.** Keine Antwort ist richtig.

Antwort: **B**

George Orwells Roman „Farm der Tiere" erschien 1945 und wird oft als Anspielung auf die Entwicklung der Sowjetunion gelesen. Die Tiere einer Farm verjagen den Bauern, der sie schlecht behandelt, und beschließen, sich von nun an selbst zu versorgen und demokratisch zu organisieren. Allerdings übernehmen die Schweine nach und nach die Alleinherrschaft und beuten die anderen Tiere aus. Der Roman wurde inzwischen vertont und verfilmt, teils mit starker antikommunistischer Konnotation.

426. Welches Musikstück machte Maurice Ravel einem breiten Publikum bekannt?
- **A.** Badinerie
- **B.** Halleluja
- **C.** Valse d'été
- **D.** Boléro
- **E.** Keine Antwort ist richtig.

Antwort: **D**

Maurice Ravel (1875–1937), französischer Komponist, war einer der Hauptvertreter des Impressionismus. Ravel machte sich bereits zu Lebzeiten einen Namen als Komponist, schrieb zunächst Klavierstücke und Lieder, später auch größere Orchesterwerke. Den „Boléro", ein Ballett, schrieb er 1928 im Auftrag für die russische Tänzerin Ida Rubinstein. Ravel arbeitete sehr sorgfältig, so dass sich seine Werke sämtlich durch große Genauigkeit auszeichnen.

427. Welches russische Zupfinstrument zeichnet sich durch seinen dreieckigen Klangkörper aus?
- **A.** Cembalo
- **B.** Moskauer Gitarre
- **C.** Balalaika
- **D.** Zither
- **E.** Keine Antwort ist richtig.

AUSBILDUNGSPark | 139

Prüfung · Teil 2

Antwort: **C**

Die Balalaika ist in Deutschland vor allem als Instrument der russischen Volksmusik bekannt, hat aber durchaus ihren festen Platz in russischen Orchestern. Sie hat nur drei Saiten, von denen zwei gleich gestimmt sind, kann aber erstaunlich vielfältige Klänge hervorbringen. Nachdem sie eine Zeit lang in Vergessenheit geraten war, wurde sie Ende des 19. Jahrhunderts von Wasilij Andrejew weiterentwickelt und wieder bekannt gemacht. Inzwischen gibt es die Balalaika in sechs verschiedenen Größen.

---

428. Zu welchem künstlerischen Stil rechnet man Salvador Dalí und René Magritte?

- **A.** Surrealismus
- **B.** Impressionismus
- **C.** Expressionismus
- **D.** Realismus
- **E.** Keine Antwort ist richtig.

Antwort: **A**

Der Surrealismus ist eine literarische und künstlerische Bewegung, die um 1920 in Paris entstand. Die Surrealisten thematisierten Unwirkliches und Traumhaftes und versuchten zum Teil, Kunst in rauschhaften Zuständen unter Ausschluss des Bewusstseins zu produzieren. Der spanische Maler Salvador Dalí (1904–1989) ist einer der Hauptvertreter des Surrealismus, René Magritte (1898–1967) gilt als einer der wichtigsten surrealistischen Künstler Belgiens.

---

429. Wo ist Michelangelos berühmtes Wandbild „Das jüngste Gericht" zu sehen?

- **A.** Sixtinische Kapelle
- **B.** Kölner Dom
- **C.** Louvre
- **D.** Kathedrale von Sankt Petersburg
- **E.** Keine Antwort ist richtig.

Antwort: **A**

Die Sixtinische Kapelle im Vatikan wurde zwischen 1475 und 1483 unter Papst Sixtus IV. erbaut und nach ihm benannt. In ihr sind mehrere weltberühmte Gemälde zu sehen. In der Sixtinischen Kapelle wird auch das Konklave (Papstwahl) abgehalten. Michelangelos Altargemälde entstand unter Papst Clemens VII. zwischen 1535 und 1541. Es ist über 200 m² groß und enthält etwa 390 zum Teil überlebensgroße Figuren. Michelangelo, Maler und Bildhauer, lebte von 1475–1564.

---

430. Welche Kinderbuchfigur schuf der Schriftsteller Carlo Collodi?

- **A.** Urmel aus dem Eis
- **B.** Pinocchio
- **C.** Der kleine Vampir
- **D.** Winnie Puh
- **E.** Keine Antwort ist richtig.

Antwort: **B**

„Die Abenteuer des Pinocchio" ist das weltberühmte Kinderbuch des italienischen Schriftstellers und Journalisten Carlo Collodi (1826–1890). Die Geschichten um die Holzpuppe Pinocchio erschienen zunächst als Fortsetzungsgeschichten in einer italienischen Wochenzeitung, bevor sie aufgrund ihrer großen Beliebtheit 1883 zu einem Roman verarbeitet wurden. Pinocchio möchte gern ein richtiger Junge aus Fleisch und Blut werden, muss dafür aber brav sein. Er erliegt verschiedenen Versuchungen und erlebt einige Abenteuer, bevor sich sein Wunsch schließlich erfüllt.

Allgemeinwissen: Persönlichkeiten, Erfindungen, Entdeckungen

Allgemeinwissen

Persönlichkeiten, Erfindungen, Entdeckungen

431. Benjamin Franklin war einer der Gründerväter der USA und erfand ...?

    A. das Mikroskop.

    B. den Hamburger.

    C. die Gleitsichtbrille.

    D. den Blitzableiter.

    E. Keine Antwort ist richtig.

Antwort: **D**

Benjamin Franklin (1706–1790), war Verleger, Staatsmann, Schriftsteller, Naturwissenschaftler, Erfinder und Naturphilosoph. Er war an der Konzeption der amerikanischen Unabhängigkeitserklärung (1776) beteiligt und entwickelte tatsächlich auch einen Brillentyp, nämlich die Bifokalbrille mit zwei verschiedenen Linsen pro Brillenglas. Bifokalbrillen wurden seit der Mitte des 20. Jahrhunderts durch Gleitsichtbrillen verdrängt, die stufenlose Übergänge zwischen Nah- und Weitsicht möglich machen. Dagegen ist Franklins 1752 gemachte Erfindung des Blitzableiters nach wie vor nützlich.

432. Einer der Anführer der Studentenproteste gegen Ende der 60er Jahre war ...?

    A. Karl Liebknecht.

    B. Kurt Georg Kiesinger.

    C. Rudi Dutschke.

    D. Ernst Bloch.

    E. Keine Antwort ist richtig.

Antwort: **C**

Rudi Dutschke (1940–1979), Mitglied des Sozialistischen Deutschen Studentenbundes (SDS), gilt als bekanntester Wortführer der Studentenbewegung in Westberlin und Westdeutschland Ende der 60er Jahre. Bei einem Attentat schoss 1968 der junge Hilfsarbeiter Josef Bachmann auf Dutschke und verletzte ihn schwer. An den Spätfolgen des Anschlags starb er elf Jahre später.

433. Wer gründete das Rote Kreuz?

    A. Florence Nightingale

    B. Sir Walter Cross

    C. Mutter Teresa

    D. Henri Dunant

    E. Keine Antwort ist richtig.

Antwort: **D**

Henri Dunant rief 1863 mit vier weiteren Schweizer Bürgern in seiner Heimatstadt Genf das „Internationale Komitee der Hilfsgesellschaften für die Verwundetenpflege" ins Leben, das 1876 in „Internationales Komitee vom Roten Kreuz" (IKRK) umbenannt wurde.

AUSBILDUNGSpark | 141

Prüfung · Teil 2

434. Politikreformen unter den Schlagworten „Glasnost" und „Perestroika" initiierte welcher sowjetische Politiker?

A. Leonid Breschnew
B. Georgij Abrassimow
C. Michail Gorbatschow
D. Andrej Tschernenko
E. Keine Antwort ist richtig.

Antwort: **C**

„Glasnost" (Öffnung) und „Perestroika" (Umbau) waren die zwei bekannten Schlagworte der Reformpolitik Michail Gorbatschows, durch die dieser seit Mitte der 1980er die sowjetische Politik, Wirtschaft und Gesellschaft modernisieren wollte. Die Reformen konnten den Verfall der Sowjetunion jedoch nicht aufhalten, zum Teil beschleunigten sie ihn auch. Die UdSSR hörte 1991 auf zu existieren.

435. Der erste schwarze Präsident Südafrikas hieß …?

A. Thabo Mbeki.
B. Frederik Willem de Klerk.
C. Martin Luther King.
D. Nelson Mandela.
E. Keine Antwort ist richtig.

Antwort: **D**

Nelson Mandela war einer der führenden Köpfe der südafrikanischen Anti-Apartheid-Bewegung und war als Amtsnachfolger Frederik Willem de Klerks von 1994 bis 1999 erster schwarzer Präsident der Republik Südafrika. Mbeki amtierte nach Mandela von 1999 bis 2008 als Präsident.

436. Samuel Morse entwickelte Mitte des 18. Jahrhunderts …?

A. den Vorläufer der modernen Fotografie.
B. einen Apparat zur Signalübertragung.
C. eine kompakte Handfeuerwaffe.
D. die erste Glühbirne.
E. Keine Antwort ist richtig.

Antwort: **B**

Samuel Morse entwickelte 1837 einen Schreibtelegrafen, den so genannten Morseapparat. Dabei handelt es sich um eine Technik zur elektrischen Signalübertragung, bei der das Empfangsgerät die gesendeten Signale durch einen Metallstift auf einem Papierstreifen fixiert. Um die Signalübertragung möglichst einfach und effizient zu machen, entwickelte Morse zusätzlich das nach ihm benannte Alphabet, in dem Buchstaben und Zahlen als Folge von kurzen und/oder langen Signalen dargestellt werden.

437. Galileo Galilei blickte 1610 durch sein Fernrohr und entdeckte …?

A. dass die Neigung des Schiefen Turms von Pisa zunimmt.
B. den Ausbruch eines verheerenden Feuers am anderen Ende der Stadt.
C. die vier größten Jupitermonde.
D. einen bislang unbekannten Vulkan in den Apenninen.
E. Keine Antwort ist richtig.

Antwort: **C**

142   www.ausbildungspark.com

Allgemeinwissen: Persönlichkeiten, Erfindungen, Entdeckungen

Bei der Beobachtung des Planeten Jupiter 1610 entdeckte Galileo Galilei die vier größten Monde des Riesenplaneten. Die Trabanten mit den Namen Ganymed, Kallisto, Io und Europa werden daher heute noch als Galileische Monde bezeichnet.

438. Der US-Amerikaner Edwin Hubble ist Namensgeber eines Geräts, das …?

- A. den Weltraum beobachtet.
- B. an Land und auf dem Wasser fährt.
- C. in die tiefsten Meeresgräben taucht.
- D. die polaren Eismassen präzise ausmisst.
- E. Keine Antwort ist richtig.

Antwort: **A**

Das Hubble-Weltraumteleskop, benannt nach dem US-Astronomen Edwin Hubble (1889–1953), wurde 1990 in den Orbit gebracht. Im Unterschied zu auf der Erde errichteten Großteleskopen, wird seine Sicht durch keinerlei atmosphärische Einflüsse (Staubpartikel, Luftflirren) beeinträchtigt. Mit dem Hubble-Teleskop wurden eine Reihe eindrucksvoller Aufnahmen möglich, neue Galaxienhaufen wie das Hubble Deep Field entdeckt, schwarze Löcher nachgewiesen und Erkenntnisse über die Ausdehnung des Universums gewonnen.

439. Die Schweizergarde beschützt …?

- A. den Präsidenten der Schweiz in Bern.
- B. das Karl-May-Museum in der Sächsischen Schweiz.
- C. den Papst im Vatikan.
- D. die Staatsgrenze der Schweiz zu Liechtenstein.
- E. Keine Antwort ist richtig.

Antwort: **C**

Die Schweizergarde ist für den Schutz des Papstes verantwortlich. Sie sichert den apostolischen Palast, die Zugänge zur Vatikanstadt sowie den Eingang des Castel Gandolfo (Sommerresidenz des Papstes). Ausgehoben wurde die Garde 1506 unter eidgenössischen Söldnern, und auch heute noch dürfen in ihr ausschließlich Schweizer Staatsbürger Dienst tun.

440. Ein Apparat namens „Trieste" erreichte 1960 …?

- A. eine Flughöhe von 13 Kilometern.
- B. den Südpol.
- C. den Marianengraben, eine der tiefsten Stellen des Ozeans.
- D. die Mondoberfläche.
- E. Keine Antwort ist richtig.

Antwort: **C**

Die „Trieste" war ein speziell für die Tiefseeforschung gebautes U-Boot, das 1953 vom Stapel gelassen wurde. 1960 tauchte das Boot mit seinen Insassen Jacques Piccard und Don Walsh zum Marianengraben, der rund 11 Kilometer unterhalb des Meeresspiegels liegt und somit einer der tiefsten Punkte der Weltmeere ist.

Prüfung · Teil 2

Allgemeinwissen

Geographie und Landeskunde

441. Wie heißt die Hauptstadt Italiens?

- A. Rom
- B. Venedig
- C. Mailand
- D. Madrid
- E. Keine Antwort ist richtig.

Antwort: **A**

Rom ist die Hauptstadt und größte Stadt Italiens, außerdem befindet sich in Rom als Enklave der Staat Vatikanstadt, Sitz des Papstes. Die Altstadt von Rom, der Petersdom und die Vatikanstadt sind seit 1980 Weltkulturerbe.

442. In welcher Währung zahlt man in Ungarn?

- A. Kronen
- B. Gulden
- C. Forint
- D. Mark
- E. Keine Antwort ist richtig.

Antwort: **C**

Die Währung in Ungarn ist der ungarische Forint (HUF). Er wurde 1946 nach einer Hyperinflation eingeführt. Heute ist ein Euro etwa 270 HUF wert.

443. Wo liegt Panama?

- A. Afrika
- B. Europa
- C. Asien
- D. Amerika
- E. Keine Antwort ist richtig.

Antwort: **D**

Die Präsidialrepublik Panama liegt in Mittelamerika und wird vom Panamakanal durchquert, der die Karibische See mit dem Pazifischen Ozean verbindet.

444. Zu welchem Staat gehört die Insel Hokkaido?

- A. China
- B. Japan
- C. Indonesien
- D. Russland
- E. Keine Antwort ist richtig.

Antwort: **B**

Die Insel Hokkaido ist die zweitgrößte Insel Japans und liegt im Norden der Inselgruppe. Sie ist Heimat des Volkes der Ainu, die als Ureinwohner von Nord-Japan gelten. Verwaltungssitz und größte Stadt der Insel ist Sapporo.

Allgemeinwissen: Geographie und Landeskunde

445. An wie viele Länder grenzt Deutschland?

- A. 5
- B. 9
- C. 11
- D. 14
- E. Keine Antwort ist richtig.

Antwort: **B**

Deutschland hat gemeinsame Grenzen mit neun weiteren Ländern: Dänemark, Niederlande, Belgien, Luxemburg, Frankreich, Schweiz, Österreich, Tschechien, Polen.

446. In welchem Kontinent liegt Afghanistan?

- A. Asien
- B. Europa
- C. Afrika
- D. Afrika und Asien
- E. Keine Antwort ist richtig.

Antwort: **A**

Afghanistan ist ein Binnenstaat in Asien. Nach dem von den USA geführten Krieg und dem Sturz der Taliban ist der Staat seit 2004 eine Islamische Republik unter Präsident Hamid Karsai.

447. Zu welchem Staat gehört die Insel Naxos?

- A. Japan
- B. Indonesien
- C. Griechenland
- D. Spanien
- E. Keine Antwort ist richtig.

Antwort: **C**

Die Insel Naxos, deren Hauptort und -hafen ebenfalls Naxos heißt, gehört zu Griechenland. Sie ist die größte Insel der Kykladen, einer Inselgruppe im Ägäischen Meer.

448. In welcher Klimazone liegt Deutschland?

- A. Subtropen
- B. Kalte Zone
- C. Subpolare Zone
- D. Gemäßigte Breiten
- E. Keine Antwort ist richtig.

Antwort: **D**

Deutschland liegt in den gemäßigten Breiten. Diese Klimazone befindet sich zwischen der kalten Zone und den Subtropen und hat nach den Tropen die höchste Niederschlagsmenge. Charakteristisch sind außerdem die deutlichen Temperaturunterschiede zwischen den Jahreszeiten und die unterschiedlich langen Tage.

AUSBILDUNGSPark | 145

Prüfung · Teil 2

449. Wo liegt der Vesuv?

- A. Italien
- B. Portugal
- C. Venezuela
- D. Indien
- E. Keine Antwort ist richtig.

Antwort: **A**

Der Vesuv liegt in Italien bei Neapel und ist der wohl berühmteste Vulkan der Welt. Er ist der einzige aktive Vulkan auf dem europäischen Festland, befindet sich seit dem letzten Ausbruch 1944 aber in einer Ruhephase, die mehrere hundert Jahre dauern kann.

450. Welches ist das flächengrößte deutsche Bundesland?

- A. Mecklenburg-Vorpommern
- B. Bayern
- C. Rheinland-Pfalz
- D. Brandenburg
- E. Keine Antwort ist richtig.

Antwort: **B**

Der Freistaat Bayern ist das flächenmäßig größte deutsche Bundesland und hat nach Nordrhein-Westfalen die zweithöchste Einwohnerzahl. Bayern grenzt an Tschechien, Österreich und die Schweiz sowie an die Bundesländer Baden-Württemberg, Hessen, Thüringen und Sachsen. Die Hauptstadt Bayerns ist München.

Technisches Wissen

Praktisches Verständnis

451. Die drei Glühlampen A, B und C brennen gleich hell. Was geschieht, wenn in folgender Schaltung Glühlampe A defekt ist, so dass sie erlischt?

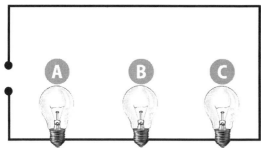

A. Die Glühlampen B und C erlöschen ebenfalls.
B. Die Glühlampen B und C leuchten heller als zuvor.
C. Die Glühlampen B und C leuchten unverändert weiter.
D. Die Glühlampe B leuchtet ein wenig heller als C.
E. Keine Antwort ist richtig.

Antwort: **A**

Durch einen Defekt einer der Glühlampen wird der Stromkreis unterbrochen, da es sich im skizzierten Fall um eine Reihenschaltung handelt. Die Lampen B und C erlischen demnach ebenfalls.

452. Die drei Glühlampen A, B und C brennen gleich hell. Was geschieht, wenn in folgender Schaltung Glühlampe A defekt ist, so dass sie erlischt?

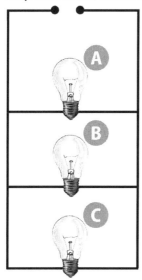

A. Die Glühlampen B und C erlöschen ebenfalls.
B. Die Glühlampen B und C leuchten heller als zuvor.
C. Die Glühlampen B und C leuchten unverändert weiter.
D. Die Glühlampe B leuchtet ein wenig heller als C.
E. Keine Antwort ist richtig.

Antwort: **C**

Bei einer Parallelschaltung – z. B. dem Stromkreis im Haushalt – liegt an allen Verbrauchern die gleiche Spannung an, unabhängig davon, ob ein Verbraucher ausfällt oder hinzukommt. Ist im skizzierten Fall die Glühlampe A defekt, ändert sich für die anderen Verbraucher weder Stromstärke noch Spannung, und ihre Leistung bleibt gleich: Sie leuchten unverändert weiter.

---

453. Welches der beiden Boote bewegt sich vorwärts?

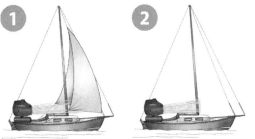

- A. Boot 1 fährt vorwärts.
- B. Boot 2 fährt vorwärts.
- C. Beide Boote fahren vorwärts.
- D. Keines der Boote fährt vorwärts.
- E. Keine Antwort ist richtig.

Antwort: **D**

Wäre es möglich, Boot 1 in der abgebildeten Weise anzutreiben, könnte es auch ein Passagier bewegen, der gegen den Mast drückte – beides funktioniert nicht. Und zwar, weil im skizzierten Fall Föhn, Segel und Boot eine Einheit bilden: Mit demselben Kraftbetrag, mit dem der Föhn Luft gegen das Segel bläst und das Segel das Boot nach rechts schieben will, stößt sich der Föhn durch den Luftausstoß gegen die Umgebungsluft nach links ab – die Kräfte neutralisieren sich, das Boot bleibt stehen.

Auch das rechte Boot wird sich nicht merklich bewegen: Zwar wirkt hier nur die Kraft des Föns auf die Umgebungsluft, durch die er das Boot leicht nach links treibt, doch dieser Effekt ist äußerst gering.

454. In welche Richtung dreht sich das obere Rad, wenn das Antriebsrad A in Pfeilrichtung gedreht wird?

- A. In Richtung 1
- B. In Richtung 2
- C. Hin und her
- D. Gar nicht
- E. Keine Antwort ist richtig.

Antwort: **B**

Es gilt: Werden zwei Räder durch Riemen verbunden, drehen sie sich in derselben Richtung. Anders jedoch, wenn ein Riemen gekreuzt wird – dann kommt es zu einem Wechsel des Drehsinns.

Rotiert demnach das Antriebsrad in Pfeilrichtung, bewegt sich auch der Zahnkranz im Uhrzeigersinn. Dadurch drehen sich der Kolben und das mit ihm verbundene Rad linksherum, durch die Kreuzung des Riemens laufen wiederum im Folgenden alle weiteren Räder rechtsherum.

455. In welche Richtung bewegt sich das große Rad, wenn sich das Antriebsrad A in Pfeilrichtung dreht?

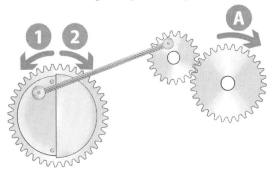

A. In Richtung 1
B. In Richtung 2
C. Hin und her
D. Gar nicht
E. Keine Antwort ist richtig.

Antwort: **C**

Dreht sich das Antriebsrad in Pfeilrichtung, dann rotiert das Rad links davon in entgegengesetzter Richtung. Dies ist jedoch in dieser Aufgabe nicht wirklich von Bedeutung: Über die Pleuelstange am Rad unterhalb des Antriebsrads wird sowieso keine Kreisbewegung, sondern nur eine Auf-/Ab- bzw. Links-/Rechts-Bewegung an das große Rad weitergegeben. Einmal pro Umdrehung des Antriebsrads zieht nun die Pleuelstange das große Rad etwas nach rechts und schiebt es darauf wieder leicht nach links – es bewegt sich also hin und her.

456. In welche Richtung dreht sich Rad 2?

A. Nach links
B. Nach rechts
C. Hin und her
D. Gar nicht
E. Keine Antwort ist richtig.

Antwort: **A**

Werden zwei Zahnräder über eine Kette miteinander verbunden, bewegen sie sich in derselben Drehrichtung. Wenn aber ein Zahnrad in ein anderes greift und seine Rotation dadurch überträgt, dreht sich das zweite Rad im entgegengesetzten Drehsinn. Im skizzierten Mechanismus kehrt sich daher der Drehsinn einmal um: und zwar durch den Kontakt der beiden mittleren Zahnkränze. Rad 2 rotiert demnach entgegengesetzt zu Rad 1, das sich im Uhrzeigersinn bewegt.

457. Welche der Räder drehen sich in die gleiche Richtung wie Rad 1?

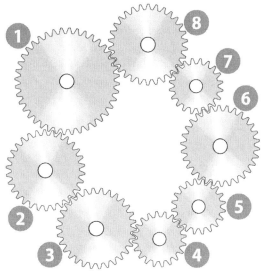

- A. 6 und 4
- B. 6, 4 und 2
- C. 7, 5 und 3
- D. 4 und 2
- E. Keine Antwort ist richtig.

Antwort: **C**

Wenn ein Zahnrad in ein zweites greift und seine Rotation dadurch überträgt, dann dreht sich das zweite Rad im entgegengesetzten Drehsinn. Überträgt das zweite Zahnrad seine Rotation wiederum auf ein drittes, bewegt sich dieses entgegengesetzt zum zweiten, also in der gleichen Drehrichtung wie das erste. Anders ausgedrückt: In einer Kette miteinander verbundener Zahnräder rotieren immer die jeweils übernächsten in derselben Drehrichtung. In die gleiche Richtung wie Rad 1 drehen sich demnach die Räder 3, 5 und 7.

---

458. Welche der Ventile 1 bis 3 müssen geöffnet werden, damit sich nur der rechte Behälter rasch leert?

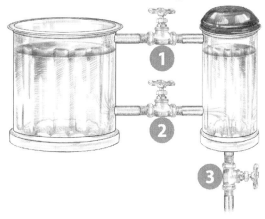

- A. Ventile 1 und 2
- B. Ventile 2 und 3
- C. Ventile 1 und 3
- D. Nur Ventil 3
- E. Keine Antwort ist richtig.

Antwort: **C**

Um den rechten Behälter zu leeren, muss das Abflussventil 3 auf jeden Fall geöffnet werden. Öffnet man zugleich Ventil 2, entleert sich außerdem noch der linke Behälter – was es jedoch laut Aufgabenstellung zu vermeiden gilt. Es reicht aber auch wiederum nicht aus, nur Ventil 3 zu öffnen: Da der rechte Behälter geschlossen ist, entsteht darin nämlich durch das ablaufende Wasser ein Unterdruck. Wie beim Trinken aus einer Wasserflasche, wobei bei jedem Schluck etwas Luft in die Flasche zurückströmt, um den Druck auszugleichen, wird nun über Ventil 3 Luft in den rechten Behälter gesaugt. Das Wasser läuft dadurch langsamer ab. Öffnet man zusätzlich Ventil 1, lässt sich dieser Effekt vermeiden: Die zum Druckausgleich benötigte Luft strömt nun gleichmäßig über Ventil 1 in den rechten Behälter, der sich so rasch entleeren kann.

459. Die Kette wird im Uhrzeigersinn gedreht. Überlegen Sie, ob sich das angehängte Gewicht bewegt und wenn ja, in welche Richtung?

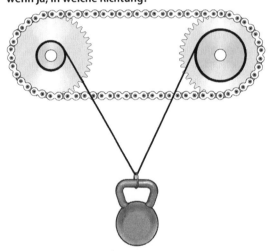

- A. Das Gewicht bewegt sich nicht.
- B. Das Gewicht bewegt sich nach oben.
- C. Das Gewicht bewegt sich nach unten.
- D. Das Gewicht bewegt sich erst nach oben und anschließend nach unten.
- E. Keine Antwort ist richtig.

Antwort: **B**

Da beide Zahnräder gleich groß und durch eine Kette verbunden sind, laufen sie mit der gleichen Umdrehungsfrequenz und -richtung. Wird nun die Kette im Uhrzeigersinn gedreht, gibt das linke Rad etwas Band frei, das rechte wiederum spult Band auf. Da der rechte Bandnehmer jedoch durch seinen größeren Umfang pro Umdrehung mehr Band aufspult als der linke freigibt, wird das Gewicht nach oben gezogen.

460. Welches Rad in der Skizze dreht sich am langsamsten?

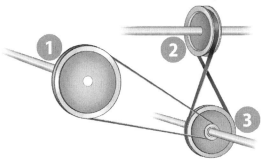

A. Rad 1
B. Rad 2
C. Rad 3
D. Es drehen sich alle Räder gleich schnell.
E. Keine Antwort ist richtig.

Antwort: **A**

Ein Antriebsriemen bewegt sich mit der gleichen Eigengeschwindigkeit um jedes der mit ihm verbundenen Antriebsräder. Verbindet er zwei gleich große Räder, laufen beide gleich schnell. Verbindet er jedoch Räder unterschiedlicher Größe, läuft das kleinere stets schneller um die eigene Achse als das größere: Wenn sich beispielsweise ein Rad mit einem Umfang von einem Meter einmal um sich dreht, wird auch der Riemen um einen Meter weiterbewegt. Überträgt er nun diese Bewegung auf ein Rad mit einem Umfang von nur einem halben Meter, muss dieses Rad folgerichtig zweimal vollständig rotieren.

Einen solchen Größenunterschied findet man in der Skizze zunächst zwischen Rad 1 und Rad 3. Bei diesem gilt zusätzlich: Ist ein Rad an einem zweiten Rad befestigt, drehen sich beide Räder in gleichen Zeiten einmal um die eigene Achse, ihre Umdrehungsfrequenz ist also gleich. So nimmt die Geschwindigkeit der Räder von 3 nach 1 ab. Rad 1 ist demzufolge das langsamste aller Räder, und die Räder 2 und 3 etwa gleich schnell.

461. Welcher der vier Rahmen ist am stabilsten?

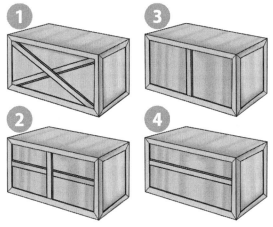

A. Rahmen 1
B. Rahmen 2
C. Rahmen 3
D. Rahmen 4
E. Keine Antwort ist richtig.

Antwort: **A**

Prüfung · Teil 2

Die Stabilität der Rahmen hängt ab von ihrer jeweiligen Kräfteaufnahme und -verteilung, wobei ein guter Rahmen bei Belastungen gleich welcher Art und Richtung durch gute Kraftverteilung formstabil bleiben sollte. Die mittlere Stützstrebe von Rahmen 3 hilft jedoch nur bei zentral angreifenden, senkrecht wirkenden Kräften und verteilt auch dann die Kräfte schlecht weiter. Rahmen 2 wiederum verteilt waagerechte und senkrechte Kräfte schlecht, diagonale Kräfte gar nicht. Nur bei Rahmen 1 werden Kräfte, egal aus welcher Richtung sie angreifen, an sämtliche Streben des Rahmens weitergegeben, die sich so gegenseitig stabilisieren können.

462. Welche der Vasen 1 bis 4 steht am stabilsten auf dem Tisch?

A. Vase 1
B. Vase 2
C. Vase 3
D. Vase 4
E. Keine Antwort ist richtig.

Antwort: **D**

Die Stabilität der Gefäße hängt ab von ihrem jeweiligen Schwerpunkt und ihrer Standfläche: Ideal ist eine große Fläche bei tief sitzendem Schwerpunkt. Vase 4 erfüllt diese Bedingungen am besten, denn ihre Masse sitzt größtenteils im unteren Bereich und ihr Boden ist sehr breit.

463. Mit welcher Sandformation lässt sich die Schubkarre am leichtesten fahren?

A. Mit der Sandformation auf Abbildung 1
B. Mit der Sandformation auf Abbildung 2
C. Mit der Sandformation auf Abbildung 3
D. Es gibt keinen Unterschied.
E. Keine Antwort ist richtig.

Antwort: **A**

Um die gefüllte Schubkarre mit möglichst wenig Mühe zu bewegen, sollte die Hebelwirkung möglichst groß sein. Das bedeutet: Je weiter die zu bewegende Last nach vorne rückt, desto länger wird der Hebelarm, durch den das Gewicht bewegt werden muss, und desto größer ist die entsprechende Hebelwirkung. In Schubkarre 1 ist der Sand daher am günstigsten aufgeladen.

464. Eine Kugel rollt einen gekrümmten Abhang hinunter. Wie verhalten sich ihre Beschleunigung und ihre Geschwindigkeit dabei?

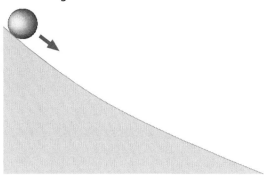

- A. Die Geschwindigkeit nimmt ab, die Beschleunigung nimmt zu.
- B. Die Geschwindigkeit nimmt zu, die Beschleunigung nimmt ab.
- C. Geschwindigkeit und Beschleunigung nehmen zu.
- D. Geschwindigkeit und Beschleunigung nehmen ab.
- E. Keine Antwort ist richtig.

Antwort: **B**

Die Geschwindigkeit der Kugel nimmt zu, solange sie abwärts rollt – also während des gesamten Zeitraums. Ihre Beschleunigung (die Veränderung der Geschwindigkeit in einem bestimmten Zeitraum) nimmt dagegen ab: Im steilsten Gefälle des Abhangs unmittelbar nach dem Start nimmt die Geschwindigkeit der Kugel am schnellsten zu, d. h. sie wird hier am stärksten beschleunigt. Je flacher der Abhang wird, desto schwächer wird die Beschleunigung.

Prüfung · Teil 2

465. An zwei unterschiedliche Federsysteme werden identische Stahlkugeln angehängt. Alle Federn sind gleich und können als masselos angenommen werden. Welche Federn werden am schwächsten gedehnt?

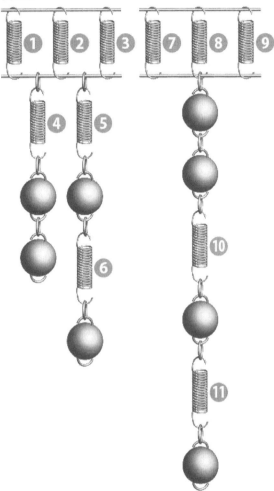

- A. Die Federn 1, 2 und 3
- B. Die Federn 7, 8 und 9
- C. Die Federn 4 und 10
- D. Die Federn 6 und 11
- E. Keine Antwort ist richtig.

Antwort: **D**

Wie stark eine Feder durch das Anhängen einer Last ausgelenkt („gedehnt") wird, bestimmt sich durch die angehängte Masse und die rücktreibende Kraft der Feder, die so genannte Federkonstante. Da alle Federn identisch sind und dieselbe rücktreibende Kraft besitzen, hängen Unterschiede in ihrer Auslenkung nur von der jeweils anliegenden Masse ab.

Wenn Federn „in Reihe" aneinander gehängt werden, liegt an jeder Feder die gesamte Last der angehängten Stahlkugeln an. Nehmen mehrere parallel gehängte Federn die Last einer angehängten Masse auf, verteilt sich die Gewichtskraft der Last und die Auslenkung dieser Federn ist geringer.

Auf die Federn 1 bis 3 verteilt sich die Last von insgesamt vier Kugeln, an den Federn 7, 8 und 9 zerren ebenfalls vier Kugeln und an den Federn 4, 5 und 10 sind jeweils zwei Kugeln angehängt. Die Federn 6 und 11 werden jedoch nur durch die Kraft von jeweils einer Kugel gedehnt.

466. An drei unterschiedliche Federsysteme werden identische Stahlkugeln gehängt. Alle Federn sind gleich und können als masselos angenommen werden. In welchem dieser Systeme bewegen sich die Kugeln am weitesten nach unten?

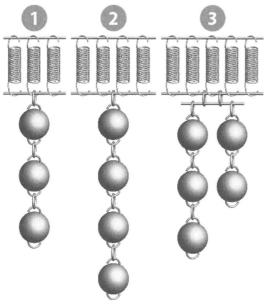

A. System 1
B. System 2
C. System 3
D. Alle Kugeln bewegen sich gleich weit nach unten.
E. Keine Antwort ist richtig.

Antwort: **D**

Wie stark eine Feder durch das Anhängen einer Last ausgelenkt („gedehnt") wird, bestimmt sich durch die angehängte Masse und die rücktreibende Kraft der Feder, die so genannte Federkonstante. Da alle Federn identisch sind und dieselbe rücktreibende Kraft besitzen, hängen Unterschiede in ihrer Auslenkung nur von der jeweils angehängten Masse ab.

Nehmen mehrere parallel gehängte Federn die Last einer angehängten Masse auf, verteilt sich die Gewichtskraft der Last und die Auslenkung der Federn ist geringer. Da im skizzierten Aufbau aber auch die Zahl der Stahlkugeln steigt – und somit in jedem System auf jede Feder stets eine Stahlkugel kommt – ist die an jeder einzelnen Feder zerrende Kraft gleich groß. Alle Federn werden gleich stark gedehnt, alle Kugeln bewegen sich gleich weit nach unten.

467. Deiche werden nach unten hin breiter, um dem mit steigender Tiefe zunehmenden Wasserdruck standzuhalten. Betrachten Sie die Skizze: Deich 1 umgrenzt ein 2 Kilometer langes Rückhaltebecken, Deich 2 einen 200 Meter langen Badeteich – welcher Deich muss stärker sein?

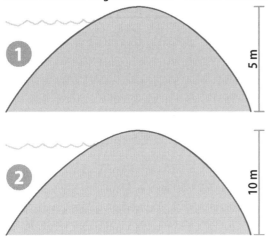

A. Deich 1 muss stärker sein.
B. Deich 2 muss stärker sein.
C. Beide Deiche müssen gleich stark sein.
D. Dazu müsste man das genaue Volumen der Gewässer kennen.
E. Keine Antwort ist richtig.

Antwort: **B**

Wie stark ein Damm sein muss, hängt allein vom Wasserdruck ab, dem er standhalten soll. Der Wasserdruck wiederum steigt oder fällt nicht mit der Fläche oder dem Volumen eines Gewässers, sondern mit dessen Tiefe. Und da der Teich tiefer ist als das Rückhaltebecken, muss Deich 2 entsprechend stärker sein.

468. Wird mit einem Weinglas angestoßen, erklingt ein Ton. Ordnen Sie die – unterschiedlich stark gefüllten, ansonsten identischen – Gläser je nach ihrer Tonhöhe aufsteigend von tief bis hoch.

A. Glas 1, Glas 2, Glas 3, Glas 4
B. Glas 4, Glas 3, Glas 2, Glas 1
C. Glas 3, Glas 1, Glas 4, Glas 2
D. Glas 2, Glas 4, Glas 1, Glas 3
E. Keine Antwort ist richtig.

Antwort: **D**

Durch das Anstoßen des Glases wird es in Schwingung versetzt, die es als Schallschwingung an die Luft weitergibt. Die Frequenz dieser Schwingung bestimmt die Höhe des Tons, den wir hören: Schwingt das Glas schnell hin und her, ist die Frequenz hoch und wir hören einen hohen Ton. Wird das Glas nun mit Wasser gefüllt, bremst dessen Trägheit die Schwingung des Glases ab – die Schwingungsfrequenz verringert sich, der Ton wird tiefer. Und zwar umso stärker, je mehr Wasser im Glas ist.

469. An einem Schwingungsdiagramm lässt sich ablesen, wie hoch die Frequenz eines Tons ist, d. h. wie oft sich eine (Schall)Schwingung pro Zeiteinheit wiederholt. Hohe Frequenzen bedeuten dabei hohe Töne. Welche Töne sind gleich hoch?

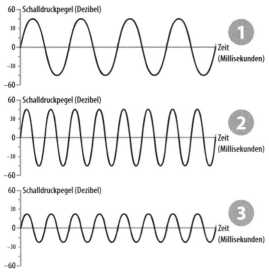

A. Ton 1 und Ton 2
B. Ton 1 und Ton 3
C. Ton 2 und Ton 3
D. Alle Töne sind verschieden hoch.
E. Keine Antwort ist richtig.

Antwort: **C**

Wie erläutert, hängt die Tonhöhe von der Schwingungsfrequenz ab, die in Hertz gemessen wird: Bei einem Hertz findet eine vollkommene Schwingung in einer Sekunde statt, eine Zwei-Hertz-Schwingung schwingt pro Sekunde zweimal auf- und ab usw. Das menschliche Gehör nimmt Töne von ungefähr 16 Hertz bis 18.000 Hertz wahr.

Die Stärke des Ausschlags nach oben und unten nennt man Amplitude – sie gibt keinen Aufschluss über die Höhe, sondern nur über die Lautstärke des Tons. Die Töne 1 und 2 sind also lediglich gleich laut, eine gleiche Tonhöhe beschreiben nur die Diagramme 2 und 3.

---

470. Welche der vier Flächen kann das meiste Gewicht tragen?

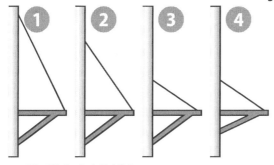

A. Die Fläche bei Abbildung 1
B. Die Fläche bei Abbildung 2
C. Die Fläche bei Abbildung 3
D. Die Fläche bei Abbildung 4
E. Keine Antwort ist richtig.

Prüfung · Teil 2

Antwort: **A**

Die Tragfähigkeit der Flächen hängt davon ab, wie die unter Belastung auftretenden Kräfte jeweils aufgenommen bzw. abgeleitet werden. Die auf der Fläche aufliegende Last übt eine senkrechte Kraft auf die Fläche aus, die es zu einem möglichst hohen Anteil an die stabile Wandfläche links abzuleiten gilt. Ist die Stützstrebe jedoch so nahe an der tragenden Fläche angebracht wie in Abbildung 4, kann sie die auftretenden Kräfte kaum ableiten und ist daher wenig hilfreich. Auch das Tragseil gibt hier relativ wenig Kraft an die Wandfläche weiter. Daher ist Konstruktion 1 am geeignetsten, bei der sowohl Strebe als auch Seil in einem großen Winkel zur tragenden Fläche angebracht sind.

Technisches Wissen: Technisches Verständnis

Technisches Wissen

Technisches Verständnis

471. Welche Aussage zu Metallen ist falsch?

    A. Metalle haben eine gute elektrische Leitfähigkeit.

    B. Metalle haben eine gute Formbarkeit.

    C. Metalle können nur fest oder gasförmig sein.

    D. Metalle haben eine gute thermische Leitfähigkeit.

    E. Keine Antwort ist richtig.

Antwort: **C**

Da Metalle über viele bewegliche Ladungsträger verfügen, eignen sie sich hervorragend als elektrische Leiter. Da auch die thermische Leitfähigkeit – also die Wärmeleitfähigkeit – von Metallen generell gut ist, bestehen beispielsweise Heizkörper meist aus metallischem Material. Durch Pressen, Ziehen, Walzen oder Schmieden sind Metalle darüber hinaus leicht formbar, und werden sie erhitzt, lassen sie sich schmelzen. Dann liegen sie in flüssigem Zustand vor. Eine Ausnahme bildet das Quecksilber, das schon bei Raumtemperatur flüssig ist. Metalle können also nicht nur fest oder gasförmig sein; Antwort C ist falsch.

472. Worin unterscheiden sich Ketten nicht von Riemen?

    A. Durch niedrigeren Schlupf

    B. Durch grundsätzlich geringeren Platzverbrauch

    C. Durch Unempfindlichkeit gegen äußere Einflüsse

    D. Durch bessere Kraftübertragung

    E. Keine Antwort ist richtig.

Antwort: **B**

Da sich bei Riemenführungen der Treibriemen unter Belastung ausdehnt und zusammenzieht, kommt es zum Schlupf: Der Riemen rutscht leicht über die Riemenscheiben. Durch die feste Verbindung von Kette und Zahn-rädern kann dagegen Schlupf vermieden und die Kraftübertragung verbessert werden. Kettenführungen sind darüber hinaus weniger empfindlich gegen äußere Einflüsse wie etwa hohe Temperaturen. Sie müssen je-doch nicht unbedingt platzsparender sein als Riemenführungen.

473. Was wird mit einem Barometer gemessen?

    A. Temperatur

    B. Luftfeuchtigkeit

    C. Luftdruck

    D. Kohlendioxidgehalt

    E. Keine Antwort ist richtig.

Antwort: **C**

Ein Barometer dient zur Bestimmung des Luftdrucks und findet in den unterschiedlichsten Formen und Ty-pen vor allem in der Meteorologie seine Anwendung. Barometer gehören als Standardinstrument zu nahezu jeder Wetterstation. Da der Luftdruck mit der Höhe abnimmt, dienen sie auch als Höhenmesser in Flugzeu-gen.

AUSBILDUNGSPark | 161

Prüfung · Teil 2

474. In welcher Einheit wird elektrische Spannung gemessen?

A. Volt

B. Ohm

C. Dezibel

D. Ampere

E. Keine Antwort ist richtig.

Antwort: **A**

Das Volt ist die international genormte SI-Einheit für elektrische Spannung mit dem Einheitenzeichen V, benannt nach dem italienischen Physiker Alessandro Volta.

475. Welche Aufgabe hat das Getriebe in einem Kraftfahrzeug?

A. Es überträgt Energie zwischen Motor und Kupplung.

B. Es reguliert die Kraftübertragung an die Antriebswelle.

C. Es regelt die Brennstoffzufuhr.

D. Es reguliert die Motorleistung.

E. Keine Antwort ist richtig.

Antwort: **B**

Das Getriebe überträgt die im Motor erzeugte, durch die Kurbelwelle in eine Drehbewegung umgesetzte Kraft an die Antriebswelle, die wiederum die Räder in Bewegung bringt. Um dabei die jeweils bestmögliche Übersetzung – also das optimale Verhältnis von Motorleistung zu Radbewegung – herzustellen, befinden sich im Getriebe eines Pkws mehrere Zahnkränze, mit denen der Fahrer zwischen verschiedenen Gängen wählen kann.

476. Aus welchen Bestandteilen setzt sich ein einfacher Stromkreis zusammen?

A. Spannungsquelle, Verbraucher, Leitungen und Stromkasten

B. Leitungen, Spannungsquelle und ein Verbraucher

C. Spannungsquelle, Verbraucher, Leitungen und ein Transistor

D. Spannungsquelle, Verbraucher, Leitungen und eine Sicherung

E. Keine Antwort ist richtig.

Antwort: **B**

Ein einfacher Stromkreislauf setzt sich zusammen aus einer Spannungsquelle – beispielsweise einem Fahrraddynamo –, Leitungen (Kabeln, Drähten) und einem Verbraucher (Fahrradlicht). Transistoren zum Schalten oder Verstärken elektrischer Signale werden in diesem einfachen Stromkreis ebenso wenig benötigt wie eine Sicherung oder ein Stromkasten.

477. Welche Aussage zum Rückschlagventil einer elektrischen Kraftstoffpumpe ist richtig?

A. Das Rückschlagventil dient dazu, dass bei abgeschaltetem Motor kein Kraftstoff zurück in den Tank fließt.

B. Das Rückschlagventil sorgt dafür, dass der Kraftstoffverbrauch konstant bleibt.

C. Das Rückschlagventil dient dazu, den Kraftstoffverbrauch zu senken.

D. Das Rückschlagventil sorgt dafür, dass der Druck in der Kraftstoffpumpe gleichmäßig bleibt.

E. Keine Antwort ist richtig.

Antwort: **A**

Das Rückschlagventil verhindert ein Zurückfließen des Kraftstoffs aus den Kraftstoffleitungen in den Tank. Damit wird verhindert, dass der Druck in den Leitungen nachlässt, was zu Problemen beim Neustart eines betriebswarmen Motors (Heißstart) führen kann.

Technisches Wissen: Technisches Verständnis

478. Welche Funktion hat die Kupplung eines Kraftwagens?

A. Die Kupplung sorgt dafür, dass der Motor schnell gestartet werden kann.

B. Die Kupplung sorgt dafür, dass das Kraftfahrzeug Höchstleistungen erbringen kann.

C. Die Kupplung kontrolliert den Kraftfluss zwischen Motor und Getriebe.

D. Die Kupplung schützt den Motor vor Überlastungen.

E. Keine Antwort ist richtig.

Antwort: **C**

In einem Kraftfahrzeug stellt die Kupplung eine Verbindung zwischen der vom Motor in eine Drehbewegung versetzten Kurbelwelle und dem Getriebe dar, die durch elektrische, hydraulische oder mechanische Bauteile nach Bedarf unterbrochen oder hergestellt werden kann. Die Kupplung wird in Kraftfahrzeugen zum Anfahren und Schalten gebraucht.

479. Was geschieht, wenn der Stiel eines Hammers verlängert wird?

A. Man kann präziser schlagen.

B. Man kann besonders sanft schlagen.

C. Die Schlagkraft steigt.

D. Die Schwingung des Schlags wird besser gedämpft.

E. Keine Antwort ist richtig.

Antwort: **C**

Wird der Stiel des Hammers verlängert, ändern sich die Hebelverhältnisse. Je länger der Hebel (= der Stiel) ist, desto größer ist die Kraft, die beim Schlagen mit dem Hammerkopf ausgeübt werden kann.

480. Welche Kategorie ist für die Einteilung von Schrauben nach ihrer Kopfform nicht gebräuchlich?

A. Rundschrauben

B. Sechskantschrauben

C. Schlitzschrauben

D. Senkschrauben mit Kreuzschlitz

E. Keine Antwort ist richtig.

Antwort: **A**

Nach ihrer Kopfform teilt man Schrauben für gewöhnlich in die Kategorien Sechskantschrauben, Zylinderschrauben mit Innensechskant, Senkschrauben mit Innensechskant, Schrauben mit Kreuzschlitz oder Schlitzschrauben. Die Kategorie Rundschrauben ist dagegen unüblich.

Prüfung · Teil 3

Mathematisches Verständnis **166**
    Prozentrechnen 166
    Zinsrechnen 168
    Gemischte Textaufgaben 171
    Gemischte Aufgaben 177
    Grundrechenarten ohne Taschenrechner 185
    Bruchrechnen ohne Taschenrechner 189
    Umrechnen (Maße und Einheiten) 192
    Kettenrechnung 195
    Schätzung 196
    Rechenoperatoren ergänzen 203
    Gleichungen bilden 204
    Zahlenmatrizen und Zahlenpyramiden 205
    Symbolrechnen 210
    Datenanalyse 214
    Textaufgaben mit Diagramm 218

Konzentrationsvermögen **223**
    Rechenaufgaben mit Hindernis 223
    Codierte Wörter 224
    b, d, p und q Test mit Komplizierung 226
    Original und Abschrift 227
    Ein Buchstabe fehlt 228
    Zugehörigkeiten entdecken 229
    Figur hat einen Fehler 230
    Zahlenkarten kategorisieren 232
    Zahlen unterstreichen nach Rechenregeln 233
    Wortfindung auf Endung „ing" 234
    Wortfindung: Anfangs- und Endbuchstaben 235
    Wortfindung: Wortanfang vorgegeben 236

Prüfung · Teil 3

Mathematisches Verständnis

Prozentrechnen

Bei der Prozentrechnung gibt es drei Größen, die zu beachten sind, den Prozentsatz, den Prozentwert und den Grundwert. Zwei dieser Größen müssen gegeben sein, um die dritte Größe berechnen zu können.

481. Bei einer 20 % Rabattaktion möchte Herr Mayer richtig zuschlagen. Er will einen Posten über 20.000 € erwerben. Wie viel Euro würde Herr Mayer bei dem Rabatt von 20 % sparen?

    A. 3.000 €
    B. 3.500 €
    C. 4.000 €
    D. 4.500 €
    E. Keine Antwort ist richtig.

Antwort: C

Herr Mayer würde einen Betrag von 4.000 € einsparen.

$$Prozentwert = \frac{Grundwert \times Prozentsatz}{100}$$

$$Prozentwert = \frac{20.000\ € \times 20}{100} = 4.000\ €$$

482. Herr Mayer kauft einen Sonderposten für 18.000 € und möchte diesen für 25.200 € weiterverkaufen. Wie viel Prozent Gewinn würde Herr Mayer erzielen?

    A. 30 %
    B. 35 %
    C. 40 %
    D. 50 %
    E. Keine Antwort ist richtig.

Antwort: C

Herr Mayer würde einen Gewinn von 40 Prozent erzielen.

$$Prozentsatz = \frac{Prozentwert \times 100}{Grundwert}$$

Gewinn = 25.200 € – 18.000 € = 7.200 €

$$Prozentsatz = \frac{7.200\ € \times 100}{18.000\ €} = 40\ \%$$

483. Nach Abzug von 20 Prozent Rabatt zahlt ein Kunde nur noch 2.400 €. Wie viel Euro hätte er ohne einen Rabattabzug zahlen müssen?

    A. 2.500 €
    B. 2.600 €
    C. 2.700 €
    D. 3.000 €
    E. Keine Antwort ist richtig.

Antwort: D

166   www.ausbildungspark.com

Mathematisches Verständnis: Prozentrechnen

Ohne Rabatt hätte der Kunde einen Preis von 3.000 € zahlen müssen.

$$\text{Grundwert} = \frac{\text{Prozentwert} \times 100}{\text{Prozentsatz}}$$

$$\text{Grundwert} = \frac{2.400\,€ \times 100}{80} = 3.000\,€$$

---

484. **Herr Mayer möchte den Einkauf eines Sonderpostens über die Bank finanzieren. Nach einem Jahr würde er inklusive Zinsen einen Betrag von 16.960 € zurückzahlen bei einem Zinssatz von sechs Prozent. Wie viel hat Herr Mayer beim Einkauf für den Sonderposten bezahlt?**

   A. 15.000 €
   B. 16.000 €
   C. 17.000 €
   D. 18.000 €
   E. Keine Antwort ist richtig.

Antwort: **B**

Der Sonderposten hat beim Einkauf 16.000 € gekostet.

$$\text{Grundwert} = \frac{\text{Prozentwert} \times 100}{\text{Prozentsatz}}$$

$$\text{Grundwert} = \frac{16.960\,€ \times 100}{106} = 16.000\,€$$

---

485. **Nach Abzug von 15 % Rabatt zahlt Herr Mayer nur noch 11.900 € für eine Maschine. Wie viel hat die Maschine regulär ohne Rabatt gekostet?**

   A. 14.000 €
   B. 14.500 €
   C. 15.000 €
   D. 15.500 €
   E. Keine Antwort ist richtig.

Antwort: **A**

Ohne Abzug von Rabatt hätte die Maschine 14.000 € gekostet.

$$\text{Grundwert} = \frac{\text{Prozentwert} \times 100}{\text{Prozentsatz}}$$

$$\text{Grundwert} = \frac{11.900\,€ \times 100}{85} = 14.000\,€$$

Prüfung · Teil 3

Mathematisches Verständnis

Zinsrechnen

Bei der kaufmännischen Zinsrechnung werden dem Monat 30 Tage und dem Jahr 360 Tage zugrunde gelegt.

486. Herr Mayer möchte eine neue Maschine zum Preis von 40.000 € kaufen. Er bekommt von der Bank einen Kredit zu einem Zinssatz von sechs Prozent. Herr Mayer möchte den Kredit nach 90 Tagen abzahlen. Wie viel Prozent des Anschaffungspreises machen die Zinsen für 90 Tage aus?

    A. 1,0 %
    B. 1,5 %
    C. 2,0 %
    D. 2,5 %
    E. Keine Antwort ist richtig.

Antwort: **B**

Herr Mayer müsste 600 € Zinsen bezahlen, das sind 1,5 % von 40.000 €.

$$\text{Zinsen} = \frac{\text{Kapital} \times \text{Zinssatz} \times \text{Tage}}{100 \times 360\,\text{d}}$$

$$\text{Zinsen} = \frac{40.000 \times 6 \times 90\,\text{d}}{100 \times 360\,\text{d}} = 600\,\text{€}$$

$$\text{Prozentsatz} = \frac{\text{Prozentwert} \times 100}{\text{Grundwert}}$$

$$\text{Prozentsatz} = \frac{600\,\text{€} \times 100}{40.000\,\text{€}} = 1,5\,\%$$

487. Um eine weitere Maschine erwerben zu können, muss Herr Mayer eine Geldanlage in Höhe von 24.000 € nach vier Monaten auflösen, die er zu sieben Prozent angelegt hatte.
Wie viel Zinsen erhält er für vier Monate?

    A. 350 €
    B. 440 €
    C. 560 €
    D. 650 €
    E. Keine Antwort ist richtig.

Antwort: **C**

Herr Mayer würde für die vier Monate Zinsen in Höhe von 560 € erhalten.

$$\text{Zinsen} = \frac{\text{Kapital} \times \text{Zinssatz} \times \text{Tage}}{100 \times 360\,\text{d}}$$

$$\text{Zinsen} = \frac{24.000\,\text{€} \times 7 \times 120\,\text{d}}{100 \times 360\,\text{d}} = 560\,\text{€}$$

Mathematisches Verständnis: Zinsrechnen

488. Welchen Betrag muss Herr Mayer zu einem Zinssatz von fünf Prozent anlegen, um monatlich einen Zins von 500 € zu erhalten?

A. 60.000 €

B. 80.000 €

C. 100.000 €

D. 120.000 €

E. Keine Antwort ist richtig.

Antwort: **D**

Herr Mayer muss einen Betrag von 120.000 € anlegen, um monatlich 500 € Zinsen zu erhalten.

$$\text{Kapital} = \frac{\text{Zinsen} \times 100 \times 360\,\text{d}}{\text{Zinssatz} \times \text{Tage}}$$

$$\text{Kapital} = \frac{500\,€ \times 100 \times 360\,\text{d}}{5 \times 30\,\text{d}} = 120.000\,€$$

---

489. Herr Mayer hat eine Maschine, die er vor einem Jahr für 20.000 € erworben hatte, nun abzahlen können. Insgesamt hat er nach einem Jahr für die Maschine 21.800 € bezahlt. Wie hoch war der Zinssatz, den Herr Mayer erhalten hat?

A. 4 %

B. 5 %

C. 6 %

D. 9 %

E. Keine Antwort ist richtig.

Antwort: **D**

Der Zinssatz betrug neun Prozent.

$$\text{Zinssatz} = \frac{\text{Zinsen} \times 100 \times 360\,\text{d}}{\text{Kapital} \times \text{Tage}}$$

$$\text{Zinssatz} = \frac{1.800\,€ \times 100 \times 360\,\text{d}}{20.000\,€ \times 360\,\text{d}} = 9\,\%$$

Prüfung · Teil 3

490. **Für eine Geldanlage in Höhe von 50.000 €, die mit sieben Prozent verzinst wurde, hat Herr Mayer insgesamt einen Betrag in Höhe von 53.500 € erhalten. Wie lange war das Geld angelegt?**

A. $\dfrac{1}{4}$ Jahr

B. $\dfrac{1}{2}$ Jahr

C. 1 Jahr

D. 1,5 Jahre

E. Keine Antwort ist richtig.

Antwort: **C**

Das Geld war genau ein Jahr angelegt.

$$\text{Tage} = \frac{\text{Zinsen} \times 100 \times 360\,\text{d}}{\text{Kapital} \times \text{Zinssatz}}$$

$$\text{Tage} = \frac{3.500\,€ \times 100 \times 360\,\text{d}}{50.000\,€ \times 7} = 360\,\text{d}$$

Mathematisches Verständnis: Gemischte Textaufgaben

Mathematisches Verständnis

Gemischte Textaufgaben

Im folgenden Aufgabenbereich wird Ihre Fähigkeit zum kaufmännischen Rechnen geprüft. Hierzu werden Ihnen verschiedene Aufgaben mit unterschiedlichem Schwierigkeitsgrad gestellt.

491. Herr Mayer möchte seinen 14-tägigen Urlaub planen. Laut seinen Ersparnissen könnte er pro Tag 40 € ausgeben. Nun möchte er den geplanten Urlaub um 2 Tage verlängern.
Wie viel Geld steht Herrn Mayer pro Tag zu Verfügung, wenn er statt 14 Tage nun 16 Tage Urlaub planen möchte?

   A. 25 €
   B. 23 €
   C. 32 €
   D. 35 €
   E. Keine Antwort ist richtig.

Antwort: **D**

Für 16 Tage Urlaub stünden Herrn Mayer pro Tag 35 € zur Verfügung.

Budget = 14 d × 40 € = 560 €

560 € ÷ 16 d = 35 € pro Tag

---

492. Herr Mayer möchte einen Freund darum bitten, ihm Geld auszuleihen, um im Urlaub pro Tag die geplanten 40 € ausgeben zu können.
Welchen Gesamtbetrag benötigt Herr Mayer, wenn er pro Tag 40 € ausgeben möchte?

   A. 610 €
   B. 620 €
   C. 640 €
   D. 650 €
   E. Keine Antwort ist richtig.

Antwort: **C**

Herr Mayer benötigt für den Urlaub 640 €.

16 d × 40 € = 640 €

---

493. Herr Mayer findet über das Internet ein Sonderangebot, das er buchen möchte. Das Angebot lautet 1.400 € für 16 Tage Gran Canaria.
Für Frühbucher gibt es einen Rabatt von 15 %. Welchen Betrag müsste Herr Mayer aufbringen, wenn er den Frühbuchertarif nutzen möchte?

   A. 1.090 €
   B. 1.290 €
   C. 1.190 €
   D. 1.390 €
   E. Keine Antwort ist richtig.

Antwort: **C**

Prüfung · Teil 3

Herr Mayer müsste 1.190 € aufbringen.

$$\text{Prozentwert} = \frac{\text{Grundwert} \times \text{Prozentsatz}}{100}$$

$$\text{Prozentwert} = \frac{1.400\,€ \times 85\,\%}{100} = 1.190\,€$$

494. Mit seinem alten Moped benötigt Herr Mayer für den Weg zu seinem Ferienhaus mit einer Durchschnittsgeschwindigkeit von 60 km/h genau 6 Stunden. Nun möchte Herr Mayer ein neues Moped erwerben, womit er 80 km/h fahren kann. Wie viel Minuten benötigt Herr Mayer, wenn er im Durchschnitt 60 km/h fährt?

A. 300 min
B. 350 min
C. 360 min
D. 400 min
E. Keine Antwort ist richtig.

Antwort: C

Herr Mayer würde für die Strecke bei 60 km/h Fahrtgeschwindigkeit 360 min benötigen.

$6\,h \times 60 = 360\,min$

495. Wie lautet die Fahrtzeit mit dem neuen Moped, wenn er seine Durchschnittsgeschwindigkeit auf 80 km/h erhöht?

A. 250 min
B. 260 min
C. 270 min
D. 280 min
E. Keine Antwort ist richtig.

Antwort: C

Herr Mayer würde mit einer Geschwindigkeit von 80 km/h für die Strecke 270 min benötigen.

$6\,h \times 60\,km/h = 360\,km$

$360\,km \div 80\,km/h \times 60 = 270\,min$

496. Das alte Moped von Herrn Mayer hat einen Verbrauch von 3,2 Liter pro 100 km. Das neue Moped verbraucht dagegen nur 2,4 Liter pro 100 km.
Wie viel % Benzin verbraucht das neue Moped weniger?

A. 10 %
B. 15 %
C. 20 %
D. 25 %
E. Keine Antwort ist richtig.

Antwort: D

172   www.ausbildungspark.com

Mathematisches Verständnis: Gemischte Textaufgaben

Das neue Moped verbraucht 25 % weniger Benzin als das alte.

$$\text{Prozentsatz} = \frac{\text{Prozentwert} \times 100}{\text{Grundwert}}$$

$$\frac{(3,2\,l - 2,4\,l) \times 100}{3,2\,l} = 25\,\%$$

---

497. Der Liter Sprit kostet 1,40 €. Nach wie vielen Kilometern ergibt sich für Herrn Mayer eine Spritersparnis von 4,48 € im Vergleich zum alten Moped?

   A. 400 km
   B. 410 km
   C. 420 km
   D. 430 km
   E. Keine Antwort ist richtig.

Antwort: **A**

Bei einer Strecke von 400 km würde Herr Mayer eine Spritersparnis von 4,48 € erzielen.

0,8 l × 1,40 € = 1,12 € Ersparnis pro 100 km

(4,48 € ÷ 1,12 €) × 100 km = 4 × 100 km = 400 km

---

498. Herr Mayer und zwei weitere Mitarbeiter haben einen Handelspreis in Höhe von 2.000 € gewonnen. Der Preis soll nun nach dem Engagement der einzelnen Personen aufgeteilt werden.
Insgesamt haben sie 20 Stunden in das Projekt investiert. Herr Mayer hat daran mit 10 Stunden doppelt so viel gearbeitet wie die beiden anderen Mitarbeiter. Wie viele Stunden haben die beiden anderen Mitarbeiter jeweils gearbeitet?

   A. 3 Stunden
   B. 4 Stunden
   C. 5 Stunden
   D. 6 Stunden
   E. Keine Antwort ist richtig.

Antwort: **C**

Jeder der beiden anderen Mitarbeiter hat 5 Stunden an dem Projekt gearbeitet.

(20 h – 10 h) ÷ 2 = 5 h

---

499. Welchen Betrag soll Herr Mayer erhalten, wenn er doppelt so viel bekommen soll wie jeder der anderen Mitarbeiter?

   A. 800 €
   B. 1.000 €
   C. 1.200 €
   D. 1.400 €
   E. Keine Antwort ist richtig.

Antwort: **B**

Herr Mayer hat 1.000 € zu erhalten.

2.000 € ÷ 2 = 1.000 €

AUSBILDUNGSPark | 173

Prüfung · Teil 3

500. Wie viel Geld bekommt jeder der beiden anderen Mitarbeiter?

    A. 400 €

    B. 500 €

    C. 600 €

    D. 700 €

    E. Keine Antwort ist richtig.

Antwort: **B**

Jedem der anderen Mitarbeiter stehen 500 € zu.

(2.000 € − 1.000 €) ÷ 2 = 500 €

---

501. Eine Mathematik-Prüfung hat insgesamt 60 Aufgaben. $^2/_6$ der Rechenaufgaben sind einfach, $^2/_{12}$ der Rechenaufgaben sind sehr schwer.
Wie viele Rechenaufgaben sind weder leicht noch sehr schwer?

    A. Ein Drittel

    B. Zwei Drittel

    C. Die Hälfte

    D. Drei Viertel

    E. Keine Antwort ist richtig.

Antwort: **C**

Die Hälfte aller Aufgaben ist weder leicht noch sehr schwer.

$$\frac{2}{6}+\frac{2}{12}=\frac{3}{6}=\frac{1}{2}$$

---

502. Wie viele Aufgaben sind entweder leicht oder sehr schwer?

    A. 20

    B. 30

    C. 40

    D. 50

    E. Keine Antwort ist richtig.

Antwort: **B**

50 % von 60 Aufgaben ergeben 30 Aufgaben.

---

503. Herr Mayer möchte einen Teppichboden für sein Wohnzimmer kaufen. Der Preis für den Teppichboden beträgt 360 €. Das Wohnzimmer ist 6 Meter breit, 5 Meter lang und 3 Meter hoch.
Wie viel Quadratmeter Fläche hat das Wohnzimmer?

    A. 90 m^2

    B. 36 m^2

    C. 30 m^2

    D. 15 m^2

    E. Keine Antwort ist richtig.

Antwort: **C**

Das Wohnzimmer hat eine Fläche von 30 m^2.

6 m Breite × 5 m Länge = 30 m^2

Mathematisches Verständnis: Gemischte Textaufgaben

504. Wie viel Kubikmeter Volumen hat das Wohnzimmer?

    A. $90 \, m^3$

    B. $36 \, m^3$

    C. $30 \, m^3$

    D. $15 \, m^3$

    E. Keine Antwort ist richtig.

Antwort: **A**

Das Wohnzimmer hat ein Volumen von 90 Kubikmetern.

6 m Breite $\times$ 5 m Länge $\times$ 3 m Höhe = $90 \, m^3$

---

505. Wie viel muss Herr Mayer pro Quadratmeter Teppichboden zahlen, wenn der Gesamtpreis 360 € beträgt?

    A. 9 €

    B. 10 €

    C. 11 €

    D. 12 €

    E. Keine Antwort ist richtig.

Antwort: **D**

Der Preis pro Quadratmeter Teppichboden beträgt 12 €.

360 € $\div$ 30 m^2 = 12 € pro Quadratmeter

---

506. Herr Mayer hat seinen beiden Kindern und der Ehefrau einen Besuch in einem Freizeitpark versprochen. Ihm stehen dafür 200 € zu Verfügung. Freizeitpark A bietet eine Familienkarte für 110 € an. Die Fahrtkosten für den Bus belaufen sich auf 22 €. Welcher Betrag bleibt jedem Familienmitglied für den Ausflug zur Verpflegung?

    A. 14 €

    B. 16 €

    C. 17 €

    D. 19 €

    E. Keine Antwort ist richtig.

Antwort: **C**

Jedem Familienmitglied bleibt ein Betrag von 17 € zur weiteren Verwendung übrig.

200 € − 110 € − 22 € = 68 €

68 € $\div$ 4 Personen = 17 € pro Person

---

507. Welchen Gesamtbetrag muss Herr Mayer aufbringen, damit jedem Familienmitglied 25 € Essens- und Taschengeld zu Verfügung stehen?

    A. 200 €

    B. 232 €

    C. 300 €

    D. 302 €

    E. Keine Antwort ist richtig.

Antwort: **B**

Herr Mayer benötigt unter den beschriebenen Voraussetzungen für den Ausflug insgesamt 232 €.

110 € + 22 € + (4 $\times$ 25 €) = 232 €

AUSBILDUNGSPark

Prüfung · Teil 3

508. Herr Mayer findet über das Internet ein Sonderangebot für Freizeitpark B. Dort kostet die Familienkarte nur 50 €, allerdings müsste er dafür insgesamt mit dem Auto, das 9 l pro 100 km verbraucht, 260 km fahren. Der Benzinpreis beträgt 1,5 € pro Liter. Wie viel € müsste Herr Mayer für Freizeitpark B ausgeben?

    A. 35,1 €

    B. 46,9 €

    C. 55,5 €

    D. 85,1 €

    E. Keine Antwort ist richtig.

Antwort: **D**

Herr Mayer müsste für Freizeitpark B nur 85,10 € ausgeben.

50 € + (260 km ÷ 100 l/km × 9 l × 1,5 €) = 85,1 €

---

509. Herr Mayer entscheidet sich für den Freizeitpark B. Wie lange dauert die Hinfahrt, wenn er im Durchschnitt 130 km/h fährt?

    A. 100 min

    B. 120 min

    C. 60 min

    D. 70 min

    E. Keine Antwort ist richtig.

Antwort: **C**

Herr Mayer würde für die Strecke bei 130 km/h Fahrtgeschwindigkeit 60 Minuten benötigen.

260 km ÷ 130 km/h = 2 h für Hin- und Rückfahrt

2 h ÷ 2 = 1 h = 60 min

---

510. Wie viel Zeit benötigt Herr Mayer für die Rückfahrt, wenn er nur 100 km/h fährt?

    A. 60 min

    B. 68 min

    C. 78 min

    D. 82 min

    E. Keine Antwort ist richtig.

Antwort: **C**

Herr Mayer würde mit einer Geschwindigkeit von 100km/h für die Strecke 78 Minuten benötigen.

130 km ÷ 100 km/h = 1,3 h × 60 = 78 min

Mathematisches Verständnis

Gemischte Aufgaben

511. Addiert man ein Viertel, ein Sechstel und ein Drittel einer Zahl zusammen, so erhält man die Zahl 75. Wie lautet die gesuchte Zahl?

    A. 6

    B. 65

    C. 75

    D. 100

    E. Keine Antwort ist richtig.

Antwort: **D**

Die gesuchte Zahl lautet 100.

$\frac{1}{4}x + \frac{1}{6}x + \frac{1}{3}x = 75$

$\frac{3}{12}x + \frac{2}{12}x + \frac{4}{12}x = 75$

$\frac{9}{12}x = 75 \qquad\qquad | \times 12$

$9x = 12 \times 75$

$9x = 900 \qquad\qquad | \div 9$

$x = 900 \div 9 = 100$

---

512. Addiert man zu einer Zahl sechs und multipliziert die Summe daraus mit zwei, so erhält man die Zahl 120. Welche Zahl wird gesucht?

    A. 8

    B. 28

    C. 54

    D. 48

    E. Keine Antwort ist richtig.

Antwort: **C**

Es handelt sich um die Zahl 54.

$54 + 6 = 60$

$60 \times 2 = 120$

Oder umgekehrter Weg:

$120 \div 2 = 60$

$60 - 6 = 54$

---

513. Wie lautet die Quadratzahl von 16?

    A. 32

    B. 225

    C. 196

    D. 256

    E. Keine Antwort ist richtig.

Antwort: **D**

Prüfung · Teil 3

Die Quadratzahl von 16 lautet 256.

$16^2 = 16 \times 16 = 256$

514. Sie schauen in den Spiegel und sehen die gespiegelten Zeiger einer Uhr. Das Spiegelbild zeigt 9 Uhr an. Was zeigt die Uhr tatsächlich an?

    A. 2 Uhr
    B. 6 Uhr
    C. 1 Uhr
    D. 3 Uhr
    E. Keine Antwort ist richtig.

Antwort: **D**

Die Uhr zeigt tatsächlich 3 Uhr an.

515. Eine natürliche Zahl ist nur dann durch 3 teilbar, …

    A. wenn sie mit einer geraden Ziffer endet.
    B. wenn sie mit der Ziffer 3 endet.
    C. wenn sie mit einer ungeraden Zahl endet.
    D. wenn ihre Quersumme durch 3 teilbar ist.
    E. Keine Antwort ist richtig.

Antwort: **D**

Ist die Quersumme einer Zahl durch 3 teilbar, so ist auch die Zahl durch 3 teilbar.

Die Quersumme wird üblicherweise aus der Summe der Ziffernwerte einer natürlichen Zahl gebildet. Zum Beispiel Quersumme aus $123 = 1 + 2 + 3 = 6$

516. Eine natürliche Zahl ist nur dann durch 2 teilbar, …

    A. wenn sie mit einer geraden Ziffer endet.
    B. wenn sie mit der Ziffer 5 endet.
    C. wenn sie mit einer ungeraden Zahl endet.
    D. wenn ihre Quersumme durch 3 teilbar ist.
    E. Keine Antwort ist richtig.

Antwort: **A**

Alle geraden natürlichen Zahlen sind durch 2 teilbar. Zum Beispiel: 2, 4, 124 und 18.906.

517. Welche der unten aufgeführten Funktionen entspricht der Geraden im Koordinatensystem?

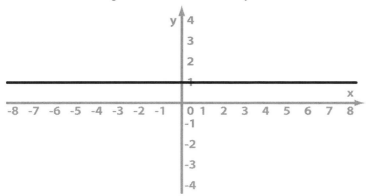

- A. $y = -2x$
- B. $y = x$
- C. $y = -x$
- D. $y = 1$
- E. Keine Antwort ist richtig.

Antwort: **D**

Für jeden x-Wert erhalten Sie die Zahl 1 als y-Wert.

z. B. x = 3 entspricht y = 1

z. B. x = 5 entspricht y = 1

---

518. Addieren Sie die Zahlenreihe. Wie lautet die Summe der fünf Zahlen?

    9 12 6 7 11 ?

- A. 35
- B. 43
- C. 45
- D. 42
- E. Keine Antwort ist richtig.

Antwort: **C**

Die Summe der fünf Zahlen lautet 45.

9 + 12 + 6 + 7 + 11 = 45

---

519. Addieren Sie alle Ziffern der Zahlenreihe. Wie lautet diese Quersumme?

    9 12 6 7 11 ?

- A. 45
- B. 36
- C. 35
- D. 27
- E. Keine Antwort ist richtig.

Antwort: **D**

Die Quersumme der Ziffern lautet 27.

9 + 1 + 2 + 6 + 7 + 1 + 1 = 27

Die Quersumme wird üblicherweise aus der Summe der Ziffernwerte einer natürlichen Zahl gebildet.

Prüfung · Teil 3

520. Berechnen Sie folgende Aufgabe:

$20 \div 0,5 + 20 = ?$

A. 30

B. 40

C. 50

D. 60

E. Keine Antwort ist richtig.

Antwort: **D**

Das Ergebnis lautet 60.

$20 \div 0,5 = 40$

$40 + 20 = 60$

---

521. Berechnen Sie folgende Aufgabe:

$\dfrac{1}{5} = ?$

A. 0,20

B. 0,50

C. 0,75

D. 1,00

E. Keine Antwort ist richtig.

Antwort: **A**

Zähler dividiert durch Nenner.

$\dfrac{1}{5} = 1 \div 5 = 0,20$

---

522. Berechnen Sie folgende Aufgabe:

$\dfrac{4}{2} + \dfrac{1}{3} = ?$

A. 2

B. $2\dfrac{1}{3}$

C. 2,5

D. $2\dfrac{2}{3}$

E. Keine Antwort ist richtig.

Antwort: **B**

Brüche werden addiert, indem man den gemeinsamen Nenner findet, die Zähler addiert und den Nenner beibehält. Anschließend muss das Ergebnis so weit wie möglich gekürzt werden.

$\dfrac{4}{2} + \dfrac{1}{3} = \dfrac{12}{6} + \dfrac{2}{6} = \dfrac{14}{6} = \dfrac{7}{3} = 2\dfrac{1}{3}$

Mathematisches Verständnis: Gemischte Aufgaben

523. Welches Ergebnis erhalten Sie, wenn Sie die Gleichung nach x auflösen?

$3x - 9 = 11 - 2x$

A. 1

B. 2

C. 3

D. 4

E. Keine Antwort ist richtig.

Antwort: **D**

Das Ergebnis für x lautet 4.

$3x - 9 = 11 - 2x$	$\mid + 2x$
$5x - 9 = 11$	$\mid + 9$
$5x = 20$	$\mid \div 5$
$x = 4$	

524. Welches Ergebnis erhalten Sie, wenn Sie die Gleichung nach x auflösen?

$4x \div 10 = 4$

A. 5

B. 10

C. 15

D. 20

E. Keine Antwort ist richtig.

Antwort: **B**

Das Ergebnis für x lautet 10.

$4x \div 10 = 4$	$\mid \times 10$
$4x = 40$	$\mid \div 4$
$x = 10$	

525. Gegeben sind zwei Gleichungen.

Gleichung 1: $a = \dfrac{y}{b}$

Gleichung 2: $x = a \times y$

Wie muss eine Gleichung lauten, bei der man x durch die Größen a und b berechnen kann, ohne y zu kennen?

A. $x = a^2 \times b$

B. $x = a \times b^2$

C. $x = a^2 \times b^2$

D. $x = a \times b$

E. Keine Antwort ist richtig.

Antwort: **A**

Die Gleichung muss lauten: $x = a^2 \times b$

a) Gleichung 1 nach y auflösen:

$y = a \times b$

181

Prüfung · Teil 3

b)   Gleichung 2 nach y auflösen:

$$y = \frac{x}{a}$$

c)   Gleichung 1 und 2 zusammensetzen:

$$a \times b = \frac{x}{a} \qquad\qquad | \times a$$

$$a^2 \times b = x$$

---

526. Wie lautet das Ergebnis für folgende Aufgabe?

$8 - 4 + 3 \times 4 = ?$

A.   4

B.   16

C.   18

D.   28

E.   Keine Antwort ist richtig.

Antwort: **B**

Das Ergebnis lautet 16. Beachten Sie Punktrechnung vor Strichrechnung.

$8 - 4 + 3 \times 4 = 8 - 4 + 12 = 16$

---

527. Wie lautet das Ergebnis für folgende Aufgabe?

$9 - (2 + 4) \times 4 = ?$

A.   −15

B.   −9

C.   12

D.   44

E.   Keine Antwort ist richtig.

Antwort: **A**

Das Ergebnis lautet −15. Beachten Sie Punktrechnung vor Strichrechnung.

$9 - (2 + 4) \times 4 = 9 - 6 \times 4 = 9 - 24 = -15$

---

528. Wie lautet das Ergebnis für folgende Aufgabe?

$(7 - (4 + 2)) \times 4 = ?$

A.   −9

B.   4

C.   9

D.   15

E.   Keine Antwort ist richtig.

Antwort: **B**

Das Ergebnis lautet 4. Beachten Sie, dass zuerst die Klammern zu berechnen sind. Dabei sind die Klammer in der Reihenfolge von innen nach außen zu berechnen.

$(7 - (4 + 2)) \times 4 = (7 - 6) \times 4 = 1 \times 4 = 4$

Mathematisches Verständnis: Gemischte Aufgaben

529. Wie lautet das Ergebnis für folgende Aufgabe?

$(-4)^3 = ?$

A. -64

B. -12

C. 12

D. 64

E. Keine Antwort ist richtig.

Antwort: **A**

Das Ergebnis lautet -64. Bitte beachten Sie in der Vorzeichenkalkulation, dass minus multipliziert mit minus ein plus als Vorzeichen ergibt ($- \times - = +$) und minus multipliziert mit plus ein minus als Vorzeichen ergibt ($- \times + = -$).

$-4 \times -4 \times -4 = 16 \times -4 = -64$

530. Wie lautet das Ergebnis für folgende Aufgabe?

$(-3)^4 = ?$

A. -81

B. -12

C. 12

D. 81

E. Keine Antwort ist richtig.

Antwort: **D**

Das Ergebnis lautet 81. Bitte beachten Sie in der Vorzeichenkalkulation, dass minus multipliziert mit minus ein plus als Vorzeichen ergibt ($- \times - = +$) und minus multipliziert mit plus ein minus als Vorzeichen ergibt ($- \times + = -$).

$-3 \times -3 \times -3 \times -3 = 9 \times -3 \times -3 = -27 \times -3 = 81$

531. Wie lautet das Ergebnis für folgende Aufgabe?

$(-3) \times 4 + 4 \times (-4) - 4 = ?$

A. 0

B. -32

C. 32

D. 8

E. Keine Antwort ist richtig.

Antwort: **B**

Das Ergebnis lautet -32. Beachten Sie Punktrechnung vor Strichrechnung und berücksichtigen Sie die entsprechenden Vorzeichen.

$-3 \times 4 + 4 \times (-4) - 4 = -12 - 16 - 4 = -32$

532. Wie lautet das Ergebnis für folgende Aufgabe?

$(-5) \times 3 - (-2) \times 3 = ?$

A. -39

B. -9

C. 51

D. 90

E. Keine Antwort ist richtig.

Prüfung · Teil 3

Antwort: **B**

Das Ergebnis lautet –9. Beachten Sie Punktrechnung vor Strichrechnung und berücksichtigen Sie die entsprechenden Vorzeichen.

$-5 \times 3 - (-2) \times 3 = -15 - (-6) = -15 + 6 = -9$

---

533. Wie lautet das Ergebnis für folgende Aufgabe?

$(4 + 3) \times 3 \, (6 - 2) \times 2 = ?$

- A. –39
- B. –9
- C. 51
- D. 168
- E. Keine Antwort ist richtig.

Antwort: **D**

Das Ergebnis lautet 168. Beachten Sie Punktrechnung vor Strichrechnung und berücksichtigen Sie die entsprechenden Vorzeichen. Ein Zahl vor einer Klammer ohne Operator entspricht einer Multiplikation $(4 \, (6 + 3) = 4 \times (6 + 3))$.

$(4 + 3) \times 3 \, (6 - 2) \times 2 = 7 \times 3 \, (4) \times 2 = 7 \times 12 \times 2 = 168$

---

534. Wie lautet das Ergebnis für folgende Aufgabe?

$[(4 + 3) \times 3 \, (6 - 2)] \times 2 = ?$

- A. 34
- B. 124
- C. 168
- D. 192
- E. Keine Antwort ist richtig.

Antwort: **C**

Das Ergebnis lautet 168. Beachten Sie Punktrechnung vor Strichrechnung. Beachten Sie, dass zuerst die Klammern zu berechnen sind. Dabei sind die Klammer in der Reihenfolge von innen nach außen zu berechnen und runde haben Vorrang vor eckigen Klammern. In diesem Fall hat das Vorkommen der eckigen Klammern keinen Einfluss auf das Ergebnis.

$[(4 + 3) \times 3 \, (6 - 2)] \times 2 = [7 \times 3 \, (4)] \times 2 = 7 \times 12 \times 2 = 168$

---

535. Wie lautet das Ergebnis für folgende Aufgabe?

$4,8 \times 2,5 + 4,15 \div 0,05 = ?$

- A. 20,3
- B. 95
- C. 244,15
- D. 323
- E. Keine Antwort ist richtig.

Antwort: **B**

Das Ergebnis lautet 95. Beachten Sie Punktrechnung vor Strichrechnung.

$4,8 \times 2,5 + 4,15 \div 0,05 = 12 + 83 = 95$

Mathematisches Verständnis: Grundrechenarten ohne Taschenrechner

Mathematisches Verständnis

Grundrechenarten ohne Taschenrechner

536. Wie lautet das Ergebnis für folgende Aufgabe?

$8.648 + 9.576 + 978 = ?$

A. 18.304

B. 18.302

C. 19.202

D. 20.202

E. Keine Antwort ist richtig.

Antwort: **C**

Das Ergebnis lautet 19.202.

```
              8.648
+             9.576
+               978
+             2 2 2
=            19.202
```

537. Wie lautet das Ergebnis für folgende Aufgabe?

$8.948,75 + 8795,25 = ?$

A. 14.744

B. 15.844

C. 16.944

D. 17.744

E. Keine Antwort ist richtig.

Antwort: **D**

Das Ergebnis lautet 17.744.

```
            8.948,75
+           8.795,25
+           1 111 1
=          17.744,00
```

538. Wie lautet das Ergebnis für folgende Aufgabe?

$654.646 - 136.243 = ?$

A. 516.403

B. 507.403

C. 518.403

D. 529.403

E. Keine Antwort ist richtig.

Antwort: **C**

AUSBILDUNGS Park | 185

Prüfung · Teil 3

Das Ergebnis lautet 518.403.

```
          654.646
  –       136.243
  –             1
  =       518.403
```

---

539. Wie lautet das Ergebnis für folgende Aufgabe?

$567.616 - 564.854 = ?$

A. 2.662

B. 2.762

C. 2.862

D. 3.762

E. Keine Antwort ist richtig.

Antwort: **B**

Das Ergebnis lautet 2.762.

```
          567.616
  –       564.854
  –           1 1
  =         2.762
```

---

540. Wie lautet das Ergebnis für folgende Aufgabe?

$8.947,66 - 8678,16 = ?$

A. 258,50

B. 259,70

C. 269,25

D. 269,50

E. Keine Antwort ist richtig.

Antwort: **D**

Das Ergebnis lautet 269,50.

```
         8.947,66
  –      8.678,16
  –          1 1
  =         269,50
```

---

541. Wie lautet das Ergebnis für folgende Aufgabe?

$8.127 \times 3.218 = ?$

A. 23.652.686

B. 24.652.686

C. 25.252.686

D. 26.152.686

E. Keine Antwort ist richtig.

Antwort: **D**

Das Ergebnis lautet 26.152.686.

```
              8127 × 3218
  _____
            24381000
  +          1625400
  +            81270
  +            65016
  +            1 2 1
  _____
  =          26152686
```

---

542. Wie lautet das Ergebnis für folgende Aufgabe?

$9.648 \times 7.487 = ?$

A. 71.234.576
B. 72.234.576
C. 73.334.576
D. 74.344.576
E. Keine Antwort ist richtig.

Antwort: **B**

Das Ergebnis lautet 72.234.576.

```
              9648 × 7487
  _____
            67536000
  +          3859200
  +           771840
  +            67536
  +           1 2 2 2 1
  _____
  =          72234576
```

---

543. Wie lautet das Ergebnis für folgende Aufgabe?

$325,25 \times 457,4 = ?$

A. 147.769,35
B. 148.769,15
C. 148.769,35
D. 149.769,35
E. Keine Antwort ist richtig.

Antwort: **C**

Das Ergebnis lautet 148.769,35.

```
            325,25 × 457,40
  _____
          1301000000
  +        162625000
  +         22767500
  +          1301000
  +            1    1
  _____
  =        148769,3500
```

Prüfung · Teil 3

544. Wie lautet das Ergebnis für folgende Aufgabe?

$92.880 \div 645 = ?$

A. 142
B. 144
C. 146
D. 156
E. Keine Antwort ist richtig.

Antwort: **B**

Das Ergebnis lautet 144.

$92880 \div 645 = 144$

```
645
 1
─────
2838
2580
  1
─────
 2580
 2580
─────
    0
```

545. Wie lautet das Ergebnis für folgende Aufgabe?

$546.784 \div 14 = ?$

A. 38.056
B. 38.156
C. 39.056
D. 39.156
E. Keine Antwort ist richtig.

Antwort: **C**

Das Ergebnis lautet 39.056.

$546784 \div 14 = 39056$

```
42
────
126
126
────
 07
  0
────
 78
 70
────
 84
 84
────
  0
```

Mathematisches Verständnis

Bruchrechnen ohne Taschenrechner

546. $\dfrac{10}{4} - \dfrac{4}{2} = ?$ **A.** $\dfrac{6}{4}$ **B.** $\dfrac{1}{4}$ **C.** $\dfrac{6}{2}$ **D.** $0,5$ **E.** Keine Antwort ist richtig.

Antwort: **D**

Brüche werden subtrahiert, indem man den kleinsten gemeinsamen Nenner findet, die Zähler subtrahiert und den Nenner beibehält. Anschließend wird das Ergebnis hier in eine Dezimalzahl umgewandelt.

$$\frac{10}{4} - \frac{4}{2} = \frac{10}{4} - \frac{8}{4} = \frac{2}{4} = \frac{1}{2} = 0,5$$

---

547. $\dfrac{10}{4} + \dfrac{4}{2} = ?$ **A.** $\dfrac{14}{4}$ **B.** $\dfrac{14}{2}$ **C.** $\dfrac{18}{4}$ **D.** $\dfrac{14}{6}$ **E.** Keine Antwort ist richtig.

Antwort: **C**

Brüche werden addiert, indem man den kleinsten gemeinsamen Nenner findet, die Zähler addiert und den Nenner beibehält.

$$\frac{10}{4} + \frac{4}{2} = \frac{10}{4} + \frac{8}{4} = \frac{18}{4}$$

---

548. $\dfrac{10}{4} \div \dfrac{4}{2} = ?$ **A.** $\dfrac{40}{8}$ **B.** $\dfrac{2}{2}$ **C.** $\dfrac{5}{4}$ **D.** $\dfrac{2}{4}$ **E.** Keine Antwort ist richtig.

Antwort: **C**

Brüche werden dividiert, indem man mit dem Kehrwert multipliziert. Anschließend muss das Ergebnis so weit wie möglich gekürzt werden.

$$\frac{10}{4} \div \frac{4}{2} = \frac{10}{4} \times \frac{2}{4} = \frac{20}{16} = \frac{5}{4}$$

---

549. $\dfrac{10}{4} \times \dfrac{4}{2} = ?$ **A.** 2 **B.** 3 **C.** 4 **D.** 5 **E.** Keine Antwort ist richtig.

Antwort: **D**

Brüche werden multipliziert, indem man Zähler und Zähler sowie Nenner und Nenner miteinander multipliziert. Anschließend muss das Ergebnis so weit wie möglich gekürzt werden.

$$\frac{10}{4} \times \frac{4}{2} = \frac{40}{8} = \frac{5}{1} = 5$$

Prüfung · Teil 3

---

550. $4\dfrac{8}{4}=?$ A.   4   B.   6   C.   8   D.   10   E.   Keine Antwort ist richtig.

Antwort: **B**

Gemischte Zahlen sollten in Brüche umgewandelt werden. Danach wird der Zähler dividiert durch den Nenner.

$$4\dfrac{8}{4}=\dfrac{24}{4}=6$$

---

551. $\dfrac{4}{8}\times 3=?$ A. $\dfrac{10}{8}$ B. $\dfrac{28}{8}$ C. $\dfrac{4}{24}$ D. $1\dfrac{1}{2}$ E.   Keine Antwort ist richtig.

Antwort: **D**

Ein Bruch wird mit einer ganzen Zahl multipliziert, indem man den Nenner beibehält und den Zähler mit der ganzen Zahl multipliziert. Anschließend ist das Ergebnis so weit wie möglich zu kürzen.

$$\dfrac{4}{8}\times 3=\dfrac{12}{8}=\dfrac{3}{2}=1\dfrac{1}{2}$$

---

552. $6\dfrac{2}{4}\times 2\dfrac{2}{4}=?$ A. $\dfrac{260}{4}$ B.   13   C.   16,25   D.   65   E.   Keine Antwort ist richtig.

Antwort: **C**

Gemischte Zahlen sollten in Brüche umgewandelt werden. Danach werden die Brüche multipliziert, indem man Nenner mit Nenner und Zähler mit Zähler multipliziert. Anschließend ist das Ergebnis in eine Dezimalzahl umzuwandeln.

$$6\dfrac{2}{4}\times 2\dfrac{2}{4}=\dfrac{26}{4}\times\dfrac{10}{4}=\dfrac{260}{16}=16,25$$

---

553. $6\dfrac{2}{4}\div 2\dfrac{2}{4}=?$ A. $3\dfrac{2}{4}$ B.   2,6   C. $\dfrac{1}{4}$ D.   4   E.   Keine Antwort ist richtig.

Antwort: **B**

Gemischte Zahlen sollten in Brüche umgewandelt werden. Danach werden die Brüche dividiert, indem man mit dem Kehrwert multipliziert. Anschließend ist das Ergebnis so weit wie möglich zu kürzen.

$$6\dfrac{2}{4}\div 2\dfrac{2}{4}=\dfrac{26}{4}\div\dfrac{10}{4}=\dfrac{26}{4}\times\dfrac{4}{10}=\dfrac{104}{40}=2\dfrac{3}{5}=2,6$$

---

554. $\dfrac{1}{3}-3+3\dfrac{2}{3}-1,5+9,5=?$ A.   8   B.   9   C.   10   D.   11   E.   12

Antwort: **B**

Rechnen Sie wie folgt:

$$\frac{1}{3}+3\frac{2}{3}=4$$

$$-3-1,5+9,5=5$$

$$4+5=9$$

---

555. $40\times\dfrac{1}{4}+\dfrac{2}{4}+1.029+0,5=?$ **A.** 1.020   **B.** 1.041   **C.** 1.051   **D.** 1.040   **E.** 1.059

Antwort: **D**

Es gilt Punktrechnung vor Strichrechnung $\left(40\times\dfrac{1}{4}=10\right)$. Der Rest ist leicht abzuleiten.

$$40\times\frac{1}{4}+\frac{2}{4}+1.029+0,5=10+0,5+1.029+0,5=1.040$$

Prüfung · Teil 3

Mathematisches Verständnis

Umrechnen (Maße und Einheiten)

556. Wie viele Kilogramm sind 0,69 Tonnen?

    A. 6,9

    B. 690

    C. 6.900

    D. 69.000

    E. Keine Antwort ist richtig.

Antwort: **B**

Eine Tonne entspricht 1.000 Kilogramm, also entsprechen 0,69 Tonnen 690 Kilogramm:

$0,69 \times 1.000 \, \text{kg} = 690 \, \text{kg}$

---

557. Wie viele Deziliter sind 0,25 Liter?

    A. 250

    B. 25

    C. 2,5

    D. 5

    E. Keine Antwort ist richtig.

Antwort: **C**

Ein Liter entspricht 10 Dezilitern, also ergeben 0,25 Liter 2,5 Deziliter:

$0,25 \times 10 \, \text{dl} = 2,5 \, \text{dl}$

---

558. Wie viele Kubikzentimeter sind 26,5 Liter?

    A. 26.500

    B. 2.650

    C. 265

    D. 2,65

    E. Keine Antwort ist richtig.

Antwort: **A**

Ein Liter entspricht 1.000 Kubikzentimetern, also ergeben 26,5 Liter 26.500 Kubikzentimeter:

$26,5 \times 1.000 \, \text{cm}^3 = 26.500 \, \text{cm}^3$

---

559. Wie viele Quadratdezimeter sind 0,9 Hektar?

    A. 900.000

    B. 9 Mio.

    C. 90.000

    D. 9.000

    E. Keine Antwort ist richtig.

Antwort: **A**

Ein Hektar entspricht 10.000 Quadratmetern bzw. 1.000.000 Quadratdezimetern, also ergeben 0,9 Hektar 900.000 Quadratdezimeter:

$0,9 \times 1.000.000 \, \text{dm}^2 = 900.000 \, \text{dm}^2$

Mathematisches Verständnis: Umrechnen (Maße und Einheiten)

560. Wie viele Gramm sind 21,7 Tonnen?

    A. 21.700

    B. 217.000

    C. 2.170.000

    D. 21.700.000

    E. Keine Antwort ist richtig.

Antwort: **D**

Eine Tonne entspricht 1.000 Kilogramm bzw. 1.000.000 Gramm, also ergeben 21,7 Tonnen 21,7 Mio. Gramm:

$21,7 \times 1.000.000 \text{ g} = 21.700.000 \text{ g}$

---

561. Wie viele Gramm sind 5 Pfund und 75 Gramm?

    A. 1.150

    B. 5.075

    C. 575

    D. 2.575

    E. Keine Antwort ist richtig.

Antwort: **D**

Ein Pfund entspricht 0,5 Kilogramm bzw. 500 Gramm, also entsprechen 5 Pfund 2.500 Gramm:

$5 \times 500 \text{ g} = 2.500 \text{ g}$

Nimmt man die weiteren 75 Gramm hinzu, ergibt sich ein Gesamtgewicht von 2.575 Gramm.

---

562. Wie viele Milligramm sind 0,078 Gramm?

    A. 78

    B. 7,8

    C. 780

    D. 0,78

    E. Keine Antwort ist richtig.

Antwort: **A**

Ein Gramm entspricht 1.000 Milligramm, also ergeben 0,078 Gramm 78 Milligramm:

$0,078 \times 1.000 \text{ mg} = 78 \text{ mg}$

---

563. Wie viel Zentimeter sind 385 Kilogramm?

    A. 3,85

    B. 7,7

    C. 38.500

    D. 3.850

    E. Keine Antwort ist richtig.

Antwort: **E**

Zentimeter (cm) ist eine Maßeinheit für Längen, Kilogramm (kg) eine Maßeinheit für Gewichte. Längen- und Gewichtsmaße lassen sich nicht ineinander umrechnen.

Prüfung · Teil 3

564. Wie viele Dezimeter sind 38,5 Kubikmillimeter?

    A. 3,845

    B. 0,3845

    C. 0,03845

    D. 0,003845

    E. Keine Antwort ist richtig.

Antwort: **E**

Dezimeter (dm) ist ein Längenmaß, Kubikmillimeter (mm^3) ein Raummaß. Längen- und Raummaße lassen sich nicht ineinander umrechnen.

---

565. Wie viele Zentner sind 425 Kilogramm?

    A. 8,5

    B. 85

    C. 42,5

    D. 4,25

    E. Keine Antwort ist richtig.

Antwort: **A**

Ein Zentner entspricht 50 Kilogramm, also ergeben 425 Kilogramm 8,5 Zentner:

425 kg ÷ 50 kg = 8,5

Mathematisches Verständnis: Kettenrechnung

Mathematisches Verständnis

Kettenrechnung

Bei dieser Aufgabe geht es darum, einfache Rechnungen im Kopf zu lösen.

566. $27 \div 3 + 18 \div 3 \times 2 + 118 - 30 \div 2 + 3 \div 7 \div 2 + 16 =$ 20

567. $30 \div 6 + 23 + 46 - 2 \div 8 \times 9 + 9 + 909 \div 3 =$ 333

568. $1550 - 26 + 12 \div 3 \times 2 \div 4 - 156 - 20 \div 16 =$ 5

569. $13 - 5 \times 6 \div 4 \div 3 + 4 + 6 - 3 \times 2 + 17 \div 3 + 12 \div 5 + 6 \times 2 =$ 22

570. $57 - 12 \div 9 + 12 - 3 \div 2 - 3 \times 5 + 6 \div 2 \times 3 - 3 \div 6 =$ 6

571. $2 \times 2 + 2 \div 2 + 2 \times 2 - 2 + 22 \div 2 + 2 \times 2 - 2 \times 2 + 2 =$ 66

572. $2 \times 4 + 5 \times 6 - 8 \div 2 - 2 \div 3 + 4 \div 5 + 9 \times 3 + 5 - 7 \div 2 =$ 17

573. $4 + 8 \times 6 + 5 \div 7 + 6 \times 4 - 16 \div 4 + 12 \div 5 \times 4 + 3 - 7 \times 3 =$ 48

574. $14 \times 3 \div 6 \times 7 + 7 \div 8 + 9 \div 8 \times 7 + 9 \times 2 + 5 \div 3 =$ 17

575. $5 \times 5 + 3 \div 4 + 2 \times 2 - 3 \times 3 \div 9 + 9 \times 6 - 6 - 8 \div 7 =$ 10

576. $8 \times 8 - 8 \div 8 + 7 + 11 \div 5 \times 6 + 4 \div 2 + 1 \div 3 =$ 6

577. $9 \times 2 + 9 \div 3 \times 9 - 3 \div 6 + 15 \div 4 \times 5 + 11 \div 2 - 5 \div 6 + 78 \div 9 =$ 9

578. $84 + 14 \div 7 + 12 \div 2 \times 7 + 8 \div 3 - 5 \times 2 + 44 =$ 100

579. $24 + 17 \times 2 + 3 \div 5 + 4 \div 7 \times 2 + 19 \div 5 + 1 \times 8 + 7 =$ 55

580. $9 \times 4 \div 6 \times 3 + 4 - 3 \times 2 + 4 \div 6 \times 5 + 2 =$ 37

581. $18 + 4 \div 2 + 9 - 3 \times 4 - 2 \div 2 + 2 - 5 \div 5 \times 3 \div 2 =$ 9

582. $1 \times 2 + 3 \times 4 - 5 \times 2 + 15 \div 9 \times 10 - 11 \div 3 =$ 13

583. $9 \times 8 \div 6 - 5 \times 7 + 6 \div 5 + 9 \times 3 \div 2 - 1 =$ 29

584. $4 + 8 \times 3 \div 6 + 9 \div 5 + 6 - 5 \times 4 + 4 \div 5 \times 6 =$ 24

585. $3 \times 6 \div 9 + 3 \times 9 \div 3 \times 2 - 3 \times 2 \div 9 =$ 6

AUSBILDUNGSPark

Prüfung · Teil 3

Mathematisches Verständnis

Schätzung

In diesem Abschnitt erhalten Sie Rechenaufgaben, die Sie nicht ausrechnen, sondern schätzen sollen.

586. 23.888 – 13.966 – 712 = ?

    A. 9.210
    B. 10.120
    C. 9.046
    D. 11.228
    E. Keine Antwort ist richtig.

Antwort: **A**

Die letzte Ziffer der Lösung lässt sich berechnen, indem man nur die Endziffern der einzelnen Werte betrachtet:

$8 - 6 - 2 = 0$

Die letzte Ziffer des Endergebnisses lautet also 0. Per Überschlag stellt man außerdem fest, dass die gesuchte Zahl kleiner als 10.000 sein muss (23.8xx – 13.9xx < 10.000). Beide dieser Bedingungen erfüllt nur Antwort A.

---

587. 11.249 + 22.336 + 908 = ?

    A. 34.383
    B. 34.493
    C. 35.344
    D. 34.954
    E. Keine Antwort ist richtig.

Antwort: **B**

Die letzte Ziffer der Lösung lässt sich berechnen, indem man nur die Endziffern der einzelnen Werte betrachtet:

$9 + 6 + 8 = 23$

Die letzte Ziffer des Endergebnisses ist also 3. Per Überschlag mit gerundeten Tausenderwerten stellt man außerdem fest, dass die Lösung größer sein muss als 34,4 (11,2 + 22,3 + 0,9). Beide dieser Bedingungen erfüllt nur Antwort B.

---

588. 1.645 × 3.987 = ?

    A. 3.661.196
    B. 6.558.615
    C. 111.965.515
    D. 987.435
    E. Keine Antwort ist richtig.

Antwort: **B**

Die letzte Ziffer der Lösung lässt sich berechnen, indem man nur die Endziffern der einzelnen Werte betrachtet:

$5 \times 7 = 35$

Die letzte Ziffer des Endergebnisses ist also 5. Da zwei vierstellige Zahlen multipliziert werden, muss der gesuchte Wert außerdem mindestens siebenstellig, kann aber höchstens achtstellig sein. Beide dieser Bedingungen erfüllt nur Antwort B.

---

589. 12.112 + 25.987 + 19.945 = ?

    A. 60.035

    B. 56.384

    C. 56.034

    D. 58.044

    E. Keine Antwort ist richtig.

Antwort: **D**

Die letzte Ziffer der Lösung lässt sich berechnen, indem man nur die Endziffern der einzelnen Werte betrachtet:

$2 + 7 + 5 = 14$

Die letzte Ziffer des Endergebnisses lautet also 4. Mit gerundeten Tausenderwerten lässt sich der Wert außerdem wie folgt überschlagen:

$12 + 26 + 20 = 58$

Beide dieser Bedingungen erfüllt nur Antwort D.

---

590. 824 × 886 = ?

    A. 730.064

    B. 1.098.724

    C. 654.068

    D. 834.235

    E. Keine Antwort ist richtig.

Antwort: **A**

Die letzte Ziffer der Lösung lässt sich berechnen, indem man nur die Endziffern der einzelnen Werte betrachtet:

$4 \times 6 = 24$

Die letzte Ziffer des Endergebnisses lautet also 4. Da zwei dreistellige Zahlen multipliziert werden, kann die Lösung außerdem höchstens sechsstellig sein. Beide dieser Bedingungen erfüllt nur Antwort A.

---

591. $5/14 + 4/27 = ?$

    A. 0,992

    B. 1,202

    C. 0,848

    D. 0,505

    E. Keine Antwort ist richtig.

Antwort: **D**

Für die Schätzung kann statt $4/27$ der Wert $4/28$ – oder $2/14$ – verwendet werden. Als Annäherung erhält man so:

$5/14 \times 2/14 = 7/14 = 0,5$

Prüfung · Teil 3

592. 467,45 – 276,5 + 1.235,55 = ?

    A. 1.508,65

    B. 1.492

    C. 1.426,5

    D. 1.284,5

    E. Keine Antwort ist richtig.

Antwort: **C**

Die Nachkommastellen lassen sich geschickt umgruppieren und gesondert berechnen:

$0,45 - 0,5 + 0,55 = 0,45 + 0,55 - 0,5 = 0,5$

Die Nachkommastelle der Lösung lautet also 0,5. Mit gerundeten Hunderterwerten lässt sich das Ergebnis außerdem wie folgt überschlagen:

$4,7 - 2,8 + 12,3 = 14,2$

Beide dieser Bedingungen erfüllt nur Antwort C.

---

593. 73,2 % von 845 = ?

    A. 388,6

    B. 546,99

    C. 764,88

    D. 618,54

    E. Keine Antwort ist richtig.

Antwort: **D**

Für die Schätzung kann statt 73,5 % ein handlicherer Wert von 75 % – oder drei Viertel – angenommen werden. Statt mit 845 empfiehlt es sich dann, mit einer überschaubaren, durch 4 teilbaren Zahl zu rechnen, z. B. mit 840. Der Überschlag sieht dann wie folgt aus:

$840 \div 4 = 210$

$210 \times 3 = 630$

Drei Viertel von 840 sind 630. Damit hat man sich dem tatsächlichen Ergebnis der Aufgabe (618,54) ausreichend angenähert.

---

594. 36 × 45 + 208 = ?

    A. 1.828

    B. 1.198

    C. 2.005

    D. 1.926

    E. Keine Antwort ist richtig.

Antwort: **A**

Die letzte Ziffer der Lösung lässt sich berechnen, indem man nur die Endziffern der einzelnen Werte betrachtet:

$6 \times 5 + 8 = 38$ (Punkt- vor Strichrechnung)

Die letzte Ziffer des Endergebnisses lautet also 8. Per Überschlag stellt man außerdem fest, dass das Endergebnis zwischen 1.200 (30×40) und 2.000 (40×50) liegen muss. Beide dieser Bedingungen erfüllt nur Antwort A.

Mathematisches Verständnis: Schätzung

595. $151,23 \times 21,44 = ?$

    A. 3.476,98

    B. 3.398,358

    C. 2.998,12

    D. 3.242,3712

    E. Keine Antwort ist richtig.

Antwort: **D**

Die letzte Ziffer der Lösung lässt sich berechnen, indem man nur die Endziffern der einzelnen Werte betrachtet:

$3 \times 4 = 12$

Die letzte Ziffer des Endergebnisses lautet also 2. Mit gerundeten Werten lässt sich das Ergebnis außerdem wie folgt überschlagen:

$150 \times 20 = 3.000$

Da die Lösung größer als 3.000 sein muss, erfüllt beide Bedingungen nur Antwort D.

---

596. $8.306.258 + 2.118.987 = ?$

    A. 10.245.524

    B. 104.425

    C. 104.254

    D. 10.425.245

    E. Keine Antwort ist richtig.

Antwort: **D**

Die letzte Ziffer der Lösung lässt sich berechnen, indem man nur die Endziffern der einzelnen Werte betrachtet:

$8 + 7 = 15$

Die gesuchte Endziffer lautet also 5. Mit gerundeten Millionenwerten lässt sich der Wert außerdem wie folgt überschlagen:

$8,3 + 2,1 = 10,4$

Beide dieser Bedingungen erfüllt nur Antwort D.

---

597. $8.348 - 6.405,66 + 1.671 = ?$

    A. 3.613,34

    B. 3.505,33

    C. 2.958,45

    D. 3.905,34

    E. Keine Antwort ist richtig.

Antwort: **A**

Dem angegebenen Rechenweg zu folgen, wäre umständlich. Fassen Sie die Werte stattdessen geschickt zusammen und schätzen Sie nach folgendem Schema:

$8.348 + 1.671 \approx 10.000$

$10.000 - 6.405,66 \approx 3.600$

Prüfung · Teil 3

598. 86,6 % von 2.954 = ?

  A.   2.864,93

  B.   2.558,164

  C.   2.798,34

  D.   2.277,64

  E.   Keine Antwort ist richtig.

Antwort: **B**

Für die Schätzung empfiehlt es sich, zunächst grob zu bestimmen, wie hoch der Anteil von 10 % ist:

$2.954 \div 10 = 295,4 \approx 300$.

Die Lösung liegt nun zwischen 80 % und 90 %, also ungefähr auf halbem Weg zwischen 2.400 (8×300) und 2.700 (9×300).

---

599. $12 \times 14 \times 3,6 = ?$

  A.   504,3

  B.   702,6

  C.   618

  D.   604,8

  E.   Keine Antwort ist richtig.

Antwort: **D**

Die letzte Ziffer der Lösung lässt sich berechnen, indem man nur die Endziffern der einzelnen Werte betrachtet:

$2 \times 4 \times 6 = 48$

Die letzte Ziffer der Lösung lautet also 8; da der letzte Wert eine Stelle nach dem Komma besitzt, hat auch der gesuchte Wert eine solche Nachkommastelle. Beide dieser Bedingungen erfüllt nur Antwort D.

---

600. 77 % von 130 % = ?

  A.   95,2 %

  B.   100,1 %

  C.   114 %

  D.   112,8 %

  E.   Keine Antwort ist richtig.

Antwort: **B**

77 % entsprechen ungefähr drei Vierteln (75 %). 130 % entsprechen ungefähr vier Dritteln (133 %). Bringt man die Werte in Bruchform, lässt sich das Ergebnis schnell abschätzen:

$^3/_4 \times {}^4/_3 = {}^{12}/_{12} = 1 = 100\,\%$.

---

601. $7.748 + 3.450 - 762 = ?$

  A.   10.436

  B.   9.896

  C.   10.876

  D.   11.126

  E.   Keine Antwort ist richtig.

Antwort: **A**

Dem angegebenen Rechenweg zu folgen, wäre umständlich. Schätzen Sie nach dem folgenden Schema:

$7.748 - 762 \approx 7.000$

$7.000 + 3.450 = 10.450$

---

602. $7{,}872 \times 3{,}988 = ?$

    A. 22,86

    B. 32,125616

    C. 31,393536

    D. 23,1745345

    E. Keine Antwort ist richtig.

Antwort: **C**

Die letzte Ziffer der Lösung lässt sich berechnen, indem man nur die Endziffern der einzelnen Werte betrachtet:

$2 \times 8 = 16$

Die letzte Ziffer des Endergebnisses lautet also 6. Per Überschlag erkennt man außerdem, dass der gesuchte Wert etwas kleiner als 32 (8×4) sein muss. Beide dieser Bedingungen erfüllt nur Antwort C.

---

603. $3.987.346 - 1.267.645 = ?$

    A. 2.898.402

    B. 2.889.761

    C. 2.456.941

    D. 2.719.701

    E. Keine Antwort ist richtig.

Antwort: **D**

Die letzte Ziffer der Lösung lässt sich berechnen, indem man nur die Endziffern der einzelnen Werte betrachtet:

$6 - 5 = 1$

Mit gerundeten Millionenwerten lässt sich das Ergebnis außerdem wie folgt überschlagen:

$4 - 1{,}3 = 2{,}7$

Beide dieser Bedingungen erfüllt nur Antwort D.

---

604. $2.355 \times 1.872 = ?$

    A. 991.990

    B. 4.408.560

    C. 4.638.106

    D. 5.440.327

    E. Keine Antwort ist richtig.

Antwort: **B**

Die letzte Ziffer der Lösung lässt sich berechnen, indem man nur die Endziffern der einzelnen Werte betrachtet:

$5 \times 2 = 10$

Die letzte Ziffer des Endergebnisses lautet also 0. Da zwei vierstellige Zahlen miteinander multipliziert werden, muss das Endergebnis außerdem mindestens 7 und kann höchstens 8 Stellen haben. Beide dieser Bedingungen erfüllt nur Antwort B.

Prüfung · Teil 3

605. 9,757 − 3,649 = ?

    A. 6,108

    B. 5,808

    C. 6,206

    D. 7,456

    E. Keine Antwort ist richtig.

Antwort: **A**

Die letzte Ziffer der Lösung lässt sich berechnen, indem man nur die Endziffern der einzelnen Werte betrachtet:

$57 − 49 = 8$

Die Endziffer des gesuchten Werts lautet also 8. Per Überschlag kann man sich außerdem dem gesuchten Wert annähern:

$9,7 − 3,6 = 6,1$

Beide dieser Bedingungen erfüllt nur Antwort A.

Mathematisches Verständnis: Rechenoperatoren ergänzen

Mathematisches Verständnis

Rechenoperatoren ergänzen

606. $7 - 2 \times 3 = 7 - 6 = 1$

607. $15 \div 3 + 4 = 5 + 4 = 9$

608. $2 \times 8 - 7 = 9$

609. $9 \div 3 \times 4 = 3 \times 4 = 12$

610. $6 \times 4 - 5 = 19$

611. $12 \times 2 - 8 = 24 - 8 = 16$

612. $3 \times 6 \div 2 = 18 \div 2 = 9$

613. $17 - 9 + 3 = 11$

614. $11 - 6 \div 2 = 11 - 3 = 8$

615. $7 \times 2 - 9 = 14 - 9 = 5$

616. $2 \times 3 \times 2 = 6 \times 2 = 12$

617. $8 \times 7 \div 4 = 56 \div 4 = 14$

618. $9 \div 3 + 5 = 3 + 5 = 8$

619. $7 - 8 \div 4 = 7 - 2 = 5$

620. $16 \div 2 + 6 = 8 + 6 = 14$

621. $1 + 4 \times 4 = 17$

622. $7 + 9 \div 3 = 7 + 3 = 10$

623. $8 - 2 + 1 = 7$

624. $14 \times 2 \div 7 = 28 \div 7 = 4$

625. $18 \div 3 - 2 = 6 - 2 = 4$

Prüfung · Teil 3

Mathematisches Verständnis

Gleichungen bilden

Bei dieser Aufgabe geht es um Ihre rechnerische Sicherheit.

Musterlösungen

$2 + 3 = 5$	$4 \times 3 = 16 - 4$	$20 - 3 = 10 + 7$
$3 + 4 = 7$	$5 + 5 = 10$	$3 + 8 = 11$
$8 + 2 = 10$	$4 \times 20 = 8 \times 10$	$2 \times 2 \times 2 \times 2 \times 2 \times 2 = 4 \times 4 \times 4$
$5 + 3 = 8$	$7 - 3 = 4$	$20 \times 4 \div 2 = 2 \times 2 \times 2 \times 5$
$4 \times 4 = 2 \times 8$	$7 - 2 = 5$	$7 + 7 + 4 + 2 = 20$
$2 \times 11 = 20 + 2$	$20 - 16 = 4$	$8 - 7 = 11 - 10$
$4 \times 7 = 20 + 8$	$16 + 4 = 20$	$20 \times 16 = 10 \times 10 + 2 \times 10 \times 11$
$4 + 4 = 8$	$10 - 4 \div 2 = 8$	$10 \times 20 \div 5 \div 4 = 16 \times 5 \div 8$
$2 \times 3 = 8 - 2$	$11 - 8 \div 2 = 7$	$20 \div 5 \times 4 = 8 \times 4 \div 2$
$3 \times 3 = 20 - 11$	$8 \div 10 = 16 \div 20$	$3 + 7 = 10$

Aufgrund der unendlich großen Menge an korrekten Aufgaben finden Sie hier im Lösungsbuch nur eine Auswahl.

Bitte überprüfen Sie Ihre Lösungen mit einem Taschenrechner.

Mathematisches Verständnis: Zahlenmatrizen und Zahlenpyramiden

Mathematisches Verständnis

Zahlenmatrizen und Zahlenpyramiden

Die Zahlen in den folgenden Matrizen und Pyramiden sind nach festen Regeln zusammengestellt.

626. Durch welche Zahl muss das Fragezeichen ersetzt werden, damit die Zahlen in der Tabelle in einem sinnvollen Verhältnis zueinander stehen?

7	2	13	12
9	16	3	6
4	5	?	15
14	11	8	1

A. 7
B. 12
C. 15
D. 10
E. Keine Antwort ist richtig.

Antwort: D

Das Fragezeichen wird durch die Zahl 10 sinnvoll ersetzt.

Sie erhalten bei der Addition der Zahlen einer Spalte, einer Zeile oder einer Diagonalen immer die Zahl 34.
Das Quadrat ist zudem ein magisches Quadrat, das heißt jede Zahl von 1 bis 16 kommt nur einmal vor.

627. Durch welche Zahl muss das Fragezeichen ersetzt werden, damit die Zahlen in der Tabelle in einem sinnvollen Verhältnis zueinander stehen?

?	11	4	16
14	6	12	5
14	6	13	4
3	14	8	12

A. 3
B. 6
C. 9
D. 12
E. Keine Antwort ist richtig.

Antwort: B

Das Fragezeichen wird durch die Zahl 6 sinnvoll ersetzt.

Sie erhalten bei der Addition der Zahlen einer Spalte, einer Zeile oder einer Diagonalen immer die Zahl 37.

AUSBILDUNGSPark | 205

Prüfung · Teil 3

628. Durch welche Zahl muss das Fragezeichen ersetzt werden, damit die Zahlen in der Tabelle in einem sinnvollen Verhältnis zueinander stehen?

98	87	76
?	54	43
32	21	10

A. 65
B. 56
C. 64
D. 48
E. Keine Antwort ist richtig.

Antwort: **A**

Das Fragezeichen wird durch die Zahl 65 sinnvoll ersetzt. Die Reihen werden nach folgendem Prinzip gebildet:

Beginnend links oben, wird die Einerzahl der vorangegangenen Zahl zur Zehnerzahl des folgenden Werts, die Einerzahl jedes Werts ist stets um 1 geringer als seine Zehnerzahl. Die Schritte laufen über die Zeilengrenzen hinweg und setzen sich am Anfang der nächstuntersten Zeile fort.

629. Folgende Zahlenpyramide ist nach einer festen Regel aufgebaut. Durch welche Zahl muss das Fragezeichen ersetzt werden, damit die Pyramide sinnvoll aufgestellt ist?

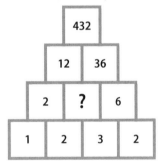

A. 3
B. 4
C. 8
D. 6
E. Keine Antwort ist richtig.

Antwort: **D**

Das Fragezeichen wird durch die Zahl 6 sinnvoll ersetzt. Die Pyramide ist nach folgendem Prinzip aufgebaut: Der Wert einer Zelle ergibt sich aus der Multiplikation der Werte der beiden Zellen darunter.

1. Reihe: $432 = 12 \times 36$
2. Reihe: $12 = 2 \times 6 \mid 36 = 6 \times 6$
3. Reihe: $2 = 1 \times 2 \mid 6 = 2 \times 3 \mid 6 = 3 \times 2$

630. Folgende Zahlenpyramide ist nach einer festen Regel aufgebaut. Durch welche Zahl muss das Fragezeichen ersetzt werden, damit die Pyramide sinnvoll aufgestellt ist?

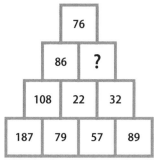

- A. 10
- B. 14
- C. 28
- D. 46
- E. Keine Antwort ist richtig.

Antwort: **A**

Das Fragezeichen wird durch die Zahl 10 sinnvoll ersetzt. Die Pyramide ist nach folgendem Prinzip aufgebaut:

Der Wert einer Zelle ergibt sich, indem der kleinere von beiden Werten der darunter liegenden Zellen vom größeren Wert abgezogen wird.

1. Reihe: 76 = 86 − 10
2. Reihe: 86 = 108 − 22 | 10 = 32 − 22
3. Reihe: 108 = 187 − 79 | 22 = 79 − 57 | 32 = 89 − 57

---

631. Durch welche Zahl muss das Fragezeichen ersetzt werden, damit die Zahlen in der Tabelle in einem sinnvollen Verhältnis zueinander stehen?

10	5	5	4
2	10	10	5
5	4	?	5
10	5	2	10

- A. 5
- B. 4
- C. 2
- D. 10
- E. Keine Antwort ist richtig.

Antwort: **D**

Das Fragezeichen wird durch die Zahl 10 sinnvoll ersetzt. Sie erhalten bei Multiplikation der Zahlen einer Reihe oder Spalte immer das Ergebnis 1.000.

Prüfung · Teil 3

632. **Durch welche Zahl muss das Fragezeichen ersetzt werden, damit die Zahlen in der Tabelle in einem sinnvollen Verhältnis zueinander stehen?**

10	4	1	5
2	?	10	2
1	2	10	10
10	5	2	2

A. 2
B. 1
C. 5
D. 4
E. Keine Antwort ist richtig.

Antwort: **C**

Das Fragezeichen wird durch die Zahl 5 sinnvoll ersetzt. Sie erhalten bei Multiplikation der Zahlen einer Reihe oder Spalte immer das Ergebnis 200.

633. **Durch welche Zahl muss das Fragezeichen ersetzt werden, damit die Zahlen in der Tabelle in einem sinnvollen Verhältnis zueinander stehen?**

15	4	9	12
3	–11	5	3
0	–14	?	–2
2	–14	30	–18

A. 16
B. –6
C. –16
D. 6
E. Keine Antwort ist richtig.

Antwort: **A**

Das Fragezeichen wird durch die Zahl 16 sinnvoll ersetzt. Die obere Zahlenreihe ist vorgegeben. Die Zahlen darunter werden durch eine Subtraktion gebildet, indem von der Zahl darüber die vorstehende Zahl abgezogen wird. So berechnet sich die gesuchte Zahl aus 5 – (–11) = 16.

Mathematisches Verständnis: Zahlenmatrizen und Zahlenpyramiden

634. Durch welche Zahl muss das Fragezeichen ersetzt werden, damit die Zahlen in der Tabelle in einem sinnvollen Verhältnis zueinander stehen?

2	3	4	5
7	5	7	9
16	12	12	16
32	?	24	28

A. 24
B. 28
C. 30
D. 32
E. Keine Antwort ist richtig.

Antwort: B

Das Fragezeichen wird durch die Zahl 28 sinnvoll ersetzt. Die obere Zahlenreihe ist vorgegeben. Die Zahlen
darunter werden durch eine Addition gebildet, indem zu der Zahl darüber die vorstehende Zahl hinzuge-
rechnet wird. So berechnet sich die gesuchte Zahl aus $16 + 12 = 28$.

635. Durch welche Zahl muss das Fragezeichen ersetzt werden, damit die Zahlen in der Tabelle in einem sinnvollen Verhältnis zueinander stehen?

$2/3$	$1/2$	$3/2$	$3/4$
$1/2$	$3/4$	$10/5$	$1/2$
$1/2$	$3/2$	$1/4$	$6/3$
$9/4$	?	$1/2$	$1/2$

A. $1/3$
B. $1/2$
C. $2/3$
D. $3/4$
E. Keine Antwort ist richtig.

Antwort: C

Das Fragezeichen wird durch die Zahl $2/3$ sinnvoll ersetzt. Sie erhalten bei Multiplikation der Zahlen einer
Reihe oder Spalte immer das Ergebnis $3/8$.

Prüfung · Teil 3

Mathematisches Verständnis

Symbolrechnen

In jeder Aufgabe stehen gleiche Symbole für gleiche Zahlen. Ein Symbol repräsentiert eine Zahl von 0–9, zwei zusammengezogene Symbole entsprechen zweistelligen Zahlen.

636. Für welche Zahl steht das Symbol Δ?

$\Delta\Delta \times \Pi = \Pi\Pi$

A. 1
B. 2
C. 4
D. 8
E. Keine Antwort ist richtig.

Antwort: **A**

Das Symbol Δ steht für die Zahl 1. Nur durch die Multiplikation eines einstelligen Werts mit 11 erhält man als Ergebnis stets eine zweistellige Zahl, deren Zehner- und Einerwert der einstelligen Zahl entsprechen:

$11 \times 1 = 11$; $11 \times 2 = 22$; $11 \times 3 = 33$ usw.

---

637. Für welche Zahl steht das Symbol Ψ?

$\Pi\Pi + \Pi = \Pi\Psi$

A. 1
B. 7
C. 5
D. 4
E. Keine Antwort ist richtig.

Antwort: **D**

Das Symbol Π kann nur für 1, 2, 3 oder 4 stehen, da bei allen größeren Werte das Ergebnis über die jeweilige „Zehnergrenze" springen würde. Für Π = 1, Π = 3 oder Π = 4 führt die Rechnung jedoch zu einem Ergebnis von Ψ, das nicht als Antwortmöglichkeit angegeben ist:

$11 + 1 = 12$

$33 + 3 = 36$

$44 + 4 = 48$

Das Symbol Ψ steht demnach für die Zahl 4:

$22 + 2 = 24$

---

638. Für welche Zahl steht das Symbol Δ?

$\Delta \times \Pi = 2\Delta$

A. 4
B. 6
C. 8
D. 5
E. Keine Antwort ist richtig.

Antwort: **A**

210   www.ausbildungspark.com

Mathematisches Verständnis: Symbolrechnen

Gesucht wird ein Wert, der durch die Multiplikation mit einem zweiten einstelligen Wert eine Zahl von 20 bis 29 ergibt. Infrage kommen:

$3 \times 7 = 21$ $3 \times 8 = 24$ $3 \times 9 = 27$

$4 \times 5 = 20$ $4 \times 6 = 24$ $4 \times 7 = 28$

$5 \times 5 = 25$

Die zweite Ziffer des Ergebnisses muss jedoch dem gesuchten Wert entsprechen. Diese Bedingung erfüllt nur Möglichkeit A ($4 \times 6 = 24$). Antwort D ($5 \times 5 = 25$) scheidet aus, da Π von Δ verschieden sein muss.

---

639. Für welche Zahl steht das Symbol Δ?

$\Delta 2 - 1\Delta = \Psi 8$

A. 1
B. 2
C. 4
D. 8
E. Keine Antwort ist richtig.

Antwort: **C**

Setzt man die möglichen Antworten für Δ in die Rechnung ein, erkennt man, dass die gesuchte Zahl 4 lauten muss. Denn nur so ergibt die zweite Ziffer des Ergebnisses 8. Die Rechnung lautet:

$42 - 14 = 28$

---

640. Für welche Zahl steht das Symbol Π?

$\Pi 5 \times \Pi + \Pi = 5\Pi$

A. 3
B. 1
C. 6
D. 2
E. Keine Antwort ist richtig.

Antwort: **D**

Betrachtet man nur die zweite Ziffer der ersten Zahl (5), erkennt man, dass das Symbol Π für eine gerade Zahl stehen muss. Denn multipliziert man eine beliebige Zahl mit 5 (bzw. mit einer Zahl mit dem Einerwert 5) und addiert die gleiche Zahl nochmals hinzu, führt dies immer zu einem gradzahligen Ergebnis:

$5 \times 1 + 1 = 6$

$15 \times 2 + 2 = 32$

$25 \times 3 + 3 = 78$

Darüber hinaus läge das Ergebnis nicht mehr zwischen 50 und 59, wenn Π für eine Zahl größer als 2 stehen würde. Korrekt ist demnach Antwort D, das Symbol Π repräsentiert die Zahl 2.

---

641. Für welche Zahl steht das Symbol Ψ?

$\Psi\Omega \div \Omega = \Omega$

A. 7
B. 2
C. 8
D. 4
E. Keine Antwort ist richtig.

AUSBILDUNGSPark | 211

Prüfung · Teil 3

Antwort: **B**

Setzt man für Ω alle einstelligen Ziffern ein, erhält man drei mögliche Lösungen.

$01 \div 1 = 1$

$25 \div 5 = 5$

$36 \div 6 = 6$

Das Symbol Ψ kann demnach nur für die Zahl 2 stehen, da 0 und 3 nicht als mögliche Lösungen angegeben sind. Die Rechnung lautet: $25 \div 5 = 5$.

---

642. Für welche Zahl steht das Symbol Π?

$(\Omega + 1) \times \Pi = \Omega + 2 + \Omega$

A. 1

B. 9

C. 2

D. 3

E. Keine Antwort ist richtig.

Antwort: **C**

Die Multiplikation der Klammer $(\Omega + 1)$ mit dem gesuchten Wert Π ergibt:

$(\Omega + 1) \times \Pi = \Pi\Omega + \Pi$

Die Addition der Ω ergibt:

$\Omega + 2 + \Omega = 2\Omega + 2$

Setzt man nun die beiden Ergebnisse gleich, sieht man, dass Π eine 2 symbolisiert:

$\Pi\Omega + \Pi = 2\Omega + 2$

---

643. Für welche Zahl steht das Symbol Ω?

$\Omega 4 + \Delta\Delta = \Pi\Pi$

A. 7

B. 2

C. 9

D. 4

E. Keine Antwort ist richtig.

Antwort: **D**

Bestehen der zweistellige Summand $\Delta\Delta$ und das Ergebnis $\Pi\Pi$ aus den gleichen Ziffern (11, 22 usw.), so muss auch der erste Summand $\Omega 4$ zwei gleiche Ziffern haben, so dass die Zahl 4 für Ω einzusetzen ist.

---

644. Für welche Zahl steht das Symbol Δ?

$\Pi^2 = \Pi\Pi - \Pi\Delta$

A. 9

B. 8

C. 0

D. 6

E. Keine Antwort ist richtig.

Antwort: **C**

Die Subtraktion der Zahl ΠΔ von der Zahl ΠΠ führt für beliebige Werte zwingend zu einem einstelligen Ergebnis:

11 – 10 = 1; 99 – 90 = 9 usw.

Die Quadratzahl des Werts Π muss demnach einstellig sein. Das gilt nur für die Werte 1, 2 und 3. Doch nur wenn das Symbol Π für die Zahl 1 steht, lässt sich eine korrekte Rechnung aufstellen:

$1 \times 1 = 11 - 10$

$2 \times 2 \neq 22 - 2\Delta$ (unabhängig von dem für Δ eingesetzten Wert)

$3 \times 3 \neq 33 - 3\Delta$ (unabhängig von dem für Δ eingesetzten Wert?)

Das Symbol Δ steht also für die Zahl 0.

---

645. Für welche Zahl steht das Symbol Ω?

$$\sqrt{\Delta\Psi\Omega} = 1\Omega$$

A. 6

B. 3

C. 9

D. 8

E. Keine Antwort ist richtig.

Antwort: **A**

Die Wurzel der dreistelligen Quadratzahl liegt zwischen 10 und 19. Die letzte Ziffer der Wurzel ist zugleich die letzte Ziffer der Quadratzahl. Diese Bedingung erfüllen nur die Ziffern 1, 5 und 6, im Zahlenraum zwischen 10 und 19 sind das 11 (Quadratzahl 121), 15 (Quadratzahl 225) und 16 (Quadratzahl 256). Da sich bei 121 und 225 weitere Ziffern wiederholen, bei der gegebenen Quadratzahl jedoch nicht, fallen diese Möglichkeiten aus. Demnach kann die Wurzel nur 16 lauten – das Symbol Ω steht demnach für 6.

Prüfung · Teil 3

Mathematisches Verständnis

Datenanalyse

Bundestagswahl 2009

Ergebnisse der Bundestagswahl am 27. September 2009, Zweitstimmenanteile in Prozent. Wahlberechtigt waren rund 62,17 Millionen Menschen.

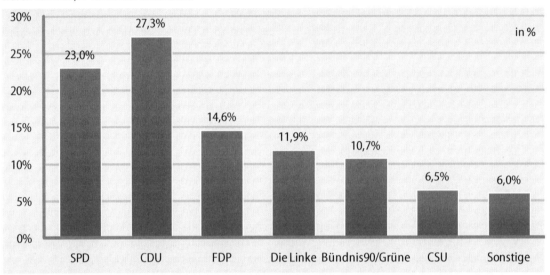

Quelle: Bundeswahlleiter

646. Die Wahlbeteiligung lag bei rund 70,8 %. Wie viele Menschen haben demnach ihre Stimme abgegeben? Runden Sie das Ergebnis bitte auf zwei Nachkommastellen.

    A. 44,01 Mio.
    B. 56,23 Mio.
    C. 38,45 Mio.
    D. 47,91 Mio.
    E. Keine Antwort ist richtig.

Antwort: **A**

Die Zahl der Wähler lässt sich nach folgender Rechnung bestimmen:

$$\text{Prozentwert} = \frac{\text{Prozentsatz} \times \text{Grundwert}}{100}$$

$$\text{Prozentwert} = \frac{70{,}8 \times 62{,}17 \text{ Mio.}}{100} = 44{,}01 \text{ Mio.}$$

Insgesamt haben bei der Bundestagswahl 2009 rund 44,01 Millionen Wahlberechtigte ihre Stimme abgegeben.

Mathematisches Verständnis: Datenanalyse

647. Wie viele Wahlberechtigte haben für eine Partei gestimmt, die den Sprung über die Fünf-Prozent-Hürde zum Einzug in den Bundestag nicht geschafft hat? Runden Sie das Ergebnis bitte auf zwei Nachkommastellen.

A. 5,89 Mio.

B. 2,64 Mio.

C. 6,35 Mio.

D. 3,48 Mio.

E. Keine Antwort ist richtig.

Antwort: **B**

Die nicht im Bundestag vertretenen Parteien werden unter „Sonstige" aufgeführt. Zu berechnen ist also, wie groß ein 6 %-Anteil an den 44,01 Millionen abgegebenen Stimmen ist:

$$Prozentwert = \frac{Prozentsatz \times Grundwert}{100}$$

$$Prozentwert = \frac{6 \times 44,01\,Mio.}{100} = 2,64\,Mio.$$

Etwa 2,64 Millionen Wahlberechtigte haben für eine Partei gestimmt, die nicht im Bundestag vertreten ist.

---

648. Die CDU kam als stärkste Partei auf einen Zweitstimmenanteil von 27,3 Prozent. Wie groß wäre der Anteil, wenn dieser nicht auf die Zahl der abgegebenen Stimmen, sondern auf die Gesamtzahl aller Wahlberechtigten bezogen würde? Runden Sie das Ergebnis bitte auf zwei Nachkommastellen.

A. 14,64 %

B. 28,52 %

C. 25,44 %

D. 19,32 %

E. Keine Antwort ist richtig.

Antwort: **D**

Bei einer Gesamtzahl von 44,01 Millionen Stimmen kommt die CDU auf einen Anteil von 27,3 %. Das entspricht einer Stimmenzahl, die sich wie folgt berechnen lässt:

$$Prozentwert = \frac{Prozentsatz \times Grundwert}{100}$$

$$Prozentwert = \frac{27,3 \times 44,01\,Mio.}{100} = 12,01\,Mio.$$

Wie hoch ist nun der prozentuale Anteil dieser 12,01 Millionen CDU-Wähler an 62,17 Millionen Wahlberechtigten?

$$Prozentsatz = \frac{Prozentwert \times 100}{Grundwert}$$

$$Prozentsatz = \frac{12,01\,Mio. \times 100}{62,17\,Mio.} = 19,32\,\%$$

Bezogen auf die Gesamtzahl aller Wahlberechtigten, kommt die CDU auf einen Stimmanteil von 19,32 %. Anders formuliert: Die CDU erhielt bei der Bundestagswahl 2009 rund 19,32 % der Stimmen aller Wahlberechtigten.

Prüfung · Teil 3

649. Bei der Bundestagswahl 2005 erhielt die CDU 27,8 % der abgegebenen Stimmen. Wahlberechtigt waren damals 61,87 Millionen Bundesbürger, die Wahlbeteiligung lag bei 77,7 %. Wie viele Wählerstimmen hat die Partei im Vergleich von 2005 zu 2009 absolut verloren? Runden Sie das Ergebnis bitte auf zwei Nachkommastellen.

A. 0,68 Mio. Stimmen

B. 0,95 Mio. Stimmen

C. 1,35 Mio. Stimmen

D. 1,86 Mio. Stimmen

E. Keine Antwort ist richtig.

Antwort: **C**

Die Gesamtzahl der bei der Bundestagswahl 2005 abgegebenen Stimmen lässt sich nach folgender Rechnung bestimmen:

$$Prozentwert = \frac{Prozentsatz \times Grundwert}{100}$$

$$Prozentwert = \frac{77,7 \times 61,87\,Mio.}{100} = 48,07\,Mio.$$

Insgesamt haben 2005 48,07 Millionen Wahlberechtigte ihre Stimme abgegeben. Der Anteil von 27,8 % der CDU entspricht folgender Stimmenzahl:

$$Prozentwert = \frac{Prozentsatz \times Grundwert}{100}$$

$$Prozentwert = \frac{27,8 \times 48,07\,Mio.}{100} = 13,36\,Mio.$$

2005 gab es rund 13,36 Millionen CDU-Stimmen. Die Differenz zu 2009 beträgt:

12,01 Mio. – 13,36 Mio. = -1,35 Mio.

2009 stimmten rund 1,35 Millionen Wähler weniger für die CDU als noch 2005.

---

650. Ohne die so genannten Überhangmandate verfügt der Bundestag über 598 Sitze. Wie viele Sitze entfallen dem Zweitstimmenanteil nach auf die SPD?

A. 123

B. 146

C. 85

D. 234

E. Keine Antwort ist richtig.

Antwort: **B**

Da die 6 % der „Sonstigen" für die Kräfteverteilung im Bundestag keine Rolle spielen – sie ziehen schließlich gar nicht erst ein – müssen nun die Verhältnisse der im Parlament vertretenen Parteien neu berechnet werden. Die ins Parlament eingezogenen Parteien repräsentieren 94 % aller Wählerstimmen, teilen jedoch 100 % der Sitze im Bundestag unter sich auf. Der 23 %-Anteil der SPD vergrößert sich dadurch leicht:

$$Prozentsatz = \frac{Prozentwert \times 100}{Grundwert}$$

$$Prozentsatz = \frac{23 \times 100}{94} = 24,47\,\%$$

24,47 % der Sitze im Bundestag entfallen demnach auf die SPD. Bezogen auf die Gesamtzahl von 598 Sitzen, entspricht das:

$$\text{Prozentwert} = \frac{\text{Prozentsatz} \times \text{Grundwert}}{100}$$

$$\text{Prozentwert} = \frac{24,47 \times 598}{100} = 146,33\,\text{Sitze}$$

Es gibt nur ganze Sitze, daher wird gerundet. Die SPD ist im Bundestag demnach mit 146 Sitzen vertreten.

Kann eine Partei Überhangmandate gewinnen, darf sie mehr Kandidaten in den Bundestag schicken, als ihr nach Anteil der Zweitstimmen zustehen würde. Überhangmandate entstehen, wenn eine Partei sehr viele Wahlkreise gewinnt und daher mehr erfolgreiche Kandidaten direkt in den Bundestag schicken darf, als ihr Zweitstimmenanteil zuließe. Derzeit besitzt die CDU/CSU-Fraktion 24 solcher Überhangmandate. Der Bundestag ist dadurch von 598 auf 622 Sitze angewachsen. Die Berechnungsgrundlage für die Sitzverteilung bleibt jedoch 598.

Mathematisches Verständnis

Textaufgaben mit Diagramm

Anteil der Energieträger an der Stromerzeugung in Deutschland
Vergleich 1998–2008, Angaben in Milliarden Kilowattstunden (kWh)

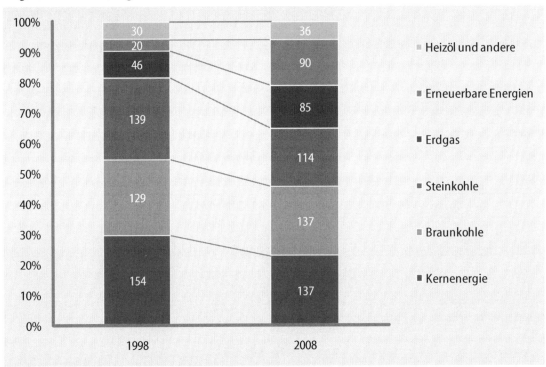

Quelle: Bundesverband der Energie- und Wasserwirtschaft e.V.

651. Wie groß war die Jahresmenge der Energieerzeugung in Deutschland 2008?
- A. 636 Mrd. kWh
- B. 542 Mrd. kWh
- C. 599 Mrd. kWh
- D. 609 Mrd. kWh
- E. Keine Antwort ist richtig.

Antwort: **C**

Die Gesamtmenge der Energieerzeugung ergibt sich aus der Addition aller Einzelposten:

36 Mrd. kWh + 90 Mrd. kWh + 85 Mrd. kWh + 114 Mrd. kWh + 137 Mrd. kWh + 137 Mrd. kWh = 599 Mrd. kWh

Im Jahr 1998 erzeugten die verschiedenen Energieträger in Deutschland zusammen 599 Milliarden Kilowattstunden Energie.

Mathematisches Verständnis: Textaufgaben mit Diagramm

652. Wie groß war die durchschnittliche Monatsmenge der Energieerzeugung im Jahr 1998? Runden Sie das Ergebnis bitte auf zwei Nachkommastellen.

  A. 46,51 Mrd. kWh

  B. 43,17 Mrd. kWh

  C. 37,64 Mrd. kWh

  D. 47,34 Mrd. kWh

  E. Keine Antwort ist richtig.

Antwort: **B**

Die durchschnittliche monatliche Energiemenge ergibt sich aus der Jahresmenge, geteilt durch die Anzahl der Monate:

30 Mrd. kWh + 20 Mrd. kWh + 46 Mrd. kWh + 139 Mrd. kWh + 129 Mrd. kWh + 154 Mrd. kWh = 518 Mrd. kWh

518 Mrd. kWh ÷ 12 = 43,17 Mrd. kWh

Durchschnittlich erzeugten die Energieträger in Deutschland 1998 pro Monat rund 43,17 Milliarden Kilowattstunden Energie.

---

653. Wie hat sich der prozentuale Anteil des Energieträgers Braunkohle an der insgesamt erzeugten Energiemenge von 1998 bis 2008 entwickelt?

  A. Um mehr als 5 % gestiegen

  B. Um weniger als 5 % gestiegen

  C. Auf gleichem Niveau geblieben (± 1 % Abweichung)

  D. Um weniger als 5 % gesunken

  E. Keine Antwort ist richtig.

Antwort: **D**

Die Anteile beider Jahre sind zunächst getrennt nach folgender Rechnung zu bestimmen:

$$\text{Prozentsatz} = \frac{\text{Prozentwert} \times 100}{\text{Grundwert}}$$

Der Anteil der Braunkohle im Jahr 1998 betrug:

$$\text{Prozentsatz} = \frac{129\,\text{Mrd. kWh} \times 100}{518\,\text{Mrd. kWh}} = 24,90\,\%$$

Der Anteil im Jahr 2008 betrug:

$$\text{Prozentsatz} = \frac{137\,\text{Mrd. kWh} \times 100}{599\,\text{Mrd. kWh}} = 22,87\,\%$$

Obwohl die absolut erzeugte Energiemenge also um 8 Milliarden Kilowattstunden stieg, ging der prozentuale Anteil der Braunkohle an der Gesamtmenge leicht um 1,03 % zurück.

---

654. Wie stark nahm die durch Erdgas erzeugte Energiemenge von 1998 bis 2008 zu, prozentual auf die Erzeugungsmenge von 1998 bezogen? Runden Sie das Ergebnis bitte auf zwei Nachkommastellen.

  A. 89,65 %

  B. 84,78 %

  C. 79,45 %

  D. 85,34 %

  E. Keine Antwort ist richtig.

Antwort: **B**

Prüfung · Teil 3

Die Energiemenge stieg von 46 auf 85 Milliarden Kilowattstunden. In Prozent lässt sich diese Zunahme wie folgt berechnen:

$$\text{Prozentsatz} = \frac{\text{Prozentwert} \times 100}{\text{Grundwert}}$$

$$\text{Prozentsatz} = \frac{85 \,\text{Mrd. kWh} \times 100}{46 \,\text{Mrd. kWh}} = 184,78\,\%$$

Die Erzeugungsmenge des Energieträgers Erdgas betrug im Jahr 2008 ca. 184,78 % des Werts von 1998, sie nahm also um rund 84,78 % zu.

---

655. **Die Windkraft war 2008 mit rund 45 % der größte Erzeuger im Bereich erneuerbare Energien. Wie groß war die durch sie erzeugte Jahresmenge an Energie?**

  A. 40,5 Mrd. kWh

  B. 37,6 Mrd. kWh

  C. 32,8 Mrd. kWh

  D. 43,7 Mrd. kWh

  E. Keine Antwort ist richtig.

Antwort: **A**

Insgesamt stammten im Jahr 2008 90 Milliarden Kilowattstunden aus dem Bereich erneuerbare Energien. Die Menge, die einem 45 %-Anteil entspricht, ist nach folgender Rechnung zu bestimmen:

$$\text{Prozentwert} = \frac{\text{Prozentsatz} \times \text{Grundwert}}{100}$$

$$\text{Prozentwert} = \frac{45 \times 90 \,\text{Mrd. kWh}}{100} = 40,5 \,\text{Mrd. kWh}$$

Durch Windkraft wurden in Deutschland im Jahr 2008 40,5 Milliarden Kilowattstunden Energie erzeugt.

Mathematisches Verständnis: Textaufgaben mit Diagramm

Trinkwasserverwendung im Haushalt
Durchschnittswerte in Deutschland 2008 pro Einwohner und Tag, Angaben in Liter.

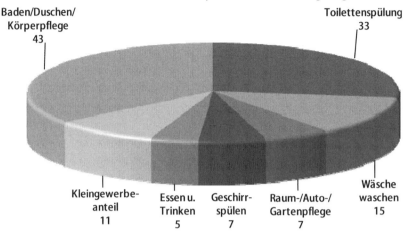

Quelle: Bundesverband der Energie- und Wasserwirtschaft e. V.

656. Wie viele Liter Wasser werden pro Kopf und Tag durchschnittlich verbraucht?

   A. 121 l
   B. 95 l
   C. 143 l
   D. 105 l
   E. Keine Antwort ist richtig.

Antwort: **A**

Der Gesamtverbrauch berechnet sich durch die Addition der Einzelposten:

43 l + 11 l + 5 l + 7 l + 7 l + 15 l + 33 l = 121 l

Im Durchschnitt werden pro Kopf und Tag 121 Liter Wasser verbraucht.

657. Wie groß ist der Anteil der Toilettenspülung am durchschnittlichen Wasserverbrauch (in Prozent)? Runden Sie das Ergebnis bitte auf zwei Nachkommastellen.

   A. 30,25 %
   B. 19,75 %
   C. 23,54 %
   D. 27,27 %
   E. Keine Antwort ist richtig.

Antwort: **D**

Der Gesamtverbrauch liegt bei 121 Litern täglich, die Toilettenspülung verbraucht im Schnitt 33 Liter davon. Der Prozentanteil berechnet sich wie folgt:

$$\text{Prozentsatz} = \frac{\text{Prozentwert} \times 100}{\text{Grundwert}}$$

$$\text{Prozentsatz} = \frac{33 \times 100}{121} = 27{,}27\,\%$$

Die Toilettenspülung verbraucht im Schnitt 27,27 % des insgesamt pro Kopf und Tag verbrauchten Wassers.

Prüfung · Teil 3

658. Wie viele Liter Wasser verbraucht eine vierköpfige Familie im Monat (30 Tage) allein zum Essen und Trinken?

   A. 450 l

   B. 600 l

   C. 720 l

   D. 780 l

   E. Keine Antwort ist richtig.

Antwort: **B**

Der Durchschnittswert des Verbrauchs für Essen und Trinken pro Kopf und Tag wird mit der Anzahl der Köpfe (4) und Tage (30) multipliziert:

$5 \, l \times 4 \times 30 = 600 \, l$

In einem Monat verbraucht die Familie im Schnitt 600 Liter Wasser zum Essen und Trinken.

---

659. Der Wasserpreis liegt bei 3,90 € pro Kubikmeter. Wie viel Geld gibt eine vierköpfige Familie durchschnittlich am Tag für Baden, Duschen und Körperpflege aus? Runden Sie bitte auf $^1/_{10}$ Cent.

   A. 101,5 Cent

   B. 84,8 Cent

   C. 76,4 Cent

   D. 67,1 Cent

   E. Keine Antwort ist richtig.

Antwort: **D**

Eine vierköpfige Familie verbraucht im Schnitt 4 × 43 Liter = 172 Liter pro Tag für Baden, Duschen und Körperpflege. Ein Kubikmeter entspricht 1.000 Litern; die Ausgaben berechnen sich wie folgt:

$172 \div 1.000 \times 3,90 \, € = 0,6708 \, €$

Die Familie hat pro Tag rund 67,1 Cent Wasserkosten für Baden, Duschen und Körperpflege.

---

660. Wie hoch sind die Ausgaben der Familie für den jährlichen Wasserverbrauch (365 Tage)?

   A. 753,60 €

   B. 688,97 €

   C. 430,36 €

   D. 980,67 €

   E. Keine Antwort ist richtig.

Antwort: **B**

Pro Jahr verbraucht die Familie 176.600 Liter bzw. 176,6 Kubikmeter Wasser.

$121 \, l \times 4 \times 365 = 176.600 \, l = 176,66 \, m^3$

$176,66 \times 3,90 \, € = 688,97 \, €$

Die Familie zahlt 688,97 € für ihren Jahreswasserverbrauch.

Konzentrationsvermögen: Rechenaufgaben mit Hindernis

Konzentrationsvermögen

Rechenaufgaben mit Hindernis

Im Folgenden geht es darum, pro Aufgabe zwei einfache Rechnungen zu lösen und anschließend je nach Ergebnis eine bestimmte Rechenoperation durchzuführen.

661.
$5 + 18 - 3$
$12 + 7 - 3$
$20 - 16 = \mathbf{4}$

662.
$23 + 15 - 8$
$27 + 16 - 7$
$30 + 36 = \mathbf{66}$

663.
$28 + 9 - 14$
$23 + 8 + 2$
$23 + 33 = \mathbf{56}$

664.
$28 + 9 - 14$
$23 + 12 + 4$
$23 + 39 = \mathbf{62}$

665.
$17 + 19 - 5$
$23 + 14 - 8$
$31 - 29 = \mathbf{2}$

666.
$24 + 14 + 12$
$17 + 18 - 9$
$50 - 26 = \mathbf{24}$

667.
$19 + 17 + 5$
$8 + 9 - 3$
$41 - 14 = \mathbf{27}$

668.
$27 + 3 - 12$
$13 + 14 - 6$
$18 + 21 = \mathbf{39}$

669.
$14 + 16 - 9$
$14 + 5 + 7$
$21 + 26 = \mathbf{47}$

670.
$9 + 6 - 3$
$14 + 8 - 9$
$12 + 13 = \mathbf{25}$

671.
$18 + 9 + 6$
$7 + 8 + 4$
$33 - 19 = \mathbf{14}$

672.
$22 + 2 + 9$
$19 + 17 + 15$
$33 + 51 = \mathbf{84}$

673.
$12 + 8 + 6$
$19 + 18 + 7$
$26 + 44 = \mathbf{70}$

674.
$18 + 6 + 7$
$19 + 17 + 15$
$31 + 51 = \mathbf{82}$

675.
$16 + 4 + 7$
$18 + 16 + 8$
$27 + 42 = \mathbf{69}$

676.
$18 + 5 + 8$
$19 + 18 + 7$
$31 + 44 = \mathbf{75}$

677.
$5 + 8 + 9$
$8 + 9 + 11$
$22 + 28 = \mathbf{50}$

678.
$18 + 5 + 8$
$19 + 16 + 8$
$31 + 43 = \mathbf{74}$

679.
$23 + 8 + 9$
$17 + 8 + 6$
$40 - 31 = \mathbf{9}$

680.
$12 + 8 + 6$
$12 + 5 - 3$
$26 - 14 = \mathbf{12}$

681.
$19 + 15 + 8$
$8 + 12 + 14$
$42 - 34 = \mathbf{8}$

682.
$14 + 15 + 16$
$15 + 17 - 12$
$45 - 20 = \mathbf{25}$

683.
$18 + 12 - 7$
$21 + 15 + 8$
$23 + 44 = \mathbf{67}$

684.
$14 + 16 - 9$
$16 + 4 + 7$
$21 + 27 = \mathbf{48}$

685.
$18 + 12 + 8$
$8 + 5 + 9$
$38 - 22 = \mathbf{16}$

686.
$8 + 7 + 12$
$12 + 15 + 7$
$27 + 34 = \mathbf{61}$

687.
$12 + 14 + 5$
$15 + 8 + 5$
$31 - 28 = \mathbf{3}$

688.
$18 + 12 + 8$
$7 + 6 + 8$
$38 - 21 = \mathbf{17}$

689.
$12 + 8 + 7$
$7 + 6 + 8$
$27 - 21 = \mathbf{6}$

690.
$15 + 14 + 7$
$12 + 5 - 3$
$36 - 14 = \mathbf{22}$

691.
$28 + 7 - 3$
$19 + 2 - 6$
$32 - 15 = \mathbf{17}$

692.
$12 + 8 + 7$
$8 + 7 + 12$
$27 + 27 = \mathbf{54}$

693.
$12 + 8 + 7$
$6 + 5 + 7$
$27 - 18 = \mathbf{9}$

694.
$14 + 11 + 7$
$8 + 6 + 2$
$32 - 16 = \mathbf{16}$

695.
$16 + 12 - 7$
$15 + 12 - 4$
$21 + 23 = \mathbf{44}$

696.
$15 + 18 + 5$
$11 + 12 - 8$
$38 - 15 = \mathbf{23}$

697.
$16 + 14 - 5$
$11 + 10 - 8$
$25 - 13 = \mathbf{12}$

698.
$18 + 15 - 6$
$19 + 14 - 7$
$27 - 26 = \mathbf{1}$

699.
$24 + 17 - 8$
$16 + 8 - 5$
$33 - 19 = \mathbf{14}$

700.
$12 + 11 + 4$
$19 + 6 + 8$
$27 + 33 = \mathbf{60}$

AUSBILDUNGSPark | 223

Prüfung · Teil 3

Konzentrationsvermögen

Codierte Wörter

Nun wird Ihr Konzentrationsvermögen getestet.

Code-Tabelle

Einrichtung	Code		Stadt	Code
Krankenhaus	01		Köln	01
Bibliothek	02		Mannheim	02
Schule	03		Düsseldorf	03
Rathaus	04		Dortmund	04
Ordnungsamt	05		Aachen	05
Kindertagesstätte	06		Erfurt	06
Kirchengemeinde	07		Dresden	07
Feuerwehr	08		Kiel	08
Polizei	09		Bochum	09
Zollamt	10		Leipzig	10

Notieren Sie für jede der öffentlichen Einrichtungen in der rechten Tabellenspalte die entsprechende Zahlenkombination.

701. Wie lautet der Code für die Polizei in Dresden?   0907

702. Wie lautet der Code für die Bibliothek in Düsseldorf?   0203

703. Wie lautet der Code für das Rathaus in Kiel?   0408

704. Wie lautet der Code für die Schule in Aachen?   0305

705. Wie lautet der Code für das Rathaus in Dortmund?   0404

706. Wie lautet der Code für die Schule in Erfurt?   0306

707. Wie lautet der Code für das Rathaus in Bochum?   0409

708. Wie lautet der Code für die Kindertagesstätte in Bochum?   0609

709. Wie lautet der Code für die Feuerwehr in Kiel?   0808

710. Wie lautet der Code für die Polizei in Bochum?   0909

711. Wie lautet der Code für das Zollamt in Dresden?   1007

712. Wie lautet der Code für die Feuerwehr in Dortmund?   0804

713. Wie lautet der Code für die Kindertagesstätte in Aachen?   0605

Konzentrationsvermögen: Codierte Wörter

714. Wie lautet der Code für das Schule in Bochum? 0309

715. Wie lautet der Code für die Polizei in Aachen? 0905

716. Wie lautet der Code für das Krankenhaus in Köln? 0101

717. Wie lautet der Code für die Kindertagesstätte in Dresden? 0607

718. Wie lautet der Code für die Feuerwehr in Bochum? 0809

719. Wie lautet der Code für die Bibliothek in Köln? 0201

720. Wie lautet der Code für das Schule in Dortmund? 0304

721. Wie lautet der Code für das Krankenhaus in Dresden? 0107

722. Wie lautet der Code für die Polizei in Erfurt? 0906

723. Wie lautet der Code für die Kindertagesstätte in Düsseldorf? 0603

724. Wie lautet der Code für die Feuerwehr in Erfurt? 0806

725. Wie lautet der Code für die Bibliothek in Dresden? 0207

726. Wie lautet der Code für das Rathaus in Erfurt? 0406

727. Wie lautet der Code für das Zollamt in Kiel? 1008

728. Wie lautet der Code für die Kindertagesstätte in Mannheim? 0602

729. Wie lautet der Code für die Polizei in Dortmund? 0904

730. Wie lautet der Code für das Krankenhaus in Kiel? 0108

731. Wie lautet der Code für die Feuerwehr in Leipzig? 0810

732. Wie lautet der Code für die Kindertagesstätte in Köln? 0601

733. Wie lautet der Code für das Rathaus in Aachen? 0405

734. Wie lautet der Code für die Bibliothek in Erfurt? 0206

735. Wie lautet der Code für das Krankenhaus in Düsseldorf? 0103

736. Wie lautet der Code für die Polizei in Leipzig? 0910

737. Wie lautet der Code für das Krankenhaus in Mannheim? 0102

738. Wie lautet der Code für die Kindertagesstätte in Leipzig? 0610

739. Wie lautet der Code für die Feuerwehr in Düsseldorf? 0803

740. Wie lautet der Code für die Bibliothek in Dortmund? 0204

Prüfung · Teil 3

Konzentrationsvermögen

b, d, p und q Test mit Komplizierung

In diesem Abschnitt werden Ihre Schnelligkeit und Genauigkeit geprüft.

	1	2	3	4	5	6	7	8	9	10	11	12	13	14	15	16	17	18	19	20	Anzahl
741.	p	p	q	b	p	q	p	b	q	p	p	q	b	q	p	d	p	q	p	q	7
742.	p	p	b	d	p	p	q	p	d	q	p	q	d	q	p	b	p	q	p	q	6
743.	p	b	p	q	p	d	d	p	q	p	b	p	q	d	q	p	d	p	q	p	5
744.	p	d	p	b	p	q	p	p	p	b	p	q	p	q	q	p	d	q	p	q	7
745.	p	d	q	p	d	q	p	b	q	p	q	b	q	d	q	p	q	d	q	p	8
746.	d	p	p	d	p	b	b	p	d	p	q	p	q	q	q	p	q	p	q	q	7
747.	b	p	d	q	p	q	p	d	p	p	q	d	q	q	p	b	q	p	q	q	8
748.	d	p	d	p	p	q	p	q	b	q	q	p	b	d	p	p	q	p	d	p	5
749.	p	p	q	q	d	q	q	p	q	p	d	p	b	p	q	b	p	d	p	d	6
750.	p	d	d	p	q	p	b	q	p	b	q	p	p	b	p	q	p	q	b		6
751.	p	p	d	p	d	p	q	p	q	p	d	p	q	q	b	p	b	p	q	q	6
752.	p	q	q	p	q	p	d	p	d	p	p	d	p	p	d	p	b	q	p		5
753.	p	b	p	d	d	d	p	d	p	q	p	p	d	p	q	b	p	b	p	q	3
754.	p	b	b	p	d	p	d	p	p	q	d	q	p	q	q	d	p	q	p	q	6
755.	p	p	d	p	b	p	b	b	p	d	p	p	q	q	p	d	d	p	q	q	4
756.	p	d	p	b	q	p	b	q	p	q	p	b	q	q	p	d	d	p	q	q	7
757.	p	p	q	q	p	q	b	p	q	q	d	p	q	d	q	p	q	p			9
758.	p	p	b	b	p	d	q	p	q	q	q	p	d	d	p	b	q	p	b	p	5
759.	p	p	p	b	p	b	d	p	d	p	q	p	b	p	q	p	q	b	p	p	3
760.	p	p	b	p	b	p	d	q	p	p	p	q	q	p	d	b	p	q	q		6
761.	p	p	b	q	p	b	p	q	p	q	p	q	p	d	p	d	p	q	p	p	6
762.	p	p	q	q	p	b	p	q	p	b	q	q	p	d	d	p	q	q	p	p	8
763.	p	p	p	b	p	b	p	q	b	p	p	q	d	q	p	d	p	q	p	q	6
764.	p	d	p	b	p	d	p	p	b	p	p	q	q	q	p	b	p	q	q	q	6
765.	b	p	b	p	d	p	d	p	d	p	p	b	p	q	q	p	p	b	d	q	3
766.	p	b	p	b	b	p	p	d	q	p	q	b	q	q	p	d	p	q	q	q	7
767.	p	d	p	b	p	p	b	p	q	p	p	q	p	d	p	q	p	q	p		5
768.	q	p	q	q	p	p	q	p	q	p	p	p	q	p	q	p	q	p	p	q	7
769.	p	q	p	d	p	d	p	b	b	p	p	q	p	p	b	q	p	q	p		5
770.	p	q	p	q	b	q	p	b	p	d	q	d	p	q	q	p	b	q	q	q	9
771.	p	p	b	d	d	q	p	q	p	q	p	d	q	p	d	b	p	p	q	p	5
772.	p	p	p	p	d	b	d	p	b	q	p	b	q	q	q	p	b	p	q	q	6
773.	p	p	p	b	p	b	d	p	d	p	p	d	p	p	q	b	d	p	p	p	1
774.	q	p	q	q	q	q	p	d	p	q	p	p	p	q	p	p	d	b	b	q	8
775.	p	q	q	p	p	q	q	p	d	q	p	q	p	d	b	b	p	q	p	p	7
776.	p	d	p	q	q	p	q	q	q	p	b	d	p	p	b	d	d	p			6
777.	q	q	q	p	q	p	q	d	q	d	q	b	q	p	b	p	q	p	q	p	10
778.	p	q	p	p	q	q	p	p	q	p	q	p	b	p	q	b	q	p	b	p	7
779.	p	p	q	q	q	p	p	q	p	b	p	b	d	d	q	p	p	d	p	p	5
780.	p	p	q	p	p	p	p	p	b	d	b	p	b	p	q	p	d	d	p	p	2

Konzentrationsvermögen: Original und Abschrift

Konzentrationsvermögen

Original und Abschrift

Bei dieser Aufgabe geht es darum, Zahlen- und/oder Buchstabenfolgen miteinander zu vergleichen.

Original	Abschrift	Fehler	Original	Abschrift	Fehler
781. 2158318	2156316	2	801. HGRFLED	HGRFLEB	1
782. 6458482	6258284	3	802. RAGSEFA	RAGBEEA	2
783. 1859782	1869762	2	803. JAHWERS	JAHVERS	1
784. 3587197	3287187	2	804. HATWRSD	HATWBSD	1
785. 5784986	5789486	2	805. ÖAJRSFAJ	OAJRSEAJ	2
786. 2258791	2258797	1	806. JAHWNMN	JAHVMNN	3
787. 5478615	5478916	2	807. MNMNNMM	MNNNMMM	2
788. 7945874	7943874	1	808. kjhdHJGG	kjhbHJgG	2
789. 6487459	6481456	2	809. lkjdsURT	lkjDsuRT	2
790. 3124587	8124531	3	810. ncHgsTG	ncHgStg	3
791. 5487951	5487851	1	811. jbdEF>E=	jdbEE>E=	3
792. 6547894	6541894	1	812. QoOqbpBD	QOOqdpbD	3
793. 3249782	3248788	2	813. JA54zR7CD	JJA54zR7C	8
794. 3597874	3597824	1	814. JY23BDQO	JYY23BDO	5
795. 3549872	3649612	3	815. GA+32BBD>	GA+82BDD>	2
796. 0054862	0005486	5	816. &%G?ARV	&%$%§RV	3
797. 0010124	0010012	3	817. FIE§§!5 668	FIE§§!5 868	2
798. 1115482	1154822	4	818. ÜüÖöOoUu	ÜüöÖoQUu	4
799. 2211223	2221113	3	819. ÖöÜüQqOo	ÖöÜüQbOo	2
800. 3344556	3344456	1	820. bddbdbdb	bdbbdddb	2

Prüfung · Teil 3

Konzentrationsvermögen

Ein Buchstabe fehlt

Im Folgenden wird Ihre Arbeitsgeschwindigkeit geprüft.

821. Pap_p_e	846. Gedan_k_e	871. Se_i_fe
822. S_t_adt	847. Pa_z_ifik	872. G_a_ns
823. Mil_c_h	848. Asi_e_n	873. Gart_e_n
824. F_e_uer	849. _S_trom	874. Gem_ü_se
825. Tech_n_ik	850. Re_f_orm	875. Pr_ü_fung
826. Ge_b_irge	851. Fi_n_anzen	876. Tor_n_ado
827. Ausd_r_uck	852. Gest_a_lt	877. Wür_f_el
828. K_a_mel	853. N_a_chmittag	878. Me_n_sch
829. Tann_e_	854. Sü_d_en	879. Beri_c_ht
830. Fur_c_ht	855. Dec_k_el	880. Si_g_nal
831. R_e_ifen	856. Ge_s_chenk	881. Ve_r_trauen
832. Ga_b_el	857. St_ä_rke	882. B_ü_ndnis
833. La_t_erne	858. W_e_rbung	883. Erg_e_bnis
834. A_n_walt	859. Z_w_ang	884. Kabe_l_
835. D_o_kument	860. Au_s_sage	885. B_r_and
836. B_r_ief	861. F_r_age	886. K_a_mpf
837. Ph_y_sik	862. W_i_rkung	887. K_a_rte
838. Te_l_efon	863. S_c_hrift	888. O_r_dnung
839. Pl_l_astik	864. Hant_e_l	889. P_r_otest
840. Er_i_nnerung	865. Doch_t_	890. Zw_e_rg
841. P_a_pier	866. T_r_eppe	
842. Bret_t_	867. _S_tuhl	
843. Fuß_b_oden	868. Auss_i_cht	
844. P_f_licht	869. W_e_tter	
845. _A_uswahl	870. _G_erät	

228   www.ausbildungspark.com

Konzentrationsvermögen

Zugehörigkeiten entdecken

Nun geht es um Sprachverständnis und Konzentrationsvermögen.

891. Mütze	916. Alkohol	941. Schraube
892. Hantel	917. Landkarte	942. Gewinde ✕
893. Besteck	918. Tankstelle	943. Diode
894. Teppich	919. Benzin ✕	944. Dübel
895. Wecker	920. Kolibri	945. Edelmetall
896. Geländer	921. Flügel ✕	946. Gold ✕
897. Geschirr	922. Computer	947. Henkel
898. Schuh	923. Maus ✕	948. Eimer
899. Handtuch	924. Regenschirm	949. Butter
900. Faser ✕	925. Taschenlampe	950. Strauch
901. Gitarre	926. Fernseher	951. Wasser
902. Saite ✕	927. Zange	952. Goldfisch ✕
903. Tür	928. Mikrowelle	953. Acker
904. Fahrrad	929. Wasserrohr	954. Gerüst
905. Klingel ✕	930. Gitterrost	955. Bauernhof
906. Zeitschrift	931. Holzspan	956. Schleuse
907. Violine	932. Lautsprecher	957. Seil
908. Metall	933. Sägeblatt	958. Sportwagen
909. Schwert ✕	934. Taschenrechner	959. Reifen ✕
910. Zahn	935. Leiter	960. Messer
911. Brille	936. Sprosse ✕	
912. Asphalt	937. Wasserhahn	
913. Zahnstocher	938. Aufzug	
914. Blut	939. Gewürz	
915. Teller	940. Oregano ✕	

Prüfung · Teil 3

Konzentrationsvermögen

Figur hat einen Fehler

Mit diesen Aufgaben wird Ihre Fähigkeit zur Erkennung von Details geprüft.

Block A: Gesichter

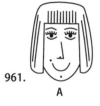    

961. A B C D E

Antwort: **B**

962. A B C D E

Antwort: **B**

963. A B C D E

Antwort: **D**

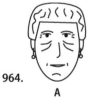    

964. A B C D E

Antwort: **B**

 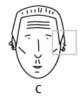 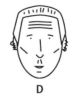 

965. A B C D E

Antwort: **C**

Konzentrationsvermögen: Figur hat einen Fehler

Block B: Käfer

966. A B C D E

Antwort: **D**

967. A B C D E

Antwort: **C**

968. A B C D E

Antwort: **C**

969. A B C D E

Antwort: **D**

970. A B C D E

Antwort: **B**

Prüfung · Teil 3

Konzentrationsvermögen

Zahlenkarten kategorisieren

In dieser Aufgabe wird Ihr Leistungsvermögen unter hohem Zeitdruck geprüft.

Kategorietabelle

Kategorie A	Obere Zahl > 150	Untere Zahl < 0,087
Kategorie B	Obere Zahl < 150	Untere Zahl > 0,087
Kategorie C	Alle anderen Zahlenkarten	

Block A:

Aufgabe	971.	972.	973.	974.	975.	976.	977.	978.
Obere Zahl	240	202	147	169	174	187	139	126
Untere Zahl	0,032	0,011	0,099	0,067	0,035	0,015	0,088	0,91
Kategorie ?	A	A	B	A	A	A	B	B

Block B:

Aufgabe	979.	980.	981.	982.	983.	984.	985.	986.
Obere Zahl	151	140	178	203	125	87	197	129
Untere Zahl	0,064	0,98	0,044	0,086	0,87	15	0,08	0,07
Kategorie ?	A	B	A	A	B	B	A	C

Block C:

Aufgabe	987.	988.	989.	990.	991.	992.	993.	994.
Obere Zahl	147,8	64	165	97	137	143	171	100
Untere Zahl	0,95	0,0087	0,049	0,97	0,0067	0,097	0,078	100
Kategorie ?	B	C	A	B	C	B	A	B

Block D:

Aufgabe	995.	996.	997.	998.	999.	1000.	1001.	1002.
Obere Zahl	15	150,5	148	163	228	147	87	174
Untere Zahl	8,7	0,0088	0,048	0,08	0,054	0,0048	149,9	0,089
Kategorie ?	B	A	C	A	A	C	B	C

Block E:

Aufgabe	1003.	1004.	1005.	1006.	1007.	1008.	1009.	1010.
Obere Zahl	15,0	148,7	0,151	150,1	154,1	124	0,987	155,5
Untere Zahl	0,86	0,0086	0,807	0,009	0,095	0,064	138	0,099
Kategorie ?	B	C	B	A	C	C	B	C

Konzentrationsvermögen

Zahlen unterstreichen nach Rechenregeln

In dieser Aufgabe werden Ihre Konzentration und Ihr mathematisches Verständnis unter Zeitdruck geprüft.

Block A	A	B	C	D	E	F	G	H	I	J
1011.	4	12	_2_	9	6	_3_	15	_11_	21	22
1012.	24	8	_7_	10	25	_13_	_5_	26	27	44
1013.	32	_23_	33	36	35	_19_	38	_17_	50	45
1014.	49	55	_29_	48	51	39	46	_37_	40	52
1015.	56	_41_	54	_43_	57	68	_47_	58	62	69
1016.	70	64	_59_	80	65	76	63	_67_	78	81
1017.	_71_	75	82	85	_73_	88	77	86	_79_	91
1018.	_83_	74	84	_89_	90	92	_97_	93	87	94
1019.	95	96	99	98	_61_	18	14	18	20	15
1020.	28	30	_53_	34	16	42	_31_	48	50	54

Die Primzahlen bis 100 lauten:

2, 3, 5, 7, 11, 13, 17, 19, 23, 29, 31, 37, 41, 43, 47, 53, 59, 61, 67, 71, 73, 79, 83, 89, 97

Block B	A	B	C	D	E	F	G	H	I	J
1021.	1	36	_28_	9	11	38	15	_7_	50	53
1022.	33	_25_	7	19	23	_15_	5	41	_33_	44
1023.	32	25	_17_	12	35	10	3	17	_9_	2
1024.	55	49	39	48	51	_43_	46	_38_	26	_18_
1025.	56	39	_31_	43	_35_	68	47	_39_	62	_54_
1026.	70	64	_56_	88	65	76	_68_	67	74	_66_
1027.	71	_63_	61	_53_	53	_45_	77	86	_78_	91
1028.	83	_75_	68	89	_81_	92	_84_	93	_85_	94
1029.	95	_87_	5	_–3_	82	18	14	_6_	_–2_	–9
1030.	28	22	_14_	34	_26_	42	_34_	_26_	50	_42_

Prüfung · Teil 3

Konzentrationsvermögen

Wortfindung auf Endung „ing"

In diesem Abschnitt wird Ihr Wortschatz auf die Probe gestellt.

Musterantworten

abfing	Boxring	Erstling
Freiwassertraining	Hockenheimring	Mechanikerlehrling
Pilotentraining	Schmetterling	Stichling
abging	Brillantring	Fachring
Fremdling	Holding	Meeting
Probetraining	Schwabing	Swing
abhing	bring	Fasching
gering	King	Montanholding
Pudding	Serviettenring	Timing
anfing	Bundesliganeuling	Feigling
ging	Leasing	nachging
Recycling	Siegelring	Training
Astronautentraining	daranging	Filmliebling
Hansaring	Lehrling	Neuling
Ring	Smoking	Trauring
auffing	davonging	Finanzmarketing
herging	Lessing	niederging
Sabotagering	Sonderling	Unding
aufging	Ding	fing
Hering	Liebling	Oberliganeuling
Sandring	Sperling	unterging
Begin	Ehering	Fingerling
hervorging	Lockerungstraining	Ohrring
Schilling	Sprengring	verging
Boeing	empfing	Fischerring
hinausging	Managing	Peking
Schlagring	Steckling	vorbeiging
Bowling	erging	fortging
hing	Marketing	Pickering
Schlosserlehrling	Sterling	vorging

Konzentrationsvermögen

Wortfindung: Anfangs- und Endbuchstaben

In diesem Abschnitt wird Ihr Wortschatz auf die Probe gestellt.

1071. S | E:
1. Serie
2. Sonne
3. Stimme
4. Scheibe
5. Studie

1072. R | E:
1. Rückseite
2. Reise
3. Radscheibe
4. Reifenpanne
5. Reihenfolge

1073. N | R:
1. Neujahr
2. Nachbar
3. nacheinander
4. Nummer
5. Neider

1074. M | S:
1. Minus
2. Mars
3. Maus
4. Mais
5. Mus

1075. W | R:
1. Wikinger
2. Wunder
3. Winter
4. Wanderer
5. Wasser

1076. S | M:
1. Solarium
2. Sturm
3. Stamm
4. Symptom
5. Stadium

1077. E | O:
1. Echo
2. Espresso
3. Eskimo
4. Einzelstorno
5. Eckstudio

1078. G | G:
1. Gehweg
2. Gesang
3. Gang
4. Gedankengang
5. geistig

1079. K | D:
1. Kind
2. Kleid
3. Kettenglied
4. Knieband
5. Kunstlied

1080. R | D:
1. Rad
2. Rand
3. Rollband
4. Reiseland
5. Regalwand

Prüfung · Teil 3

Konzentrationsvermögen

Wortfindung: Wortanfang vorgegeben

In diesem Abschnitt wird Ihr Wortschatz auf die Probe gestellt.

1081. Wasch…:
1. maschine
2. raum
3. küche
4. pulver
5. anlage

1082. Haus…:
1. meister
2. putz
3. telefon
4. schlüssel
5. nummer

1083. Marketing…:
1. maßnahme
2. konzept
3. manager
4. plan
5. mix

1084. Boden…:
1. platte
2. frost
3. fläche
4. schätze
5. welle

1085. Polizei…:
1. wache
2. streife
3. präsidium
4. revier
5. kontrolle

1086. Unter…:
1. titel
2. schrift
3. lagen
4. schenkel
5. gang

1087. Werbe…:
1. geschenk
2. abteilung
3. pause
4. spruch
5. agentur

1088. Mittel…:
1. streifen
2. finger
3. meer
4. europa
5. stand

1089. Hosen…:
1. anzug
2. bein
3. tasche
4. träger
5. rock

1090. See…:
1. fahrt
2. lachs
3. pferd
4. zunge
5. räuber

236   www.ausbildungspark.com

Prüfung · Teil 4

Logisches Denkvermögen 238
    Zahlenreihen.. 238
    Buchstabenreihen 244
    Wörter erkennen.. 251
    Sprachanalogien... 254
    Oberbegriffe 257
    Meinung oder Tatsache... 260
    Logische Schlussfolgerung 264
    Flussdiagramm / Ablaufplan 269
    Plausible Erklärung wählen 278
    Sachverhalte erklären.. 281

Orientierungsvermögen 282
    Wegstrecke einprägen 282
    Stadtplan einprägen 284
    Stadtplan und Symbole einprägen 287
    Laufpfade verfolgen 292
    Labyrinth... 295

Prüfung · Teil 4

Logisches Denkvermögen

Zahlenreihen

In diesem Abschnitt wird Ihre Fähigkeit hinsichtlich der Erkennung logischer Zusammenhänge von Zahlen geprüft.

1091.

| 2 | 3 | 5 | 7 | ? |

A. 10
B. 11
C. 12
D. 13
E. Keine Antwort ist richtig.

Antwort: **B**

Es handelt sich um Primzahlen in aufsteigender Folge. Primzahlen sind nur durch sich selbst und 1 teilbar.

1092.

| 38 | 32 | 27 | 23 | 20 | ? |

A. 10
B. 14
C. 18
D. 20
E. Keine Antwort ist richtig.

Antwort: **C**

$-6 \mid -5 \mid -4 \mid -3 \mid -2$

1093.

| 64 | 8 | 16 | 2 | 10 | ? |

A. $\dfrac{12}{8}$
B. 1,5
C. 12
D. $\dfrac{10}{8}$
E. Keine Antwort ist richtig.

Antwort: **D**

$\div 8 \mid +8 \mid \div 8 \mid +8 \mid \div 8$

238   www.ausbildungspark.com

1094.

- A. 56
- B. 60
- C. 65
- D. 66
- E. Keine Antwort ist richtig.

Antwort: **D**

+2 | +4 | +8 | +16 | +32

1095.

- A. 16
- B. 18
- C. 14
- D. 20
- E. Keine Antwort ist richtig.

Antwort: **B**

−8 | −7 | −6 | −5 | −4

1096.

- A. 636
- B. 400
- C. 666
- D. 656
- E. Keine Antwort ist richtig.

Antwort: **C**

400 | 626 | 400 | 626 + 20 | 400 | 646 + 20

Addieren Sie jeweils die übernächste Zahl mit 20 und behalten Sie die Zahl 400 bei.

1097.

| 4 | 4 | 8 | 8 | 12 | 16 | 16 | ? |

- A. 15
- B. 11
- C. 32
- D. 13
- E. Keine Antwort ist richtig.

Prüfung · Teil 4

Antwort: **C**

$x \mid y \mid x+4 \mid y \times 2 \mid x+4+4 \mid y \times 2 \times 2 \mid x+4+4+4 \mid y \times 2 \times 2 \times 2$

1098.

| 10 | 7 | 28 | 25 | 100 | 97 | ? |

A. 350
B. 378
C. 399
D. 388
E. Keine Antwort ist richtig.

Antwort: **D**

$-3 \mid \times 4 \mid -3 \mid \times 4 \mid -3 \mid \times 4$

1099.

| 5 | 10 | 8 | 16 | 14 | ? |

A. 28
B. 12
C. 32
D. 16
E. Keine Antwort ist richtig.

Antwort: **A**

$\times 2 \mid -2 \mid \times 2 \mid -2 \mid \times 2$

1100.

| 6 | 18 | 21 | 63 | 66 | ? |

A. 69
B. 198
C. 98
D. 163
E. Keine Antwort ist richtig.

Antwort: **B**

$\times 3 \mid +3 \mid \times 3 \mid +3 \mid \times 3$

1101.

| 5 | 7 | 11 | 13 | ? |

- A. 15
- B. 16
- C. 17
- D. 19
- E. Keine Antwort ist richtig.

Antwort: **C**

Es handelt sich um Primzahlen in aufsteigender Folge. Die nächstgrößere Primzahl ist 17. Primzahlen sind nur durch sich selbst und 1 teilbar.

1102.

| 96 | 89 | 83 | 78 | 74 | ? |

- A. 69
- B. 70
- C. 71
- D. 72
- E. Keine Antwort ist richtig.

Antwort: **C**

−7 | −6 | −5 | −4 | −3

1103.

| 294 | 42 | 49 | 7 | 14 | ? |

- A. 1
- B. 1,5
- C. 2
- D. 7
- E. Keine Antwort ist richtig.

Antwort: **C**

÷7 | +7 | ÷7 | +7 | ÷7

1104.

| 2 | 6 | 14 | 30 | 62 | ? |

- A. 94
- B. 110
- C. 116
- D. 126
- E. Keine Antwort ist richtig.

Prüfung · Teil 4

Antwort: **D**

+4 | +8 | +16 | +32 | +64

1105.

| 80 | 71 | 63 | 56 | 50 | ? |

- A. 42
- B. 44
- C. 45
- D. 46
- E. Keine Antwort ist richtig.

Antwort: **C**

−9 | −8 | −7 | −6 | −5

1106.

| 155 | 185 | 155 | 215 | 155 | ? |

- A. 155
- B. 185
- C. 245
- D. 255
- E. Keine Antwort ist richtig.

Antwort: **C**

155 | 155 + 30 | 155 | 185 + 30 | 155 | 215 + 30

Addieren Sie jeweils die übernächste Zahl mit 30 und behalten Sie die Zahl 155 bei.

1107.

| 6 | 5 | 10 | 7 | 28 | 23 | ? |

- A. 17
- B. 115
- C. 138
- D. 161
- E. Keine Antwort ist richtig.

Antwort: **C**

−1 | ×2 | −3 | ×4 | −5 | ×6

Logisches Denkvermögen: Zahlenreihen

1108.

| 6 | 2 | 10 | 6 | 30 | 26 | ? |

- A. 22
- B. 30
- C. 130
- D. 150
- E. Keine Antwort ist richtig.

Antwort: **C**

−4 | ×5 | −4 | ×5 | −4 | ×5

1109.

- A. 11
- B. 10
- C. 1
- D. 8
- E. Keine Antwort ist richtig.

Antwort: **A**

−1 | +2 | −3 | +4 | −5 | +6

1110.

- A. 11
- B. 10
- C. 3
- D. 6
- E. Keine Antwort ist richtig.

Antwort: **B**

−2 | +4 | −2 | +4 | −2 | +4

Prüfung · Teil 4

Logisches Denkvermögen

Buchstabenreihen

In diesem Abschnitt haben Sie Buchstabenfolgen, die nach festen Regeln aufgestellt sind.

1111.

- A. E
- B. F
- C. V
- D. Z
- E. Keine Antwort ist richtig.

Antwort: **D**

Von den Buchstaben B und X ausgehend wird jeweils abwechselnd ein Buchstabe aufwärts gezählt.

1112.

- A. N
- B. M
- C. Q
- D. R
- E. Keine Antwort ist richtig.

Antwort: **D**

Beginnend vom Buchstaben C wird jeweils der drittnächste in die Reihe aufgenommen.

1113.

- A. D
- B. X
- C. F
- D. W
- E. Keine Antwort ist richtig.

Antwort: **B**

Es ist eine vom A ausgehende aufwärtszählende Buchstabenreihe abwechselnd mit einer vom Z abwärts laufenden Buchstabenreihe verschachtelt.

1114.

| P | Q | P | R | P | ? |

A. P
B. T
C. S
D. Z
E. Keine Antwort ist richtig.

Antwort: **C**

Das P ist abwechselnd mit einer vom Q ausgehenden im Alphabet aufwärts laufenden Buchstabenreihe verschachtelt.

1115.

| K | K | L | M | M | N | O | ? |

A. P
B. O
C. Q
D. J
E. Keine Antwort ist richtig.

Antwort: **B**

Es wird ausgehend vom K im Alphabet aufwärts gezählt. Dabei wird jeder zweite Buchstabe ausgehend vom K doppelt aufgeführt.

1116.

| E | F | C | D | I | J | G | ? |

A. C
B. D
C. E
D. H
E. Keine Antwort ist richtig.

Antwort: **D**

Jeder zweite Buchstabe folgt im Alphabet dem vorherigen Buchstaben.

Bewegung in alphabetischer Reihenfolge:

+1 | −3 | +1 | +5 | +1 | −3 | +1

1117.

| F | E | D | I | H | G | L | K | J | ? |

- A. M
- B. N
- C. O
- D. P
- E. Keine Antwort ist richtig.

Antwort: **C**

Ausgehend vom F wird zweimal ein Schritt im Alphabet zurückgezählt, um dann fünf Schritte vorwärts zu gehen. Diese Abfolge wird dann zweimal wiederholt.

Bewegung in alphabetischer Reihenfolge:

−1 | −1 | +5 | −1 | −1 | +5 | −1 | −1 | +5 |

1118.

| M | N | O | O | N | M | P | Q | R | ? |

- A. M
- B. R
- C. N
- D. O
- E. Keine Antwort ist richtig.

Antwort: **B**

Ausgehend vom M wird zweimal ein Schritt im Alphabet vorwärtsgezählt, dann zweimal rückwärts, um dann drei Schritte vorwärts zu gehen. Dieses ist die Grundabfolge, die sich wiederholt.

Bewegung in alphabetischer Reihenfolge:

+1 | +1 | 0 | −1 | −1 | +3 | +1 | +1 | 0

1119.

| C | D | X | W | E | F | V | U | G | ? |

- A. H
- B. S
- C. T
- D. G
- E. Keine Antwort ist richtig.

Antwort: **A**

Es ist eine vom C ausgehende aufwärtszählende Buchstabenreihe in 2er Schritten abwechselnd mit einer vom X abwärts laufenden Buchstabenreihe verschachtelt.

Bewegung in alphabetischer Reihenfolge:

C | C + 1 | X | X − 1 | C + 2 | C + 3 | X − 2 | X − 3 | C + 4 | C + 5

1120.

- A. O
- B. P
- C. M
- D. K
- E. Keine Antwort ist richtig.

Antwort: **C**

Die Buchstaben O und P sind mit einer vom F ausgehenden, im Alphabet aufwärts laufenden Buchstabenreihe verschachtelt. Die sich wiederholende Grundregel der von F ausgehenden, mit OP verschachtelten Buchstabenreihe lautet: Gehe einen Buchstaben im Alphabet weiter, füge O und P ein und gehe zwei Buchstaben weiter.

Bewegung in alphabetischer Reihenfolge:

+1 | O | P | +2 | +1 | O | P | +2 | +1

1121.

- A. D
- B. H
- C. C
- D. F
- E. Keine Antwort ist richtig.

Antwort: **C**

Beginnend vom Buchstaben Q wird alphabetisch rückwärtsgehend jeweils ein Buchstabe übersprungen.

Bewegung in alphabetischer Reihenfolge:

−2 | −2 | −2 | −2 | −2 | −2 | −2

1122.

- A. T
- B. S
- C. G
- D. U
- E. Keine Antwort ist richtig.

Antwort: **D**

Beginnend von den Buchstaben D und W werden eine vorwärts- und eine rückwärtslaufende Buchstabenreihe verschachtelt. Nach drei aufeinanderfolgenden Buchstaben wird jeweils in die andere Reihe gewechselt.

Bewegung in alphabetischer Reihenfolge:

D | D + 1 | D + 1 + 1 | W | W − 1 | W − 1 − 1

Prüfung · Teil 4

1123.

| A | B | F | G | J | K | ? |

- A. P
- B. Q
- C. N
- D. M
- E. Keine Antwort ist richtig.

Antwort: **D**

Startend mit dem Buchstaben A wechseln hier zwei Operationen einander ab: 1. Gehe zum nächsten Buchstaben. 2. Gehe startend mit vier Schritten im Alphabet voran und reduziere die Schrittweite mit jeder Ausführung um eins.

Bewegung in alphabetischer Reihenfolge:

+1 | +4 | +1 | +3 | +1 | +2

1124.

| F | K | H | M | J | O | ? |

- A. Q
- B. L
- C. J
- D. K
- E. Keine Antwort ist richtig.

Antwort: **B**

Gehe startend mit dem Buchstaben F abwechselnd alphabetisch fünf Buchstaben vorwärts und drei zurück.

Bewegung in alphabetischer Reihenfolge:

+5 | –3 | +5 | –3 | +5 | –3

1125.

| E | H | F | G | J | H | ? |

- A. I
- B. L
- C. J
- D. K
- E. Keine Antwort ist richtig.

Antwort: **A**

Gehe startend mit dem Buchstaben E abwechselnd alphabetisch drei Buchstaben vorwärts, zwei zurück und dann wieder einen vor.

Bewegung in alphabetischer Reihenfolge:

+3 | –2 | +1 | +3 | –2 | +1

1126.

- A. F
- B. H
- C. E
- D. K
- E. Keine Antwort ist richtig.

Antwort: **D**

Starten Sie mit dem Buchstaben K und gehen Sie zweimal drei Buchstaben zurück und dann zurück auf die Ausgangsposition K.

Bewegung in alphabetischer Reihenfolge:

−3 | −3 | +6 | −3 | −3 | +6

1127.

- A. D
- B. Q
- C. M
- D. U
- E. Keine Antwort ist richtig.

Antwort: **B**

Starten Sie mit dem Buchstaben C und gehen Sie dann in alphabetischer Reihenfolge zwei, drei, vier usw. Buchstaben voran.

Bewegung in alphabetischer Reihenfolge:

+2 | +3 | +4 | +5

1128.

- A. I
- B. G
- C. H
- D. B
- E. Keine Antwort ist richtig.

Antwort: **A**

Starten Sie mit dem Buchstaben E und gehen Sie alphabetisch abwechselnd einen Buchstaben vorwärts, zwei zurück und dann wieder drei vor.

Bewegung in alphabetischer Reihenfolge:

+1 | −2 | +3 | +1 | −2 | +3

Prüfung · Teil 4

1129.

| E | J | O | F | K | P | ? |

A. F
B. N
C. G
D. H
E. Keine Antwort ist richtig.

Antwort: **C**

Starten Sie mit dem Buchstaben E und gehen Sie alphabetisch abwechselnd zweimal fünf Buchstaben vorwärts und dann wieder neun zurück.

Bewegung in alphabetischer Reihenfolge:

+5 | +5 | −9 | +5 | +5 | −9

1130.

| T | P | K | E | F | B | W | Q | ? |

A. M
B. L
C. K
D. R
E. Keine Antwort ist richtig.

Antwort: **D**

Starten Sie mit dem Buchstaben T und gehen Sie alphabetisch abwechselnd vier Buchstaben zurück, fünf Buchstaben zurück, sechs Buchstaben zurück und dann wieder einen vor. Bei A angekommen, setzen Sie die Bewegung bei Z fort.

Bewegung in alphabetischer Reihenfolge:

−4 | −5 | −6 | +1 | −4 | −5 | −6 | +1

Logisches Denkvermögen

Wörter erkennen

In diesem Abschnitt wird Ihre sprachliche Intelligenz geprüft. Im Vordergrund steht Ihr Sprachgefühl. Es wird Ihre Fähigkeit hinsichtlich der Erkennung logischer Zusammenhänge von Buchstaben geprüft.

1131.

B	A	L	E	K

A. B
B. A
C. L
D. E
E. K

Antwort: **E**

Kabel

1132.

S	I	S	B	A

A. S
B. I
C. S
D. B
E. A

Antwort: **D**

Basis

1133.

S	G	A	S	E

A. S
B. G
C. A
D. S
E. E

Antwort: **B**

Gasse

1134.

I	E	H	L	F

A. I
B. E
C. H
D. L
E. F

Antwort: **C**

Hilfe

1135.

T	A	F	H	R

A. T
B. A
C. F
D. H
E. R

Antwort: **C**

Fahrt

1136.

D	B	N	O	E

A. D
B. B
C. N
D. O
E. E

Antwort: **B**

Boden

Prüfung · Teil 4

1137.

N	S	N	O	E

A. N
B. S
C. N
D. O
E. E

Antwort: **B**

Sonne

1138.

L	E	K	O	W

A. L
B. E
C. K
D. O
E. W

Antwort: **E**

Wolke

1139.

C	H	O	W	E

A. C
B. H
C. O
D. W
E. E

Antwort: **D**

Woche

1140.

C	H	R	A	U

A. C
B. H
C. R
D. A
E. U

Antwort: **C**

Rauch

1141.

P	F	R	E	O

A. P
B. F
C. R
D. E
E. O

Antwort: **E**

Opfer

1142.

H	E	L	E	R

A. H
B. E
C. L
D. E
E. R

Antwort: **C**

Lehre

1143.

S	E	W	E	N

A. S
B. E
C. W
D. E
E. N

Antwort: **C**

Wesen

1144.

S	E	W	E	P

A. S
B. E
C. W
D. E
E. P

Antwort: **C**

Wespe

252   www.ausbildungspark.com

Logisches Denkvermögen: Wörter erkennen

1145.

R	U	N	G	D

A. R
B. U
C. N
D. G
E. D

Antwort: **D**

Grund

1146.

L	E	H	T	O

A. L
B. E
C. H
D. T
E. O

Antwort: **C**

Hotel

1147.

Z	U	B	E	G

A. Z
B. U
C. B
D. E
E. G

Antwort: **C**

Bezug

1148.

C	H	I	M	L

A. C
B. H
C. I
D. M
E. L

Antwort: **D**

Milch

1149.

R	i	T	S	N

A. R
B. I
C. T
D. S
E. N

Antwort: **D**

Stirn

1150.

L	E	V	G	O

A. L
B. E
C. V
D. G
E. O

Antwort: **C**

Vogel

AUSBILDUNGSPark | 253

Prüfung · Teil 4

Logisches Denkvermögen

Sprachanalogien

In diesem Abschnitt wird Ihre Fähigkeit zu logischem Denken im sprachlichen Bereich geprüft.

1151. Obst : Birne wie **Gemüse : ?**
- A. Mango
- B. Zitrone
- C. Salat
- D. Apfel
- E. Orange

Antwort: **C**

So wie die Birne ein Obst ist, so ist Salat ein Gemüse.

1152. Vater : Mann wie **Mutter : ?**
- A. Dame
- B. Lady
- C. Mädchen
- D. Frau
- E. Mama

Antwort: **D**

So wie der Vater ein Mann ist, ist die Mutter eine Frau.

1153. Fahrrad : Schaltung wie **Auto : ?**
- A. Motor
- B. Lichter
- C. Getriebe
- D. Reifen
- E. Vorwärtsgang

Antwort: **C**

Die Schaltung am Fahrrad hat die gleiche Aufgabe wie das Getriebe eines Autos, nämlich Kraft unterschiedlich zu übersetzen.

1154. Auto : Flugzeug wie **fahren : ?**
- A. schwimmen
- B. reiten
- C. joggen
- D. laufen
- E. fliegen

Antwort: **E**

Ein Auto verhält sich zum Flugzeug wie „fahren" zu „fliegen", den beiden möglichen Tätigkeiten, die mit den jeweiligen Fortbewegungsmitteln ausgeübt werden können.

254   www.ausbildungspark.com

Logisches Denkvermögen: Sprachanalogien

1155. Obst : Gemüse wie **Birne : ?**

    A. Apfel

    B. Pfirsich

    C. Ananas

    D. Mango

    E. Kartoffel

Antwort: **E**

Der Unterschied zwischen einer Birne und einer Kartoffel ist genau der zwischen Obst und Gemüse.

1156. Flugzeug : Kerosin wie **Auto : ?**

    A. Motor

    B. Getriebe

    C. Benzin

    D. Wasser

    E. Öl

Antwort: **C**

Während ein Flugzeug durch Kerosin angetrieben wird, fährt ein Auto mit Benzin.

1157. erinnern : vergessen wie **finden : ?**

    A. schweigen

    B. vergessen

    C. behalten

    D. entdecken

    E. verlieren

Antwort: **E**

„Erinnern" verhält sich gegenteilig zu „vergessen", so wie „finden" zu „verlieren".

1158. messen : schätzen wie **wissen : ?**

    A. raten

    B. vermuten

    C. behaupten

    D. sagen

    E. prüfen

Antwort: **B**

„Messen" verhält sich gegenteilig zu „schätzen", so wie „wissen" zu „vermuten". Es stehen jeweils sichere Erkenntnisse gegen ungefähre Annahmen.

1159. Kugel : Würfel wie **Kreis : ?**

    A. Quadrat

    B. Rechteck

    C. Zylinder

    D. Viereck

    E. Raute

AUSBILDUNGSPark

Prüfung · Teil 4

Antwort: **A**

Das Verhältnis der runden Kugel zum eckigen Würfel ist im dreidimensionalen Raum vergleichbar mit dem Verhältnis von Kreis zu Quadrat in zwei Dimensionen.

1160. Organismus : Stoffwechsel   wie   Motor : ?

A. Benzin
B. Öl
C. Wasser
D. Gänge
E. Verbrennung

Antwort: **E**

So wie ein Organismus im Stoffwechsel die notwendige Energie gewinnt, so erzeugt sie der Motor in der Verbrennung.

Logisches Denkvermögen

Oberbegriffe

Nun wird die Fähigkeit zu logischem Denken im sprachlichen Bereich getestet.

1161. Butter, Brot

- A. Weizen
- B. Milch
- C. Getreide
- D. Nahrungsmittel
- E. Keine Antwort ist richtig.

Antwort: **D**

Butter und Brot sind Nahrungsmittel.

1162. Radio, Fernseher

- A. CD-Spieler
- B. Nachrichten
- C. Bildung
- D. Unterhaltungselektronik
- E. Keine Antwort ist richtig.

Antwort: **D**

Radio und Fernseher gehören zur Unterhaltungselektronik.

1163. Schrank, Tisch

- A. Haus
- B. Möbel
- C. Requisiten
- D. Wohnzimmer
- E. Keine Antwort ist richtig.

Antwort: **B**

Schrank und Tisch sind Möbel.

1164. Masern, Mumps

- A. Bazillen
- B. Fieber
- C. Infektionskrankheit
- D. Röteln
- E. Keine Antwort ist richtig.

Antwort: **C**

Masern und Mumps sind ansteckende Infektionskrankheiten, die durch Viren verursacht werden.

Prüfung · Teil 4

1165. Karpfen, Hering
- A. Friedfisch
- B. Raubfisch
- C. Tiere
- D. Wal
- E. Keine Antwort ist richtig.

Antwort: **A**

Karpfen und Hering sind Friedfische, die keine anderen Fische jagen und sich ausschließlich von Insektenlarven, Schnecken, Würmern oder Plankton ernähren.

1166. Auge, Ohr
- A. Brille
- B. Zähne
- C. Nase
- D. Sinnesorgane
- E. Keine Antwort ist richtig.

Antwort: **D**

Auge und Ohr zählen neben der Nase und der Haut zu den Sinnesorganen. Ihre Aufgaben bestehen darin, Informationen in Form von Reizen aus der Umwelt aufzunehmen und diese in elektrische Impulse umzuwandeln, die über Nervenfasern ans Gehirn weitergeleitet werden.

1167. Linse, Iris
- A. Hornhaut
- B. Pupille
- C. Auge
- D. Netzhaut
- E. Keine Antwort ist richtig.

Antwort: **C**

Die Linse und Iris sind neben der Pupille und Netzhaut Bestandteile des Auges.

1168. Mars, Jupiter
- A. Sonnensystem
- B. Mond
- C. Sonne
- D. Planet
- E. Keine Antwort ist richtig.

Antwort: **D**

Mars und Jupiter sind Planeten.

1169. Furunkel, Abszess
- A. Rötung
- B. Eiter
- C. Entzündung
- D. Krebs
- E. Keine Antwort ist richtig.

258   www.ausbildungspark.com

Antwort: **C**

Furunkel und Abszesse sind Entzündungen. Abszesse sind Eiteransammlungen in einer nicht präformierten Körperhöhle und Furunkel Entzündungen einer Haarwurzel.

1170. Republik, Monarchie

- **A.** König
- **B.** Staatsform
- **C.** Demokratie
- **D.** Staat
- **E.** Keine Antwort ist richtig.

Antwort: **B**

Republik und Monarchie sind Staatsformen. Die Monarchie zeichnet sich durch eine Alleinherrschaft meist eines Königs oder Kaisers aus. Die Republik ist dagegen am Gemeinwesen und Gemeinwohl orientiert und stellt so das Gegenmodell zur Monarchie dar.

Prüfung · Teil 4

Logisches Denkvermögen

Meinung oder Tatsache

In diesem Abschnitt erhalten Sie verschiedene Aussagen, die Sie dahingehend überprüfen sollen, ob es sich um eine Meinung oder eine Tatsache handelt.

1171. Schlafen gehört zu den natürlichen Bedürfnissen eines Menschen.

    M. Meinung
    T. Tatsache

Antwort: **T**

Dass jeder Mensch schlafen muss, um sich zu regenerieren, ist eine wissenschaftlich belegte Tatsache. Der Mensch und viele Tiere müssen schlafen, um zu überleben.

1172. Das Universum ist göttlich.

    M. Meinung
    T. Tatsache

Antwort: **M**

Die Existenz Gottes ist keine Tatsache, sondern gehört in den Bereich des Glaubens und ist somit eine Meinung.

1173. Jede Aufgabe ist zu lösen, wenn man sich anstrengt.

    M. Meinung
    T. Tatsache

Antwort: **M**

Da man sich durchaus Aufgaben vorstellen kann, die trotz großer Anstrengung nicht gelöst wurden, und es z. B. in der Mathematik eine Reihe von ungelösten Aufgaben gibt, kann es sich nicht um eine Tatsache, sondern nur um eine individuelle Meinung handeln.

1174. Viele Menschen glauben an das Horoskop.

    M. Meinung
    T. Tatsache

Antwort: **T**

Dass viele Menschen an das Horoskop glauben, ist eine empirisch belegte Tatsache, d. h. es wurden Umfragen betrieben, die das untermauern.

1175. Was im Horoskop steht, trifft fast immer zu.

    M. Meinung
    T. Tatsache

Antwort: **M**

Alle wissenschaftlichen Studien zur Vorhersagekraft von Horoskopen haben ergeben, dass Horoskope keinerlei Vorhersagekraft haben, dafür aber einen umso größeren Unterhaltungswert. So handelt es sich um eine Meinung.

Logisches Denkvermögen: Meinung oder Tatsache

1176. Fernsehen macht die Menschen klüger.

M. Meinung

T. Tatsache

Antwort: **M**

Es trifft eher das Gegenteil zu. Einige psychologische Studien haben aufgezeigt, dass häufiges Fernsehen vor allem bei Kleinkindern zu Leistungsdefiziten in der Schule führt und die kindliche Entwicklung negativ beeinflußt und verzögert. Von daher handelt es sich um eine Meinung, die zudem noch falsch ist.

1177. Männer sind im Durchschnitt klüger als Frauen.

M. Meinung

T. Tatsache

Antwort: **M**

Es gibt keinerlei Studien, die belegen, dass eines der Geschlechter an sich intelligentere Geschöpfe hervorbringt. Neueste Studien zeigen vielmehr, dass im Durchschnitt Mädchen zunehmend die besseren Schulleistungen zeigen. Als Grund dafür wird vermutet, dass die Grundschullehrerschaft vor allem aus Frauen besteht, die eher weibliche Bedürfnisse fördert. So handelt es sich bei der Aussage um eine Meinung.

1178. Wenn die Sonne scheint, haben wir gutes Wetter.

M. Meinung

T. Tatsache

Antwort: **M**

Da die Sonne immer brennt und so auch immer scheint, wir aber auf der Erde durchaus schlechtes Wetter haben können, während die Sonne brennt, ist die Aussage falsch und damit eine Meinung. Das Wetter auf der Erde wird zwar stark von der Sonne beeinflusst, doch entsteht schlechtes Wetter nicht durch die Sonnenstrahlung, sondern z. B. durch Wolkenbildung, die verhindert, dass Sonnenstrahlen bis zur Erde vordringen.

1179. Im Zentrum unseres Planetensystems befindet sich die Sonne.

M. Meinung

T. Tatsache

Antwort: **T**

Hierbei handelt es sich um eine gesicherte wissenschaftliche Erkenntnis, also eine Tatsache.

1180. Der Nil ist ein schöner Fluss in Afrika.

M. Meinung

T. Tatsache

Antwort: **M**

Die Zuschreibung, dass etwas schön sei, ist eine Geschmacksäußerung, die immer nur eine Meinung darlegen kann. Geschmackszuschreibungen können niemals Tatsachen sein.

1181. Wer reich ist, ist auch gesund.

M. Meinung

T. Tatsache

Antwort: **M**

Prüfung · Teil 4

Hierbei handelt es sich um eine Meinung, da eine Aussage getroffen wird, die für alle Personen, die reich sind, gelten soll, was sie aber nicht erfüllen kann. Belegt ist, dass Personen, die finanziell besser gestellt sind, im Durchschnitt gesünder sind und eine höhere Lebenserwartung haben. Das gilt aber nicht für jeden Einzelnen, so lässt sich nicht die Tatsache belegen, dass jeder, der reich ist, auch gesund ist.

1182. Die Elbe entspringt in Tschechien und mündet in die Nordsee.

    M. Meinung

    T. Tatsache

Antwort: **T**

Dies ist eine geografisch nachvollziehbare Tatsache.

1183. Sir Winston Churchill war ein einflussreicher Politiker des 20. Jahrhunderts.

    M. Meinung

    T. Tatsache

Antwort: **T**

Dass Sir Winston Churchill ein einflussreicher Politiker des 20. Jahrhunderts war, ist eine Tatsache, die sich aus der Geschichtswissenschaft ergibt. Er war englischer Premierminister während des 2. Weltkriegs und hat diesen maßgeblich beeinflusst.

1184. Sir Winston Churchill hat den Literaturnobelpreis verdient.

    M. Meinung

    T. Tatsache

Antwort: **M**

Es ist eine Tatsache, dass Sir Winston Churchill den Literaturnobelpreis erhalten hat. Ob er ihn verdient hat, ist dagegen eine Geschmackssache und so eine Meinung.

1185. Ohne Albert Einstein hätte es die Relativitätstheorie nie gegeben.

    M. Meinung

    T. Tatsache

Antwort: **M**

Albert Einstein hat zwar die Relativitätstheorie erdacht, aber ob sie ohne ihn nicht später von einem anderen erschaffen worden wäre, lässt sich nicht feststellen. So handelt es sich bei der Aussage um eine Meinung.

1186. Albert Einstein ist der Vater der Relativitätstheorie.

    M. Meinung

    T. Tatsache

Antwort: **T**

Dass Albert Einstein der Vater der Relativitätstheorie ist, ist eine unbestreitbare Tatsache.

Logisches Denkvermögen: Meinung oder Tatsache

1187. In der Kultur drückt sich der Zeitgeist einer Epoche aus.

- **M.** Meinung
- **T.** Tatsache

Antwort: **T**

Dies ist ein Tatbestand, der sich in zahlreichen Publikationen nachvollziehen lässt.

1188. Die Kultur ist durch Schönheit inspiriert.

- **M.** Meinung
- **T.** Tatsache

Antwort: **M**

Da die Kultur verschiedenartigsten Einflüssen unterliegt, lässt sich die Aussage so nicht bestätigen, so dass es sich um eine Meinung handelt.

1189. Der Klügere gibt nach.

- **M.** Meinung
- **T.** Tatsache

Antwort: **M**

Hierbei handelt es sich um eine Empfehlung eines Sozialverhaltens, nämlich in einer Konfliktsituation durch „Nachgeben" die Situation zu entschärfen. Eine solche Empfehlung hat nichts mit den Tatsachen in der Welt zu tun, wie sich etwas wirklich verhält, sondern kann immer nur Meinung sein.

1190. Rot ist die Farbe der Liebe.

- **M.** Meinung
- **T.** Tatsache

Antwort: **M**

Es ist nirgends festgeschrieben, dass bestimmte Farben Ausdruck menschlicher Gefühle sind. Über einen roten Gegenstand auszusagen, dass dieser rot sei, wäre die Bestimmung einer Tatsache. Über ein Gefühl oder Teil der menschlichen Kultur, der ein konkretes Objekt ist, lässt sich eine solche Aussage nicht treffen, so dass es sich um eine Meinung handelt.

Prüfung · Teil 4

Logisches Denkvermögen

Logische Schlussfolgerung

In diesem Abschnitt wird Ihre Fähigkeit im Schlussfolgern geprüft.

1191. Die Aussage lautet: „Alle Vögel können nicht fliegen, alle Vögel haben Füße." Daraus wird die Schlussfolgerung gezogen: „Alle Vögel, die Füße haben, können nicht fliegen." Stimmt diese Behauptung?

☐ stimmt

☐ stimmt nicht

Antwort: **stimmt**

Wenn zum einen „alle Vögel nicht fliegen können" (Aussage X gilt) und zum anderen „alle Vögel Füße haben"
(Y gilt), lässt sich daraus sowohl ableiten, wenn X „alle Vögel nicht fliegen können" zutrifft, dann gilt auch Y
„alle Vögel Füße haben", als auch umgekehrt, wenn Y zutrifft, dann gilt auch X. Aus zwei gültigen Sätzen X
und Y zu folgern, wenn X gilt dann gilt auch Y, nennt man Abschwächung.

1192. Die Aussage lautet: „Hans möchte um 19:00 Uhr entweder Barbara oder Paul besuchen. Hans besucht
um 19:00 Uhr Paul". Daraus wird die Schlussfolgerung gezogen: „Also besucht Hans um 19:00 Uhr Barbara." Stimmt diese Behauptung?

☐ stimmt

☐ stimmt nicht

Antwort: **stimmt nicht**

Die Schlussfolgerung ist nicht korrekt, da Hans, wenn er Paul besucht, nicht gleichzeitig auch Barbara besuchen kann. Er kann nur den Einen oder den Anderen besuchen (entweder-oder).

1193. Die Aussage lautet: „Marc ist unbegabt. Wenn Marc unbegabt ist, dann malt er gerne." Daraus wird die
Schlussfolgerung gezogen: „Marc ist begabt und malt nicht gerne." Stimmt diese Behauptung?

☐ stimmt

☐ stimmt nicht

Antwort: **stimmt nicht**

Wenn X gilt (Marc ist unbegabt), dann gilt auch Y (er malt gerne). Da in Satz 1 festgestellt wird, dass X erfüllt
ist – Marc ist also unbegabt –, so gilt auch Y: Marc malt gerne. So trifft weder zu, dass Marc begabt ist, noch ist
es korrekt, dass er ungern malt.

1194. Die Aussage lautet: „Wenn Männer und Frauen nicht gleich aussehen, lassen sich die Geschlechter
unterscheiden. Männer und Frauen sehen gleich aus." Daraus wird die Schlussfolgerung gezogen: „Also
lassen sich Geschlechter nicht unterscheiden". Stimmt diese Behauptung?

☐ stimmt

☐ stimmt nicht

Antwort: **stimmt nicht**

Die Aussage lässt sich logisch nicht ableiten, da sie sich trotz des gleichen Aussehens aus irgendeinem anderen Grund (z. B. ihrer Kleidung) doch unterscheiden könnten – man kann es einfach nicht wissen, da hierüber
keine Informationen gegeben werden.

Logisches Denkvermögen: Logische Schlussfolgerung

1195. Die Aussage lautet: „Wenn es regnet, dann wird die Straße nass. Die Straße ist trocken." Daraus wird die Schlussfolgerung gezogen: „Wenn es nass ist, hat es geregnet." Stimmt diese Behauptung?

☐ stimmt
☐ stimmt nicht

Antwort: **stimmt nicht**

Hier handelt es sich um die logische Form des *modus tollens*, einer klassischen Art der logischen Schlussfolgerung: Wenn X gilt (es regnet), dann gilt auch Y (die Straße wird nass). Wenn umgekehrt Y nicht gilt – wenn also die Straße nicht nass ist –, dann kann auch X nicht richtig sein und es hat nicht geregnet. Das bedeutet aber nicht, dass die Straße nur dann nass sein kann, wenn es zuvor geregnet hat: Wenn also Y gilt (es ist nass), gilt nicht notwendigerweise auch X (es hat geregnet). Für die Nässe könnte es ja auch andere Gründe geben: einen defekten Hydranten beispielsweise, oder spielende Kinder mit Wasserpistolen. Die aufgestellte Behauptung ist daher falsch.

1196. Die Aussage lautet: „Wenn Kurt mit der Schule fertig ist, dann macht er eine Ausbildung. Wenn Kurt eine Ausbildung macht, dann kauft er sich ein Auto. Kurt hat kein Auto." Daraus wird die Schlussfolgerung gezogen: „Also ist Kurt nicht mit der Schule fertig und macht keine Ausbildung." Stimmt diese Behauptung?

☐ stimmt
☐ stimmt nicht

Antwort: **stimmt**

Die Aussage verknüpft gleich mehrere Bedingungen: Wenn X gilt (Kurt ist mit der Schule fertig), so gilt auch Y (Kurt macht eine Ausbildung). Wenn Y gilt (Kurt macht eine Ausbildung), dann gilt auch Z (Kurt kauft sich ein Auto). Verkürzend lässt sich also sagen: Wenn X gilt (Kurt ist mit der Schule fertig), dann gelten auch Y (Kurt macht eine Ausbildung) und schließlich Z (Kurt kauft sich ein Auto). Da Z nicht erfüllt ist – denn Kurt hat kein Auto –, folgt im Umkehrschluss, dass auch Y nicht gilt (Kurt macht keine Ausbildung). Somit kann auch X nicht stimmen, und Kurt ist noch nicht mit der Schule fertig. Die Behauptung ist richtig.

1197. Die Aussage lautet: „Wenn Enten Schnecken essen, dann essen sie auch Körner. Wenn Enten Wasser trinken, dann essen sie keine Körner. Enten trinken entweder Wasser oder jagen Fische. Enten essen Schnecken." Daraus wird die Schlussfolgerung gezogen: „Also jagen Enten Fische." Stimmt diese Behauptung?

☐ stimmt
☐ stimmt nicht

Antwort: **stimmt**

Die Feststellung „Enten essen Schnecken" bestimmt, dass die Bedingung des 1. Satzes („wenn Enten Schnecken essen") erfüllt ist; da die Enten Schnecken essen, Essen sie Satz 1 zufolge auch Körner. In Satz 2 wird bestimmt, dass Enten keine Körner essen, wenn sie Wasser trinken – da sie jedoch, wie bereits herausgefunden, Körner essen, können sie demnach kein Wasser trinken. Im 3. Satz heißt es schließlich, dass Enten entweder trinken oder Fische jagen. Da sie nicht trinken, müssen sie demnach Fische jagen. Die Behauptung stimmt.

1198. Die Aussage lautet: „Gegenstände, welche verschickt werden sollen, werden ins rote Fach abgelegt. Gegenstände im roten Fach sind zerbrechlich, im grünen Fach nicht." Daraus wird die Schlussfolgerung gezogen: „Wenn Gegenstände nicht zerbrechlich sind, dann sind sie nicht zu verschicken."

☐ stimmt
☐ stimmt nicht

Antwort: **stimmt**

AUSBILDUNGSPark | 265

Prüfung · Teil 4

Aus der Prämisse „Gegenstände im roten Fach sind zerbrechlich" und „Gegenstände sind nicht zerbrechlich" folgt im Umkehrschluss, sie sind nicht im roten Fach. Aus „Gegenstände, welche verschickt werden sollen, werden ins rote Fach abgelegt" und „Gegenstände sind nicht im roten Fach" folgt ebenfalls im Umkehrschluss, sie sind nicht zu verschicken. Die Behauptung stimmt.

1199. **Die Aussage lautet: „Kleider können sprechen. Fußbälle können sprechen und alles, was sprechen kann, ist rot." Daraus wird die Schlussfolgerung gezogen: „Also sind Kleider Fußbälle." Stimmt diese Schlussfolgerung?**

   ☐ stimmt
   ☐ stimmt nicht

Antwort: **stimmt nicht**

Wenn Kleider sprechen können (Satz 1) und Fußbälle ebenfalls sprechen können (Satz 2), bedeutet das nicht, dass Kleider zugleich Fußbälle oder Fußbälle zugleich auch Kleider wären. Da alles rot ist, was sprechen kann, sind zwar sowohl Kleider als auch Fußbälle rot; aber nur, weil zwei Objekte zwei Eigenschaften gemein haben, müssen sie nicht identisch sein. Die Behauptung ist falsch.

1200. **Die Aussage lautet: „Alle Bilder sind Flaschen. Die meisten Flaschen sind Dosen. Dosen kann man mieten. Bilder kann man sowohl kaufen als auch mieten, was bei Flaschen und Dosen nicht der Fall ist." Daraus wird die Schlussfolgerung gezogen: „Also kann man alle Flaschen mieten." Stimmt diese Behauptung?**

   ☐ stimmt
   ☐ stimmt nicht

Antwort: **stimmt nicht**

Es stimmt zwar, dass alle Bilder Flaschen sind (Satz 1) und dass man Bilder mieten kann (Satz 4). Dass alle Bilder Flaschen sind, heißt jedoch nicht, dass alle Flaschen zugleich auch Bilder sind. Es kann also auch Flaschen geben, die keine Bilder sind und möglicherweise nicht gemietet werden können. Dass die meisten Flaschen Dosen sind und Dosen gemietet werden können, bedeutet ebenfalls nicht, dass alle Flaschen Dosen sind und gemietet werden können. Die gegebene Schlussfolgerung ist also nicht zulässig.

1201. **Die Aussage lautet: „Kühe können fliegen, weil sie Flügel haben. Vögel haben keine Flügel." Daraus wird die Schlussfolgerung gezogen: „Also können Vögel nicht fliegen". Stimmt diese Behauptung?**

   ☐ stimmt
   ☐ stimmt nicht

Antwort: **stimmt nicht**

Wenn Kühe fliegen können, weil sie Flügel haben (Satz 1), sagt das Fehlen der Flügel nichts über die Flugfähigkeit der Vögel aus. Es wird schließlich nicht festgestellt, dass Tiere nur mit Flügeln fliegen können. Möglicherweise bedienen sich Vögel anderer Hilfsmittel und Techniken, um zu fliegen. Daher ist die aufgestellte Behauptung falsch.

1202. **Die Aussage lautet: „Im Sommer werden nur montags Weihnachtsmänner verschenkt. Montags ist es immer kalt." Daraus wird die Schlussfolgerung gezogen: „Im Sommer ist es kalt, wenn Weihnachtsmänner verschenkt werden."**

   ☐ stimmt
   ☐ stimmt nicht

Antwort: **stimmt**

---

266   www.ausbildungspark.com

Wenn im Sommer nur montags Weihnachtsmänner verschenkt werden (Satz 1), und es montags immer kalt ist (Satz 2), dann ist es folgerichtig immer kalt, wenn im Sommer Weihnachtsmänner verschenkt werden. Die Behauptung stimmt also.

1203. Die Aussage lautet: „Alle Löwen sind Fische. Alle Fische können schwimmen." Daraus wird die Schlussfolgerung gezogen: „Alle Fische sind Löwen und können schwimmen." Stimmt diese Behauptung?

☐ stimmt
☐ stimmt nicht

Antwort: **stimmt nicht**

Wenn alle Löwen zur Gattung der Fische zählen, und alle Mitglieder der Gattung Fische schwimmen können, dann sind zwar alle Löwen Fische und können schwimmen – das heißt aber nicht, dass im Umkehrschluss die Gattung der Fische ausschließlich aus Löwen besteht. Die Gattung könnte ja außer ihnen noch Tiger, Schlangen oder andere Tierarten umfassen.

1204. Die Aussage lautet: „Klaus liebt Erdbeereis. Wenn Klaus wüsste, dass in Erdbeereis keine Erdbeeren enthalten sind, würde er sich ärgern. In Erdbeereis sind keine Erdbeeren enthalten." Daraus wird die Schlussfolgerung gezogen: „Also muss sich Klaus ärgern." Stimmt diese Behauptung?

☐ stimmt
☐ stimmt nicht

Antwort: **stimmt nicht**

Nur durch die Feststellung, dass in Erdbeereis keine Erdbeeren enthalten sind (Satz 3), ist die Bedingung des 2. Satzes noch nicht erfüllt: Hier heißt es nämlich, dass Klaus sich dann ärgern würde, wenn ihm die Tatsache des erdbeerfreien Erdbeereises auch bekannt wäre. Ob das der Fall ist oder nicht, darüber kann anhand der gegebenen Angaben nur spekuliert werden. Klaus muss sich nicht zwingend darüber ärgern.

1205. Die Aussage lautet: „Wenn Claudia Klaus liebt, dann wird sie ihm vorschlagen, gemeinsam eine Wohnung zu mieten. Claudia schlägt Klaus vor, gemeinsam eine Wohnung zu mieten." Daraus wird die Schlussfolgerung gezogen: „Also liebt Claudia Klaus." Stimmt diese Behauptung?

☐ stimmt
☐ stimmt nicht

Antwort: **stimmt nicht**

Ein Fehlschluss wäre zu denken, dass Claudia Klaus liebt, weil sie ihm die gemeinsame Wohnung vorschlägt, dies könnte auch aus einem anderen Grund wie einer finanziellen Abwägung geschehen, ohne dass sie ihn liebt. Aus der Tatsache, dass Claudia Klaus liebt, sie ihm die gemeinsame Wohnung vorschlägt, lässt sich nicht im Umkehrschluss zwingend folgern, dass sie ihn liebt, wenn sie Klaus den Vorschlag der gemeinsamen Wohnung unterbreitet.

1206. Die Aussage lautet: „Alle Bilder sind Gemälde. Gemälde sind schön. Einige Gemälde sind Kunst." Daraus wird die Schlussfolgerung gezogen: „Also sind alle Bilder schön und Kunst". Stimmt diese Behauptung?

☐ stimmt
☐ stimmt nicht

Antwort: **stimmt nicht**

Wenn alle Bilder Gemälde sind (Satz 1), dann sind alle Bilder gleichzeitig auch schön (Satz 2). Insofern ist die Behauptung korrekt. Da jedoch nur einige Gemälde Kunst sind (Satz 3), kann aus den gegebenen Angaben nicht die Schlussfolgerung gezogen werden, dass alle Bilder Kunst sind, wie behauptet.

Prüfung · Teil 4

1207. Die Aussage lautet: „Peter arbeitet im Garten oder poliert sein Auto. Seine Frau gießt den Rasen. Wenn seine Frau den Rasen gießt, arbeitet er nicht im Garten." Daraus wird die Schlussfolgerung gezogen: „Also poliert Peter sein Auto." Stimmt diese Behauptung?

☐ stimmt
☐ stimmt nicht

Antwort: **stimmt**

In Satz 1 wird ein Entweder-Oder-Sachverhalt beschrieben, der nur eine Möglichkeit zulässt: Wenn Peter im Garten arbeitet, poliert er sein Auto nicht. Wenn er sein Auto poliert, arbeitet er nicht im Garten. In Satz 3 wird die weitere Bedingung aufgestellt, dass Peter nicht im Garten arbeitet, wenn seine Frau den Rasen bewässert. Diese Bedingung ist erfüllt, denn Peters Frau gießt den Rasen (Satz 2). Peter arbeitet also nicht im Garten. Folglich poliert er sein Auto.

1208. Die Aussage lautet: „Wenn Peter das Spiel gewonnen hat, ist Klaus oder Max Zweiter geworden. Wenn Klaus Zweiter geworden ist, hat Peter das Spiel nicht gewonnen. Wenn Alberto Zweiter geworden ist, dann ist es nicht Max geworden. Peter hat das Spiel gewonnen. Daraus wird die Schlussfolgerung gezogen: „Also ist Alberto Zweiter geworden". Stimmt diese Behauptung?

☐ stimmt
☐ stimmt nicht

Antwort: **stimmt nicht**

Zunächst ist von der Feststellung in Satz 4 auszugehen: Peter hat das Spiel gewonnen. Die Bedingung aus Satz 1 ist demnach erfüllt, folgerichtig heißt der Zweite entweder Klaus oder Max. Aus dem Folgesatz erkennt man, dass Klaus aber keinesfalls der Zweite sein kann, denn in diesem Fall hätte Peter das Spiel nicht gewonnen. Also kann nur Max Zweiter geworden sein und nicht etwa Alberto.

1209. Die Aussage lautet: „Nur schlechte Schüler bekommen Strafarbeiten oder schlechte Noten. Klaus ist ein guter Schüler." Daraus wird die Schlussfolgerung gezogen: „Also bekommt Klaus eine Strafarbeit." Stimmt die Behauptung?

☐ stimmt
☐ stimmt nicht

Antwort: **stimmt nicht**

In Satz 1 wird eindeutig festgestellt wird, dass ausschließlich („nur") schlechte Schüler Strafarbeiten oder schlechte Noten bekommen. Demnach kommen sowohl Strafarbeiten als auch schlechte Noten nur für schlechte Schüler in Frage. Da Klaus jedoch ein guter Schüler ist (Satz 2), gilt für ihn das weder-noch: Er hat weder schlechte Noten noch Strafarbeiten zu befürchten. Die Behauptung ist also falsch.

1210. Die Aussage lautet: „Manche Sportler sind Fußballer oder Tennisspieler. Fußballer sind häufiger verletzt als Tennisspieler." Daraus wird die Schlussfolgerung gezogen: „Also sind alle verletzten Sportler Fußballer oder Tennisspieler." Stimmt diese Behauptung?

☐ stimmt
☐ stimmt nicht

Antwort: **stimmt nicht**

In Satz 1 wird lediglich festgestellt, dass manche Sportler Fußballer oder Tennisspieler sind, nicht etwa, dass alle Sportler eine der beiden Ballsportarten betreiben. Daher kann nicht gefolgert werden, dass alle verletzten Sportler Fußball oder Tennis spielen. Auch die zusätzliche Information, dass Fußballer häufiger verletzt sind als Tennisspieler, stützt diese Behauptung nicht.

Logisches Denkvermögen

Flussdiagramm / Ablaufplan

In diesem Abschnitt wird geprüft, wie gut Sie verschiedene Prozesse strukturell nachvollziehen können. Hierzu erhalten Sie ein Flussdiagramm.

Hinweis

Ein Flussdiagramm setzt sich aus mit Pfeilen verbundenen Symbolen zusammen, die sich grob in fünf Gruppen einordnen lassen:

¬ Rechtecke mit abgerundeten Ecken stehen für Prozessbeginn und -ende.

¬ Rauten stellen Bedingungen dar.

¬ Rechtecke symbolisieren eigene, in sich geschlossene Abläufe.

¬ Parallelogramme repräsentieren prozessinterne Ein- und Ausgaben (In- und Outputs).

¬ Ovale kennzeichnen Entscheidungen oder Konsequenzen.

Datenerfassung

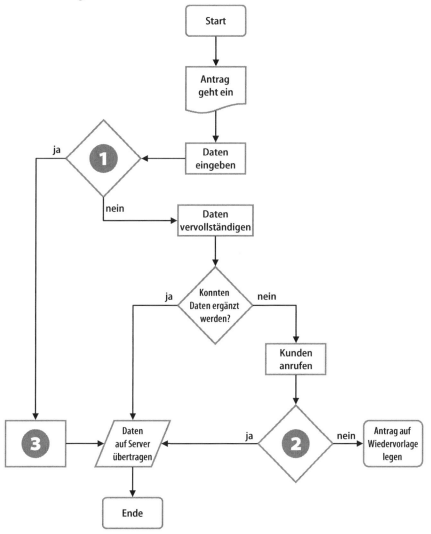

Prüfung · Teil 4

1211. **Durch welche der Antworten wird die Zahl 1 im Flussdiagramm sinnvoll ersetzt?**

    A. Liegen zu viele Daten vor?

    B. Kunden anrufen?

    C. Daten vollständig?

    D. Antrag auf Wiedervorlage legen?

    E. Daten auf Server übertragen

Antwort: **C**

Da eine Raute Bedingungen symbolisiert, scheidet E von vornherein aus. Die einzig logische Bedingung ist C: Zu Beginn der Datenerfassung wird geprüft, ob die Daten auch vollständig sind.

1212. **Durch welche der Antworten wird die Zahl 2 im Flussdiagramm sinnvoll ersetzt?**

    A. Daten eingeben

    B. Soll Programm beendet werden?

    C. Kunde erreicht?

    D. Antrag prüfen

    E. Automatische Weiterleitung der Daten

Antwort: **C**

Nur B und C sind möglich, da alle übrigen Vorschläge keine Bedingungen sind. Der Ablauf kann jedoch erst dann beendet werden, wenn die vervollständigten Daten auf den Server übertragen wurden. Das wiederum setzt voraus, dass der Kunde beim Anruf auch erreicht wurde.

1213. **Durch welche der Antworten wird die Zahl 3 im Flussdiagramm sinnvoll ersetzt?**

    A. Daten abfragen?

    B. Soll Programm beendet werden?

    C. Daten vollständig?

    D. Automatische Weiterleitung der Daten

    E. Kunde ablehnen?

Antwort: **D**

Rechtecke stehen für Prozesse, somit kommt nur D in Frage.

1214. **Welches Ergebnis erhalten Sie, wenn die Antragsdaten vollständig sind?**

    A. Daten werden zur Sicherheit noch mal abgefragt.

    B. Damit die eingegebenen Daten vervollständigt werden können, wird der Kunde angerufen.

    C. Der Antrag wird zunächst auf Wiedervorlage gelegt.

    D. Die Daten werden auf den Server übertragen.

    E. Die Daten werden für Marketingzwecke genutzt.

Antwort: **D**

Ist der Datensatz vollständig, wird er auf den Server übertragen. Danach ist der Ablauf beendet.

1215. **Welches Ergebnis erhalten Sie, wenn die Antragsdaten unvollständig sind?**

    A. Daten werden zur Sicherheit gelöscht.

    B. Die Daten können nur vervollständigt werden, wenn der Kunde angerufen wird.

    C. Der Antrag wird zunächst auf Wiedervorlage gelegt.

    D. Die Daten werden auf den Server übertragen.

    E. Zunächst versucht man, die Daten zu ergänzen.

Antwort: **E**

Sind die Daten bei der ersten Prüfung nicht vollständig, wird zunächst versucht, sie zu ergänzen. Erst wenn dieser Versuch fehlgeschlagen ist, wird der Kunde angerufen. Anschließend werden die Daten im Erfolgsfall auf den Server übertragen, ansonsten wird der Antrag auf Wiedervorlage gelegt.

Lösung

Das Diagramm vollzieht eine EDV-gestützte Datenerfassung nach, vom Eingang des Kundenantrags bis zur Übertragung der Daten auf den Server. Im Zentrum steht dabei die Vollständigkeit der Daten, die durch mehrere Maßnahmen gewährleistet werden soll. Zunächst durch die Kontrolle bei der ersten Dateneingabe: wenn die Daten hier nicht vollständig sind, wird ein Ergänzungsversuch gemacht. Scheitert dieser Versuch, wird der Kunde angerufen – kann der nicht erreicht werden, wird der Antrag vorläufig auf Wiedervorlage gelegt. Nur vollständige Datensätze werden auf den Server übertragen.

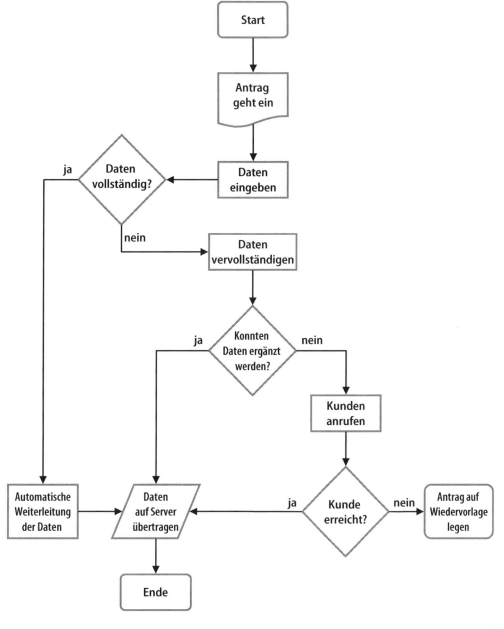

Briefversand

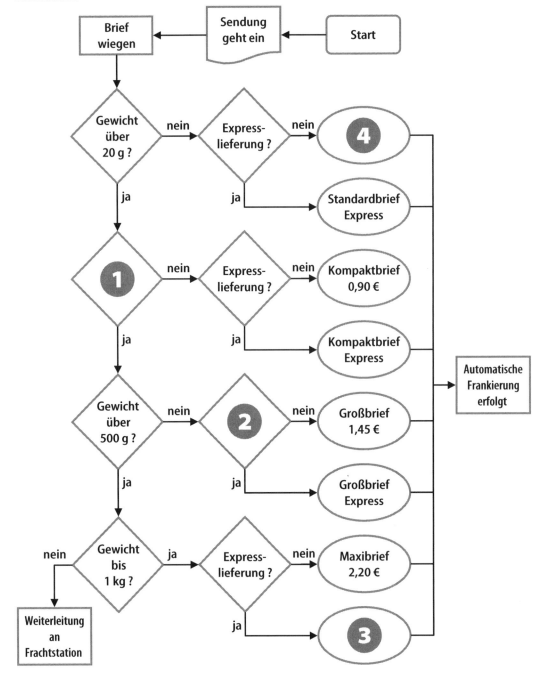

Berücksichtigen Sie für die Lösung der Aufgaben bitte die Versandkosten-Tabelle.

Artikel	Standardbrief	Kompaktbrief	Großbrief	Maxibrief	Dienstleister
Gewicht	bis 20 g	bis 50 g	bis 500 g	bis 1.000 g	über 1.000 g
Preis	0,50 €	0,90 €	1,45 €	2,20 €	3,90 €

Logisches Denkvermögen: Flussdiagramm / Ablaufplan

1216. Durch welche der Antworten wird die Zahl 1 im Flussdiagramm sinnvoll ersetzt?
- A. Gewicht über 2 kg?
- B. Weiterleitung an Frachtstation
- C. Expresslieferung?
- D. Gewicht über 50 g?
- E. Kompaktbrief 0,90 €

Antwort: **D**

Gesucht wird eine Bedingung, B und E fallen also weg. Die vorausgehende Bedingung unterscheidet zwischen Sendungen mit einem Gewicht von bis zu 20 g und schwereren Sendungen. Laut Tabelle ist der nächsthöhere Gewichtsbereich der des Kompaktbriefs mit bis zu 50 g. Die Lösung lautet demnach D.

1217. Durch welche der Antworten wird die Zahl 2 im Flussdiagramm sinnvoll ersetzt?
- A. Gewicht über 2 kg?
- B. Weiterleitung an Frachtstation
- C. Expresslieferung?
- D. Gewicht über 500 g?
- E. Großbrief 1,45 €

Antwort: **C**

Die Unterscheidung nach Gewicht wurde bereits getroffen, der Brief wiegt zwischen 51 g und 500 g – dadurch entfallen A und D. Da eine Raute eine Bedingung anzeigt, können auch B und E nicht stimmen. Übrig bleibt C: Wie bei allen anderen Gewichtsklassen gibt es auch hier die Möglichkeit der Expresslieferung.

1218. Durch welche der Antworten wird die Zahl 3 im Flussdiagramm sinnvoll ersetzt?
- A. Gewicht über 2 kg?
- B. Maxibrief 2,20 €
- C. Expresslieferung?
- D. Gewicht über 500 g?
- E. Maxibrief Express

Antwort: **E**

Wie sich aus den vorausgehenden Bedingungen ergibt, ist der Brief zwischen 501 g und 1.000 g schwer (Maxibrief) und soll per Express verschickt werden. Somit kommt nur Lösung E in Frage.

1219. Durch welche der Antworten wird die Zahl 4 im Flussdiagramm sinnvoll ersetzt?
- A. Standardbrief Express
- B. Maxibrief 2,20 €
- C. Standardbrief 0,55 €
- D. Gewicht über 20 g?
- E. Automatische Frankierung erfolgt

Antwort: **C**

Es handelt sich um einen Standardbrief (bis zu 20 g), der nicht per Express verschickt wird. Richtig ist also Lösung C.

Prüfung · Teil 4

1220. Wie muss eine Sendung mit einem Gewicht von 1.350 g frankiert werden?
- A. Die Sendung muss als Kompaktbrief mit 0,90 € frankiert werden.
- B. Die Sendung muss als Großbrief mit 2,20 € frankiert werden.
- C. Die Sendung muss als Maxibrief mit 1,45 € frankiert werden.
- D. Die Sendung muss als Päckchen mit 3,90 € frankiert werden.
- E. Die Sendung wird an die Frachtstation weitergeleitet.

Antwort: **E**

Aus dem Flussdiagramm und der Tabelle lässt sich ablesen: Briefsendungen mit einem Gewicht von mehr als 1.000 g werden an die Frachtstation abgegeben.

Lösung

Das Diagramm zeigt die Ablauforganisation des Briefversands. Eingehende Briefe werden zunächst gewogen: Abhängig von ihrem Gewicht werden sie als Standardbrief (bis 20 g), Kompaktbrief (21 g–50 g), Großbrief (51 g–500 g) oder Maxibrief (501 g–1.000 g) eingestuft. Für jeden Brieftyp kann nun entschieden werden, ob er als Expressbrief mit beschleunigter Beförderung verschickt werden soll. Schließlich werden die Briefe entsprechend frankiert. Ist die Sendung schwerer als 1 kg, wird sie an die Frachtstation weitergeleitet und fällt aus dem hier dargestellten internen Ablauf heraus.

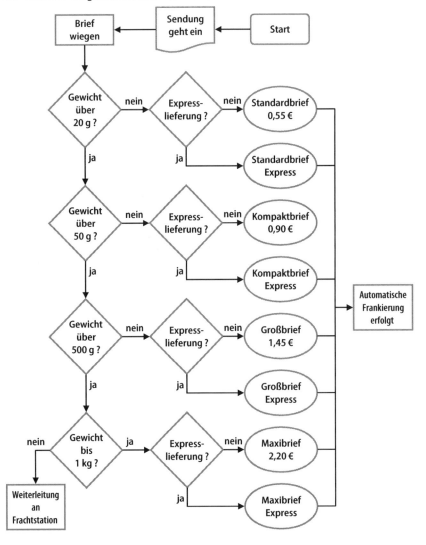

Logisches Denkvermögen: Flussdiagramm / Ablaufplan

Polizeieinsatz: Verkehrsunfall

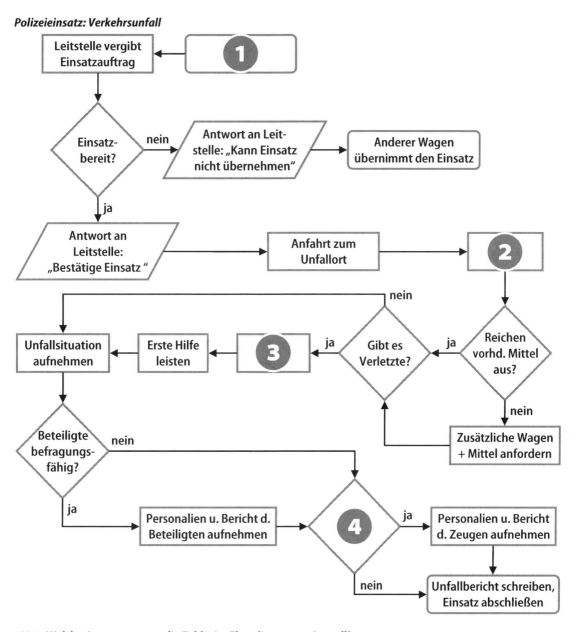

1221. Welche Antwort ersetzt die Zahl 1 im Flussdiagramm sinnvoll?
  A. Unfall wird der Leitstelle gemeldet
  B. Verkehrsunfall geschehen?
  C. Einsatzbefehl erteilt
  D. Nachricht an Leitstelle: „Unfall"
  E. Unfall von Leitstelle aufgenommen?

Antwort: **A**

Ein Rechteck mit abgerundeten Ecken kennzeichnet den Beginn oder das Ende eines Prozesses. Bedingungen erfordern Rauten – die Antworten B und E entfallen also. D kommt nicht infrage, da prozessinterne In- oder Outputs durch Parallelogramme repräsentiert werden. C ist unlogisch: Der Einsatzauftrag ergeht von der Leitstelle, welcher zusätzliche – und zeitverzögernde – Einsatzbefehl sollte dem vorausgehen? Somit kann nur Lösung A stimmen.

Prüfung · Teil 4

1222. Welche Antwort ersetzt die Zahl 2 im Flussdiagramm sinnvoll?

- A. Ambulanz anfordern
- B. Unfallort sichern
- C. Unfallteilnehmer befragen
- D. Auf Einsatzleiter warten
- E. Erste Hilfe leisten

Antwort: **B**

Nach der Ankunft an der Unfallstelle muss diese unverzüglich gesichert werden – die Lösung ist B. Erst wenn eine weitere Gefährdung der Unfallbeteiligten, der Beamten und anderer Verkehrsteilnehmer ausgeschlossen ist, können überhaupt weitere Maßnahmen ergriffen werden.

1223. Welche Antwort ersetzt die Zahl 3 im Flussdiagramm sinnvoll?

- A. Ambulanz nötig?
- B. Ambulanz einweisen
- C. Ambulanz unterstützen
- D. Auf Ambulanz warten
- E. Ambulanz anfordern

Antwort: **E**

„Leib, Leben und Gesundheit gehen vor": Getreu diesem Motto übernehmen die Beamten nach der Eigensicherung und der Sicherung des Verkehrs die medizinische Erstversorgung vor Ort. Wenn es Verletzte gibt, organisiert die Polizei die Rettungskräfte. Damit die Beamten die Ambulanz einweisen oder gegebenenfalls unterstützen können, muss diese jedoch zunächst einmal angefordert werden – Antwort E stimmt. Untätig auf die Ambulanz zu warten (Vorschlag D), wäre sicher nicht hilfreich, und um eine durch Raute symbolisierte Bedingung (Vorschlag A) handelt es sich hier nicht.

1224. Welche Antwort ersetzt die Zahl 4 im Flussdiagramm sinnvoll?

- A. Zeugen ermitteln
- B. Beteiligte später befragen
- C. Ist der Beteiligtenbericht stichhaltig?
- D. Gibt es Zeugen?
- E. Ist die Schuldfrage geklärt?

Antwort: **D**

Da Rauten Bedingungen symbolisieren, kommen nur die Antworten C, D und E infrage. C und E sind jedoch offensichtlich unplausibel: Warum sollten die Zeugen nur dann befragt werden, wenn die Aussage der Beteiligten stichhaltig oder die Schuldfrage geklärt ist? Richtig kann also nur Antwort D sein.

1225. Was geschieht, wenn die Unfallbeteiligten nicht befragt werden können und es keine Zeugen gibt?

- A. Der Einsatz kann nicht abgeschlossen werden.
- B. Der polizeiliche Unfallbericht beruht auf der Darstellung der Beamten.
- C. Die Polizisten können zu dem Unfall keine Aussage treffen.
- D. Die Polizisten können den Unfall nicht aufnehmen.
- E. Den Unfallbeteiligten wird die gleiche Teilschuld zugesprochen.

Antwort: **B**

Die eingesetzten Beamten nehmen auf jeden Fall die Unfallsituation auf, dabei skizzieren sie auch den wahrscheinlichen Unfallhergang. Ohne eine Zeugen- oder Beteiligtenauskunft erscheinen nur diese Angaben im polizeilichen Unfallbericht, die auf den vorhandenen Spuren und Schadensbildern basieren. Die Polizei benennt dabei zwar auch den wahrscheinlichen Verursacher, doch endgültig wird die Schuldfrage von den Versicherungen (Gutachter) oder – bei schweren Schäden – vor Gericht geklärt. Die Beteiligten können ihre Aussage später nachreichen; eventuell lassen sich dazu noch Zeugen ermitteln. Beim Verlassen des Unfallorts melden die Beamten der Leitstelle das Einsatzende, damit sie neue Aufgaben übernehmen können.

Lösung

Das Schaubild verdeutlicht den Einsatzablauf nach einem Verkehrsunfall. Zunächst trifft die Unfallmeldung in der Leitstelle ein, die die relevanten Informationen an eine Streife weitergibt. Die Beamten bestätigen die Übernahme des Einsatzes, falls sie nicht bereits anderweitig involviert und daher unabkömmlich sind. Unverzüglich nach dem Eintreffen am Unfallort muss dieser angemessen gesichert werden, um weitere Gefahren auszuschließen. Stellt sich heraus, dass die verfügbaren Mittel für den Einsatz nicht ausreichen, fordert die Streife Unterstützung an Mensch und Material an. Gemäß dem Motto „Leib, Leben und Gesundheit gehen vor" gewährleisten die Polizisten die medizinische Erstversorgung am Unfallort, bis die Ambulanz eintrifft. Erst dann können sie die Unfallsituation aufnehmen. Dazu gehört: eine eigene Darstellung der Szenerie, die Aussagen der Beteiligten – wenn sie auskunftsfähig sind – und eventuelle Zeugenberichte. All diese Angaben fließen in den abschließenden Unfallbericht ein.

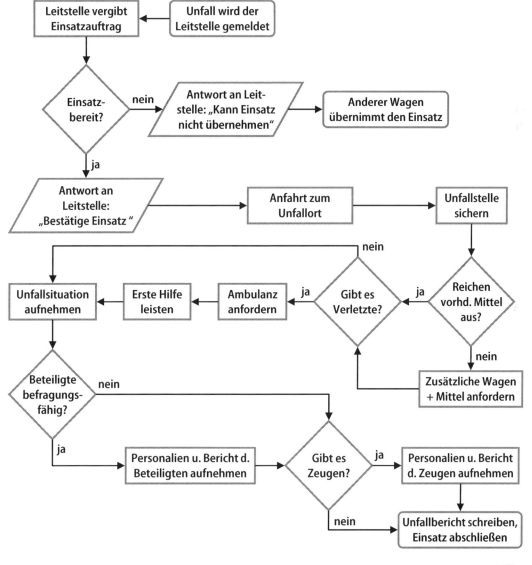

Prüfung · Teil 4

Logisches Denkvermögen

Plausible Erklärung wählen

In diesem Abschnitt wird Ihre Fähigkeit zu logischem Denken im sprachlichen Bereich geprüft.

1226. Die Straße ist nass.
- A. Die Straße ist stark befahren.
- B. Viele Autos kommen ins Rutschen.
- C. Es handelt sich um eine Landstraße.
- D. Es bilden sich Pfützen.
- E. Es hat geregnet.

Antwort: **E**

Der starke Verkehrsfluss auf der Straße ist ebenso wenig ein Grund für die Nässe der Straße wie der Straßentyp (Antwort C). Rutschgefahr und Pfützenbildung sind beide eine Folge der Nässe auf der Straße, deren Ursache sich in Antwort E findet: Es hat geregnet.

1227. Der Fernseher ist besonders günstig.
- A. Der Fernseher hat ein besonders scharfes Bild.
- B. Der Fernseher ist besonders groß.
- C. Der Fernseher ist im Sonderangebot.
- D. Der Fernseher wurde in geringer Stückzahl hergestellt.
- E. Der Fernseher ist neu.

Antwort: **C**

Die Antworten A, B, D und E nennen allesamt Gegengründe – hohe Bildqualität, geringe Stückzahl, Größe und Alter lassen eher auf einen höheren Preis schließen. Der Fernseher ist vielmehr deshalb günstig, weil er ein Sonderangebot ist: Antwort C stimmt.

1228. Peter hat eine Brandblase an der Hand.
- A. Peter schreit schnell bei Schmerzen.
- B. Peter besitzt einen Kamin.
- C. Peter nutzt seinen Kamin selten.
- D. Peter trägt ungern Handschuhe.
- E. Peter kam dem Kaminfeuer zu nahe.

Antwort: **E**

Möglicherweise lässt sich bei Peter eine gewisse Wehleidigkeit vermuten (Antwort A), doch eine Brandblase verursacht sie nicht. Auch der Besitz eines Kamins, dessen seltene Nutzung und Peters Abneigung gegenüber Handschuhen begründen seine Verletzung nicht direkt – sonst hätten alle Kaminbesitzer und Handschuhhasser Brandblasen. Der Grund für Peters Brandblase findet sich schließlich in Antwort E: Peter kam dem Kaminfeuer zu nahe.

www.ausbildungspark.com

Logisches Denkvermögen: Plausible Erklärung wählen

1229. Der Bus kommt zu spät.

A. Der Bus hat Verspätung.
B. Der Bus steht im Stau.
C. Der Busfahrer fährt die Strecke häufig.
D. Der Bus hat einen neuen Rückspiegel.
E. Die Passagiere haben es besonders eilig.

Antwort: **B**

Dass die Passagiere es eilig haben, ist ebenso wenig eine Erklärung für die Verspätung des Busses wie die simple Umformulierung des Sachverhalts in Antwort A oder die Tatsache, dass der Bus einen neuen Rückspiegel hat. Die Streckenkenntnis des Busfahrers würde eher für besondere Pünktlichkeit sprechen – im Gegensatz zur plausiblen Begründung B: Der Bus steht im Stau.

1230. Frau Meyer vermisst ihre Katze.

A. Frau Meyer besitzt viele Katzen.
B. Frau Meyer füttert ihre Katzen regelmäßig.
C. Frau Meyers Nachbar mag Katzen.
D. Frau Meyer wohnt am Stadtpark.
E. Frau Meyers Katze streunt herum.

Antwort: **E**

Wenn Frau Meyer ihre Katze vermisst, liegt es nicht daran, dass sie mehrere Katzen besitzt oder die Tiere regelmäßig füttert. Eine Ursache für Frau Meyers Sorge kann nur sein, dass das Tier umherstreunt (Antwort E) – möglicherweise im Stadtpark, vielleicht auch beim tierlieben Nachbarn. Die Wohnlage wird aber erst durch das Umherstreunen der Katze zum Problem für Frau Meyer und ist an sich kein Grund für ihre Bekümmertheit.

1231. Herr Werner hat Übergewicht.

A. Herr Werner ernährt sich falsch.
B. Herr Werner hat zwei Kinder.
C. Herr Werner liest gerne Sportberichte.
D. Herr Werner hat eine neue Waage.
E. Herr Werner lässt sich leicht ablenken.

Antwort: **A**

Die neue Waage zeigt Herrn Werners Übergewicht womöglich deutlicher an, verursacht es aber ebenso wenig wie seine Konzentrationsprobleme oder seine Kinder. Wenn er selber Sport triebe, anstatt Sportberichte zu lesen, wäre er womöglich schlanker – doch es gibt keinen Anhaltspunkt, einen Bewegungsmangel aufgrund zu langer Lektüre zu vermuten. Verantwortlich für sein Übergewicht kann man nur die falsche Ernährung machen: Antwort A stimmt.

1232. Er kommt heute Abend nicht zur Feier.

A. Ein guter Freund hat Geburtstag.
B. Er muss noch Überstunden machen.
C. Er hatte sich sehr darauf gefreut.
D. Er hatte sich den Termin im Kalender notiert.
E. Zur Feier in der letzten Woche kam er auch nicht.

Antwort: **B**

Was könnte ihn davon abhalten, die Geburtstagsfeier eines guten Freundes zu besuchen, auf die er sich schon gefreut und die er im Kalender eingetragen hat? Sicher nicht, dass er schon in der Vorwoche nicht zu

AUSBILDUNGSPark | 279

Prüfung · Teil 4

einer Feier kam – vielleicht aus dem gleichen Grund wie auch jetzt: Er muss noch Überstunden machen, Antwort B stimmt.

1233. Markus ist Millionär.
- **A.** Markus hat viel Geld für Glücksspiele ausgegeben.
- **B.** Markus ist der reichste Mensch der Stadt.
- **C.** Markus kauft sich eine Yacht und ein Haus.
- **D.** Markus hat im Lotto gewonnen.
- **E.** Markus besitzt schon ein Auto.

Antwort: **D**

Wenn Markus' teures Hobby (Antwort A) oder der Besitz eines Autos ein Grund für seinen plötzlichen Reichtum wäre, wären alle passionierten Glücksspieler oder Autoeigentümer irgendwann Millionäre – dem ist aber nicht so. Und dass er der reichste Mensch der Stadt ist und sich eine Haus und eine Yacht leisten kann, ist eine Folge seines Reichtums, nicht dessen Ursache. Die findet sich bei Vorschlag D: Markus hat im Lotto gewonnen.

1234. Das Streichholz brennt.
- **A.** Die Flamme flackert stark.
- **B.** Klaus hat viele Kerzen in seiner Wohnung.
- **C.** Das Streichholz ist sehr alt.
- **D.** Klaus hat das Streichholz entzündet.
- **E.** Die Streichhölzer liegen immer griffbereit.

Antwort: **D**

Die Menge an Kerzen in Klaus' Wohnung erklärt nicht, dass das Streichholz brennt. Auch das Alter des Streichholzes ist kein Grund. Und dass die Streichhölzer immer griffbereit sind, macht es lediglich leichter, sie anzuzünden – und dadurch schließlich zum Brennen zu bringen: Antwort D stimmt. Das Flackern der Flamme bezieht sich lediglich darauf, wie das Streichholz brennt.

1235. Sabine lernt Spanisch.
- **A.** Sabine war noch nie in Spanien.
- **B.** Sabine trinkt spanischen Wein.
- **C.** Sabine lernt schon seit zwei Jahren Französisch.
- **D.** Sabine will in den Ferien in Spanien arbeiten.
- **E.** Sabine lernt sehr schnell.

Antwort: **D**

Aus Sabines Französischkenntnissen und ihrer raschen Auffassungsgabe könte man auf eine gewisse sprachliche Begabung schließen, die Sabine das Spanischlernen zwar erleichtert, es aber nicht begründet. Vielmehr lernt sie deshalb Spanisch, weil sie in den Ferien in Spanien arbeiten will – Antwort D stimmt. Dass sie dort noch nie war und spanischen Wein trinkt, mag sie zu dieser Entscheidung motiviert haben, ist aber kein unmittelbarer Grund.

Logisches Denkvermögen: Sachverhalte erklären

Logisches Denkvermögen

Sachverhalte erklären

Die folgenden Aufgaben testen Ihren Einfallsreichtum und Ihre Argumentationsfähigkeit.

Musterantworten

1236. Die Zahl der Schönheitsoperationen nimmt weltweit zu.

Erklärung 1: Die Menschen machen sich mehr Gedanken über ihr Aussehen als früher.

Erklärung 2: Da vor allem in den Industrienationen der Wohlstand gestiegen ist, haben viele Leute das nötige Geld für kosmetische Operationen zur Verfügung.

Erklärung 3: Immer mehr Menschen folgen einem durch die Medien verbreiteten Schönheitsideal, dem zufolge man auch im Alter möglichst jung aussehen sollte.

1237. Viele Wahlberechtigte gehen nicht wählen.

Erklärung 1: Viele Wahlberechtigte sind frustriert, weil keine der Parteien bzw. keiner der Kandidaten ihre Interessen vertritt.

Erklärung 2: Viele Wahlberechtigte gehen nicht zur Wahl, weil sie glauben, dass ihre Stimme sowieso keinen großen Einfluss hat.

Erklärung 3: Viele Wahlberechtigte halten Politik für so kompliziert, dass sie sich keine eigene Meinung zutrauen.

1238. Fußball ist eine enorm populäre Sportart.

Erklärung 1: Fußball verbindet Menschen aller möglichen gesellschaftlichen Gruppen und Schichten und schafft so ein Zusammengehörigkeitsgefühl.

Erklärung 2: Durch geschickte Vermarktung werden Fußballereignisse als gesellschaftliche Events inszeniert, denen sich keiner entziehen kann.

Erklärung 3: Die Fußballregeln sind leicht zu verstehen, so dass jeder schnell mitreden kann.

1239. Für Viele ist es kein Problem, Teile ihres Privatlebens im Internet zu veröffentlichen.

Erklärung 1: Vor allem für junge Menschen ist die Abschottung des Privatlebens einfach nicht mehr so wichtig wie für die ältere Generation.

Erklärung 2: Viele kennen die Risiken nicht, die mit der Preisgabe privater Informationen im Internet verbunden sind.

Erklärung 3: Wenn man sich im Internet entsprechend präsentiert, kann man leicht privat oder beruflich interessante Bekanntschaften schließen.

1240. Auf Flugreisen wird überdurchschnittlich viel Tomatensaft getrunken.

Erklärung 1: Das Phänomen beruht auf Nachahmung: Viele Flugreisende trinken nur deswegen Tomatensaft, weil es sich so eingebürgert hat und „die anderen" eben auch Tomatensaft trinken.

Erklärung 2: Das Geschmacksempfinden verändert sich in großer Höhe, sodass der Tomatensaft vielen Flugreisenden ganz einfach besser schmeckt als am Boden.

Erklärung 3: Viele Passagiere verbinden Flugreisen mit Exklusivität und trinken Tomatensaft, um sich vom normalen Alltagsverhalten abzuheben.

AUSBILDUNGSPark | 281

Prüfung · Teil 4

Orientierungsvermögen

Wegstrecke einprägen

In diesem Abschnitt wird geprüft, wie gut Sie sich eine vorgegebene Wegstrecke merken können.

Route A

Die Route beginnt am Kindergarten und endet am Hospital.

Orientierungsvermögen: Wegstrecke einprägen

Route B
Die Route beginnt an der Polizeiwache und endet am Flughafen.

Prüfung · Teil 4

Orientierungsvermögen

Stadtplan einprägen

In diesem Abschnitt soll geprüft werden, wie gut Sie sich bestimmte Informationen merken können. Prägen Sie sich hierzu die einzelnen Informationen aus dem folgenden Stadtplan ein.

284 www.ausbildungspark.com

Orientierungsvermögen: Stadtplan einprägen

1241. Wie heißt die Straße, in der sich das Fußballstadion befindet?

- A. Karlsbader Straße
- B. Kastanienallee
- C. Wiesenweg
- D. Baumweg
- E. Albert-Schweitzer-Straße

Antwort: **D**

1242. Wie heißt die Straße, in der sich der Bauernhof befindet?

- A. Wiesenweg
- B. Hofgartenweg
- C. Kopenhagener Straße
- D. Baumweg
- E. Rosengarten

Antwort: **B**

1243. Wie heißt die Straße, in der sich die Feuerwehr befindet?

- A. Kurt-Tucholsky-Straße
- B. Theodor-Heuss-Straße
- C. Reichswaldallee
- D. Buschweg
- E. Ostring

Antwort: **B**

1244. Wie heißt die Straße, in der sich der Kindergarten befindet?

- A. Albert-Schweizer-Straße
- B. Droste-Hülshoff-Straße
- C. Kornblumenweg
- D. Kohlrauschweg
- E. Borsigallee

Antwort: **E**

1245. Wie heißt die Straße, in der sich das Hospital befindet?

- A. Thomas-Mann-Straße
- B. Goldregenweg
- C. Blumenstraße
- D. Theodor-Heuss-Straße
- E. Hofgartenweg

Antwort: **A**

AUSBILDUNGSPark | 285

Prüfung · Teil 4

1246. Welche Einrichtung befindet sich in der Reichswaldallee?
- A. Kindergarten
- B. Hauptbahnhof
- C. Kirche
- D. Feuerwehr
- E. Fußballstadion

Antwort: **C**

1247. Welche Einrichtung befindet sich im Wiesenweg?
- A. Flughafen
- B. Schloss
- C. Hauptbahnhof
- D. Golfplatz
- E. Fußballstadion

Antwort: **D**

1248. Welche Einrichtung befindet sich im Baumweg?
- A. Flughafen
- B. Schwimmbad
- C. Fußballstadion
- D. Golfplatz
- E. Bauernhof

Antwort: **C**

1249. Welche Einrichtung befindet sich im Buschweg?
- A. Bauernhof
- B. Schwimmbad
- C. Reithof
- D. Golfplatz
- E. Flughafen

Antwort: **B**

1250. Welche Einrichtung befindet sich am Rosengarten?
- A. Feuerwehr
- B. Friedhof
- C. Busbahnhof
- D. Kindergarten
- E. Polizeiwache

Antwort: **C**

Orientierungsvermögen

Stadtplan und Symbole einprägen

Dieser Aufgabenblock prüft Ihre Merkfähigkeit im visuellen Bereich.

Plan A

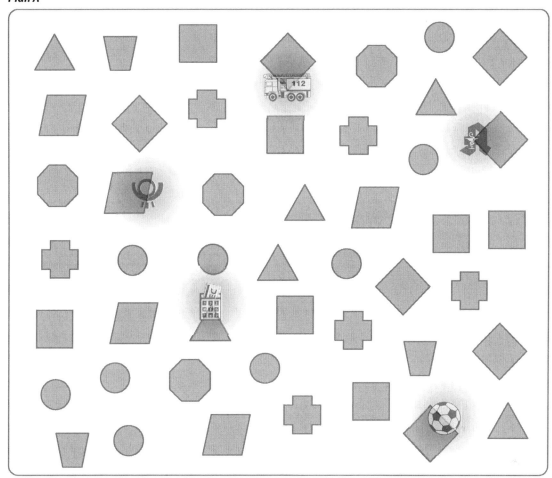

Plan B

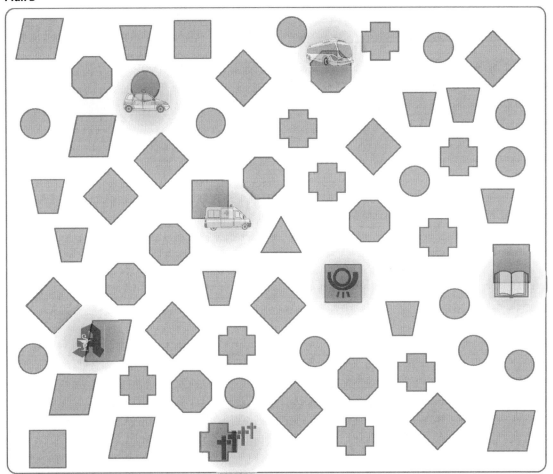

Orientierungsvermögen: Stadtplan und Symbole einprägen

Plan C

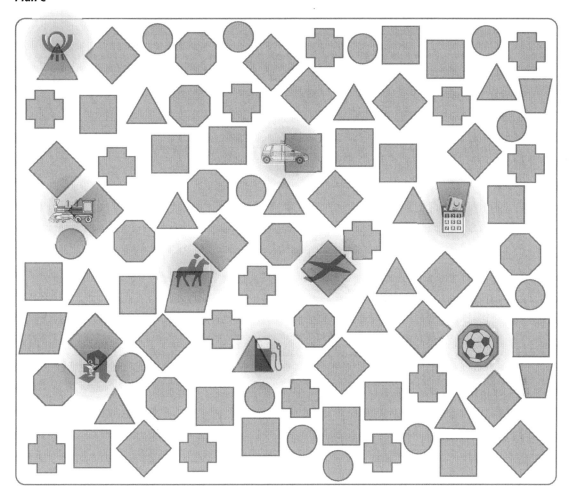

Prüfung · Teil 4

Plan D

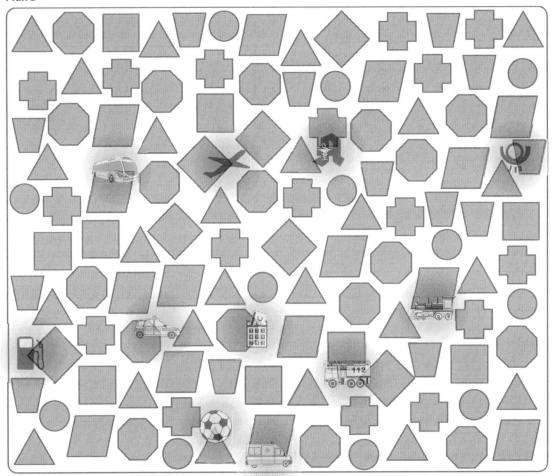

Plan E

Prüfung · Teil 4

Orientierungsvermögen

Laufpfade verfolgen

In dieser Aufgabe wird Ihre Schnelligkeit und Konzentration geprüft. Sie erhalten jeweils 5 Linien, die vom Start bis zum Ziel verfolgt werden müssen.

1251. Laufpfad 1

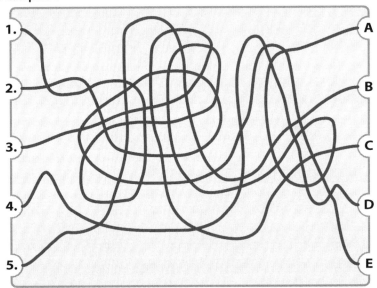

Tragen Sie bitte zu jeder Zahl den richtigen Lösungsbuchstaben in die Boxen ein.

Antwort: **1A, 2E, 3C, 4D, 5B**

1252. Laufpfad 2

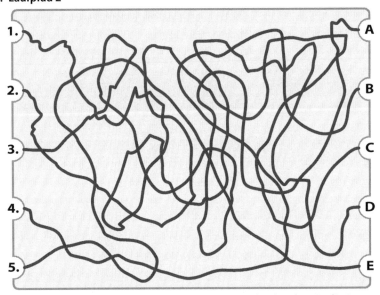

Tragen Sie bitte zu jeder Zahl den richtigen Lösungsbuchstaben in die Boxen ein.

Antwort: **1D, 2C, 3A, 4B, 5E**

1253. Laufpfad 3

Tragen Sie bitte zu jeder Zahl den richtigen Lösungsbuchstaben in die Boxen ein.

Antwort: **1E, 2C, 3D, 4B, 5A**

1254. Laufpfad 4

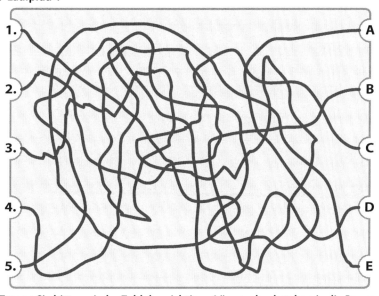

Tragen Sie bitte zu jeder Zahl den richtigen Lösungsbuchstaben in die Boxen ein.

Antwort: **1E, 2C, 3B, 4A, 5D**

Prüfung · Teil 4

1255. Laufpfad 5

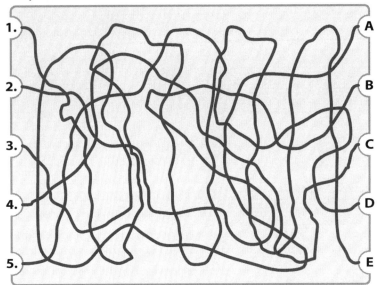

Tragen Sie bitte zu jeder Zahl den richtigen Lösungsbuchstaben in die Boxen ein.

Antwort: **1E, 2B, 3A, 4C, 5D**

Orientierungsvermögen

Labyrinth

1256. Welcher Ausgang des Labyrinths gehört zum durch den Pfeil gekennzeichneten Eingang?

1257. Welcher Ausgang des Labyrinths gehört zum durch den Pfeil gekennzeichneten Eingang?

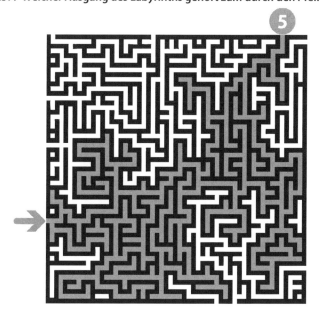

Prüfung · Teil 4

Labyrinth

In diesem Abschnitt wird geprüft, wie gut Sie sich eine vorgegebene Strecke merken können. Prägen Sie sich dazu die in das folgende Labyrinth eingezeichnete Route ein.

1258. Strecke im Labyrinth A einprägen

1259. Strecke im Labyrinth B einprägen

1260. Strecke im Labyrinth C einprägen

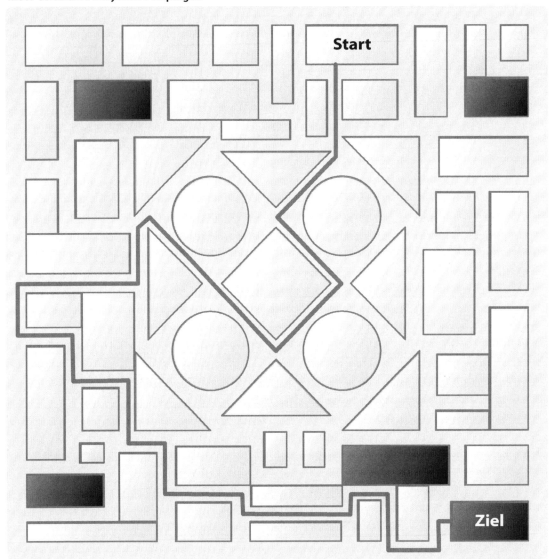

Prüfung · Teil 5

Visuelles Denkvermögen 300
Dominosteine 300
Figurenreihe fortführen 304
Figuren entfernen 306
Figuren ergänzen 308
Figuren zuordnen 314
Eine Figur ist gespiegelt 317
Visuelle Analogien 319
Räumliches Grundverständnis 322
Faltvorlagen Typ 1 330
Faltvorlagen Typ 2 336

Erinnerungsvermögen 345
Steckbrief einprägen 345
Zahlen einprägen 349
Wörter einprägen 350
Zahlen einprägen und auswählen 351
Vorgelesene Zahlen einprägen 352
Wortgruppen einprägen 353
Wortgruppen einprägen und erkennen 356
Figurenpaare einprägen 357
Figuren und Zahlen einprägen 361
Lebenslauf einprägen 362
Straßenfoto einprägen 364
Inhalte einprägen (Zeitungsausschnitt) 368
Inhalte einprägen (Tatortbericht) 371
Personendatei einprägen 373
Figuren zuweisen 377

Prüfung · Teil 5

Visuelles Denkvermögen

Dominosteine

In diesem Abschnitt wird Ihr visuelles Denkvermögen getestet.

1261. Die Dominosteine sind nach einer bestimmten Logik angeordnet.

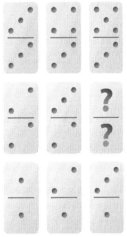

Welcher der Dominosteine von A bis E ersetzt den Stein mit den zwei Fragezeichen sinnvoll?

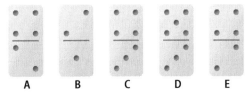

Antwort: **E**

Die untere Zahl muss 2 lauten, die obere Zahl 4.

Die obere Zahl jeder Reihe ergibt sich durch eine fortlaufende Addition von eins. Die untere Zahl verändert sich nicht.

Visuelles Denkvermögen: Dominosteine

1262. Die Dominosteine sind nach einer bestimmten Logik angeordnet.

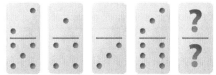

Welcher der Dominosteine von A bis E ersetzt den Stein mit den zwei Fragezeichen sinnvoll?

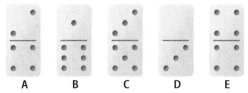

Antwort: **D**

Das obere Feld ist leer, die untere Zahl muss 3 lauten.

Die Differenz zwischen unterer und oberer Zahl beträgt immer 3.

1263. Die Dominosteine sind nach einer bestimmten Logik angeordnet.

Welcher der Dominosteine von A bis E ersetzt den Stein mit den zwei Fragezeichen sinnvoll?

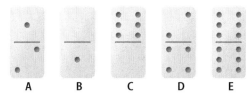

Antwort: **C**

Die obere Zahl muss 6 lauten, das untere Feld ist leer.

Die obere Zahl jeder Steinreihe verändert sich nicht. Die untere Zahl der oberen Reihe nimmt um jeweils 2 Augen ab.

1264. Die Dominosteine sind nach einer bestimmten Logik angeordnet.

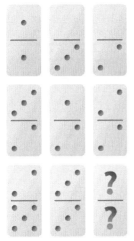

Welcher der Dominosteine von A bis E ersetzt den Stein mit den zwei Fragezeichen sinnvoll?

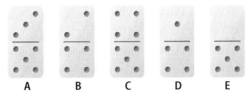

Antwort: **B**

Die untere Zahl muss 4 und die obere 2 lauten.

Gehen Sie von oben nach unten vor. Die Augensumme des oberen Dominosteins ergibt die obere Zahl des gesuchten Steins, die Augensumme des mittleren Steins die untere.

1265. Die Dominosteine sind nach einer bestimmten Logik angeordnet.

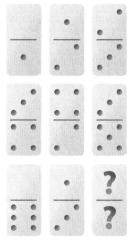

Welcher der Dominosteine von A bis E ersetzt den Stein mit den zwei Fragezeichen sinnvoll?

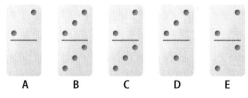

Antwort: **C**

Die untere Zahl muss 3 lauten, die obere Zahl 2.

Die untere Zahl der unteren Dominosteine errechnet sich folgendermaßen: Subtrahieren Sie die Augensumme des oberen Steins der jeweiligen Spalte von der Augensumme des mittleren Steins.

Prüfung · Teil 5

Visuelles Denkvermögen

Figurenreihe fortführen

In diesem Abschnitt wird Ihr visuelles Denkvermögen getestet.

1266. Bitte setzen Sie die Figurenreihe fort.

Durch welche der fünf Figuren wird das Fragezeichen logisch ersetzt?

Antwort: **D**

Das Fragezeichen wird sinnvoll durch die Figur D ersetzt.

Jede folgende Figur enthält ein Element mehr als ihr Vorgänger.

1267. Bitte setzen Sie die Figurenreihe fort.

Durch welche der fünf Figuren wird das Fragezeichen logisch ersetzt?

Antwort: **D**

Das Fragezeichen wird sinnvoll durch die Figur D ersetzt.

Mit jeder folgenden Figur schrumpft der Halbkreis um 45 Grad im Uhrzeigersinn.

1268. Bitte setzen Sie die Figurenreihe fort.

Durch welche der fünf Figuren wird das Fragezeichen logisch ersetzt?

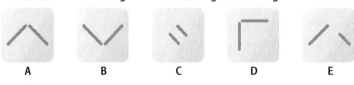

Antwort: **C**

Das Fragezeichen wird sinnvoll durch die Figur C ersetzt.

In jeder Figur stehen die Linien parallel zueinander.

1269. Bitte setzen Sie die Figurenreihe fort.

Durch welche der fünf Figuren wird das Fragezeichen logisch ersetzt?

Antwort: **E**

Das Fragezeichen wird sinnvoll durch die Figur E ersetzt.

Jede folgende Figur ist um 135 Grad im Uhrzeigersinn gedreht.

1270. Bitte setzen Sie die Figurenreihe fort.

Durch welche der fünf Figuren wird das Fragezeichen logisch ersetzt?

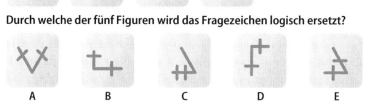

Antwort: **C**

Das Fragezeichen wird sinnvoll durch die Figur C ersetzt.

In jeder Figur wird einer der beiden längeren Linien von zwei parallel laufenden kurzen Linien gekreuzt.

Prüfung · Teil 5

Visuelles Denkvermögen

Figuren entfernen

In diesem Abschnitt wird Ihr visuelles Denkvermögen getestet.

1271. Sie sehen fünf Figuren. Welche gehört nicht in die Reihe?

Antwort: **D**

Jede Figur besteht aus drei kleinen Kreisen, nur Antwort D weicht mit zwei Kreisen davon ab.

1272. Sie sehen fünf Figuren. Welche gehört nicht in die Reihe?

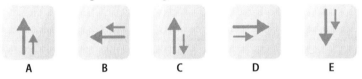

Antwort: **C**

Alle Pfeile einer Figur schauen in eine Richtung, außer bei C, wo sie in entgegengesetzte Richtungen zeigen.

1273. Sie sehen fünf Figuren. Welche gehört nicht in die Reihe?

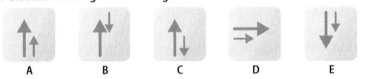

Antwort: **B**

Der kleine Pfeil befindet sich immer hinter der Spitze des großen Pfeils, außer in Figur B.

1274. Sie sehen fünf Figuren. Welche gehört nicht in die Reihe?

Antwort: **C**

Die Figuren sind jeweils in der Mitte horizontal spiegelbildlich teilbar. Nur das Dreieck in Figur C ist nicht entsprechend spiegelbar.

1275. **Sie sehen fünf Figuren. Welche gehört nicht in die Reihe?**

Antwort: **B**

Jede Figur enthält ein weißes Element und zwei schwarze. In Figur B verhält sich dies umgekehrt.

Visuelles Denkvermögen

Figuren ergänzen

In diesem Abschnitt wird Ihr visuelles Denkvermögen getestet.

1276. Sie sehen ein Quadrat mit acht Figuren.

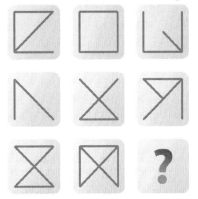

Durch welche der fünf Figuren wird das Fragezeichen logisch ersetzt?

Antwort: **C**

Das Fragezeichen wird durch das Objekt C logisch ersetzt.

Gehen Sie von oben nach unten vor.

In der linken und mittleren Spalte ergeben die beiden oberen Objekte zusammen jeweils das untere Objekt, wobei die doppelt vorhandenen Linien entfernt werden müssen.

Ebenso ergeben die beiden oberen Objekte der rechten Spalte das untere Objekt.

Visuelles Denkvermögen: Figuren ergänzen

1277. Sie sehen ein Quadrat mit acht Figuren.

Durch welche der fünf Figuren wird das Fragezeichen logisch ersetzt?

Antwort: **B**

Das Fragezeichen wird durch das Objekt B logisch ersetzt.

Gehen Sie von oben nach unten vor.

In der linken und mittleren Spalte ergeben die beiden oberen Objekte zusammen jeweils das untere Objekt, wobei die Pfeilspitzen entfernt werden müssen.

Ebenso ergeben die beiden oberen Objekte der rechten Spalte das untere Objekt.

1278. Sie sehen ein Quadrat mit acht Figuren.

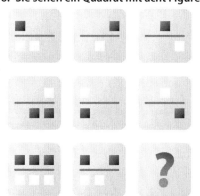

Durch welche der fünf Figuren wird das Fragezeichen logisch ersetzt?

Antwort: **B**

Das Fragezeichen wird durch die Formation B logisch ersetzt.

Gehen Sie von oben nach unten vor.

Prüfung · Teil 5

Die obere Formation jeder Spalte wird mit der jeweiligen, an der Horizontalen gespiegelten mittleren Formation überlagert, um die untere Formation zu bilden.

1279. Sie sehen ein Quadrat mit acht Figuren.

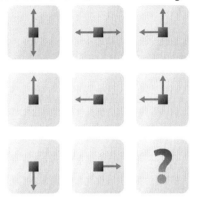

Durch welche der fünf Figuren wird das Fragezeichen logisch ersetzt?

Antwort: **A**

Das Fragezeichen wird durch das Objekt A logisch ersetzt.

Das mittlere und das untere Objekt einer Spalte ergeben zusammen das jeweils obere Objekt.

1280. Sie sehen ein Quadrat mit acht Figuren.

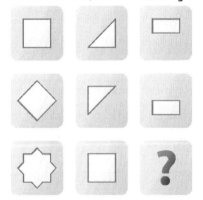

Durch welche der fünf Figuren wird das Fragezeichen logisch ersetzt?

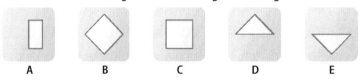

Antwort: **C**

Das Fragezeichen wird durch das Objekt C logisch ersetzt.

Gehen Sie von oben nach unten vor.

Visuelles Denkvermögen: Figuren ergänzen

In der linken und mittleren Spalte ergeben die beiden oberen Figuren zusammen jeweils das untere Objekt. Ebenso ergeben in der rechten Spalte die beiden oberen Figuren zusammen das untere Objekt.

1281. Sie sehen ein Quadrat mit acht Figuren.

Durch welche der fünf Figuren wird das Fragezeichen logisch ersetzt?

A B C D E

Antwort: **A**

Das Fragezeichen wird durch das Objekt A logisch ersetzt.

Gehen Sie in den einzelnen Spalten von oben nach unten vor. Wird das jeweils oberste Objekt um 90° gegen den Uhrzeigersinn gedreht, erhält man das Objekt der zweiten Reihe. Wird dieses wiederum an einer waagerechten Achse gespiegelt, kommt man auf das jeweils unterste Objekt der Spalte.

1282. Sie sehen ein Quadrat mit acht Figuren.

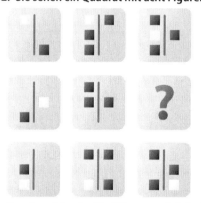

Durch welche der fünf Figuren wird das Fragezeichen logisch ersetzt?

A B C D E

Antwort: **D**

Das Fragezeichen wird durch das Objekt D logisch ersetzt.

Prüfung · Teil 5

Gehen Sie in den einzelnen Spalten von oben nach unten vor. Die kleinen weißen und schwarzen Vierecke laufen im Uhrzeigersinn um die Linie in der Mitte, wobei auf beiden Seiten der Linie jeweils drei Positionen vorhanden sind, die die Vierecke einnehmen können. Die weißen Vierecke laufen von Feld zu Feld zwei Positionen, die schwarzen bringen jeweils eine Position hinter sich. Befinden sich schwarze und weiße Vierecke auf derselben Position, wird das weiße vom schwarzen Viereck überdeckt.

1283. Sie sehen ein Quadrat mit acht Figuren.

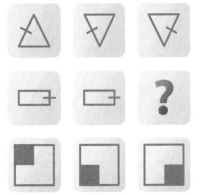

Durch welche der fünf Figuren wird das Fragezeichen logisch ersetzt?

Antwort: **C**

Das Fragezeichen wird durch das Objekt C logisch ersetzt.

Gehen Sie in den Reihen von links nach rechts vor. Zuerst wird das Objekt horizontal gespiegelt, anschließend vertikal.

1284. Sie sehen ein Quadrat mit acht Figuren.

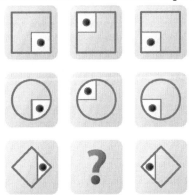

Durch welche der fünf Figuren wird das Fragezeichen logisch ersetzt?

Antwort: **C**

Das Fragezeichen wird durch das Objekt C logisch ersetzt.

Gehen Sie in den Reihen von links nach rechts vor. Zuerst wird das Objekt an der Diagonalen gespiegelt, anschließend 90° gegen den Uhrzeigersinn gedreht.

1285. Sie sehen ein Quadrat mit acht Figuren.

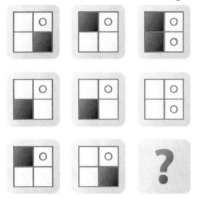

Durch welche der fünf Figuren wird das Fragezeichen logisch ersetzt?

A   B   C   D   E

Antwort: **A**

Das Fragezeichen wird durch das Objekt A logisch ersetzt.

Gehen Sie in den Reihen von links nach rechts vor. Zuerst wird das Objekt an der Diagonalen gespiegelt, anschließend wird die obere Hälfte auf die untere kopiert.

Prüfung · Teil 5

Visuelles Denkvermögen

Figuren zuordnen

In diesem Abschnitt wird Ihre Fähigkeit zu logischem Denken im visuellen Bereich geprüft.

1286. Welche der fünf Aufgabenmuster A bis E gehören in die Gruppe 1 und welche in die Gruppe 2?

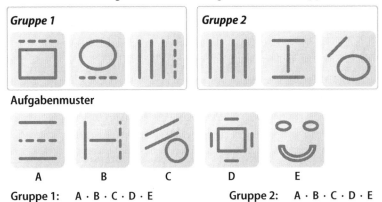

Gruppe 1:   A · B · C · D · E   Gruppe 2:   A · B · C · D · E

Antwort:
Gruppe 1: **A, B**
Gruppe 2: **C, D, E**

Nur in Gruppe 1 kommen gestrichelte Linien vor.

1287. Welche der fünf Aufgabenmuster A bis E gehören in die Gruppe 1 und welche in die Gruppe 2?

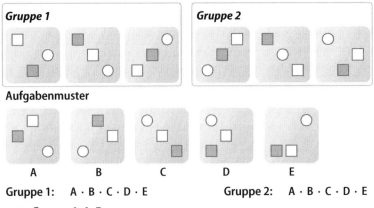

Gruppe 1:   A · B · C · D · E   Gruppe 2:   A · B · C · D · E

Antwort: Gruppe 1: **A, E**
           Gruppe 2: **B, C, D**

In Gruppe 1 steht das weiße Viereck immer links vom Kreis, in Gruppe 2 stets rechts davon.

1288. Welche der fünf Aufgabenmuster A bis E gehören in die Gruppe 1 und welche in die Gruppe 2?

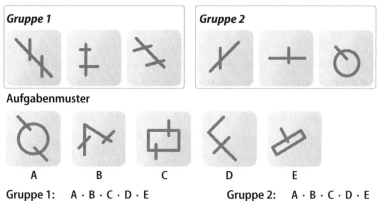

Gruppe 1:   A · B · C · D · E   Gruppe 2:   A · B · C · D · E

Antwort: Gruppe 1: **A, B, C**
         Gruppe 2: **D, E**

In Gruppe 1 wird eine längere Linie von zwei parallel laufenden kurzen Linien gekreuzt, in Gruppe 2 kreuzt nur eine kürzere Linie.

1289. Welche der fünf Aufgabenmuster A bis E gehören in die Gruppe 1 und welche in die Gruppe 2?

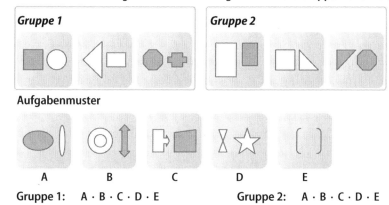

Gruppe 1:   A · B · C · D · E   Gruppe 2:   A · B · C · D · E

Antwort: Gruppe 1: **A, B, E**
         Gruppe 2: **C, D**

Die Figuren in Gruppe 1 sind jeweils in der Mitte horizontal spiegelbildlich teilbar, in Gruppe 2 nicht.

Prüfung · Teil 5

1290. Welche der fünf Aufgabenmuster A bis E gehören in die Gruppe 1 und welche in die Gruppe 2?

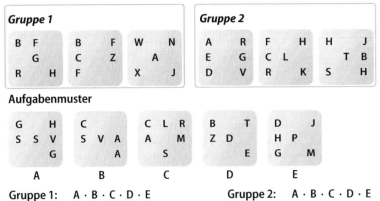

Gruppe 1:   A · B · C · D · E   Gruppe 2:   A · B · C · D · E

Antwort: Gruppe 1: **B, D**
           Gruppe 2: **A, C, E**

In Figuren der Gruppe 1 sind immer fünf Buchstaben enthalten, bei Gruppe 2 sind es sechs.

Visuelles Denkvermögen

Eine Figur ist gespiegelt

Diese Aufgaben prüfen Ihre visuelle Auffassungsgabe.

Block A

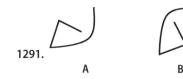 

1291.   A   B   C   D   E

Antwort: **A**

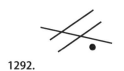

1292.   A   B   C   D   E

Antwort: **C**

1293.   A   B   C   D   E

Antwort: **D**

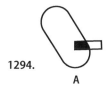

1294.   A   B   C   D   E

Antwort: **B**

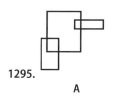   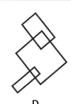

1295.   A   B   C   D   E

Antwort: **C**

Block B

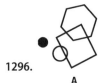

1296. A B C D E

Antwort: **B**

1297. A B C D E

Antwort: **B**

1298. A B C D E

Antwort: **C**

1299. A B C D E

Antwort: **D**

1300. A B C D E

Antwort: **A**

Visuelles Denkvermögen

Visuelle Analogien

In diesem Abschnitt wird Ihre Fähigkeit zu logischem Denken im visuellen Bereich geprüft.

1301. In der Figurenrelation soll das Fragezeichen sinnvoll ersetzt werden.

Welche Figur ersetzt das Fragezeichen logisch?

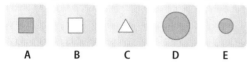

Antwort: E

Die äußere Figur (Kreis bzw. Viereck) löst sich auf, während die innere Figur dunkel und klein wird.

1302. In der Figurenrelation soll das Fragezeichen sinnvoll ersetzt werden.

Welche Figur ersetzt das Fragezeichen logisch?

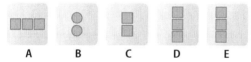

Antwort: D

Die Objekte (Kreise bzw. Vierecke) werden größer, ihre Anzahl halbiert sich, und sie werden vertikal zentriert abgebildet.

1303. In der Figurenrelation soll das Fragezeichen sinnvoll ersetzt werden.

Welche Figur ersetzt das Fragezeichen logisch?

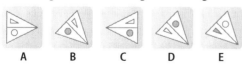

Antwort: D

Die Kreisfigur dreht sich 45 Grad gegen den Uhrzeigersinn, wobei die kleinen Objekte innerhalb dieser Figur die Farben tauschen. Gleiches geschieht nun mit dem Dreieck.

1304. In der Figurenrelation soll das Fragezeichen sinnvoll ersetzt werden.

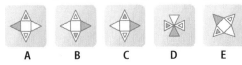

Welche Figur ersetzt das Fragezeichen logisch?

Antwort: C

Die Figuren drehen sich 45 Grad gegen den Uhrzeigersinn, wobei die kleinen Dreiecke – nicht aber die vollen Flächen – innerhalb der Figuren ihre Färbung von hell zu dunkel bzw. umgekehrt wechseln.

1305. In der Figurenrelation soll das Fragezeichen sinnvoll ersetzt werden.

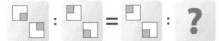

Welche Figur ersetzt das Fragezeichen logisch?

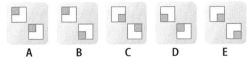

Antwort: C

Von der ersten Figur zur zweiten werden die kleinen grauen Quadrate innerhalb der weißen Rechtecke diagonal gespiegelt, dementsprechend müssen die kleinen Quadrate auch von der dritten zur vierten Figur diagonal gespiegelt werden.

1306. In der Figurenrelation soll das Fragezeichen sinnvoll ersetzt werden.

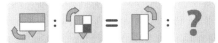

Welche Figur ersetzt das Fragezeichen logisch?

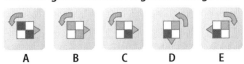

Antwort: C

Die Figuren werden 90 Grad im Uhrzeigersinn gedreht und anschließend an der Senkrechten gespiegelt.

1307. In der Figurenrelation soll das Fragezeichen sinnvoll ersetzt werden.

Welche Figur ersetzt das Fragezeichen logisch?

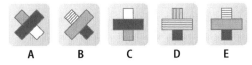

Antwort: **E**

Die Figuren werden 135 Grad gegen den Uhrzeigersinn gedreht.

1308. In der Figurenrelation soll das Fragezeichen sinnvoll ersetzt werden.

Welche Figur ersetzt das Fragezeichen logisch?

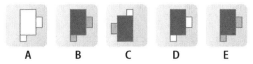

Antwort: **D**

Die Figuren werden 90 Grad im Uhrzeigersinn gedreht, zusätzlich wird der große helle Körper (Dreieck, Viereck) dunkel und das kleine dunkle Viereck hell. Das kleine Quadrat der rechten Figur entspricht der Sanduhr der linken Figuren und bleibt unverändert.

1309. In der Figurenrelation soll das Fragezeichen sinnvoll ersetzt werden.

Welche Figur ersetzt das Fragezeichen logisch?

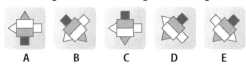

Antwort: **D**

Die Figuren werden an der Senkrechten gespiegelt und 45 Grad im Uhrzeigersinn gedreht.

1310. In der Figurenrelation soll das Fragezeichen sinnvoll ersetzt werden.

Welche Figur ersetzt das Fragezeichen logisch?

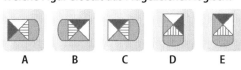

Antwort: **E**

Die Figuren werden horizontal gespiegelt, wobei schwarze und weiße Elemente die Farben tauschen. Graue Elemente bleiben grau.

Prüfung · Teil 5

Visuelles Denkvermögen

Räumliches Grundverständnis

Beantworten Sie bitte die folgenden Aufgaben, indem Sie jeweils den richtigen Buchstaben markieren.

1311. Aus wie vielen Flächen setzt sich diese Figur zusammen?

- A. 6
- B. 7
- C. 8
- D. 10
- E. Keine Antwort ist richtig.

Antwort: **D**

Die Figur besteht aus 10 Flächen.

1312. Aus wie vielen Flächen setzt sich diese Figur zusammen?

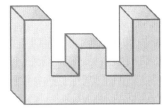

- A. 8
- B. 10
- C. 12
- D. 14
- E. Keine Antwort ist richtig.

Antwort: **D**

Die Figur besteht aus 14 Flächen.

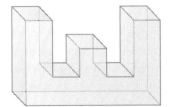

1313. Aus wie vielen Flächen setzt sich diese Figur zusammen?

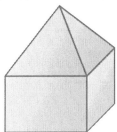

A. 7
B. 8
C. 9
D. 10
E. Keine Antwort ist richtig.

Antwort: **C**

Die Figur besteht aus 9 Flächen.

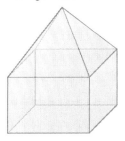

1314. Aus wie vielen Flächen setzt sich diese Figur zusammen?

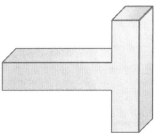

A. 9
B. 10
C. 11
D. 12
E. Keine Antwort ist richtig.

Antwort: **B**

Die Figur besteht aus 10 Flächen.

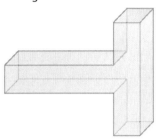

1315. **Aus wie vielen Flächen setzt sich diese Figur zusammen?**

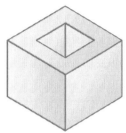

- A. 9
- B. 10
- C. 11
- D. 12
- E. Keine Antwort ist richtig.

Antwort: **B**

Die Figur besteht aus 10 Flächen.

1316. Aus wie vielen Flächen setzt sich diese Figur zusammen?

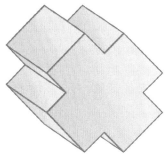

A. 10
B. 12
C. 14
D. 16
E. Keine Antwort ist richtig.

Antwort: **C**

Die Figur besteht aus 14 Flächen.

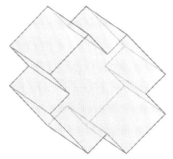

1317. Bei dieser Faltvorlage handelt es sich um die Außenseite eines Körpers.

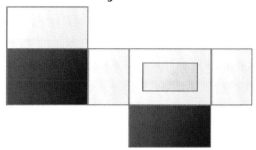

Welcher der Körper A bis E kann aus der Faltvorlage gebildet werden?

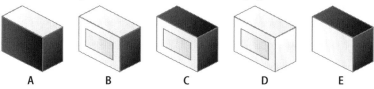

Antwort: **D**

Doppelviereck im Fokus behalten, Quader zusammenfalten und 45 Grad im Uhrzeigersinn drehen.

1318. Bei dieser Faltvorlage handelt es sich um die Außenseite eines Körpers.

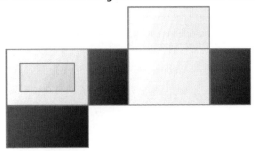

Welcher der Körper A bis E kann aus der Faltvorlage gebildet werden?

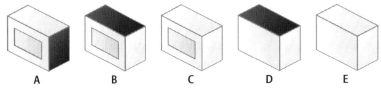

Antwort: **A**

Doppelviereck im Fokus behalten, Quader zusammenfalten und 45 Grad im Uhrzeigersinn drehen.

1319. Bei dieser Faltvorlage handelt es sich um die Außenseite eines Körpers.

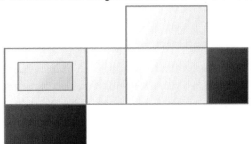

Welcher der Körper A bis E kann aus der Faltvorlage gebildet werden?

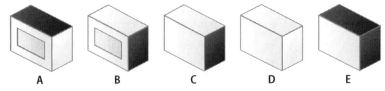

Antwort: **C**

Großes Viereck im Fokus behalten, Quader zusammenfalten und 45 Grad im Uhrzeigersinn drehen.

1320. Bei dieser Faltvorlage handelt es sich um die Außenseite eines Körpers.

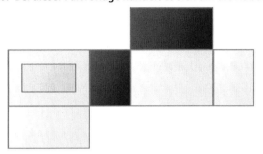

Welcher der Körper A bis E kann aus der Faltvorlage gebildet werden?

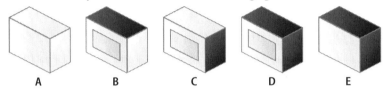

Antwort: **D**

Doppelviereck im Fokus behalten, Quader zusammenfalten und 45 Grad im Uhrzeigersinn drehen.

1321. Ihnen wird ein Aufgabenwürfel vorgegeben.

Welcher der Musterwürfel A bis E ist identisch mit dem Aufgabenwürfel?

Antwort: **A**

Würfel nach hinten kippen und 90 Grad im Uhrzeigersinn drehen.

1322. Ihnen wird ein Aufgabenwürfel vorgegeben.

Welcher der Musterwürfel A bis E ist identisch mit dem Aufgabenwürfel?

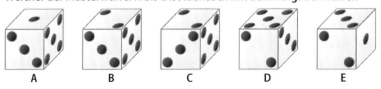

Antwort: **C**

Würfel 90 Grad gegen den Uhrzeigersinn drehen und dann nach vorne kippen.

1323. Ihnen wird ein Aufgabenwürfel vorgegeben.

Welcher der Musterwürfel A bis E ist identisch mit dem Aufgabenwürfel?

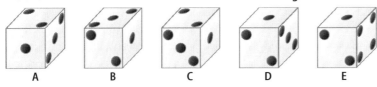

Antwort: **B**

Würfel nach hinten kippen und dann 90 Grad im Uhrzeigersinn drehen.

1324. Ihnen wird ein Aufgabenwürfel vorgegeben.

Welcher der Musterwürfel A bis E ist identisch mit dem Aufgabenwürfel?

Antwort: **B**

Würfel nach links kippen und 90 Grad gegen den Uhrzeigersinn drehen.

1325. Ihnen wird ein Aufgabenwürfel vorgegeben.

Welcher der Musterwürfel A bis E ist identisch mit dem Aufgabenwürfel?

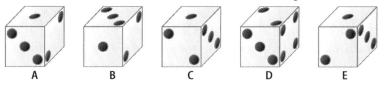

Antwort: **E**

Würfel 90 Grad gegen den Uhrzeigersinn drehen und dann nach vorne kippen.

Visuelles Denkvermögen

Faltvorlagen Typ 1

In diesem Abschnitt wird Ihr visuelles Denkvermögen getestet.

1326. Diese Faltvorlage ist die Außenseite eines Körpers.

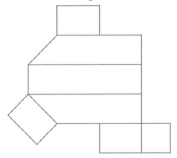

Welcher der Körper A bis E kann aus der Faltvorlage gebildet werden?

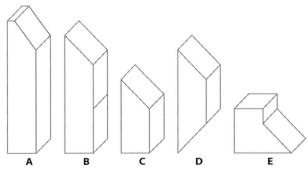

Antwort: B

1327. Diese Faltvorlage ist die Außenseite eines Körpers.

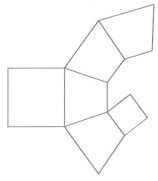

Welcher der Körper A bis E kann aus der Faltvorlage gebildet werden?

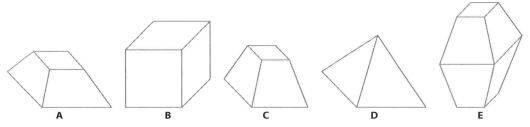

Antwort: C

1328. Diese Faltvorlage ist die Außenseite eines Körpers.

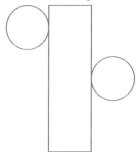

Welcher der Körper A bis E kann aus der Faltvorlage gebildet werden?

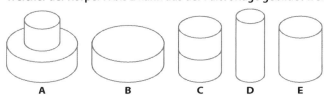

Antwort: E

Prüfung · Teil 5

1329. Diese Faltvorlage ist die Außenseite eines Körpers.

Welcher der Körper A bis E kann aus der Faltvorlage gebildet werden?

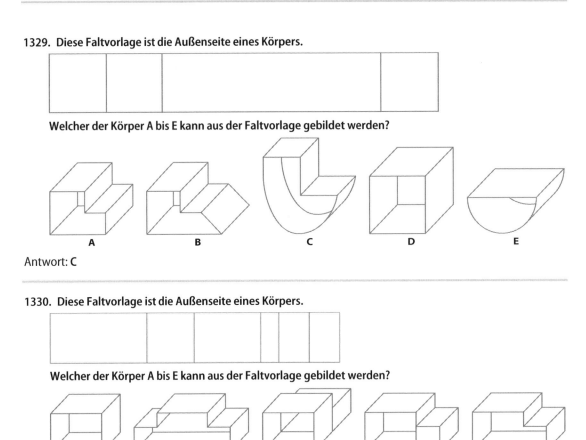

Antwort: C

1330. Diese Faltvorlage ist die Außenseite eines Körpers.

Welcher der Körper A bis E kann aus der Faltvorlage gebildet werden?

Antwort: E

1331. Diese Faltvorlage ist die Außenseite eines Körpers.

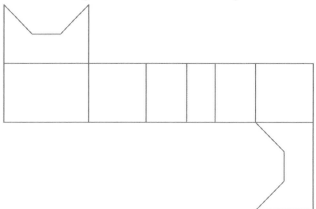

Welcher der Körper A bis E kann aus der Faltvorlage gebildet werden?

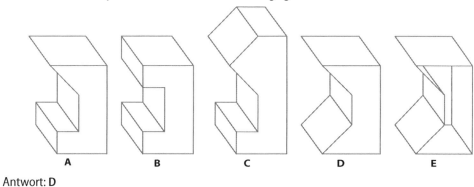

Antwort: **D**

1332. Diese Faltvorlage ist die Außenseite eines Körpers.

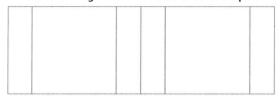

Welcher der Körper A bis E kann aus der Faltvorlage gebildet werden?

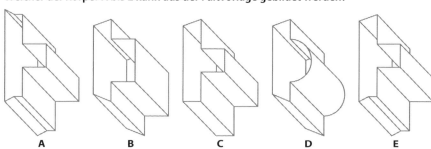

Antwort: **D**

Prüfung · Teil 5

1333. Diese Faltvorlage ist die Außenseite eines Körpers.

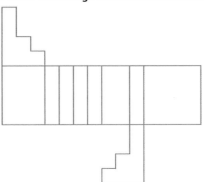

Welcher der Körper A bis E kann aus der Faltvorlage gebildet werden?

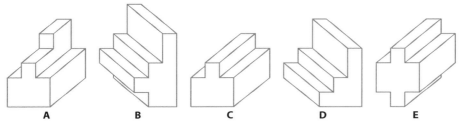

Antwort: D

1334. Diese Faltvorlage ist die Außenseite eines Körpers.

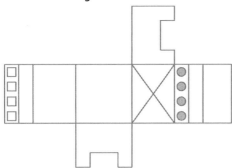

Welcher der Körper A bis E kann aus der Faltvorlage gebildet werden?

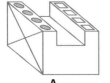   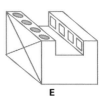

Antwort: E

1335. Diese Faltvorlage ist die Außenseite eines Körpers.

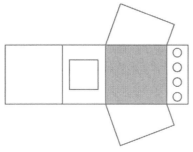

Welcher der Körper A bis E kann aus der Faltvorlage gebildet werden?

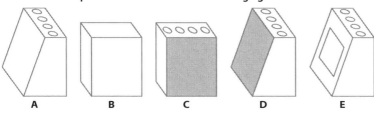

Antwort: D

Prüfung · Teil 5

Visuelles Denkvermögen

Faltvorlagen Typ 2

In diesem Abschnitt wird Ihr visuelles Denkvermögen getestet.

1336. Am Körper sind 5 Stellen mit den Buchstaben a bis e markiert.

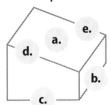

a.	1 · 2 · 3 · 4 · 5 · 6 · 7 · 8 · 9 · 10
b.	1 · 2 · 3 · 4 · 5 · 6 · 7 · 8 · 9 · 10
c.	1 · 2 · 3 · 4 · 5 · 6 · 7 · 8 · 9 · 10
d.	1 · 2 · 3 · 4 · 5 · 6 · 7 · 8 · 9 · 10
e.	1 · 2 · 3 · 4 · 5 · 6 · 7 · 8 · 9 · 10

Kreisen Sie in der Lösungsmatrix jeweils die Zahl ein, die sich an der entsprechenden Stelle der Faltvorlage befindet.

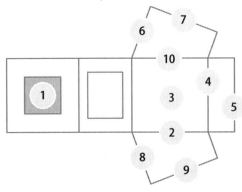

Antwort: **a3, b5, c9, d2, e10**

1337. Am Körper sind 5 Stellen mit den Buchstaben a bis e markiert.

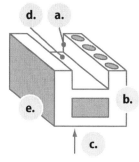

a. 1 · 2 · 3 · 4 · 5 · 6 · 7 · 8 · 9 · 10
b. 1 · 2 · 3 · 4 · 5 · 6 · 7 · 8 · 9 · 10
c. 1 · 2 · 3 · 4 · 5 · 6 · 7 · 8 · 9 · 10
d. 1 · 2 · 3 · 4 · 5 · 6 · 7 · 8 · 9 · 10
e. 1 · 2 · 3 · 4 · 5 · 6 · 7 · 8 · 9 · 10

Kreisen Sie in der Lösungsmatrix jeweils die Zahl ein, die sich an der entsprechenden Stelle der Faltvorlage befindet.

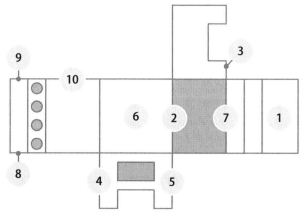

Antwort: **a9, b4, c6, d1, e2**

Prüfung · Teil 5

1338. Am Körper sind 5 Stellen mit den Buchstaben a bis e markiert.

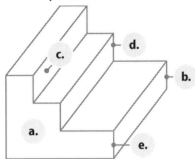

a.	1 · 2 · 3 · 4 · 5 · 6 · 7 · 8 · 9 · 10
b.	1 · 2 · 3 · 4 · 5 · 6 · 7 · 8 · 9 · 10
c.	1 · 2 · 3 · 4 · 5 · 6 · 7 · 8 · 9 · 10
d.	1 · 2 · 3 · 4 · 5 · 6 · 7 · 8 · 9 · 10
e.	1 · 2 · 3 · 4 · 5 · 6 · 7 · 8 · 9 · 10

Kreisen Sie in der Lösungsmatrix jeweils die Zahl ein, die sich an der entsprechenden Stelle der Faltvorlage befindet.

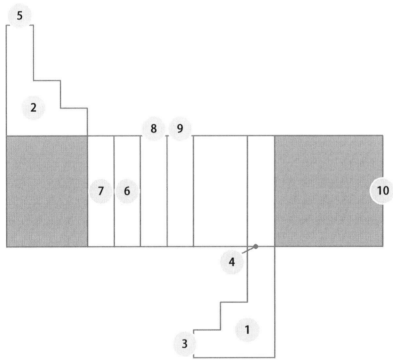

Antwort: **a1, b5, c6, d9, e4**

1339. Am Körper sind 5 Stellen mit den Buchstaben a bis e markiert.

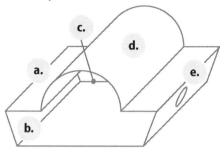

a. 1 · 2 · 3 · 4 · 5 · 6 · 7 · 8 · 9 · 10
b. 1 · 2 · 3 · 4 · 5 · 6 · 7 · 8 · 9 · 10
c. 1 · 2 · 3 · 4 · 5 · 6 · 7 · 8 · 9 · 10
d. 1 · 2 · 3 · 4 · 5 · 6 · 7 · 8 · 9 · 10
e. 1 · 2 · 3 · 4 · 5 · 6 · 7 · 8 · 9 · 10

Kreisen Sie in der Lösungsmatrix jeweils die Zahl ein,
die sich an der entsprechenden Stelle der Faltvorlage befindet.

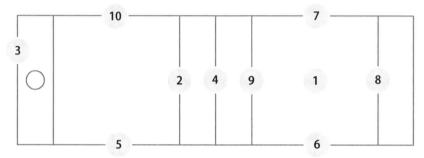

Antwort: a4, b2, c10, d1, e3

1340. Am Körper sind 5 Stellen mit den Buchstaben a bis e markiert.

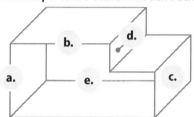

a. 1 · 2 · 3 · 4 · 5 · 6 · 7 · 8 · 9 · 10
b. 1 · 2 · 3 · 4 · 5 · 6 · 7 · 8 · 9 · 10
c. 1 · 2 · 3 · 4 · 5 · 6 · 7 · 8 · 9 · 10
d. 1 · 2 · 3 · 4 · 5 · 6 · 7 · 8 · 9 · 10
e. 1 · 2 · 3 · 4 · 5 · 6 · 7 · 8 · 9 · 10

Kreisen Sie in der Lösungsmatrix jeweils die Zahl ein,
die sich an der entsprechenden Stelle der Faltvorlage befindet.

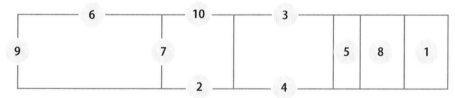

Antwort: a2, b4, c1, d5, e6

1341. Am Körper sind 5 Stellen mit den Buchstaben a bis e markiert.

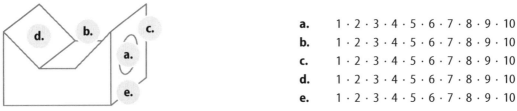

a.	1 · 2 · 3 · 4 · 5 · 6 · 7 · 8 · 9 · 10
b.	1 · 2 · 3 · 4 · 5 · 6 · 7 · 8 · 9 · 10
c.	1 · 2 · 3 · 4 · 5 · 6 · 7 · 8 · 9 · 10
d.	1 · 2 · 3 · 4 · 5 · 6 · 7 · 8 · 9 · 10
e.	1 · 2 · 3 · 4 · 5 · 6 · 7 · 8 · 9 · 10

Kreisen Sie in der Lösungsmatrix jeweils die Zahl ein, die sich an der entsprechenden Stelle der Faltvorlage befindet.

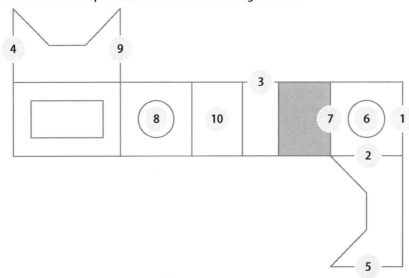

Antwort: **a6, b3, c4, d10, e1**

1342. Am Körper sind 5 Stellen mit den Buchstaben a bis e markiert.

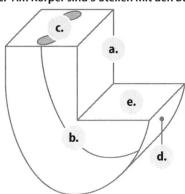

a. 1 · 2 · 3 · 4 · 5 · 6 · 7 · 8 · 9 · 10
b. 1 · 2 · 3 · 4 · 5 · 6 · 7 · 8 · 9 · 10
c. 1 · 2 · 3 · 4 · 5 · 6 · 7 · 8 · 9 · 10
d. 1 · 2 · 3 · 4 · 5 · 6 · 7 · 8 · 9 · 10
e. 1 · 2 · 3 · 4 · 5 · 6 · 7 · 8 · 9 · 10

Kreisen Sie in der Lösungsmatrix jeweils die Zahl ein,
die sich an der entsprechenden Stelle der Faltvorlage befindet.

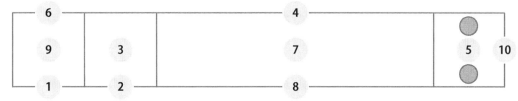

Antwort: **a6, b4, c5, d7, e3**

1343. Am Körper sind 5 Stellen mit den Buchstaben a bis e markiert.

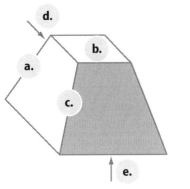

a.	1 · 2 · 3 · 4 · 5 · 6 · 7 · 8 · 9 · 10
b.	1 · 2 · 3 · 4 · 5 · 6 · 7 · 8 · 9 · 10
c.	1 · 2 · 3 · 4 · 5 · 6 · 7 · 8 · 9 · 10
d.	1 · 2 · 3 · 4 · 5 · 6 · 7 · 8 · 9 · 10
e.	1 · 2 · 3 · 4 · 5 · 6 · 7 · 8 · 9 · 10

Kreisen Sie in der Lösungsmatrix jeweils die Zahl ein,
die sich an der entsprechenden Stelle der Faltvorlage befindet.

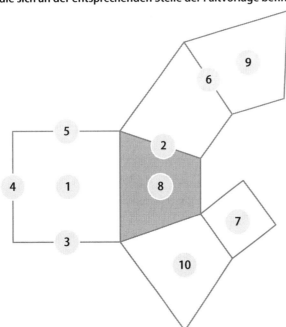

Antwort: a6, b7, c2, d9, e1

1344. Am Körper sind 5 Stellen mit den Buchstaben a bis e markiert.

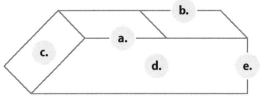

a. 1 · 2 · 3 · 4 · 5 · 6 · 7 · 8 · 9 · 10
b. 1 · 2 · 3 · 4 · 5 · 6 · 7 · 8 · 9 · 10
c. 1 · 2 · 3 · 4 · 5 · 6 · 7 · 8 · 9 · 10
d. 1 · 2 · 3 · 4 · 5 · 6 · 7 · 8 · 9 · 10
e. 1 · 2 · 3 · 4 · 5 · 6 · 7 · 8 · 9 · 10

Kreisen Sie in der Lösungsmatrix jeweils die Zahl ein, die sich an der entsprechenden Stelle der Faltvorlage befindet.

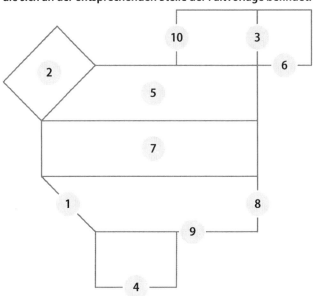

Antwort: **a4, b9, c2, d5, e6**

1345. Am Körper sind 5 Stellen mit den Buchstaben a bis e markiert.

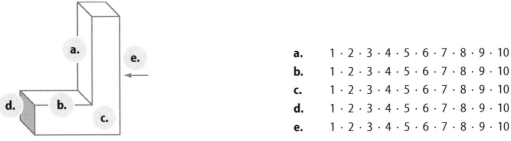

a.	1 · 2 · 3 · 4 · 5 · 6 · 7 · 8 · 9 · 10
b.	1 · 2 · 3 · 4 · 5 · 6 · 7 · 8 · 9 · 10
c.	1 · 2 · 3 · 4 · 5 · 6 · 7 · 8 · 9 · 10
d.	1 · 2 · 3 · 4 · 5 · 6 · 7 · 8 · 9 · 10
e.	1 · 2 · 3 · 4 · 5 · 6 · 7 · 8 · 9 · 10

Kreisen Sie in der Lösungsmatrix jeweils die Zahl ein, die sich an der entsprechenden Stelle der Faltvorlage befindet.

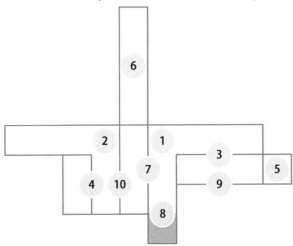

Antwort: **a3, b4, c2, d8, e6**

Erinnerungsvermögen

Steckbrief einprägen

In diesem Abschnitt soll geprüft werden, wie gut Sie sich bestimmte Informationen merken können.

Steckbrief A

Familienname:	Hartmann
Vorname:	Philipp
Alter:	44
Geburtsdatum:	22.09.1966
Geburtsort:	Frankfurt
Wohnort:	Ludwigsburg
Größe:	187 cm
Haarfarbe:	schwarzgrau
Augenfarbe:	grün
Gewicht:	88 kg
Beruf:	Maschinenbauer
Herkunftsland:	Deutschland
Religion:	evangelisch
Familienstand:	ledig
Vergehen:	Geldfälschung

1346. Wo wurde die gesuchte Person geboren?
   A. Neustadt
   B. Berlin
   C. Stuttgart
   D. Frankfurt
   E. Washington

Antwort: D

1347. Welche Haarfarbe hat die gesuchte Person?
   A. Dunkelbraun
   B. Schwarzgrau
   C. Brünett
   D. Blond
   E. Rot

Antwort: B

Prüfung · Teil 5

1348. Welche Straftat wurde von der gesuchten Person begangen?

    A. Geldfälschung

    B. Diebstahl

    C. Mord

    D. Drogenhandel

    E. Totschlag

Antwort: **A**

1349. Welches ist das Herkunftsland der gesuchten Person?

    A. Deutschland

    B. USA

    C. Österreich

    D. Schweiz

    E. Niederlande

Antwort: **A**

1350. Wie lautet das Geburtsdatum der gesuchten Person?

    A. 06.12.1981

    B. 31.05.1971

    C. 28.02.1959

    D. 22.09.1966

    E. 21.03.1972

Antwort: **D**

Steckbrief B

Familienname:	Gaillard
Vorname:	Jeanette
Alter:	30
Geburtsdatum:	14.06.1979
Geburtsort:	Lyon
Wohnort:	Paris
Größe:	172 cm
Haarfarbe:	blond
Augenfarbe:	blau
Gewicht:	68 kg
Beruf:	Sekretärin
Herkunftsland:	Frankreich
Religion:	katholisch
Familienstand:	ledig
Vergehen:	Tierquälerei

1351. Welchen Beruf hat die gesuchte Person?
    A. Friseuse
    B. Sekretärin
    C. Kauffrau
    D. Freiberufliche Autorin
    E. Köchin

Antwort: **B**

1352. Wie heißt die gesuchte Person mit Nachnamen?
    A. Gaillard
    B. Gouillot
    C. Giscard
    D. Genette
    E. Piaget

Antwort: **A**

Prüfung · Teil 5

1353. Welche Konfession hat die gesuchte Person?

- A. buddhistisch
- B. islamisch
- C. evangelisch
- D. katholisch
- E. protestantisch

Antwort: **D**

1354. Wie viel wiegt die gesuchte Person?

- A. 84 kg
- B. 74 kg
- C. 68 kg
- D. 64 kg
- E. 53 kg

Antwort: **C**

1355. Wo wurde die gesuchte Person geboren?

- A. Nantes
- B. Paris
- C. Straßburg
- D. Marseille
- E. Lyon

Antwort: **E**

Erinnerungsvermögen: Zahlen einprägen

Erinnerungsvermögen

Zahlen einprägen

In diesem Abschnitt wird Ihr Kurzzeitgedächtnis geprüft.

Zahlenliste

7	32	34	94	72
4	38	42	97	75
11	49	58	56	79
18	51	66	61	83
27	9	76	64	87
29	22	89	68	92

Prüfung · Teil 5

Erinnerungsvermögen

Wörter einprägen

In diesem Abschnitt wird Ihr Kurzzeitgedächtnis geprüft.

Wörterliste

Faktor	Shampoo	Text	Garage
Taschentuch	Pinzette	Pullover	Annonce
Team	Motivation	Pubertät	Regel
Peripherie	Hut	Anarchie	Gabel
Komposition	Portmonee	Prozess	Mikrofon
Ball	Blamage	Trompete	Boutique
Service	Wortschatz	Popstar	Information
Friseur	Lexikon	Horoskop	Schlüssel
System	Zylinder	Kandidat	Shop
Schaufel	Rheuma	Vase	Kulisse

Erinnerungsvermögen

Zahlen einprägen und auswählen

In dieser Aufgabe wird Ihr Kurzzeitgedächtnis geprüft.

Zahlentabelle

2254	3636	7474	8596	4578	3658	2518	9517	7856	1188
5899	8451	6971	6181	2211	6403	4560	5589	8080	9393

2584	1847	8794	_8596_	5874	5731	8742	_6403_	8998	1148
3358	8447	_3636_	2358	_2254_	4056	9494	_3658_	2136	7850
8887	_7474_	9991	_9517_	8387	_7856_	9192	6485	_5589_	6698
4567	8945	_4578_	7894	5623	1235	_2518_	4589	3698	_1188_
_6181_	5823	7890	2345	_2211_	3456	_4560_	4567	_8080_	1597
7779	_6971_	_8451_	7123	_5899_	4445	4004	_9393_	9001	9111

Prüfung · Teil 5

Erinnerungsvermögen

Vorgelesene Zahlen einprägen

In diesem Abschnitt wird Ihr Zahlengedächtnis geprüft.

Zahlenreihe

1426. 4 8 5 9 8

1427. 8 4 5 1 5 8 6

1428. 4 0 5 4 8 9 7 3

1429. 0 7 5 4 8 3 1 9 6

1430. 4 0 5 6 1 8 6 4 1 9

1431. 7 9 5 8 4 3 1 8 5 6 7

1432. 5 1 5 8 1 6 9 8 7 2 3 5

1433. 4 7 4 5 6 8 1 3 5 4 8 9 6

1434. 6 5 7 2 3 5 8 1 2 3 5 1 5 8

1435. 2 5 4 8 9 5 3 1 5 7 8 9 5 2 6

Erinnerungsvermögen: Wortgruppen einprägen

Erinnerungsvermögen

Wortgruppen einprägen

In dieser Aufgabe wird Ihr Kurzzeitgedächtnis geprüft.

Wortgruppentabelle

	1.	2.	3.	4.	5.
Namen:	Weber	Müller	Finke	Berger	Hartmann
Berufe:	Autor	Notar	Schreiner	Elektroniker	Chemiker
Städte:	Yokohama	Leipzig	Venedig	Turin	Köln
Länder:	Griechenland	Ungarn	Israel	Japan	Dänemark
Pflanzen:	Orchidee	Zypresse	Quitte	Rose	Pappel

1436. In welche Begriffsgruppe gehört das Wort mit dem Anfangsbuchstaben „Q"?

A. Namen
B. Berufe
C. Städte
D. Länder
E. Pflanzen

Antwort: **E**

Das gesuchte Wort lautet Quitte und zählt zur Gruppe „Pflanzen".

1437. In welche Begriffsgruppe gehört das Wort mit dem Anfangsbuchstaben „H"?

A. Namen
B. Berufe
C. Städte
D. Länder
E. Pflanzen

Antwort: **A**

Das gesuchte Wort lautet Hartmann und zählt zur Gruppe „Namen".

1438. In welche Begriffsgruppe gehört das Wort mit dem Anfangsbuchstaben „I"?

A. Namen
B. Berufe
C. Städte
D. Länder
E. Pflanzen

Antwort: **D**

Das gesuchte Wort lautet Israel und zählt zur Gruppe „Länder".

1439. In welche Begriffsgruppe gehört das Wort mit dem Anfangsbuchstaben „J"?

A. Namen
B. Berufe
C. Städte
D. Länder
E. Pflanzen

Antwort: **D**

Das gesuchte Wort lautet Japan und zählt zur Gruppe „Länder".

AUSBILDUNGSPark

Prüfung · Teil 5

1440. In welche Begriffsgruppe gehört das Wort mit dem Anfangsbuchstaben „M"?

A. Namen
B. Berufe
C. Städte
D. Länder
E. Pflanzen

Antwort: **A**

Das gesuchte Wort lautet Müller und zählt zur Gruppe „Namen".

1441. In welche Begriffsgruppe gehört das Wort mit dem Anfangsbuchstaben „L"?

A. Namen
B. Berufe
C. Städte
D. Länder
E. Pflanzen

Antwort: **C**

Das gesuchte Wort lautet Leipzig und zählt zur Gruppe „Städte".

1442. In welche Begriffsgruppe gehört das Wort mit dem Anfangsbuchstaben „E"?

A. Namen
B. Berufe
C. Städte
D. Länder
E. Pflanzen

Antwort: **B**

Das gesuchte Wort lautet Elektroniker und zählt zur Gruppe „Berufe".

1443. In welche Begriffsgruppe gehört das Wort mit dem Anfangsbuchstaben „P"?

A. Namen
B. Berufe
C. Städte
D. Länder
E. Pflanzen

Antwort: **E**

Das gesuchte Wort lautet Pappel und zählt zur Gruppe „Pflanzen".

1444. In welche Begriffsgruppe gehört das Wort mit dem Anfangsbuchstaben „G"?

A. Namen
B. Berufe
C. Städte
D. Länder
E. Pflanzen

Antwort: **D**

Das gesuchte Wort lautet Griechenland und zählt zur Gruppe „Länder".

1445. In welche Begriffsgruppe gehört das Wort mit dem Anfangsbuchstaben „T"?

A. Namen
B. Berufe
C. Städte
D. Länder
E. Pflanzen

Antwort: **C**

Das gesuchte Wort lautet Turin und zählt zur Gruppe „Städte".

1446. Der Name, der im Alphabet am weitesten hinten steht, beginnt mit …?

A. T
B. W
C. X
D. Y
E. Z

Antwort: **B**

Der Name, der im Alphabet am weitesten hinten steht, lautet Weber.

1447. Der Beruf, der im Alphabet am weitesten vorne steht, beginnt mit …?

A. A
B. B
C. C
D. D
E. F

Antwort: **A**

Der Beruf, der im Alphabet am weitesten vorne steht, lautet Autor.

354   www.ausbildungspark.com

Erinnerungsvermögen: Wortgruppen einprägen

1448. Die Stadt, die im Alphabet am weitesten hinten steht, beginnt mit ...?

A. T
B. V
C. V
D. X
E. Y

Antwort: **E**

Die Stadt, die im Alphabet am weitesten hinten steht, lautet Yokohama.

1449. Das Land, das im Alphabet am weitesten vorne steht, beginnt mit ...?

A. B
B. D
C. J
D. I
E. L

Antwort: **B**

Das Land, das im Alphabet am weitesten vorne steht, lautet Dänemark.

1450. Das Land, das im Alphabet am weitesten hinten steht, beginnt mit ...?

A. Y
B. Z
C. V
D. U
E. T

Antwort: **D**

Das Land, das im Alphabet am weitesten hinten steht, lautet Ungarn.

1451. Die Pflanze, die im Alphabet am weitesten hinten steht, beginnt mit ...?

A. Z
B. Y
C. V
D. Q
E. R

Antwort: **A**

Die Pflanze, die im Alphabet am weitesten hinten steht, lautet Zypresse.

1452. Der Name, der im Alphabet am weitesten vorne steht, beginnt mit ...?

A. A
B. B
C. C
D. E
E. F

Antwort: **B**

Der Name, der im Alphabet am weitesten vorne steht, lautet Berger.

1453. Die Pflanze, die im Alphabet am weitesten vorne steht, beginnt mit ...?

A. A
B. F
C. M
D. O
E. Q

Antwort: **D**

Die Pflanze, die im Alphabet am weitesten vorne steht, lautet Orchidee.

1454. Der Beruf, der im Alphabet am weitesten hinten steht, beginnt mit ...?

A. R
B. S
C. V
D. W
E. N

Antwort: **B**

Der Beruf, der im Alphabet am weitesten hinten steht, lautet Schreiner.

1455. Die Stadt, die im Alphabet am weitesten vorne steht, beginnt mit ...?

A. B
B. D
C. F
D. J
E. K

Antwort: **E**

Die Stadt, die im Alphabet am weitesten vorne steht, lautet Köln.

AUSBILDUNGSPark | 355

Prüfung · Teil 5

Erinnerungsvermögen

Wortgruppen einprägen und erkennen

In dieser Aufgabe wird Ihr Kurzzeitgedächtnis geprüft.

Begriffstabelle

1. Nelke	6. Schröder	11. Polen	16. Brot
2. Bayern	7. Helium	12. Dreizehn	17. Ingenieur
3. Türkis	8. Peter	13. Löwe	18. Eiche
4. Motorrad	9. Donau	14. Forelle	19. Tennis
5. Stuttgart	10. Birkenfurnier	15. Musik	20. Saft

1456. Namen:	D	Schröder
1457. Vornamen:	B	Peter
1458. Berufe:	A	Ingenieur
1459. Städte:	D	Stuttgart
1460. Bundesländer:	C	Bayern
1461. Länder:	A	Polen
1462. Flüsse:	B	Donau
1463. Blumen:	C	Nelke
1464. Bäume:	A	Eiche
1465. Holzsorten:	B	Birkenfurnier
1466. Farben:	A	Türkis
1467. Material:	D	Helium
1468. Getränke:	C	Saft
1469. Lebensmittel:	B	Brot
1470. Sportarten:	B	Tennis
1471. Fahrzeuge:	D	Motorrad
1472. Hobbys:	B	Musik
1473. Fische:	A	Forelle
1474. Tiere:	C	Löwe
1475. Zahl:	C	Dreizehn

www.ausbildungspark.com

Erinnerungsvermögen

Figurenpaare einprägen

In dieser Aufgabe wird Ihr Kurzzeitgedächtnis geprüft.

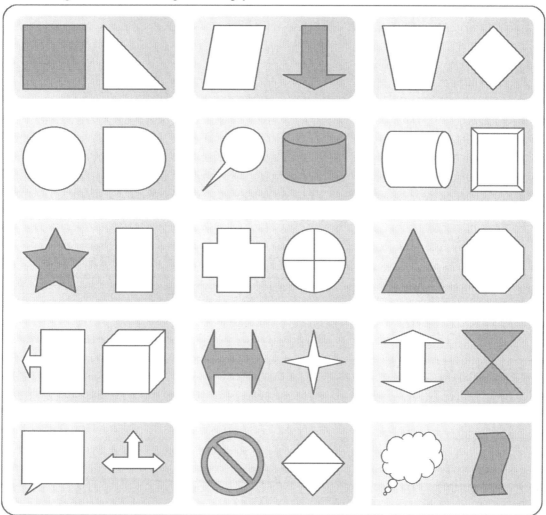

1476. Durch welche der fünf Figuren A bis E wird das Fragezeichen richtig ersetzt?

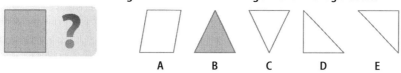

Antwort: **D**

Prüfung · Teil 5

1477. Durch welche der fünf Figuren A bis E wird das Fragezeichen richtig ersetzt?

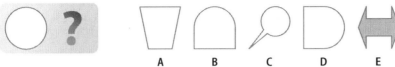

Antwort: **D**

1478. Durch welche der fünf Figuren A bis E wird das Fragezeichen richtig ersetzt?

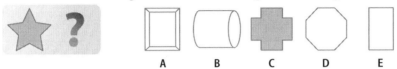

Antwort: **E**

1479. Durch welche der fünf Figuren A bis E wird das Fragezeichen richtig ersetzt?

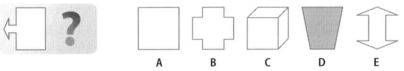

Antwort: **C**

1480. Durch welche der fünf Figuren A bis E wird das Fragezeichen richtig ersetzt?

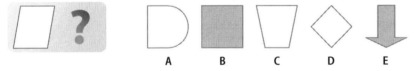

Antwort: **E**

1481. Durch welche der fünf Figuren A bis E wird das Fragezeichen richtig ersetzt?

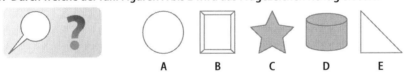

Antwort: **D**

1482. Durch welche der fünf Figuren A bis E wird das Fragezeichen richtig ersetzt?

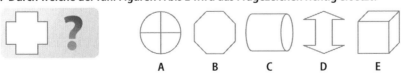

Antwort: **A**

1483. Durch welche der fünf Figuren A bis E wird das Fragezeichen richtig ersetzt?

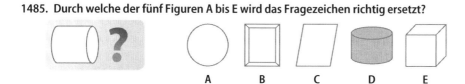

Antwort: **D**

1484. Durch welche der fünf Figuren A bis E wird das Fragezeichen richtig ersetzt?

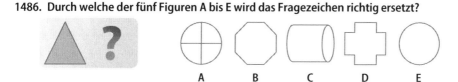

Antwort: **D**

1485. Durch welche der fünf Figuren A bis E wird das Fragezeichen richtig ersetzt?

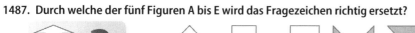
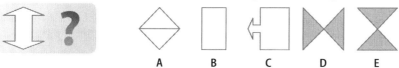

Antwort: **B**

1486. Durch welche der fünf Figuren A bis E wird das Fragezeichen richtig ersetzt?

Antwort: **B**

1487. Durch welche der fünf Figuren A bis E wird das Fragezeichen richtig ersetzt?

Antwort: **E**

1488. Durch welche der fünf Figuren A bis E wird das Fragezeichen richtig ersetzt?

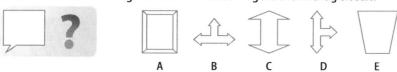

Antwort: **B**

1489. Durch welche der fünf Figuren A bis E wird das Fragezeichen richtig ersetzt?

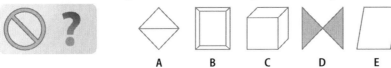

Antwort: **A**

1490. Durch welche der fünf Figuren A bis E wird das Fragezeichen richtig ersetzt?

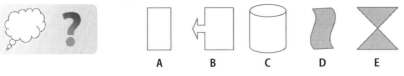

Antwort: **D**

Erinnerungsvermögen

Figuren und Zahlen einprägen

In dieser Aufgabe wird Ihr Kurzzeitgedächtnis geprüft.

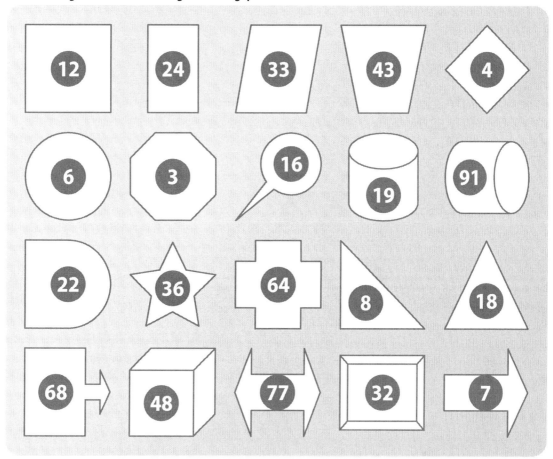

Prüfung · Teil 5

Erinnerungsvermögen

Lebenslauf einprägen

In diesem Abschnitt wird Ihre allgemeine Merkfähigkeit geprüft. Prägen Sie sich dazu die in den folgenden beiden Biografien angegebenen Informationen gut ein.

Biografie 1

Familienname:	Wiesenthaler
Vorname:	Jens
Geburtsdatum:	13.06.1973
Geburtsort:	Dortmund
Beruf:	Zugbegleiter

Jens Wiesenthaler wurde am 13. Juni 1973 in Dortmund als zweiter Sohn eines Schlossermeisters und einer Bibliothekarin geboren. Nachdem er von 1979 bis 1983 die Grundschule in Dortmund-Scharnhorst besucht hatte, zog er mit seiner Familie ins benachbarte Essen, wo er an der Friedrich Hölderlin-Realschule lernte und dort 1993 schließlich auch den Realschulabschluss ablegte. Seine Leidenschaft – das Schlagzeugspielen – ließ Jens Wiesenthal seit seiner Schulzeit nicht mehr los und begleitete als ausgleichendes Hobby auch seine Ausbildung zum Zugbegleiter, die er von 1993 bis 1995 am Ausbildungszentrum der RegioBahn in Essen absolvierte. 2003 wechselte er dann aus Verdienstgründen zum Konkurrenten MetroBahn, bei dem er durch ein nahezu akzentfreies Englisch, ein alltagstaugliches Französisch und eine 1997 belegte Fortbildung zum Thema Konfliktkommunikation überzeugen konnte. Mittlerweile lebt er mit seiner Frau Corinna und den gemeinsamen Kindern, den vierjährigen Zwillingen Jana und Dennis, in Corinnas Geburtsort Hannover.

Biografie 2

Familienname:	Junghans
Vorname:	Stefanie Vera
Geburtsdatum:	02.10.1979
Geburtsort:	Kassel
Beruf:	Bürokauffrau

Stefanie Junghans, geboren am 2. Oktober 1979, wuchs als Einzelkind in einem nördlichen Stadtteil Kassels auf. Ihre Eltern, beide Landschaftsgärtner, machten sie früh mit der Gartenarbeit vertraut, die neben Angeln, Aquarellmalerei und ihren beiden Katzen auch heute noch ihr größtes Hobby ist. Nach dem Abitur an einem Kasseler Gymnasium zog es sie zunächst für ein halbes Jahr nach Australien, wo sie Land und Leute kennen lernte und als Kellnerin arbeitete. Dabei konnte sie, wie schon ihr Spanisch während eines Schulaustauschs nach Barcelona, ihr Englisch enorm verbessern und spricht nun beide Fremdsprachen fließend. Nach ihrer Rückkehr entschied sich Stefanie gegen ein Hochschulstudium und absolvierte von 1998 bis 2001 eine Ausbildung zur Bürokauffrau. Sie lebt inzwischen in Berlin und arbeitet dort für ein Touristikunternehmen. Nach einer geschiedenen Ehe kümmert sich Stefanie Junghans als alleinerziehende Mutter um ihren Sohn Ingo, der die erste Klasse der Anna-Schmidt-Grundschule besucht.

1491. Wo wurde Jens Wiesenthaler geboren?

A. Herne
B. Bochum
C. Düsseldorf
D. Frankfurt
E. Dortmund

Antwort: **E**

1492. Welchen Beruf übte Jens Wiesenthalers Mutter aus?

A. Kauffrau
B. Sekretärin
C. Ärztin
D. Bibliothekarin
E. Bibliografin

Antwort: **D**

1493. Welche weiterführende Schule besuchte Jens Wiesenthaler?

A. Friedrich Wilhelm-Gesamtschule
B. Johann Gräfe-Gymnasium
C. Eduard Mörike-Hauptschule
D. Friedrich Hölderlin-Realschule
E. Robert Schumann-Fachoberschule

Antwort: **D**

1494. Wohin zog Jens Wiesenthalers Familie 1983?

A. Essen
B. Darmstadt
C. München
D. Gelsenkirchen
E. Dortmund-Scharnhorst

Antwort: **A**

1495. Welche Fremdsprache(n) spricht Jens Wiesenthaler?

A. Englisch und Französisch
B. Nur Englisch
C. Englisch und Spanisch
D. Englisch, Französisch und Spanisch
E. Spanisch und Französisch

Antwort: **A**

1496. Wann wurde Stefanie Junghans geboren?

A. 2. Oktober 1979
B. 4. Dezember 1987
C. 14. Juni 1975
D. 23. November 1981
E. 27. Januar 1978

Antwort: **A**

1497. Wie lautet der zweite Vorname von Stefanie Junghans?

A. Anna
B. Vera
C. Sarah
D. Lena
E. Maria

Antwort: **B**

1498. Wie viele Geschwister hat Stefanie Junghans?

A. 0
B. 1
C. 2
D. 3
E. 4

Antwort: **A**

1499. Wohin reiste Stefanie Junghans im Rahmen eines Schulaustauschs?

A. Sydney
B. Cottbus
C. Paris
D. Barcelona
E. London

Antwort: **D**

1500. Wohin reiste Stefanie Junghans nach dem Schulabschluss?

A. Australien
B. Brasilien
C. Spanien
D. Frankreich
E. Dänemark

Antwort: **A**

Prüfung · Teil 5

Erinnerungsvermögen

Straßenfoto einprägen

In diesem Abschnitt soll geprüft werden, wie gut Sie sich bestimmte Informationen merken können.

Straßenfoto A

1501. Wie viele Personen sitzen in der Bushaltestelle?

    A. 0
    B. 1
    C. 3
    D. 2
    E. 5

Antwort: **D**

1502. Wie sieht das Oberteil der Fahrradfahrerin aus?

    A. Hell
    B. Dunkel
    C. Es ist keine Fahrradfahrerin abgebildet.
    D. Gestrichelt
    E. Gemustert

Antwort: **A**

Erinnerungsvermögen: Straßenfoto einprägen

1503. Wie viele Haltestellenschilder befinden sich auf dem Bild?

    A. 0

    B. 1

    C. 2

    D. 3

    E. 4

Antwort: **C**

1504. Sind auf dem Foto Schornsteine erkennbar?

    A. Auf einem Hausdach gegenüber der Bushaltestelle sind auffällig zwei Schornsteine zu erkennen.

    B. Nein, es sind keine Schornsteine zu sehen.

    C. Auffällig erkennbar ist nur ein Schornstein.

    D. Alle Schornsteine sind durch Bäume verdeckt.

    E. Alle Häuser haben erkennbar Schornsteine auf dem Dach.

Antwort: **A**

1505. Wie viele Wartehäuschen sind abgebildet?

    A. Die Haltestelle im Vordergrund verfügt über ein Wartehäuschen, die hintere nicht.

    B. Die Haltestelle im Hintergrund verfügt über ein Wartehäuschen, die vordere nicht.

    C. Es ist nur eine Haltestelle abgebildet und diese verfügt über ein Wartehäuschen.

    D. Auf der Abbildung befinden sich keine Haltestellen.

    E. Auf der Abbildung befinden sich zwei Haltestellen mit jeweils einem Wartehäuschen.

Antwort: **E**

Straßenfoto B

1506. Wie viele Autos warten sichtbar hinter dem Feuerwehrwagen?
- A. 0
- B. 1
- C. 2
- D. 3
- E. 4

Antwort: **E**

1507. Welche Art von Feuerwehrwagen ist abgebildet?
- A. Ein Löschfahrzeug
- B. Ein Leiterwagen
- C. Ein kleines Leitfahrzeug
- D. Keiner, es handelt sich um ein Einsatzwagen der Polizei.
- E. Keiner, es handelt sich um einen Krankenwagen.

Antwort: **B**

1508. Wo auf dem Bild sind Kanaldeckel deutlich sichtbar?
- A. Auf dem linken Gehweg
- B. Auf dem rechten Gehweg
- C. Auf der Hauptstraße
- D. In der Nebenstraße
- E. Es sind keine Kanaldeckel zu erkennen.

Antwort: **E**

Erinnerungsvermögen: Straßenfoto einprägen

1509. Welche Art von Häusern befindet sich auf der rechten Straßenseite?

- A. Einstöckige helle Häuser mit dunklem Dach
- B. Fachwerkhäuser
- C. Wolkenkratzer
- D. Dunkle Mehrfamilienhäuser
- E. Helle Einfamilienhäuser mit Vorgärten

Antwort: **A**

1510. Wer hat gerade die Seitenstraße überquert?

- A. Eine Radfahrerin
- B. Eine Mutter mit Kinderwagen
- C. Zwei Fußgänger im hellen und dunklen Anzug
- D. Eine Fußgängerin in dunkler Kleidung mit kurzem Rock
- E. Niemand

Antwort: **D**

Prüfung · Teil 5

Erinnerungsvermögen

Inhalte einprägen (Zeitungsausschnitt)

In diesem Abschnitt soll geprüft werden, wie gut Sie sich bestimmte Informationen merken können.

Frankfurt – 30.06.2009

Verkehrsunfall mit Sachschaden, Personenschaden und Unfallflucht, Frankfurt am Main, Ferdinand-Happ-Str. 12, Parkplatz Dr. Müller.

Dienstag, den 30.06.2009, 13:45 Uhr

Ein 78-jähriger Fahrer eines silbernen VW Passats befuhr den Parkplatz des Dr. Müller Erotikshops in Frankfurt am Main. Er geriet dabei gegen die vordere Stoßstange und den linken Kotflügel eines blauen Audi A4, welcher dort parkte, und verursachte einen Sachschaden. Anschließend entfernte sich der Fahrer, ohne sich um den Verkehrsunfall zu kümmern. Bei seiner Weiterfahrt fuhr er einen Fahrradfahrer an und begann wiederum Unfallflucht. Hierbei verletzte sich der 34-jährige Fahrradfahrer schwer. Er wurde mit dem Rettungsdienst in das Klinikum der Johannes Gutenberg-Universität in Mainz gefahren. Der Radfahrer erlitt bei dem Unfall eine schwere Gehirnerschütterung, zwei Rippenbrüche und eine große Platzwunde am Hinterkopf. Der Aufmerksamkeit von drei Zeugen war es zu verdanken, dass der flüchtige Pkw-Fahrer ermittelt werden konnte. Bei den drei Zeugen handelt es sich um zwei Schüler und einen Notar. Laut Aussage der Zeugen hat der Pkw-Fahrer nach dem Zusammenprall mit dem Audi sein Tempo erhöht und anschließend den Radfahrer gerammt, so dass dieser zu Boden fiel und mit dem Kopf auf den Asphalt stieß. Die polizeilichen Untersuchungen haben ergeben, dass es sich bei dem Täter um den 78-jährigen Rentner Klaus G. aus Wiesbaden handelt. Bei dem Unfall entstand ein Sachschaden in Höhe von 4.600 Euro.

Der Pressebericht ist frei erfunden.

1511. Am Dienstag, den 30.06.2009, verursachte der Fahrer eines silbernen VW Passats einen Unfall.

☐ stimmt
☐ stimmt nicht

Antwort: **stimmt**

Es handelt sich um den Fahrer eines silbernen VW Passat, welcher den Unfall am 30.06.2009 in Frankfurt verursachte.

1512. Der Unfall ereignete sich auf dem Parkplatz des Beate Uhse Erotikshops in Frankfurt am Main.

☐ stimmt
☐ stimmt nicht

Antwort: **stimmt nicht**

Der Unfall geschah auf dem Parkplatz des Dr. Müller Erotikshops in Frankfurt am Main.

1513. Bei dem beschädigten Pkw handelt es sich um einen schwarzen Audi A4.

☐ stimmt
☐ stimmt nicht

Antwort: **stimmt nicht**

Es handelt sich bei dem beschädigten Pkw um einen blauen Audi A4.

368   www.ausbildungspark.com

Erinnerungsvermögen: Inhalte einprägen (Zeitungsausschnitt)

1514. Bei dem Unfall wurden der linke Kotflügel und der Spiegel des Audi A4 beschädigt.

☐ stimmt
☐ stimmt nicht

Antwort: **stimmt nicht**

Es wurden die vordere Stoßstange und der linke Kotflügel beschädigt.

1515. Diesen Unfall haben zwei Zeugen beobachtet, nämlich ein Schüler und ein Richter.

☐ stimmt
☐ stimmt nicht

Antwort: **stimmt nicht**

Es handelt sich bei den Zeugen um zwei Schüler und einen Notar.

1516. Laut Zeugenaussage hat der Fahrer des VW Passats nach dem Zusammenstoß mit dem Pkw kurz ange-halten und ist dann langsam weggefahren.

☐ stimmt
☐ stimmt nicht

Antwort: **stimmt nicht**

Nach dem Zusammenstoß mit dem parkenden Fahrzeug hat der Fahrer des VW Passat nicht angehalten, sondern im Gegenteil stark beschleunigt, um Fahrerflucht zu begehen.

1517. Bei dem Täter handelt es sich um einen 78-jährigen Rentner aus Frankfurt.

☐ stimmt
☐ stimmt nicht

Antwort: **stimmt nicht**

Der Täter ist ein 78-jähriger Rentner aus Wiesbaden.

1518. Auf der Flucht verletzte der Rentner einen 34-jährigen Radfahrer schwer.

☐ stimmt
☐ stimmt nicht

Antwort: **stimmt**

Bei seiner Fahrerflucht verletzte der 78-jährige Rentner einen 34-jährigen Radfahrer schwer, als er sein Auto stark beschleunigte.

1519. Der Radfahrer wurde schwer verletzt in das Klinikum der Johann Wolfgang Goethe-Universität in Mainz gebracht.

☐ stimmt
☐ stimmt nicht

Antwort: **stimmt nicht**

Der Radfahrer wurde schwer verletzt in das Klinikum der Johannes Gutenberg-Universität in Mainz gefahren.

Prüfung · Teil 5

1520. **Der Radfahrer erlitt eine schwere Gehirnerschüttung, zwei Rippenbrüche und eine große Platzwunde am Vorderkopf.**

☐ stimmt
☐ stimmt nicht

Antwort: **stimmt nicht**

Er erlitt eine schwere Gehirnerschüttung, zwei Rippenbrüche und eine große Platzwunde am Hinterkopf.

Erinnerungsvermögen: Inhalte einprägen (Tatortbericht)

Erinnerungsvermögen

Inhalte einprägen (Tatortbericht)

Diese Aufgabe stellt Ihr Erinnerungsvermögen auf die Probe.

Einbruchsdiebstahl in Oberfelde

Am vergangenen Sonntag, dem 22.05.2011, ging um 14:08 der Notruf von Herrn Schröder in der Einsatzzentrale Langenthal ein, der einen Einbruch in sein Wohnhaus am Kurzweg in Oberfelde meldete. Unmittelbar darauf wurde das nächstgelegene Einsatzfahrzeug der Polizeikommissare Brandt und Schüttler zum Tatort beordert. Die Beamten trafen dort um 14:17 ein und fanden vor:

a)   im Hausflur die Hauseigentümer Herrn und Frau Schröder

b)   im Kinderzimmer den 11-jährigen Sohn Simon

c)   im Wohnzimmer die 9-jährige Tochter Stefanie.

Laut Aussage von Herrn Schröder war die Familie gegen 14:00 Uhr von einem gemeinsamen Zoobesuch zurückgekehrt. Als Herr Schröder die Tür des Reihenhauses öffnete, entfernten sich zwei Unbekannte rasch über die Terrasse, stiegen in einen an der rückwärtigen Anliegerstraße abgestellten weißen Kleintransporter und fuhren davon. Die Eheleute vermissen Schmuck, Bargeld und einen Laptop, der Sohn eine Spielkonsole und die Tochter eine goldene Brosche. Bei der ersten Besichtigung des Tatorts bemerkten die Beamten im Wohn- und Schlafzimmer aufgerissene und durchwühlte Schubladen sowie im Kinderzimmer ein umgekipptes Regal. Außerdem waren auf dem Wohnzimmerteppich deutliche Schuhabdrücke und an der Terrassentür massive Hebelspuren zu erkennen. Anhand der gegenwärtigen Befunde stellt sich der Tathergang vorläufig so dar:

Die Täter verschafften sich über die rückwärtige Terrassentür gewaltsam Zugang ins Hausinnere und durchwühlten die Räumlichkeiten. Noch während sie zugange waren, kehrte die Familie von ihrem Ausflug zurück. Dadurch aufgeschreckt, verließen die Einbrecher das Haus über die Terrasse und flüchteten mit dem Kleintransporter.

Nähere Angaben zu den Tätern konnte die Familie nicht machen. Die Fahndung nach dem Fluchtfahrzeug wurde eingeleitet, blieb aber bisher erfolglos. Nach weiteren Zeugen wird gesucht.

Der Tatortbericht ist frei erfunden.

Musterantworten

1521. Wer hat den Einbruch gemeldet?

Der Einbruch wurde von Herrn Schröder, dem Familienvater, gemeldet.

1522. Wie heißt der Sohn der Familie, wie alt ist er?

Simon Schröder, der Sohn der Familie, ist 11 Jahre alt.

1523. Wer befindet sich in welchem Raum, als die Beamten eintreffen?

Die Hauseigentümer Herr und Frau Schröder befinden sich im Hausflur, der Sohn Simon hält sich im Kinderzimmer und die Tochter Stefanie im Wohnzimmer auf.

1524. Was weiß man über das Fluchtfahrzeug der Einbrecher?

Es handelt sich um einen weißen Kleintransporter, den die Einbrecher an der rückwärtigen Anliegerstraße des Anwesens abgestellt hatten.

Prüfung · Teil 5

1525. Was wurde gestohlen?

Laut dem Tatortbericht fehlen den Eheleuten Schmuck, Bargeld und ein Laptop, der Sohn vermisst eine Spielkonsole und die Tochter eine goldene Brosche.

1526. Wann fand der Einbruch statt?

Die Familie war am Sonntag, dem 22. Mai 2011, gegen 14:00 Uhr von einem gemeinsamen Zoobesuch zurückgekehrt und ertappte die Einbrecher auf frischer Tat. Die Täter hatten sich also wahrscheinlich erst wenige Minuten vorher Zutritt verschafft.

1527. Wie sind die Einbrecher vermutlich ins Haus gelangt?

Die Täter haben vermutlich die rückwärtige Terrassentür aufgehebelt.

1528. Welche Sofortmaßnahmen haben die Beamten eingeleitet?

Die Polizisten haben die – bislang erfolglose – Fahndung nach dem Fluchtfahrzeug eingeleitet und suchen zudem nach Zeugen.

1529. Welche Spuren haben die Beamten bei der ersten Besichtigung des Tatorts festgestellt?

Beim Betreten des Tatorts bemerkten die Beamten im Wohn- und Schlafzimmer aufgerissene und durchwühlte Schubladen sowie im Kinderzimmer ein umgekipptes Regal. Außerdem waren auf dem Wohnzimmerteppich deutliche Schuhabdrücke und an der Terrassentür massive Hebelspuren zu erkennen.

1530. Wie heißt die Tochter der Familie, wie alt ist sie?

Stefanie Schröder, die Tochter der Familie, ist 9 Jahre alt.

Erinnerungsvermögen

Personendatei einprägen

In diesem Abschnitt wird geprüft, wie gut Sie sich Gesichter und bestimmte Informationen merken können.

Hier nun die Personendatei

IP: 96.232.235.112　　IP: 84.166.176.251　　IP: 96.222.237.242　　IP: 84.171.196.185　　IP: 96.210.251.108

Bauingenieur　　　　　Verlagskauffrau　　　　Rechtsanwalt　　　　　Tierpflegerin　　　　　Musiker

Pierre Frey　　　　　　Henrike Otter　　　　　Raimund Breit　　　　 Margot Ebert　　　　　Enrico Felici

IP: 84.208.108.128　　IP: 96.234.173.231　　IP: 84.172.237.182　　IP: 96.143.225.239　　IP: 84.110.151.238

Medienkauffrau　　　　Fachinformatiker　　　　Journalistin　　　　　Personalberater　　　　Arzthelferin

Bella Fontanella　　　　Ernst Kirsch　　　　　　Helena König　　　　　Martin Ecker　　　　　Olivia Adam

Alle Personendaten sind frei erfunden.

1531. Wie lautet der vollständige Name dieser Person?

A. Pierre Frey
B. Raimund Breit
C. Enrico Felici
D. Martin Ecker
E. Ernst Kirsch

Antwort: **C**

Der vollständige Name lautet Enrico Felici.

1532. Wie lautet der vollständige Name dieser Person?

A. Henrike Otter
B. Margot Ebert
C. Bella Fontanella
D. Helena König
E. Olivia Adam

Antwort: **B**

Der vollständige Name lautet Margot Ebert.

1533. Wie lautet der vollständige Name dieser Person?

A. Pierre Frey
B. Raimund Breit
C. Enrico Felici
D. Ernst Kirsch
E. Martin Ecker

Antwort: **B**

Der vollständige Name lautet Raimund Breit.

1534. Wie lautet der vollständige Name dieser Person?

A. Pierre Frey
B. Raimund Breit
C. Enrico Felici
D. Ernst Kirsch
E. Martin Ecker

Antwort: **E**

Der vollständige Name lautet Martin Ecker.

1535. Welchen Beruf übt diese Person aus?

- A. Verlagskauffrau
- B. Tierpflegerin
- C. Medienkauffrau
- D. Journalistin
- E. Arzthelferin

Antwort: **E**

Diese Person ist Arzthelferin.

1536. Welchen Beruf übt diese Person aus?

- A. Bauingenieur
- B. Rechtsanwalt
- C. Musiker
- D. Fachinformatiker
- E. Personalberater

Antwort: **E**

Diese Person ist Personalberater.

1537. Welchen Beruf übt diese Person aus?

- A. Verlagskauffrau
- B. Tierpflegerin
- C. Medienkauffrau
- D. Journalistin
- E. Arzthelferin

Antwort: **D**

Diese Person ist Journalistin.

1538. Welchen Beruf übt diese Person aus?

- A. Bauingenieur
- B. Rechtsanwalt
- C. Musiker
- D. Fachinformatiker
- E. Personalberater

Antwort: **D**

Diese Person ist Fachinformatiker.

1539. Welchen Beruf übt diese Person aus?

- A. Verlagskauffrau
- B. Tierpflegerin
- C. Medienkauffrau
- D. Journalistin
- E. Arzthelferin

Antwort: **C**

Diese Person ist Medienkauffrau.

1540. Welchen Beruf übt diese Person aus?

- A. Bauingenieur
- B. Rechtsanwalt
- C. Musiker
- D. Fachinformatiker
- E. Personalberater

Antwort: **C**

Diese Person ist Musiker.

Erinnerungsvermögen

Figuren zuweisen

Diese Aufgabe prüft Ihr visuelles Kurzzeitgedächtnis.

Zuordnungstabelle:

1541.

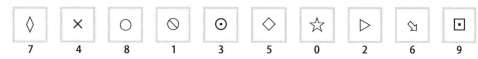

1542.

1543.

1544.

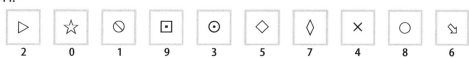

1545.

Prüfung · Teil 6

Weitere Tests 380
    Wiener Test 380
    Postkorbübung 382
    Persönlichkeitstest – Variante 1 386
    Persönlichkeitstest – Variante 2 399

Prüfung · Teil 6

Weitere Tests

Wiener Test

Allgemein

Computergestützte Testverfahren gehören zu den festen Standards der Einstellungs-Auswahlverfahren (EAV) aller Länderpolizeien. Sie werden meist am ersten Auswahltag durchgeführt und können je nach Bundesland unterschiedlich ausfallen. Grundsätzlich lassen sich jedoch zwei Testtypen klar voneinander trennen: Beim obligatorischen Eingangstest werden per PC sprachliche, analytische und mathematische Fähigkeiten sowie soziale Kompetenzen geprüft; der zweite Test läuft dagegen grundsätzlich anders ab und wird auch getrennt vom Eingangstest durchgeführt – die Rede ist vom berüchtigten Wiener Test. Dieses in Österreich entwickelte Testverfahren gibt es aber nicht in allen Bundesländern. Unter anderem in Hessen wird stattdessen der „normale" computergestützte Eingangstest durch umfangreiche Konzentrationsaufgaben erweitert.

Wo allerdings der Wiener Test Bestandteil des EAV ist, dort ranken sich einige Gerüchte um ihn – nicht zuletzt deshalb, weil nur wenige wissen, was dabei wirklich auf sie zukommt. So viel stimmt: Der Test ist kein „gewöhnlicher" Computertest, sondern ein eigens entwickeltes Verfahren mit speziellen Eingabegeräten und Aufgabentypen. Auch der ein oder andere Verkehrssünder macht mit ihm Bekanntschaft, denn bei der Medizinisch-Psychologischen Untersuchung zur Überprüfung der Führerscheintauglichkeit wird er in ähnlicher Form eingesetzt wie beim EAV der Polizei. Der Wiener Test stammt aus der psychologischen Diagnostik und legt es vor allem darauf an, Sie ordentlich unter Stress zu setzen. Auf dem Prüfstand stehen hier weniger erlerntes Wissen oder fachliche Kompetenzen, sondern Reaktionsgeschwindigkeit, Aufmerksamkeit und Konzentrationsfähigkeit unter hohem Zeitdruck. Für viele Bewerber stellt der Wiener Test eine echte Herausforderung dar, doch mit etwas Übung und klarem Kopf ist er relativ leicht zu bewältigen. Die oberste Devise lautet: nicht aus der Ruhe bringen lassen, konzentriert bleiben und sauber arbeiten. Vergessen Sie nicht, dass der Test so konzipiert ist, dass selbst die hellsten und schnellsten Köpfe im vorgegebenen Zeitlimit kaum alle Aufgaben schaffen.

¬ Der Wiener Test prüft Aufmerksamkeit, Reaktionsgeschwindigkeit und Konzentrationsfähigkeit unter Zeitdruck.

¬ Verzweifeln Sie nicht, wenn Sie nicht alle Aufgaben im vorgegebenen Zeitfenster lösen – das kann kaum jemand.

Ablauf

Dass der Wiener Test mit dem computergestützten Eingangstest wenig zu tun hat, merken Sie spätestens dann, wenn Sie zu Ihrem Monitor kommen. Anstelle einer PC-Tastatur erwartet Sie ein Bedienpult mit zehn durchnummerierten schwarzen Tasten und mehreren (üblicherweise sieben) verschiedenfarbigen Knöpfen. Als ob das nicht genug wäre, sind zusätzlich zwei Fußpedale angeschlossen. Schließlich werden Sie auch noch gebeten, Ihren Kopfhörer anzuziehen. Und jetzt?

Lassen Sie sich von dem komplizierten Aufbau dieser Apparatur nicht nervös machen – eine gewisse gezielte Verunsicherung gehört zum Konzept des Tests und ist nicht „Ihr Fehler". Das Gerät ist für jeden neu; nun kommt es darauf an, wie Sie mit dieser ungewohnten Situation umgehen. Dabei sind all die Tasten, Knöpfe und Pedale letztlich auch nichts anderes als Eingabegeräte wie eine Maus oder Tastatur, mit denen Sie auf das, was auf dem Monitor gezeigt wird, in einer bestimmten Weise reagieren müssen. Und nur selten müssen Sie sie auch wirklich alle gleichzeitig bedienen.

Weitere Tests: Wiener Test

Der Wiener Test besteht aus mehreren Aufgabenteilen. Typische Aufgabenstellungen sind zum Beispiel:

¬ **Verkehrssituationen beurteilen:** Für einen kurzen Augeblick (ca. 1 Sekunde) wird Ihnen eine Szene aus dem Straßenverkehr gezeigt, die Sie anschließend beurteilen müssen: Wer hat Vorfahrt? Wer verhält sich falsch? Welche Verkehrsteilnehmer sind zu sehen?

¬ **Linien verfolgen:** Folgen Sie in einem Gewirr aus Linien einer bestimmten Linie mit den Augen und geben Sie die Zahl ein, zu der diese Linie führt.

¬ **Reaktionstest:** Ihr Finger liegt auf einer Ruhetaste. Auf dem Monitor werden verschiedene Symbole eingeblendet, dazu erklingen unterschiedliche Töne über den Kopfhörer. Lassen Sie bei einer bestimmten Ton/Symbol-Kombination die Ruhetaste los und drücken Sie eine andere Taste – die Reaktionszeit wird gemessen.

¬ **Symbolvergleich:** Welches von vier verschiedenen Symbolen entspricht einem vorgegebenen Symbol?

¬ **Merkfähigkeit:** Für eine kurze Zeit erscheint auf dem Monitor ein Bild. Achten Sie auf die Details, denn anschließend werden Ihnen verschiedene Gegenstände gezeigt: welche davon waren im Bild zu sehen?

¬ **Konzentration/Koordination:** Über Kopfhörer werden verschiedene Töne eingespielt, auf dem Monitor verschiedene Lichtsignale eingeblendet. Reagieren Sie auf die Töne und Signale in der vorgegebenen Form – bei dieser Aufgabe müssen Sie gegebenenfalls alle Tasten, Knöpfe und Pedale bedienen. Das Tempo variiert: Mal bleibt Ihnen mehr Zeit zu handeln, mal weniger.

Der Test dauert insgesamt ungefähr eine halbe bis zu einer dreiviertel Stunde, unter Umständen auch etwas länger. Das klingt nicht nach viel, aber der Test ist sehr intensiv, denn er verlangt Ihre volle Konzentration bei höchstem Arbeitstempo. Um möglichst optimal abzuschneiden und eine hohe Punktzahl zu erreichen, helfen einige Tipps und Tricks:

¬ Bewertet werden korrekte Lösungen, Fehler und auch fehlende Antworten. Ob Sie eine Aufgabe gar nicht oder falsch beantworten, kann also aufs selbe hinauslaufen. Daher lohnt sich meist zumindest ein Versuch.

¬ Haben Sie mit einer Aufgabe Probleme, dann grübeln Sie nicht zu lange darüber nach. Denken Sie an die Zeitbeschränkung und teilen Sie sich das vorgegebene Zeitbudget gut ein.

¬ Hadern Sie nicht mit sich, wenn Sie einen Fehler gemacht haben – das kostet Zeit und verunsichert. Atmen Sie tief durch, haken Sie den Patzer ab und konzentrieren Sie sich auf die folgenden Aufgaben.

¬ Wenn Ihnen zum Ende eines Aufgabenteils hin alles immer schwerer fällt: Kein Grund zur Panik! Das liegt nicht daran, dass sich Ihre Gehirnzellen langsam verabschieden. Vielmehr steigt der Schwierigkeitsgrad der Aufgaben an.

¬ Nicht vergessen: Sie dürfen Fehler machen, und Sie werden Fehler machen. Wohl kein Absolvent des Auswahlverfahrens bringt den Wiener Test mit blütenweißer Weste hinter sich.

Vorbereitung

Die Aufgaben des Wiener Tests drehen sich um Aufmerksamkeit, Konzentration und Reaktionsschnelligkeit. Einige typische Aufgabenteile – wie etwa der Symbolvergleich, die Merkfähigkeitsaufgabe zu den Bilddetails oder das Liniengewirr – lassen sich recht mühelos auch zu Hause trainieren. Viele hilfreiche Übungen zu Konzentration, Erinnerungsvermögen, Aufmerksamkeit und visuellem Denkvermögen finden Sie in diesem Buch.

Eine gute Vorbereitung für den Wiener Test bedeutet aber vor allem, sich an die Lösung von Aufgaben unter Zeitdruck zu gewöhnen. Alleine mit Stoppuhr, Papier und Bleistift ist das mitunter nicht so einfach zu bewerkstelligen – gerne gönnt man sich ein paar Sekunden mehr oder erholt sich beim Gang zum Kühlschrank, die disziplinierende Aufsicht fehlt und die Arbeitsatmosphäre ist nicht die gleiche. Halten Sie bei der Testsimulation mit dieser Prüfungsmappe die angegebenen Bearbeitungszeiten genau ein, um sich optimal auf den Zeitdruck einzustellen. Je strenger und disziplinierter der Ablauf der Testsimulation ist, desto wirklichkeitsnäher wird sie.

Prüfung · Teil 6

Weitere Tests

Postkorbübung

Allgemein

Das Assessment Center (AC) dient in den meisten Fällen der Simulation von Arbeitssituationen. Jeder Bewerber wird dabei in einer realistischen Arbeitsatmosphäre auf seine fachliche Kompetenz und persönliche Tauglichkeit getestet. Ein Standardelement des AC ist die so genannte Postkorbübung, in der eine möglichst komplexe, anforderungsreiche Situation wirklichkeitsnah nachgestellt wird, um die Stressresistenz und die Organisationsfähigkeit der Bewerber zu überprüfen. Eine solche Situation ist oft bereits konkret aus dem jeweiligen Berufsalltag gegriffen. Natürlich dauert die Simulation nicht so lange wie die jeweiligen Ereignisse in „Echtzeit". Trotzdem wird bei der Planung einer Postkorbübung gewöhnlich darauf geachtet, dass die Aufgabendichte der Übung dem Aufgabenumfang und -spektrum eines Arbeitstages möglichst entspricht. Sie müssen beweisen, dass sie sowohl unter Zeitdruck die gegebenen Informationen richtig verarbeiten können, als auch mit begrenzten Ressourcen umzugehen und Prioritäten zu setzen wissen. In der Regel sind Postkorbübungen von jedem Bewerber einzeln zu absolvieren.

Masteraufgabe: eine mögliche Nachtschicht

Montag 23.5.2011

21:30   Allgemeine Verkehrskontrolle an der Schubertallee (bis 22:30, mit zwei Wagen)

23:45   Begleitung eines Schwertransports Richtung Industriepark (bis 0:45)

01:15   Routinekontrolle Baustelle Ahornstraße

Die Aufgabe für die Bewerber

Stellen Sie sich vor, Ihr Arbeitsalltag als Polizeibeamter hat bereits begonnen: Sie haben sich mittlerweile mit der neuen Umgebung vertraut gemacht, kennen die Kolleginnen und Kollegen und freuen sich auf Ihren ersten Urlaub, der in der nächsten Woche beginnt. Doch heute sind Sie erst einmal noch für den Nachtdienst eingeteilt, der vor zwei Stunden – um 20 Uhr – begonnen hat und noch bis um sechs Uhr morgens dauert. Die Schicht verbringen Sie zusammen mit Ihrem Einsatzpartner, außer Ihnen sind noch zwei weitere Streifenwagen Ihrer Wache in dieser Nacht unterwegs. Es ist inzwischen dunkel geworden. Sie rufen sich Ihren Einsatzplan ins Gedächtnis, die wenigen darin aufgeführten Punkte können Sie sich ohne Probleme auswendig merken: Seit 21:30 führen Sie mit Ihrem Streifenkollegen und einem zweiten Wagen Ihrer Dienststelle eine einstündige allgemeine Verkehrskontrolle an einer vielbefahrenen Verbindungsstraße durch, um 23:45 sollen Sie einen Schwertransport absichern, der auf seinem Weg ins Industriegebiet mehrere enge Kreisverkehre und unübersichtliche Baustellen passiert, und um 01:15 steht die Kontrolle der Großbaustelle in der Ahornstraße an, auf deren Areal sich Baustoffe und Geräte befinden. Doch nachdem der Abend so erstaunlich ruhig begonnen hat, dass Sie unbeschwert in Urlaubsvorfreude schwelgen konnten, geht es jetzt plötzlich Schlag auf Schlag. Immer neue Meldungen für Ihren Bezirk kommen aus der Einsatzzentrale an:

(a) Ein Verkehrsunfall auf der Hauptstraße wird gemeldet, möglicherweise mit Verletzten. Zwei Wagen werden benötigt. (b) Die Security der Luna Bar meldet eine Rauferei. Die Situation scheint ruhig und niemand verletzt zu sein, aber einer der Beteiligten möchte Anzeige erstatten. (c) Ein vermeintlicher Graffitisprayer wurde am Westbahnhof beim Umherschleichen um abgestellte Waggons beobachtet. (d) Kontrolleure der städtischen Straßenbahn bitten um Hilfe, da ein Schwarzfahrer seine Personalien nicht angeben will. (e) Frau Müller (88) ist besorgt: Ihr Kater ist verschwunden. Sie hört ein leises Wimmern aus dem Garten. Möglicherweise hat das Tier einen Baum erklettert und kommt nicht mehr herunter. (f) Herr Schmidt meldet eine Ruhestörung. Die Wohnung gegenüber beschalle mit offenem Fenster die gesamte Nachbarschaft mit dröhnender

Weitere Tests: Postkorbübung

Musik, gibt er an. (g) Eine junge Frau ist in Sorge, weil ihre Großmutter zu Hause weder ans Telefon geht noch auf das Türklingeln reagiert. Ist etwas passiert? (h) Ein Autofahrer meldet sich über Mobiltelefon von einem Parkplatz an der Bundesstraße: Er hat ein Wildschwein angefahren, ist selbst aber unversehrt.

Bedenken Sie, dass es unmöglich ist, alle Aufgaben selbst zu erledigen. Insgesamt stehen der Wache nur drei Funkstreifenwagen zur Verfügung. Setzen Sie Prioritäten. Sie haben nun eine halbe Stunde Vorbereitungszeit, um anschließend zehn Minuten lang Ihr Ergebnis zu präsentieren.

Ein möglicher Lösungsweg

Dass Sie im Assessment Center in einer von Stress dominierten Arbeitssituation nicht einfach den Kopf verlieren dürfen, ist einleuchtend. Wenn Sie jedoch die Postkorbübung unvorbereitet angehen, dürfte diese bei Ihnen für einige Verwirrung sorgen. Im folgenden Abschnitt finden Sie daher einige Tipps, die Ihnen helfen, mit dieser Art von Prüfungsaufgabe umzugehen und sie erfolgreich zu meistern. Bedenken Sie dabei, dass die vorgestellte Aufgabe nur ein theoretisches Szenario ist. In der Postkorbübung im AC werden Sie auf jeden Fall mit anderen Fragen konfrontiert als in unserem Beispiel. Eine gute Vorbereitung beinhaltet daher nicht, die gegebene Aufgabe und die vorgestellten Lösungen auswendig zu lernen. Es geht vielmehr darum, die Struktur solcher Aufgaben kennen zu lernen und sich bewusst zu machen, welche Strategien zur Problemlösung führen. Damit haben Sie schließlich ein Vorgehensmuster zur Hand, mit dem Sie auch ungewohnte Aufgabenstellungen souverän bewältigen können.

Der Überblick

Sie sitzen in der Prüfung und bekommen das Aufgabenblatt ausgeteilt. In unserem Beispiel haben Sie einen Ausschnitt aus dem Einsatzplan eines Polizeibeamten. Zusätzlichen zu den eingeplanten Tätigkeiten leitet die Einsatzzentrale ständig Anfragen, Hilfeersuchen und Notrufe an Sie weiter. In der Realität übernimmt die Zentrale selbst schon einiges an Koordinationsarbeit, doch in der Prüfung sollen Sie Ihre Belastbarkeit und Fähigkeit zur Abwägung unter Stress beweisen. Verschaffen Sie sich dazu zunächst einen Überblick über alle Punkte, um einen adäquaten Lösungsvorschlag ausarbeiten zu können: Schauen Sie sich die Aufgaben an und machen Sie sich auf einem Extrazettel Notizen. Versuchen Sie eine Form der Ordnung in das Chaos zu bringen, fragen Sie sich, welche Aufgaben Priorität haben sollten, welche weniger wichtig sind und warum dies so ist. Notieren Sie sich Ihre Gründe, damit Sie bei späterer Nachfrage auf jeden Fall eine Antwort parat haben. Besteht eventuell die Möglichkeit, die Aufgaben thematisch zu gliedern, oder macht das keinen Sinn? Gibt es Zusammenhänge zwischen den einzelnen zu erledigenden Aufgaben? Stellen Sie sich selbst Fragen, um sich die Bearbeitung zu erleichtern.

Wenn Sie sich einen Überblick verschafft haben, stellen Sie einen Plan auf. Eine erste tragfähige Gliederung erhalten Sie, wenn Sie die Aufgaben nach ihrer zeitlichen oder thematischen Wichtigkeit ordnen. In unserem Fall würden wir die Aufgaben aus dem Postkorb wie folgt zuordnen.

Besonders dringend

(a) Verkehrsunfall, evtl. mit Personenschaden (zwei Wagen angefordert)

(g) ältere Frau reaktionslos in der Wohnung

(h) Autofahrer mit Wildschaden

Dringend

(b) Rauferei an der Luna Bar

Auf dem Dienstplan: Begleitung des Schwertransports

Weniger dringend

(c) Graffitisprayer am Westbahnhof

(e) Frau Müllers Kater

AUSBILDUNGSpark | 383

Aufschiebbar

(d) Personalien des Schwarzfahrers feststellen

(f) Ruhestörung durch laute Musik

Auf dem Dienstplan: Kontrolle Baustelle Ahornstraße

Verzichtbar

Auf dem Dienstplan: allgemeine Verkehrskontrolle Schubertallee

Wie die richtigen Prioritäten setzen?

Generell sollte natürlich auf alle Meldungen so schnell wie möglich reagiert werden. Auch die Personalienfeststellung eines Schwarzfahrers oder eine Ruhestörung sind nicht als Aufgaben zweiter Klasse anzusehen. In der vorgestellten Prüfungsaufgabe haben wir es jedoch mit knappen Ressourcen (nur drei Fahrzeuge) zu tun, die eine Auswahl nötig machen. Unsere Vorgehensweise sieht daher wie folgt aus:

Mit der obersten Priorität haben wir Fälle versehen, in denen Menschen zu Schaden kommen könnten oder bereits gekommen sind. Da für den Verkehrsunfall gleich zwei Wagen angefordert wurden, scheinen der Umfang recht groß und die Lage ernst zu sein. Die Unfallstelle muss umgehend abgesichert und der Unfallhergang rekonstruiert werden. Die ältere Dame wiederum könnte gestürzt sein und/oder andere Probleme haben, sodass sie auf das Telefon- und Türklingeln nicht reagieren kann. Möglicherweise benötigt sie dringend ärztliche Hilfe, die Situation vor Ort muss dringend überprüft werden. Der Wildschaden ist ebenfalls nicht zu unterschätzen: Möglicherweise liegen Autoteile auf der Fahrbahn, oder das verletzte Wild bleibt mitten auf der Straße liegen – eine potenzielle Gefahr für andere Autofahrer. Die Kontrollstelle an der Schubertallee kann daher aufgelöst werden, denn es gibt augenscheinlich Wichtigeres zu tun. Als allgemeiner Grundsatz der Abwägung gilt: **Leib, Leben und Gesundheit gehen vor!**

Da die Situation an der Luna Bar nicht vollständig geklärt ist und möglicherweise Personen verletzt wurden, ordnen wir sie in die zweite Kategorie ein. Die Begleitung des Schwertransports ist ebenfalls wichtig, da ein solcher Transport meist eine weitreichende Koordination von Straßenabsperrungen, eine umfassende Mobilisierung von Begleitkräften usw. erfordert und ein stehender Transport folglich weit über ein geringfügiges Logistikproblem hinausgeht.

Die Sachbeschädigung durch den Graffitisprayer ordnen wir in die dritte Kategorie ein, ebenso wie den wagemutigen Kater. „Aufschiebbar" sind schließlich Fälle, in denen keine Gefahr und kein größerer Schaden droht, „Verzichtbares" kann auch zu einem anderen Tag nachgeholt werden.

Wer erledigt was?

Mit den verfügbaren Wagen sind die vorgestellten Aufgaben kaum alle zu bewältigen. Die Auflösung der Kontrollstelle Schubertallee ist daher eine notwendige Maßnahme, um mit zwei Wagen zum Schauplatz des Verkehrsunfalls fahren zu können, während sich der dritte Wagen zum Haus der älteren Dame begibt. Dort stellt sich im Idealfall bald heraus, dass die Dame lediglich mit Kopfhörern im Ohr laut Fernsehen geschaut hat. Auch müssen nicht unbedingt die ganze Zeit über beide Einsatzwagen vor Ort sein, um die Unfallstelle abzusichern und Informationen über den Unfallhergang aufzunehmen. Die nächste freiwerdende Kraft übernimmt dann den Wildschaden. Der weitere Ablauf des Abends und der Nacht kann nicht genau festgelegt werden, denn er hängt von der spezifischen Aufwändigkeit der jeweiligen Fälle ab. Im Großen und Ganzen haben Sie aber mit der Abstufung der einzelnen Tätigkeiten in unterschiedliche Prioritäten eine Reihenfolge, an der sich die Koordination der Einsatzkräfte orientieren sollte: Sobald ein Fahrzug verfügbar ist, übernimmt es den nächstwichtigen auf der Liste aufgeführten Punkt. Bei der Abarbeitung ist darauf zu achten, dass Ihr Wagen für die Begleitung des Schwertransports rechtzeitig bereitsteht – schließlich steht das in Ihrem Einsatzplan und ist unter „dringend" eingeordnet. Sollten Sie dies nicht schaffen, kann unter Umständen einer der anderen Wagen in die Bresche springen, wenn er keinen mindestens gleichwertigen Einsatz zu erledigen hat. Es gilt, geschickt zu disponieren: Welcher Einsatz beansprucht wahrscheinlich viel, welcher vermutlich eher weniger Zeit? So kann sich man vor der Fahrt zum Westbahnhof beispielsweise noch um Frau Müllers Kater kümmern, da sich dieser Fall relativ zügig erledigen lassen sollte. Wenn der Kater tatsächlich im Baum sitzt, wird die Aufgabe an die Feuerwehr delegiert, die sich darum kümmern muss. Steckt das Tier nur irgendwo fest, dann sollte es mit vereinten Kräften doch schnell zu befreien sein. Der Graffitisprayer müsste hingegen erst einmal dingfest gemacht und anschließend auf die Wache gebracht werden. Solchermaßen hantieren lässt sich selbstverständlich nur mit gleichrangigen Aufträgen. Den Wildschaden beispielsweise sollten Sie nicht auf die lange Bank schieben, nur um vorher noch die Personalien des Schwarzfahrers festzustellen.

Nun haben Sie den gesamten Postkorb bearbeitet, haben die neu hinzukommenden Fälle mit Ihrem Einsatzplan abgeglichen und Ihre Schicht nach den aktuellen Notwendigkeiten ausgerichtet. Der Übersicht halber soll nun noch einmal in Kurzform dargestellt werden, wie die Neustrukturierung Ihres Nachtdienstes aussieht.

Was wurde auf unbestimmte Zeit verschoben?

Die allgemeine Verkehrskontrolle wird abgebrochen und findet gegebenenfalls an einem anderen Tag bzw. Abend statt, der von Ihren Vorgesetzten festgelegt wird.

Was muss warten?

Die Personalien des Schwarzfahrers müssen vorläufig unbekannt bleiben, solange noch andere Fälle mit einer konkreten Gefährdung für Menschen ausstehen: Leib, Leben und Gesundheit gehen vor! Auch Sachschäden und Tiere in Gefahr sind wichtiger einzustufen. Daher können Sie und Ihre Kollegen sich auch um die Ruhestörung erst später kümmern.

Was übernehmen Sie?

Sie fahren zusammen mit dem zweiten zur Verkehrskontrolle abgestellten Wagen vom Kontrollpunkt zum Unfall. Nachdem dieser Einsatz abgeschlossen wurde, kümmern Sie sich immer um den jeweils obersten unbearbeiteten Punkt auf der Prioritätenliste. Welcher das ist, hängt davon ab, wie schnell Sie und ihre Kollegen die vorherigen Fälle abarbeiten konnten. Vergessen Sie jedoch nicht, dass um 23:45 die Begleitung des Schwertransports in Ihrem Einsatzplan steht.

Was können Sie delegieren?

An andere Einrichtungen abschieben können Sie nur den Fall von Frau Müllers Kater. Hat dieser sich tatsächlich auf den Baum verirrt, ist dafür die Feuerwehr zuständig. Die anderen Einsätze müssen Sie und Ihre Kollegen untereinander abstimmen.

Alles verstanden, alles bedacht?

Die vorangehenden Abschnitte sollten einen von mehreren möglichen Wegen aufzeigen, wie Sie mit einer Postkorbübung umgehen können. In den meisten Fällen werden Sie, nachdem Sie diese Aufgabe bearbeitet haben, Ihre Entscheidungen in einem persönlichen Gespräch mit den Prüfern darlegen und rechtfertigen. Wie in unserer Musterlösung dargestellt, gilt es, überlegte Entscheidungen nach begründeten Abwägungen zu treffen. Machen Sie sich in jedem Fall Notizen, damit Sie sich im späteren Gespräch erinnern, aus welchem Grund Sie eine bestimmte Entscheidung getroffen haben. Und versuchen Sie, diese Aufgabe mit der notwendigen Aufmerksamkeit zu bearbeiten. Verfahren Sie so, als wenn Sie sich in einer wirklichen Stresssituation befinden würden, in der Sie die entsprechenden Entscheidungen zu treffen hätten. Zwar geht es nur um eine Simulation – die gibt Ihnen jedoch einen Vorgeschmack auf die tatsächlich anstehenden Aufgaben in der Ausbildung. Wenn Sie überzeugt sind, der oder die richtige Person für den Ausbildungsplatz zu sein, müssen Sie die Prüfer von Ihrer persönlichen Organisationsfähigkeit, dem Talent, im Chaos den Überblick zu behalten, und dem Willen, Entscheidungen zu treffen und für diese wohlbedachten Entscheidungen geradezustehen, überzeugen. Das sollte mit guter Vorbereitung zu schaffen sein, oder nicht?!?

Prüfung · Teil 6

Weitere Tests

Persönlichkeitstest – Variante 1

Gesucht: Bewerber mit Profil

Psychologische Testverfahren sollen Aufschluss über den Charakter der Bewerber geben. Schulnoten, Bewerbungsmappe und Allgemeinbildung verraten darüber zwar schon einiges, aber eben nicht genug. Die Polizei interessiert: Passt der Kandidat auch vom Typ her zu uns? Wie verhält er sich in bestimmten Situationen? Können wir uns auf ihn verlassen?

Subjektive Merkmale sind für die berufliche Eignung ähnlich relevant wie Fachwissen und Zensuren. Dabei zählt auch der äußere Eindruck: Wie Sie im Auswahlverfahren auftreten, wie Sie gekleidet sind und wie Sie mit Ihren Mitbewerbern umgehen, all das kann in die Gesamtbewertung einfließen. Der eigentliche Persönlichkeitstest läuft schriftlich und/oder mündlich – im Rahmen des Vorstellungsgesprächs – ab. Die Prüfer erstellen eine Art individuellen charakterlichen Fingerabdruck, ein unverwechselbares persönliches Profil.

Dass viele Experten solche Verfahren für ziemlich fragwürdig halten, steht auf einem anderen Blatt: Wie soll es möglich sein, die Persönlichkeit eines Menschen durch standardisierte Fragenkataloge abzubilden? Und mit welchem Recht darf ein Arbeitgeber überhaupt dem Innenleben seiner Mitarbeiter nachforschen? Um die Analyse Ihrer Stärken und Schwächen kommen Sie aber weder bei den Landespolizeien noch bei der Bundespolizei herum. Intime Details zum Privatbereich muss dabei keiner verraten. Es dürfen nur Eigenschaften getestet werden, die für die ausgeschriebene Position wirklich relevant sind.

Die Polizei sucht Bewerber, die …

¬ gerne und gut im Team arbeiten

¬ konfliktfähig sind

¬ Entscheidungen treffen und durchsetzen können

¬ flexibel sind

¬ Leistungsbereitschaft und Verantwortungsbewusstsein besitzen

¬ gewissenhaft und zuverlässig sind

¬ Einfühlungsvermögen zeigen

¬ körperlich und geistig belastbar sind

Die Vorbereitung

Da der Typentest auf individuelle Eigenschaften abzielt, gibt es keine eindeutig guten oder schlechten Lösungen. Zwar liegt die „richtige" Antwort bisweilen ziemlich nahe, etwa wenn es um Team- und Konfliktverhalten geht: Wer möchte schon gerne Mitarbeiter haben, die die Arbeit ständig auf andere abwälzen und bei Kritik gleich eingeschnappt sind? Doch oft muss man sich zwischen zwei positiv besetzten Merkmalen entscheiden, beispielsweise Gründlichkeit und Flexibilität.

Manche raten, völlig unvorbereitet in den Test zu gehen und sich ganz auf die eigene Spontaneität zu verlassen – eine riskante Empfehlung: Erst die Auseinandersetzung mit dem Testverfahren macht überlegte, gezielte Antworten möglich. Es werden nämlich bestimmte Fragetechniken eingesetzt, an die man sich gewöhnen sollte. Zudem setzt ein überzeugender Auftritt voraus, souverän mit den eigenen Stärken und Schwächen umgehen zu können.

¬ Machen Sie sich klar, was die berufsrelevanten Schlüsselqualifikationen sind: Warum sind gerade Sie für diesen Beruf geeignet?

386   www.ausbildungspark.com

¬ Zeichnen Sie kein maßlos positives Bild von sich: Auf die Fähigkeit zur Selbstkritik legen die Personalverantwortlichen großen Wert.

¬ Werden Sie sensibel für die Untertöne einer Frage: Nicht immer ist auf den ersten Blick klar, welche Eigenschaften gerade im Fokus stehen.

¬ Schärfen Sie Ihr Profil, aber mit Bedacht: Wer bei seinen Antworten stets den Mittelweg wählt, verrät zu wenig von sich. Zu viele „extreme" Antworten wirken wiederum unreif, übertrieben und unreflektiert.

¬ Wenn Sie eine Frage nicht richtig einschätzen können, antworten Sie am besten gemäßigt.

Gut vorbereitet lassen sich auch Fangfragen problemlos parieren: „Finden Sie nicht auch, dass die Kooperation im Team das A und O des Arbeitslebens ist?" „Wir suchen Menschen mit Selbstvertrauen, die zu ihrer Meinung stehen – gehören Sie dazu?" Wenn Sie beide Male ohne Einschränkung zustimmen, haben Sie sich selbst widersprochen und geben den Prüfern Anlass, an Ihrer Glaubwürdigkeit zu zweifeln. Eventuell werden Sie mit den Auskünften im Persönlichkeitstest später noch einmal konfrontiert.

Die Testsimulation

Die neun Aufgabengruppen des folgenden Mustertests behandeln unterschiedliche polizeirelevante Persönlichkeitsmerkmale. Es empfiehlt sich, die Aufgaben nacheinander abzuarbeiten. Sie dürfen aber auch anders vorgehen und jederzeit vor- oder zurückspringen, wenn Sie wollen.

Jede Aufgabe ist mit einer Punkteskala versehen:

| ☹ | 1 | 2 | 3 | 4 | 5 | ☺ | | Ihr Wert: | |

Von ☹   = stimme überhaupt nicht zu (hier Punktwert „1")

bis ☺   = stimme voll und ganz zu (hier Punktwert „5").

Achtung: Es gibt Aufgaben mit umgekehrter Punkteskala, wobei „stimme überhaupt nicht zu" (☹) mit 5 Punkten und „stimme voll und ganz zu" (☺) mit einem Punkt bewertet wird.

Kreuzen Sie an, wo auf der Skala Sie sich am ehesten wiederfinden. Tragen Sie die entsprechende Punktzahl rechts unter „Ihr Wert" ein. Zählen Sie zum Schluss die Punkte jeder Aufgabengruppe zusammen und lesen Sie in der folgenden Auswertung nach, was das Ergebnis über Sie aussagen soll – nehmen Sie dies bitte nur bedingt ernst. Denken Sie daran: Die Aussagekraft der Tests ist beschränkt. Es geht darum, ein Gefühl für solche Tests zu entwickeln.

Prüfung · Teil 6

Kontaktfähigkeit

Haben Sie Hemmungen, mit fremden Menschen eine Unterhaltung zu führen? Halten Sie sich lieber zurück? Können Sie sich einbringen, sich verständlich machen? Als Polizist sind Sie auf gute Beziehungen zu Ihren Kollegen angewiesen. Im Dienstalltag sollten Sie außerdem in der Lage sein, mit völlig Unbekannten ohne falsche Scheu eine Gesprächsbasis herzustellen und jederzeit sicher zu handeln.

1. Ich sitze im Zug mit einem Unbekannten. Da ich neugierig bin, fange ich ein Gespräch an, um mehr über ihn zu erfahren.

☹ 1 2 3 4 5 ☺ Ihr Wert:

2. Manchmal sagen Leute, dass ich arrogant und unnahbar wirke.

☹ 5 4 3 2 1 ☺ Ihr Wert:

3. Ich treffe mich lieber mit Freunden, anstatt nur SMS und Mails zu schreiben.

☹ 1 2 3 4 5 ☺ Ihr Wert:

4. Mein bester Freund unterstellt mir, dass ich seine Freunde meide und nicht akzeptiere.

☹ 5 4 3 2 1 ☺ Ihr Wert:

5. Ich habe ein großes Netzwerk an Bekannten und bin daher über alles informiert.

☹ 1 2 3 4 5 ☺ Ihr Wert:

6. Wenn viele unbekannte Leute um mich sind, fühle ich mich schnell unwohl.

☹ 5 4 3 2 1 ☺ Ihr Wert:

7. Ich verbringe meine Abende gerne gemütlich vor dem Fernseher oder dem PC.

☹ 5 4 3 2 1 ☺ Ihr Wert:

8. Auf einer Party lerne ich innerhalb kurzer Zeit viele neue Leute kennen, da ich auf andere Menschen zugehe.

☹ 1 2 3 4 5 ☺ Ihr Wert:

9. In einer großen Runde halte ich mich eher zurück.

☹ 5 4 3 2 1 ☺ Ihr Wert:

10. Ich fühle mich nie einsam.

☹ 1 2 3 4 5 ☺ Ihr Wert:

Gesamtwert Kontaktfähigkeit:

Weitere Tests: Persönlichkeitstest – Variante 1

Teamfähigkeit

Teamfähigkeit heißt, produktiv mit anderen Menschen zusammenarbeiten zu können. Eine Gruppe ist mehr als nur die Summe ihrer Mitglieder – wenn sie an einem Strang zieht. Die verschiedenen Temperamente und Fähigkeiten unter einen Hut zu bringen und sie sinnvoll einzubinden, ist die wichtigste Grundlage erfolgreichen *Teamworks*. Gelingt das nicht, hat man anstelle von *Teamplayern* am Ende nur einen versprengten Haufen von Einzelgängern.

1. Teamarbeit ist nur dann sinnvoll, wenn man mit guten Leuten zusammenarbeitet.

☹   5   4   3   2   1   ☺   Ihr Wert: _____

2. Die Kooperation mit anderen Menschen motiviert mich.

☹   1   2   3   4   5   ☺   Ihr Wert: _____

3. Ich arbeite gern alleine, so habe ich die beste Kontrolle über das Ergebnis.

☹   5   4   3   2   1   ☺   Ihr Wert: _____

4. Teamarbeit setzt voraus, Kompromisse eingehen zu können.

☹   1   2   3   4   5   ☺   Ihr Wert: _____

5. Viele meiner Freunde und Bekannten fragen mich um Unterstützung. Ich helfe oft und gerne.

☹   1   2   3   4   5   ☺   Ihr Wert: _____

6. Meistens sind meine Vorschläge die Besten, da ich gut organisiert bin.

☹   5   4   3   2   1   ☺   Ihr Wert: _____

7. Ich ärgere mich nicht, wenn sich andere mit ihren Vorschlägen durchsetzen.

☹   1   2   3   4   5   ☺   Ihr Wert: _____

8. In Gruppendiskussionen bringe ich mich besonders stark ein und stehe meist im Mittelpunkt.

☹   5   4   3   2   1   ☺   Ihr Wert: _____

9. Die Zusammenarbeit mit anderen ist meist anstrengend.

☹   5   4   3   2   1   ☺   Ihr Wert: _____

10. Ich habe keine Angst davor, dass andere mich nicht mögen.

☹   1   2   3   4   5   ☺   Ihr Wert: _____

Gesamtwert Teamfähigkeit: _____

Prüfung · Teil 6

Konfliktfähigkeit

Meinungsverschiedenheiten sind im Berufsleben nichts Seltenes. Und auch nichts besonders Schlimmes: Denn dadurch kommen existierende Probleme offen auf den Tisch, was vernünftige und langfristig tragfähige Lösungen ermöglicht. Im Streifendienst stehen die Konflikte anderer Leute auf der Tagesordnung – die gilt es ruhig, aber entschieden zu schlichten.

1. **Wenn ein Team gut funktioniert, gibt es keine Konflikte.**

    ☹   5   4   3   2   1   ☺   Ihr Wert:

2. **Wenn jemand mich kritisiert, dann kritisiere ich ihn auch.**

    ☹   5   4   3   2   1   ☺   Ihr Wert:

3. **Ich gerate selten in Konfliktsituationen.**

    ☹   5   4   3   2   1   ☺   Ihr Wert:

4. **Wenn Bekannte sich in Angelegenheiten einmischen, die sie nichts angehen, ziehe ich mich zurück und meide den Kontakt mit ihnen.**

    ☹   5   4   3   2   1   ☺   Ihr Wert:

5. **Probleme löst man nie dadurch, dass man sie unter den Teppich kehrt.**

    ☹   1   2   3   4   5   ☺   Ihr Wert:

6. **Wenn ich kritisiert werde, überlege ich zuerst, ob das stimmt.**

    ☹   1   2   3   4   5   ☺   Ihr Wert:

7. **Mein Nachbar ist gereizt und schreit mich lautstark an. Ich gehe ruhig in meine Wohnung und denke mir meinen Teil.**

    ☹   5   4   3   2   1   ☺   Ihr Wert:

8. **Wenn mir zu Hause etwas nicht passt, dann mache ich da keinen Hehl draus.**

    ☹   1   2   3   4   5   ☺   Ihr Wert:

9. **„Der Klügere gibt nach" – diesen Spruch habe ich nie verstanden.**

    ☹   1   2   3   4   5   ☺   Ihr Wert:

10. **Meinungsverschiedenheiten können produktiv sein.**

    ☹   1   2   3   4   5   ☺   Ihr Wert:

Gesamtwert Konfliktfähigkeit:

Durchsetzungsfähigkeit

Sturheit, Rücksichtslosigkeit, Ellbogenmentalität – im Extremfall wird aus Durchsetzungsvermögen blanker Egoismus. Ohne die Fähigkeit, sich zu behaupten, käme man andererseits auch nicht weit, träfe nach endlosen Auseinandersetzungen trotzdem keine Entscheidung. Und im Außendienst würden sich vor allem Straftäter über die vornehme Zurückhaltung der Staatsgewalt freuen, im Gegensatz zu den hilfesuchenden Bürgern.

1. **Wenn ich mir ein Ziel in den Kopf gesetzt habe, versuche ich es mit allen Mitteln zu erreichen.**

   ☹ 　1　 　2　 　3　 　4　 　5　 ☺ 　　Ihr Wert: ☐

2. **Wenn mir das Essen nicht schmeckt, reklamiere ich das sofort und frage nach Alternativen.**

   ☹ 　1　 　2　 　3　 　4　 　5　 ☺ 　　Ihr Wert: ☐

3. **Ich lasse mich von gelegentlichen Misserfolgen nicht entmutigen.**

   ☹ 　1　 　2　 　3　 　4　 　5　 ☺ 　　Ihr Wert: ☐

4. **Ich habe mir schon oft Ziele gesetzt und sie nicht erreicht.**

   ☹ 　5　 　4　 　3　 　2　 　1　 ☺ 　　Ihr Wert: ☐

5. **Ich entschuldige mich häufig für Sachen, die gar nicht mein Fehler sind.**

   ☹ 　5　 　4　 　3　 　2　 　1　 ☺ 　　Ihr Wert: ☐

6. **Mir egal, wie viele Gegenmeinungen es gibt – ich werde die Kritiker überzeugen.**

   ☹ 　1　 　2　 　3　 　4　 　5　 ☺ 　　Ihr Wert: ☐

7. **Wenn man mit höher gestellten Personen spricht, sollte man Meinungsverschiedenheiten lieber unter den Teppich kehren.**

   ☹ 　5　 　4　 　3　 　2　 　1　 ☺ 　　Ihr Wert: ☐

8. **Viele behaupten, ich sei ein sturer Dickkopf. Mir macht das nichts aus.**

   ☹ 　1　 　2　 　3　 　4　 　5　 ☺ 　　Ihr Wert: ☐

9. **Durch Kompromisse kommt man eher ans Ziel als mit der „Kopf durch die Wand"-Methode.**

   ☹ 　5　 　4　 　3　 　2　 　1　 ☺ 　　Ihr Wert: ☐

10. **Eine gute, harmonische Arbeitsatmosphäre ist sehr wichtig.**

    ☹ 　5　 　4　 　3　 　2　 　1　 ☺ 　　Ihr Wert: ☐

Gesamtwert Durchsetzungsfähigkeit: ☐

Prüfung · Teil 6

Gewissenhaftigkeit

Gewissenhaftigkeit hat viele Namen: zum Beispiel Ordnung, Disziplin, Pünktlichkeit und Pflichtbewusstsein. Mit zuverlässigen, aufrechten Menschen arbeitet man gerne zusammen. Aber auch die Gewissenhaftigkeit hat ihre Schattenseiten: Manchmal ist eben Spontaneität gefragt, das schnelle Umschalten auf andere Methoden, das Ausweichen zu alternativen Lösungswegen. Penible Perfektionisten, die jeden Schritt im Voraus planen, haben es dann schwer.

1. Es kommt oft vor, das ich eine Sache nicht zu Ende bringe, da ständig etwas dazwischen kommt.

☹   5   4   3   2   1   ☺   Ihr Wert:

2. Dinge zu planen und organisieren ist die Voraussetzung dafür, dass alles richtig funktioniert.

☹   1   2   3   4   5   ☺   Ihr Wert:

3. Ich halte meine Termine immer ein, egal was passiert.

☹   1   2   3   4   5   ☺   Ihr Wert:

4. Wenn ich an einem Problem festhänge, dann nehme ich eine andere Aufgabe in Angriff.

☹   5   4   3   2   1   ☺   Ihr Wert:

5. Ich versuche immer, Aufgaben perfekt zu lösen – selbst wenn es etwas länger dauert.

☹   1   2   3   4   5   ☺   Ihr Wert:

6. Ich denke auch in der Freizeit oft an die Arbeit, kann nur schwer abschalten.

☹   1   2   3   4   5   ☺   Ihr Wert:

7. In kreativem Durcheinander kann ich gut arbeiten.

☹   5   4   3   2   1   ☺   Ihr Wert:

8. Meine Freunde schätzen an mir, dass ich so zuverlässig bin.

☹   1   2   3   4   5   ☺   Ihr Wert:

9. Es kommt öfter vor, dass ich Sachen verlege und dann vergesse, wo sie sind.

☹   5   4   3   2   1   ☺   Ihr Wert:

10. Es macht mir gar nichts aus, von einem Plan abzuweichen.

☹   5   4   3   2   1   ☺   Ihr Wert:

Gesamtwert Gewissenhaftigkeit:

Belastbarkeit

Ohne physische und psychische Belastbarkeit ist der Polizeialltag kaum durchzustehen. Körperliche und geistige Stabilität sind Grundvoraussetzungen, um im täglichen Dienststress die Nerven zu behalten und gefährliche Situationen mit kühlem Kopf zu bewältigen. Nur wer belastbar ist, bleibt auf Dauer leistungsfähig – ansonsten drohen Ärger und Frustration.

1. Wenn auf der Arbeit viel los ist, schlafe ich immer schlecht ein.

☹   5   4   3   2   1   ☺   Ihr Wert: _____

2. Ich treibe regelmäßig Sport.

☹   1   2   3   4   5   ☺   Ihr Wert: _____

3. Prüfungssituationen sind mir unangenehm, auch wenn ich das nötige Wissen habe.

☹   5   4   3   2   1   ☺   Ihr Wert: _____

4. Wenn es sein musste, habe ich für Klassenarbeiten auch bis spät in die Nacht gelernt.

☹   1   2   3   4   5   ☺   Ihr Wert: _____

5. Der Mensch ist nur dann glücklich, wenn er genügend Freizeit hat.

☹   5   4   3   2   1   ☺   Ihr Wert: _____

6. Es dauert, so lange es dauert: Für einen wichtigen Auftrag muss man seinen persönlichen Kalender entsprechend einrichten.

☹   1   2   3   4   5   ☺   Ihr Wert: _____

7. Ich arbeite Aufgaben konzentriert nacheinander ab. Wenn etwas dazwischen kommt, schiebe ich das erst mal auf die lange Bank.

☹   5   4   3   2   1   ☺   Ihr Wert: _____

8. Von der Gereiztheit anderer lasse ich mich schnell anstecken.

☹   5   4   3   2   1   ☺   Ihr Wert: _____

9. Um meine Zukunft mache ich mir keine Sorgen.

☹   1   2   3   4   5   ☺   Ihr Wert: _____

10. Körperliche Anstrengungen stecke ich problemlos weg.

☹   1   2   3   4   5   ☺   Ihr Wert: _____

Gesamtwert Belastbarkeit: _____

Prüfung · Teil 6

Flexibilität

Von der Verbrecherjagd über die Verkehrskontrolle bis hin zur verwirrten alten Dame: Der stereotype Schema F-Dienst ist bei der Polizei die Ausnahme. Polizeibeamte müssen sich schnell an unterschiedliche Situationen mit verschiedenen Anforderungen anpassen, die orientierungslose Seniorin verlangt nach anderen Maßnahmen als der flüchtige Räuber. Jeder Einsatz ist anders, dazu braucht man Flexibilität.

1. Ich mag es, wenn Arbeitsabläufe sich wiederholen.

☹ 5 4 3 2 1 ☺   Ihr Wert: [   ]

2. Mein Büro wird zu klein. Ich rücke meinen Schreibtisch einfach von der Wand in die Mitte des Raumes, um dadurch Platz zu gewinnen.

☹ 1 2 3 4 5 ☺   Ihr Wert: [   ]

3. Beständigkeit ist wichtiger, als immer mit dem Trend zu gehen.

☹ 5 4 3 2 1 ☺   Ihr Wert: [   ]

4. Ich überlege häufig, wie ich eine Aufgabe mit neuen Methoden und Techniken besser bewältigen kann.

☹ 1 2 3 4 5 ☺   Ihr Wert: [   ]

5. Auf Veränderungen muss man so schnell wie möglich reagieren.

☹ 1 2 3 4 5 ☺   Ihr Wert: [   ]

6. Besser eine Sache gut machen, als viele Dinge solala erledigen.

☹ 5 4 3 2 1 ☺   Ihr Wert: [   ]

7. Wenn alles so läuft wie immer, wird mir schnell langweilig.

☹ 1 2 3 4 5 ☺   Ihr Wert: [   ]

8. Wer viele unterschiedliche Felder beackert, weiß nicht, was er will.

☹ 5 4 3 2 1 ☺   Ihr Wert: [   ]

9. Um böse Überraschungen zu vermeiden, plane ich gerne alles bis ins Detail.

☹ 5 4 3 2 1 ☺   Ihr Wert: [   ]

10. Mehrere Wege führen zum Ziel. Man muss sich nicht auf einen festlegen.

☹ 1 2 3 4 5 ☺   Ihr Wert: [   ]

Gesamtwert Flexibilität: [   ]

Weitere Tests: Persönlichkeitstest – Variante 1

Motivation

Motivation bedeutet, sich selbstständig einzubringen, ohne dass es jemand explizit verlangt. Wer motiviert ist, zeigt Eigeninitiative, entwickelt neue Ideen, reißt andere mit und übernimmt Verantwortung. Das sieht jeder Arbeitgeber gerne – solange es nicht in hektischen Aktionismus mündet. Unmotiviertheit auf der anderen Seite signalisiert Desinteresse, Faulheit und Bequemlichkeit.

1. Bei der Wahl meines Arbeitsplatzes achte ich vor allem auf Sicherheit und eine gute Bezahlung.

☹   5   4   3   2   1   ☺   Ihr Wert:

2. Ich arbeite nicht gerne an Projekten, deren Früchte ich erst im Nachhinein ernte.

☹   5   4   3   2   1   ☺   Ihr Wert:

3. Durch Fleiß und Einsatzbereitschaft habe ich schon oft andere hinter mir gelassen, die es eigentlich leichter hatten als ich.

☹   1   2   3   4   5   ☺   Ihr Wert:

4. Ich denke nicht gerne über Dinge nach, für die keine Notwendigkeit besteht.

☹   5   4   3   2   1   ☺   Ihr Wert:

5. In meinem Freundeskreis bin meist ich es, der Treffen organisiert und Partys veranstaltet.

☹   1   2   3   4   5   ☺   Ihr Wert:

6. Es kommt auf jeden Einzelnen an, wenn eine Gesellschaft funktionieren soll.

☹   1   2   3   4   5   ☺   Ihr Wert:

7. Ich warte lieber ab, wie eine Sache sich entwickelt, bevor ich überhastet eingreife.

☹   5   4   3   2   1   ☺   Ihr Wert:

8. Andere Menschen von etwas zu überzeugen, liegt mir nicht so.

☹   5   4   3   2   1   ☺   Ihr Wert:

9. Ich übernehme gerne Verantwortung, auch bei schwierigen Entscheidungen.

☹   1   2   3   4   5   ☺   Ihr Wert:

10. Ich bin bekannt dafür, dass ich immer den ersten Schritt mache.

☹   1   2   3   4   5   ☺   Ihr Wert:

Gesamtwert Motivation:

Prüfung · Teil 6

Einfühlungsvermögen

Ein wichtiger Aspekt der sozialen Intelligenz: nachvollziehen zu können, was andere gerade fühlen oder meinen. Denn die gleiche Sprache zu sprechen, heißt noch nicht, einander wirklich zu verstehen. Nur wer sich in die Situation seines Gegenübers hineinversetzen und dessen Stimmung richtig einschätzen kann, ist in der Lage, angemessen und zielgerichtet zu handeln.

1. Wenn es Freunden schlecht geht, merke ich das sofort, auch wenn sie es nicht sagen.

☹ 1 2 3 4 5 ☺   Ihr Wert: _____

2. In schwierigen Situationen tappe ich nie in Fettnäpfchen.

☹ 1 2 3 4 5 ☺   Ihr Wert: _____

3. Man muss nicht das Privatleben seiner Kollegen kennen, um mit ihnen gut arbeiten zu können.

☹ 5 4 3 2 1 ☺   Ihr Wert: _____

4. Professionalität heißt, auf Emotionen keine Rücksicht zu nehmen.

☹ 5 4 3 2 1 ☺   Ihr Wert: _____

5. Ich nehme die Dinge, wie sie kommen. Wieso sollte ich lange darüber nachdenken, wer warum wie entschieden hat?

☹ 5 4 3 2 1 ☺   Ihr Wert: _____

6. Ich ärgere mich oft über Leute, die mich einfach nicht verstehen.

☹ 5 4 3 2 1 ☺   Ihr Wert: _____

7. Die Sorgen und Probleme anderer gehen mir oft ziemlich nahe.

☹ 1 2 3 4 5 ☺   Ihr Wert: _____

8. Bevor man sich ein Urteil bildet, sollte man sich immer fragen, was man selbst in so einer Lage getan hätte.

☹ 1 2 3 4 5 ☺   Ihr Wert: _____

9. Wenn jemand etwas Peinliches sagt, gelingt es mir oft, die Situation zu retten.

☹ 1 2 3 4 5 ☺   Ihr Wert: _____

10. Häufig weiß ich nicht, welche Erwartungen andere an mich haben.

☹ 5 4 3 2 1 ☺   Ihr Wert: _____

Gesamtwert Einfühlungsvermögen: _____

www.ausbildungspark.com

Auswertung

Kontaktfähigkeit

mehr als 40 Punkte: Sie sind extrem kontaktfreudig und gewinnen die Sympathien schnell für sich. Passen Sie aber auf, nicht zu offen, leutselig und geschwätzig zu erscheinen. Schließlich erfordert der Polizeiberuf auch Vertrauen und Verantwortungsbewusstsein.

25-40 Punkte: Sie können von sich aus auf andere Menschen zugehen und finden zu ihnen in der Regel einen guten Draht. Dabei sind Sie angenehm unaufdringlich. Bleiben Sie am Ball und lassen Sie sich nicht ins Abseits drängen, so sammeln Sie jede Menge Pluspunkte.

weniger als 25 Punkte: Auch wenn es Überwindung kosten kann, Kontakte zu knüpfen: Mit zu viel Zurückhaltung findet man in neuen Umgebungen nur sehr langsam Anschluss. Das macht es schwer, sich produktiv ins Team einzubringen und in der Öffentlichkeit sicher aufzutreten. Die Polizei braucht Beamte, die souverän agieren und gut mit Menschen umgehen können.

Teamfähigkeit

mehr als 40 Punkte: Sie sind das Musterbeispiel eines Mannschaftsspielers. In der Kooperation mit anderen blühen Sie auf, nehmen dabei die eigenen Interessen auch gerne mal zurück. Solange Ihre Selbstständigkeit darunter nicht leidet, sind Sie auf einem guten Weg.

25-40 Punkte: Eigensinn und Teamgeist halten sich bei Ihnen die Waage. Damit sind Sie in jeder Gruppe gerne gesehen. Es gelingt Ihnen, Teil des Teams zu sein, ohne an Profil zu verlieren. Manchmal sollten Sie Ihre Eigeninteressen etwas mehr zurückstellen, um die Gruppendynamik zu stärken.

weniger als 25 Punkte: Sie spielen lieber Golf als Fußball, richtig? Die Kooperation mit anderen jedenfalls liegt Ihnen anscheinend nicht so gut. Denken Sie daran: Sie sind Teil eines großen Orchesters, das nur dann gut klingt, wenn alle harmonieren. Nehmen Sie Ihre Kollegen ernst, hören Sie ihnen zu und bringen Sie sich ein – davon profitieren alle.

Konfliktfähigkeit

mehr als 40 Punkte: Sie weichen keinem Konflikt aus und sprechen schonungslos an, was Ihnen nicht gefällt. Gut so – wenn Sie das vernünftig, selbstkritisch und zielgerichtet tun. Sonst können Sie eventuell als streitsüchtiger Zeitgenosse gelten, der aus jeder Mücke einen Elefanten macht.

25-40 Punkte: Probleme sind dazu da, um gelöst zu werden – das könnte Ihr Motto sein. Obwohl Ihnen Harmonie wichtig ist, reden Sie auch mal Tacheles und tragen so dazu bei, strittige Situationen konstruktiv und sachlich zu lösen.

weniger als 25 Punkte: Meinungsverschiedenheiten gehen Sie gerne aus dem Weg, Ärger schlucken Sie am liebsten herunter. Wenn hinter der heilen Fassade in Wahrheit tiefe Gräben klaffen, hilft das weder der Gesundheit noch Ihrer Arbeitsleistung. Sehen Sie Konflikte als Chance, Sachfragen zu klären und den eigenen Standpunkt weiterzuentwickeln.

Durchsetzungsfähigkeit

mehr als 40 Punkte: Wo ein Wille ist, da ist für Sie auch ein Weg. Sie haben ein stabiles Rückgrat und bleiben sich auch dann treu, wenn es Widerstände gibt. Den schmalen Grat zur Rücksichtslosigkeit sollten Sie dabei nicht überschreiten.

25-40 Punkte: Wenn es nötig ist, sprechen Sie auch mal ein Machtwort. Doch Sie wissen, dass man mit Kompromissen manchmal mehr erreicht. Damit kommen Sie bei Mitarbeitern und Bürgern gut an, ohne sich die Butter vom Brot nehmen zu lassen.

weniger als 25 Punkte: Kooperation und Teambewusstsein müssen niemanden in die Selbstaufgabe treiben. Stellen Sie Ihr Ego nicht hinten an und treten sie entschlossener für das ein, was Sie für richtig halten. Das fördert die Zufriedenheit im Beruf, und im Streifendienst gibt es dazu keine Alternative.

Gewissenhaftigkeit

mehr als 40 Punkte: Auf Sie kann man sich wirklich verlassen. Wer mit Ihnen etwas abspricht, muss keine Bedenken haben, und Sie wissen genau, welche Dienstvorschrift wann wie anzuwenden ist. Was aber, wenn plötzliche Veränderungen flexible Reaktionen erfordern?

25-40 Punkte: Sie halten sich an Absprachen und arbeiten verlässlich, ohne gleich ein Erbsenzähler zu sein. Sie haben es gern, wenn alles seinen gewohnten Gang geht, kommen aber nicht ins Straucheln, wenn etwas Unvorhergesehenes geschieht.

weniger als 25 Punkte: Termine, Ordnung, Disziplin – all das steht bei Ihnen eher im Hintergrund. Sie brauchen die Abwechslung und lassen es gerne locker angehen. Das erschwert mitunter die Zusammenarbeit. Zuverlässigkeit zählt zu den Kernkompetenzen eines Polizisten und setzt nur eines voraus: sich an gegebene Strukturen zu halten.

Belastbarkeit

mehr als 40 Punkte: Auch unter hohem Druck arbeiten Sie nüchtern und rational. Dass Sie so schnell nichts umhaut, wissen Ihre Kollegen und Vorgesetzten sehr zu schätzen. In einer stürmischen Brandung sind Sie ein fester Fels – aber kennen hoffentlich auch Ihre eigenen Grenzen.

25-40 Punkte: Sie vertrauen auf Ihre Fähigkeiten und erreichen auch unter ungünstigen Bedingungen gute Ergebnisse. Herausforderungen nehmen Sie gelegentlich mit Bedenken an, weil Sie wissen, was Ihnen bevorsteht. Gehen Sie Anstrengungen nicht aus dem Weg, doch schätzen Sie Ihr Leistungsvermögen realistisch ein.

weniger als 25 Punkte: Als Polizist müssen Sie auch unter hoher Anspannung eine Situation jederzeit im Griff haben. Unter Umständen hängt die Gesundheit oder das Leben anderer davon ab. Daher gilt es, auch unter Anspannung konzentriert zu bleiben, den Überblick zu behalten und nicht emotional oder hektisch zu reagieren.

Flexibilität

mehr als 40 Punkte: Ihnen macht es nichts aus, wenn sich eine Vorschrift ändert, wenn neue PC-Software eingeführt wird oder wenn man Sie von einer Radarkontrolle plötzlich zu einem Verkehrsunfall beordert. Aber Hand aufs Herz: Können Sie auch stereotype Aufträge zuverlässig und akkurat abarbeiten?

25-40 Punkte: Sie verbinden Disziplin und Ordnungssinn mit der Fähigkeit, sich rasch auf neue Gegebenheiten einzustellen. Das macht Sie zu einem gefragten Mitarbeiter, der sich in schwierigen Situationen meist zu helfen weiß und dabei die einschlägigen Vorgaben beachtet.

weniger als 25 Punkte: Was Sie gewohnt sind, daran halten Sie fest. Sie sind eher der gewissenhafte Typ, der seine Arbeit gerne vollständig überblickt und

von A bis Z durchorganisiert. Doch es gibt insbesondere bei der Polizei nicht für alles eine perfekte Vorbereitung, hin und wieder ist einfach Fingerspitzengefühl gefragt.

Motivation

mehr als 40 Punkte: Dienst nach Vorschrift ist Ihnen zu wenig. Sie entwickeln eigenständig Ideen, übernehmen gerne die Initiative, handeln entschlossen und schrecken vor Verantwortung nicht zurück. Sie sind Polizist aus Überzeugung, und das merkt man Ihnen an. Behalten Sie in Ihrer Aktivität stets ein klares Ziel vor Augen.

25-40 Punkte: Wenn es etwas zu tun gibt, erledigen Sie das schnell und zuverlässig. Schwerer fällt es Ihnen, von alleine Verantwortung zu übernehmen. Trauen Sie sich mehr zu, dann sind Kollegen und Vorgesetzte noch zufriedener.

weniger als 25 Punkte: Wer ohne klare Ansagen schwer auf Trab kommt, sorgt für Verunsicherung: Macht die Arbeit keinen Spaß, werden die Aufgaben und Ziele nicht als sinnvoll angesehen, stimmt die Atmosphäre im Team nicht? Überzeugen Sie Ihre Kritiker durch Leistung.

Einfühlungsvermögen

mehr als 40 Punkte: Sie wissen genau, was in Ihren Mitmenschen vorgeht. Im Kollegenkreis treffen Sie daher stets den richtigen Ton, und ein hilfesuchender Bürger kann sich bei Ihnen glücklich schätzen. Ihr Mitgefühl macht es Ihnen aber manchmal schwer, sich durchzusetzen.

25-40 Punkte: Die Welt mit den Augen eines anderen zu sehen, ist für Sie mitunter nicht leicht. Trotzdem können Sie nachvollziehen, dass Menschen stimmungsabhängig sind, und nehmen Rücksicht auf individuelle Befindlichkeiten.

weniger als 25 Punkte: Besonders sensibel sind Sie anscheinend nicht – positiv ausgedrückt, Sie sind psychisch ungeheuer belastbar. Doch vergessen Sie nicht: Der Ton macht die Musik. Respektieren Sie die persönliche Stimmungslage anderer Menschen, das erleichtert nicht zuletzt auch Ihnen selbst das Leben.

Weitere Tests: Persönlichkeitstest – Variante 2

Weitere Tests

Persönlichkeitstest – Variante 2

Im Fall der Fälle …

Im Dienstalltag kommt es auf das Zusammenspiel verschiedener Fähigkeiten in komplexen Situationen an. Um das nachzuvollziehen, können die Prüfer Sie mit realitätsnahen Beispielen konfrontieren, die nicht immer leicht zu durchschauen sind.

Mit welchem Verhalten können Sie sich wie stark identifizieren? Kreuzen Sie Ihren Standpunkt auf einer Skala von ☹ („kann mich überhaupt nicht identifizieren") bis ☺ („kann mich voll und ganz identifizieren") an. Das Gesamtergebnis erhalten Sie, indem Sie positive (+) Zahlen addieren und negative (–) Zahlen subtrahieren. Rechnen Sie die Punktwerte aller drei Fälle zusammen. Die Auswertung finden Sie am Ende dieses Abschnitts.

Fall 1: Sie halten mit Ihrem Kollegen zusammen ein Fahrzeug an. Es stellt sich heraus, dass es sich bei dem Fahrer um Ihren Nachbarn handelt, mit dem Sie sich gar nicht verstehen.

Wie reagieren Sie?

1. Ich setze mich in den Streifenwagen und lasse meinen Kollegen den Fall klären.

   ☹ +3 +2 +1 0 –1 –2 –3 ☺   Ihr Wert:

2. Ich nehme mich der Sache pragmatisch und ruhig selbst an, wohl wissend, dass der Ärger nicht ausbleiben wird.

   ☹ –3 –2 –1 0 +1 +2 +3 ☺   Ihr Wert:

3. Ich lasse den Nachbarn weiterfahren, um Streitigkeiten zu vermeiden.

   ☹ +3 +2 +1 0 –1 –2 –3 ☺   Ihr Wert:

4. Ich erkläre meinem Kollegen den Sachverhalt, bitte ihn, die Führungsrolle zu übernehmen und sichere ihn von einer zurückgezogenen Position.

   ☹ +3 +2 +1 0 –1 –2 –3 ☺   Ihr Wert:

5. Ich zeige meinem Nachbarn, wer von uns beiden die Staatsgewalt vertritt, und fordere ihn auf, die Mängel an seinem Fahrzeug unverzüglich zu reparieren.

   ☹ +3 +2 +1 0 –1 –2 –3 ☺   Ihr Wert:

   Gesamtwert Fall 1:

Prüfung · Teil 6

Fall 2: Ihr Kollege möchte mit Ihnen den Dienst tauschen, Sie aber eigentlich nicht.
Wie reagieren Sie?

1. Ich akzeptiere den Vorschlag des Kollegen ohne Widerworte.

☹ +3 +2 +1 0 −1 −2 −3 ☺   Ihr Wert:

2. Ich überlege mir, wie ich den Vorschlag des Kollegen am besten ablehne, ohne ihn dabei zu kränken.

☹ −3 −2 −1 0 +1 +2 +3 ☺   Ihr Wert:

3. Ich halte ihn erst einmal hin. Vielleicht findet sich ein anderer, der ihn vertritt.

☹ +3 +2 +1 0 −1 −2 −3 ☺   Ihr Wert:

4. Ich erkläre ihm, warum ich an diesem Tag seinen Dienst nicht übernehmen kann.

☹ −3 −2 −1 0 +1 +2 +3 ☺   Ihr Wert:

5. Ich lehne seinen Vorschlag entschlossen ab. Wozu sind Dienstpläne da?

☹ +3 +2 +1 0 −1 −2 −3 ☺   Ihr Wert:

Gesamtwert Fall 2:

Fall 3: Bei einer ausländischen Familie wird eine tote Person aufgefunden. Im Haus treffen Sie auf die tränenüberströmte Mutter und den Sohn der Familie, der Ihnen erklärt, dass Sie die Mutter aus kulturellen Gründen nicht befragen können.
Wie reagieren Sie?

1. Ich respektiere die Kultur und werde die Mutter selbstverständlich nicht befragen, wenn es von der Familie so gewünscht wird.

☹ +3 +2 +1 0 −1 −2 −3 ☺   Ihr Wert:

2. Ich bitte die Leitstelle, mir eine Beamtin aus demselben Kulturkreis zu schicken, die die kulturellen Hintergründe kennt und vielleicht eher mit der Mutter sprechen darf.

☹ +3 +2 +1 0 −1 −2 −3 ☺   Ihr Wert:

3. Ich versuche den Sohn davon zu überzeugen, doch mit der Mutter reden zu dürfen.

☹ +3 +2 +1 0 −1 −2 −3 ☺   Ihr Wert:

4. Ich erkläre, warum ich in diesem Fall auf kulturelle Besonderheiten keine Rücksicht nehmen kann, und bitte die Mutter zu einem Gespräch.

☹ −3 −2 −1 0 +1 +2 +3 ☺   Ihr Wert:

5. Ich überhöre, was der Sohn sagt, und wende mich kommentarlos direkt an die Mutter.

☹ +3 +2 +1 0 −1 −2 −3 ☺   Ihr Wert:

Gesamtwert Fall 3:

400   www.ausbildungspark.com

Auswertung

Alle drei Fälle haben eines gemeinsam: Sie stellen vor allem Ihre Konfliktfähigkeit, Ihr Durchsetzungs- und Ihr Einfühlungsvermögen auf die Probe.

In **Fall 1** geht es darum, der dienstlichen Verantwortung nicht aus persönlichen Gründen auszuweichen. Ihr Nachbar ist in dieser Situation ein Verkehrsteilnehmer wie jeder andere auch, und Sie sind ein ganz „normaler" Beamter. Dementsprechend verhalten Sie sich richtig, wenn Sie sich genauso verhalten wie sonst: Nüchtern und sachlich lassen Sie sich die Papiere Ihres Nachbarn zeigen.

Fall 2 bringt zusätzlich den Faktor Flexibilität ins Spiel – der hier allerdings nicht positiv belegt ist. Wer zu allem Ja und Amen sagt, auch wenn es ihm nicht passt, ist nicht konflikt- geschweige denn durchsetzungsfähig. Dank Ihres Einfühlungsvermögens können Sie den Wunsch des Kollegen aber nachvollziehen. Um ihn nicht zu kränken, erklären Sie ihm Ihre Haltung und lehnen höflich ab.

Das **dritte Beispiel** schließlich erfordert besonderes Fingerspitzengefühl. Natürlich sind Sie als Beamter allein Recht und Gesetz verpflichtet, und nicht irgendwelchen kulturellen Geboten. Dennoch ist etwas Rücksicht angebracht. Rüpelhaftes Vorgehen macht die Verständigung mit Mutter und Sohn nicht einfacher. Daher gehen Sie auf die Empfindungen der Angehörigen ein, machen aber unmissverständlich klar, dass Sie die Mutter befragen müssen.

Ein gutes Ergebnis erreichen Sie mit einem Wert zwischen **25 und 35 Punkten**. Ein Wert von **mehr als 35 Punkten** kann schnell unglaubwürdig wirken. Denken Sie daran, dass Sie mit Ihren Angaben und Aussagen an anderer Stelle wieder konfrontiert werden können. Unrealistisch hohe Werte, die sich nicht mit Ihrem Gesamteindruck decken, wecken bei den Prüfern Skepsis. Niemand ist perfekt. Werte weit **unter 25 Punkte** können Ihnen als Anzeichen mangelnder Konflikt- und Durchsetzungsfähigkeit ausgelegt werden – eine Eigenschaft, über die ein Polizist unbedingt verfügen sollte.

Anhang

Lösung 404
Abkürzungsverzeichnis 414

Anhang

Lösung

Teil 1 · Sprachbeherrschung

Frage	Antwort	Frage	Antwort	Frage	Antwort
1.	siehe	57.	fließen	102.	E
–5.	Musterantwort	58.	raten	103.	D
6.	D	59.	schlagen	104.	E
7.	C	60.	riechen	105.	C
8.	E	61.	C	106.	A
9.	B	62.	A	107.	C
10.	D	63.	B	108.	A
11.	siehe	64.	D	109.	C
–20.	Musterantwort	65.	A	110.	A
21.	obwohl	66.	A	111.	C
22.	als	67.	E	112.	B
23.	sondern	68.	D	113.	D
24.	weil	69.	C	114.	D
25.	und	70.	E	115.	D
26.	wie	71.	unseren umtriebigen Cousin	116.	C
27.	nachdem	72.	ihrer fehlenden Sprachkenntnisse	117.	D
28.	doch	73.	gesehen hatte	118.	D
29.	oder	74.	den Kollegen	119.	B
30.	indem	75.	sprach	120.	D
31.	über	76.	ihrer beschwichtigenden Worte	121.	D
32.	trotz	77.	diesen Umständen	122.	C
33.	während	78.	aufgehängt	123.	C
34.	ohne	79.	wäre	124.	B
35.	in	80.	geeigneten Werkzeugs	125.	A
36.	vor	81.	C	126.	D
37.	am	82.	D	127.	A
38.	außer	83.	B	128.	D
39.	an	84.	D	129.	D
40.	zu	85.	C	130.	A
41.	wollen	86.	B	131.	A
42.	fahren	87.	D	132.	D
43.	trinken	88.	B	133.	B
44.	schwellen	89.	C	134.	D
45.	fliehen	90.	B	135.	B
46.	schwimmen	91.	D	136.	A
47.	wissen	92.	B	137.	B
48.	lassen	93.	B	138.	B
49.	mögen	94.	D	139.	A
50.	vorwerfen	95.	A	140.	B
51.	dürfen	96.	C	141.	B
52.	halten	97.	A	142.	B
53.	klingen	98.	A	143.	A
54.	sehen	99.	C	144.	A
55.	fliegen	100.	B	145.	B
56.	graben	101.	C	146.	B

404   www.ausbildungspark.com

Lösung

Teil 1 · Sprachbeherrschung (Fortsetzung)

Frage	Antwort	Frage	Antwort	Frage	Antwort
147.	D	185.	B	223.	D
148.	A	186.	A	224.	B
149.	A	187.	C	225.	E
150.	B	188.	B	226.	C
151.	A	189.	D	227.	A
152.	A	190.	D	228.	B
153.	A	191.	B	229.	C
154.	C	192.	C	230.	B
155.	C	193.	A	231.	D
156.	D	194.	B	232.	A
157.	C	195.	A	233.	D
158.	A	196.	J	234.	D
159.	D	197.	E	235.	C
160.	B	198.	A	236.	D
161.	A5, B3, C2, D4, E1	199.	G	237.	B
162.	A5, B1, C4, D3, E2	200.	B	238.	E
163.	A1, B4, C2, D3, E5	201.	C	239.	E
164.	A1, B4, C5, D3, E2	202.	I	240.	D
165.	A2, B5, C4, D3, E1	203.	H	241.	C
166.	A2, B5, C4, D3, E1	204.	D	242.	D
167.	A4, B2, C1, D3, E5	205.	F	243.	E
168.	A1, B4, C2, D5, E3	206.	E	244.	A
169.	A3, B2, C1, D5, E4	207.	D	245.	D
170.	A2, B5, C1, D3, E4	208.	A	246.	E
171.	A3, B1, C5, D2, E7, F6, G4	209.	C	247.	B
172.	A5, B2, C7, D4, E1, F6, G3	210.	B	248.	D
173.	A5, B3, C1, D4, E6, F2, G7	211.	B	249.	A
174.	A1, B4, C3, D5, E7, F6, G2	212.	C	250.	C
175.	A2, B3, C1, D4, E7, F6, G5	213.	B	251.	E
176.	C	214.	C	252.	B
177.	D	215.	E	253.	A
178.	B	216.	C	254.	D
179.	C	217.	H	255.	E
180.	C	218.	F	256.	siehe
181.	D	219.	G	–265.	Musterantwort
182.	C	220.	A	266.	siehe
183.	B	221.	J	–275.	Musterantwort
184.	C	222.	I		

AUSBILDUNGSPark | 405

Anhang

Teil 2 · Fachwissen, Allgemeinwissen und Technisches Wissen

Frage	Antwort	Frage	Antwort	Frage	Antwort	Frage	Antwort
276.	B	321.	E	366.	B	411.	B
277.	D	322.	B	367.	D	412.	D
278.	C	323.	D	368.	C	413.	B
279.	C	324.	C	369.	A	414.	C
280.	B	325.	C	370.	B	415.	C
281.	A	326.	E	371.	C	416.	C
282.	E	327.	D	372.	D	417.	B
283.	E	328.	B	373.	D	418.	C
284.	A	329.	C	374.	B	419.	D
285.	C	330.	D	375.	B	420.	A
286.	B	331.	C	376.	C	421.	A
287.	E	332.	A	377.	C	422.	A
288.	B	333.	B	378.	A	423.	C
289.	A	334.	E	379.	B	424.	C
290.	D	335.	D	380.	A	425.	B
291.	A	336.	B	381.	C	426.	D
292.	D	337.	D	382.	A	427.	C
293.	D	338.	A	383.	D	428.	A
294.	B	339.	B	384.	A	429.	A
295.	B	340.	E	385.	B	430.	B
296.	E	341.	D	386.	C	431.	D
297.	B	342.	C	387.	C	432.	C
298.	C	343.	E	388.	D	433.	D
299.	A	344.	A	389.	C	434.	C
300.	B	345.	B	390.	B	435.	D
301.	A	346.	C	391.	B	436.	B
302.	E	347.	E	392.	C	437.	C
303.	B	348.	A	393.	A	438.	A
304.	B	349.	D	394.	B	439.	C
305.	E	350.	E	395.	A	440.	C
306.	C	351.	D	396.	D	441.	A
307.	A	352.	C	397.	A	442.	C
308.	D	353.	E	398.	D	443.	D
309.	D	354.	E	399.	C	444.	B
310.	D	355.	A	400.	A	445.	B
311.	A	356.	B	401.	B	446.	A
312.	E	357.	A	402.	C	447.	C
313.	B	358.	C	403.	A	448.	D
314.	C	359.	E	404.	B	449.	A
315.	B	360.	B	405.	A	450.	B
316.	A	361.	B	406.	C	451.	A
317.	E	362.	D	407.	B	452.	C
318.	C	363.	A	408.	D	453.	D
319.	A	364.	C	409.	C	454.	B
320.	E	365.	A	410.	D	455.	C

Lösung

Teil 2 · Technisches Wissen *(Fortsetzung)*

Frage	Antwort	Frage	Antwort	Frage	Antwort	Frage	Antwort
456.	A	463.	A	470.	A	477.	A
457.	C	464.	B	471.	C	478.	C
458.	C	465.	D	472.	B	479.	C
459.	B	466.	D	473.	C	480.	A
460.	A	467.	B	474.	A		
461.	A	468.	D	475.	B		
462.	D	469.	C	476.	B		

Teil 3 · Mathematisches Verständnis

Frage	Antwort	Frage	Antwort	Frage	Antwort	Frage	Antwort
481.	C	516.	A	551.	D	586.	A
482.	C	517.	D	552.	C	587.	B
483.	D	518.	C	553.	B	588.	B
484.	B	519.	D	554.	B	589.	D
485.	A	520.	D	555.	D	590.	A
486.	B	521.	A	556.	B	591.	D
487.	C	522.	B	557.	C	592.	C
488.	D	523.	D	558.	A	593.	D
489.	D	524.	B	559.	A	594.	A
490.	C	525.	A	560.	D	595.	D
491.	D	526.	B	561.	D	596.	D
492.	C	527.	A	562.	A	597.	A
493.	C	528.	B	563.	E	598.	B
494.	C	529.	A	564.	E	599.	D
495.	C	530.	D	565.	A	600.	B
496.	D	531.	B	566.	20	601.	A
497.	A	532.	B	567.	333	602.	C
498.	C	533.	D	568.	5	603.	D
499.	B	534.	C	569.	22	604.	B
500.	B	535.	B	570.	6	605.	A
501.	C	536.	C	571.	66	606.	$- \mid \times$
502.	B	537.	D	572.	17	607.	$\div \mid +$
503.	C	538.	C	573.	48	608.	$\times \mid -$
504.	A	539.	B	574.	17	609.	$\div \mid \times$
505.	D	540.	D	575.	10	610.	$\times \mid -$
506.	C	541.	D	576.	6	611.	$\times \mid -$
507.	B	542.	B	577.	9	612.	$\times \mid \div$
508.	D	543.	C	578.	100	613.	$- \mid +$
509.	C	544.	B	579.	55	614.	$- \mid \div$
510.	C	545.	C	580.	37	615.	$\times \mid -$
511.	D	546.	D	581.	9	616.	$\times \mid \times$
512.	C	547.	C	582.	13	617.	$\times \mid \div$
513.	D	548.	C	583.	29	618.	$\div \mid +$
514.	D	549.	D	584.	24	619.	$- \mid \div$
515.	D	550.	B	585.	6	620.	$\div \mid +$

AUSBILDUNGSPark | 407

Anhang

Teil 3 · Mathematisches Verständnis und Konzentrationsvermögen

Frage	Antwort	Frage	Antwort	Frage	Antwort	Frage	Antwort
621.	+ | ×	666.	24	711.	1007	756.	7
622.	+ | ÷	667.	27	712.	0804	757.	9
623.	− | +	668.	39	713.	0605	758.	5
624.	× | ÷	669.	47	714.	0309	759.	3
625.	÷ | −	670.	25	715.	0905	760.	6
626.	D	671.	14	716.	0101	761.	6
627.	B	672.	84	717.	0607	762.	8
628.	A	673.	70	718.	0809	763.	6
629.	D	674.	82	719.	0201	764.	6
630.	A	675.	69	720.	0304	765.	3
631.	D	676.	75	721.	0107	766.	7
632.	C	677.	50	722.	0906	767.	5
633.	A	678.	74	723.	0603	768.	7
634.	B	679.	9	724.	0806	769.	5
635.	C	680.	12	725.	0207	770.	9
636.	A	681.	8	726.	0406	771.	5
637.	D	682.	25	727.	1008	772.	6
638.	A	683.	67	728.	0602	773.	1
639.	C	684.	48	729.	0904	774.	8
640.	D	685.	16	730.	0108	775.	7
641.	B	686.	61	731.	0810	776.	6
642.	C	687.	3	732.	0601	777.	10
643.	D	688.	17	733.	0405	778.	7
644.	C	689.	6	734.	0206	779.	5
645.	A	690.	22	735.	0103	780.	2
646.	A	691.	17	736.	0910	781.	2
647.	B	692.	54	737.	0102	782.	3
648.	D	693.	9	738.	0610	783.	2
649.	C	694.	16	739.	0803	784.	2
650.	B	695.	44	740.	0204	785.	2
651.	C	696.	23	741.	7	786.	1
652.	B	697.	12	742.	6	787.	2
653.	D	698.	1	743.	5	788.	1
654.	B	699.	14	744.	7	789.	2
655.	A	700.	60	745.	8	790.	3
656.	A	701.	0907	746.	7	791.	1
657.	D	702.	0203	747.	8	792.	1
658.	B	703.	0408	748.	5	793.	2
659.	D	704.	0305	749.	6	794.	1
660.	B	705.	0404	750.	6	795.	3
661.	4	706.	0306	751.	6	796.	5
662.	66	707.	0409	752.	5	797.	3
663.	56	708.	0609	753.	3	798.	4
664.	62	709.	0808	754.	6	799.	3
665.	2	710.	0909	755.	4	800.	1

Lösung

Teil 3 · Konzentrationsvermögen *(Fortsetzung)*

Frage	Antwort	Frage	Antwort	Frage	Antwort	Frage	Antwort
801.	1	846.	k	891.		936.	×
802.	2	847.	z	892.		937.	
803.	1	848.	e	893.		938.	
804.	1	849.	S	894.		939.	
805.	2	850.	f	895.		940.	×
806.	3	851.	n	896.		941.	
807.	2	852.	a	897.		942.	×
808.	2	853.	a	898.		943.	
809.	2	854.	d	899.		944.	
810.	3	855.	k	900.	×	945.	
811.	3	856.	s	901.		946.	×
812.	3	857.	ä	902.	×	947.	
813.	8	858.	e	903.		948.	
814.	5	859.	w	904.		949.	
815.	2	860.	s	905.	×	950.	
816.	3	861.	r	906.		951.	
817.	2	862.	W	907.		952.	×
818.	4	863.	c	908.		953.	
819.	2	864.	e	909.	×	954.	
820.	2	865.	t	910.		955.	
821.	p	866.	r	911.		956.	
822.	t	867.	S	912.		957.	
823.	c	868.	i	913.		958.	
824.	e	869.	e	914.		959.	×
825.	n	870.	G	915.		960.	
826.	b	871.	i	916.		961.	B
827.	r	872.	a	917.		962.	B
828.	a	873.	e	918.		963.	D
829.	e	874.	ü	919.	×	964.	B
830.	c	875.	ü	920.		965.	C
831.	e	876.	n	921.	×	966.	D
832.	b	877.	f	922.		967.	C
833.	t	878.	n	923.	×	968.	C
834.	n	879.	c	924.		969.	D
835.	o	880.	g	925.		970.	B
836.	r	881.	r	926.		971.	A
837.	y	882.	ü	927.		972.	A
838.	l	883.	e	928.		973.	B
839.	l	884.	l	929.		974.	A
840.	i	885.	r	930.		975.	A
841.	a	886.	a	931.		976.	A
842.	t	887.	a	932.		977.	B
843.	b	888.	r	933.		978.	B
844.	f	889.	r	934.		979.	A
845.	A	890.	e	935.		980.	B

AUSBILDUNGSPark 409

Anhang

Teil 3 · Konzentrationsvermögen *(Fortsetzung)*

Frage	Antwort	Frage	Antwort	Frage	Antwort	Frage	Antwort
981.	A	995.	B	1009.	B	1023.	CI
982.	A	996.	A	1010.	C	1024.	FHJ
983.	B	997.	C	1011.	CFH	1025.	CEHJ
984.	B	998.	A	1012.	CFG	1026.	CGJ
985.	A	999.	A	1013.	BFH	1027.	BDFI
986.	C	1000.	C	1014.	CH	1028.	BEGI
987.	B	1001.	B	1015.	BDG	1029.	BDHI
988.	C	1002.	C	1016.	CH	1030.	CEGHJ
989.	A	1003.	B	1017.	AEI	1031.–1070.	siehe Musterantwort
990.	B	1004.	C	1018.	ADG		
991.	C	1005.	B	1019.	E	1071.–1080.	siehe Musterantwort
992.	B	1006.	A	1020.	CG		
993.	A	1007.	C	1021.	CH	1081.–1090.	siehe Musterantwort
994.	B	1008.	C	1022.	BFI		

Teil 4 · Logisches Denkvermögen

Frage	Antwort	Frage	Antwort	Frage	Antwort	Frage	Antwort
1091.	B	1119.	A	1147.	C	1175.	Meinung
1092.	C	1120.	C	1148.	D	1176.	Meinung
1093.	D	1121.	C	1149.	D	1177.	Meinung
1094.	D	1122.	D	1150.	C	1178.	Meinung
1095.	B	1123.	D	1151.	C	1179.	Tatsache
1096.	C	1124.	B	1152.	D	1180.	Meinung
1097.	C	1125.	A	1153.	C	1181.	Meinung
1098.	D	1126.	D	1154.	E	1182.	Tatsache
1099.	A	1127.	B	1155.	E	1183.	Tatsache
1100.	B	1128.	A	1156.	C	1184.	Meinung
1101.	C	1129.	C	1157.	E	1185.	Meinung
1102.	C	1130.	D	1158.	B	1186.	Tatsache
1103.	C	1131.	E	1159.	A	1187.	Tatsache
1104.	D	1132.	D	1160.	E	1188.	Meinung
1105.	C	1133.	B	1161.	D	1189.	Meinung
1106.	C	1134.	C	1162.	D	1190.	Meinung
1107.	C	1135.	C	1163.	B	1191.	Stimmt
1108.	C	1136.	B	1164.	C	1192.	Stimmt nicht
1109.	A	1137.	B	1165.	A	1193.	Stimmt nicht
1110.	B	1138.	E	1166.	D	1194.	Stimmt nicht
1111.	D	1139.	D	1167.	C	1195.	Stimmt nicht
1112.	D	1140.	C	1168.	D	1196.	Stimmt
1113.	B	1141.	E	1169.	C	1197.	Stimmt
1114.	C	1142.	C	1170.	B	1198.	Stimmt
1115.	B	1143.	C	1171.	Tatsache	1199.	Stimmt nicht
1116.	D	1144.	C	1172.	Meinung	1200.	Stimmt nicht
1117.	C	1145.	D	1173.	Meinung	1201.	Stimmt nicht
1118.	B	1146.	C	1174.	Tatsache	1202.	Stimmt

Lösung

Teil 4 · Logisches Denkvermögen *(Fortsetzung)* und Orientierungsvermögen

Frage	Antwort	Frage	Antwort	Frage	Antwort	Frage	Antwort
1203.	Stimmt nicht	1217.	C	1231.	A	1248.	C
1204.	Stimmt nicht	1218.	E	1232.	B	1249.	B
1205.	Stimmt nicht	1219.	C	1233.	D	1250.	C
1206.	Stimmt nicht	1220.	E	1234.	D	1251.	1A, 2E, 3C, 4D, 5B
1207.	Stimmt	1221.	A	1235.	D	1252.	1D, 2C, 3A, 4B, 5E
1208.	Stimmt nicht	1222.	B	1236. –1240.	siehe Musterantwort	1253.	1E, 2C, 3D, 4B, 5A
1209.	Stimmt nicht	1223.	E			1254.	1E, 2C, 3B, 4A, 5D
1210.	Stimmt nicht	1224.	D	1241.	D	1255.	1E, 2B, 3A, 4C, 5D
1211.	C	1225.	B	1242.	B	1256.	5
1212.	C	1226.	E	1243.	B	1257.	5
1213.	D	1227.	C	1244.	E	1258. –1260.	siehe Strecke
1214.	D	1228.	E	1245.	A		
1215.	E	1229.	B	1246.	C		
1216.	D	1230.	E	1247.	D		

Teil 5 · Visuelles Denkvermögen und Erinnerungsvermögen

Frage	Antwort	Frage	Antwort	Frage	Antwort	Frage	Antwort
1261.	E	1286.	Gruppe 1: A, B	1309.	D	1337.	a9, b4, c6, d1, e2
1262.	D		Gruppe 2: C, D, E	1310.	E	1338.	a1, b5, c6, d9, e4
1263.	C	1287.	Gruppe 1: A, E	1311.	D	1339.	a4, b2, c10, d1, e3
1264.	B		Gruppe 2: B, C, D	1312.	D	1340.	a2, b4, c1, d5, e6
1265.	C	1288.	Gruppe 1: A, B, C	1313.	C	1341.	a6, b3, c4, d10, e1
1266.	D		Gruppe 2: D, E	1314.	B	1342.	a6, b4, c5, d7, e3
1267.	D	1289.	Gruppe 1: A, B, E	1315.	B	1343.	a6, b7, c2, d9, e1
1268.	C		Gruppe 2: C, D	1316.	C	1344.	a4, b9, c2, d5, e6
1269.	E	1290.	Gruppe 1: B, D	1317.	D	1345.	a3, b4, c2, d8, e6
1270.	C		Gruppe 2: A, C, E	1318.	A	1346.	D
1271.	D	1291.	A	1319.	C	1347.	B
1272.	C	1292.	C	1320.	D	1348.	A
1273.	B	1293.	D	1321.	A	1349.	A
1274.	C	1294.	B	1322.	C	1350.	D
1275.	B	1295.	C	1323.	B	1351.	B
1276.	C	1296.	B	1324.	B	1352.	A
1277.	B	1297.	B	1325.	E	1353.	D
1278.	B	1298.	C	1326.	B	1354.	C
1279.	A	1299.	D	1327.	C	1355.	E
1280.	C	1300.	A	1328.	E	1356. –1385.	siehe Zahlentabelle
1281.	A	1301.	E	1329.	C		
1282.	D	1302.	D	1330.	E	1386. –1425.	siehe Wörtertabelle
1283.	C	1303.	D	1331.	D		
1284.	C	1304.	C	1332.	D	1426. –1435.	siehe Zahlenliste
1285.	A	1305.	C	1333.	D		
		1306.	C	1334.	E	1436.	E
		1307.	E	1335.	D	1437.	A
		1308.	D	1336.	a3, b5, c9, d2, e10	1438.	D

AUSBILDUNGSPark | 411

Anhang

Teil 5 · Erinnerungsvermögen *(Fortsetzung)*

Frage	Antwort	Frage	Antwort	Frage	Antwort	Frage	Antwort
1439.	D	1463.	C	1487.	E	1511.	Stimmt
1440.	A	1464.	A	1488.	B	1512.	Stimmt nicht
1441.	C	1465.	B	1489.	A	1513.	Stimmt nicht
1442.	B	1466.	A	1490.	D	1514.	Stimmt nicht
1443.	E	1467.	D	1491.	E	1515.	Stimmt nicht
1444.	D	1468.	C	1492.	D	1516.	Stimmt nicht
1445.	C	1469.	B	1493.	D	1517.	Stimmt nicht
1446.	B	1470.	B	1494.	A	1518.	Stimmt
1447.	A	1471.	D	1495.	A	1519.	Stimmt nicht
1448.	E	1472.	B	1496.	A	1520.	Stimmt nicht
1449.	B	1473.	A	1497.	B	1521.	siehe
1450.	D	1474.	C	1498.	A	−1530.	Musterantwort
1451.	A	1475.	C	1499.	D	1531.	C
1452.	B	1476.	D	1500.	A	1532.	B
1453.	D	1477.	D	1501.	D	1533.	B
1454.	B	1478.	E	1502.	A	1534.	E
1455.	E	1479.	C	1503.	C	1535.	E
1456.	D	1480.	E	1504.	A	1536.	E
1457.	B	1481.	D	1505.	E	1537.	D
1458.	A	1482.	A	1506.	E	1538.	D
1459.	D	1483.	D	1507.	B	1539.	C
1460.	C	1484.	D	1508.	E	1540.	C
1461.	A	1485.	B	1509.	A	1541.	siehe
1462.	B	1486.	B	1510.	D	−1545.	Musterantwort

Lösung

Anhang

Abkürzungsverzeichnis

Einheit	Abkürzung	Umrechnung
Länge		
Kilometer	km	1 km = 1.000 m
Meter	m	1 m = 10 dm = 100 cm
Dezimeter	dm	1 dm = 10 cm = 100 mm
Zentimeter	cm	1 cm = 10 mm
Millimeter	mm	1 mm = 1.000 µm
Mikrometer	µm	
Volumen		
Kubikkilometer	km^3	$1\ km^3 = 1.000.000.000\ m^3$
Kubikmeter	m^3	$1\ m^3 = 1.000\ dm^3$
Kubikdezimeter	dm^3	$1\ dm^3 = 1.000\ cm^3$
Kubikzentimeter	cm^3	$1\ cm^3 = 1.000\ mm^3$
Kubikmillimeter	mm^3	
Hektoliter	hl	1 hl = 100 l
Liter	l	1 l = 10 dl
Deziliter	dl	1 dl = 10 cl
Zentiliter	cl	1 cl = 10 ml
Milliliter	ml	1 ml = 1.000 µl
Mikroliter	µl	
Fläche		
Quadratkilometer	km^2	$1\ km^2 = 100\ ha$
Hektar	ha	$1\ ha = 10.000\ m^2$
Quadratmeter	m^2	$1\ m^2 = 100\ dm^2$
Quadratdezimeter	dm^2	$1\ dm^2 = 100\ cm^2$

Quadratzentimeter	cm^2	$1\ cm^2 = 100\ mm^2$
Quadratmillimeter	mm^2	

Masse, Gewicht

Tonne	t	1 t = 20 z = 1.000 kg
Zentner	ztr	1 ztr = 50 kg
Kilogramm	kg	1 kg = 1.000 g
Pfund	pf	1 pf = 500 g
Gramm	g	1 g = 1.000 mg
Milligramm	mg	1 mg = 1.000.000 µg
Mikrogramm	µg	

Geschwindigkeit

Kilometer pro Stunde	km/h	1 km/h = 0,2778 m/s
Meter pro Sekunde	m/s	1 m/s = 3,6 km/h

Zeit

Jahr	a	1 a = 365 d
Woche	w	1 w = 7 d
Tag	d	1 d = 24 h
Stunde	h	1 h = 60 min
Minute	min	1 min = 60 s
Sekunde	s	1 s = 1.000 ms
Millisekunden	ms	

Druck

Bar	bar	

Temperatur

Grad Celsius	°C	

Ausbildungspark Verlag

Lübecker Straße 4 • 63073 Offenbach
Tel. 069-40 56 49 73 • Fax 069-43 05 86 02
Netzseite: www.ausbildungspark.com
E-Post: kontakt@ausbildungspark.com

Copyright © 2011 Ausbildungspark Verlag – Gültekin & Mery GbR.
Alle Rechte liegen beim Verlag.

Das Werk, einschließlich aller seiner Teile, ist urheberrechtlich geschützt. Jede Verwertung außerhalb der engen Grenzen des Urheberrechtsgesetzes ist ohne Zustimmung des Verlages unzulässig und strafbar. Das gilt insbesondere für Vervielfältigungen, Übersetzungen, Mikroverfilmungen und die Einspeicherung und Verarbeitung in elektronischen Systemen.